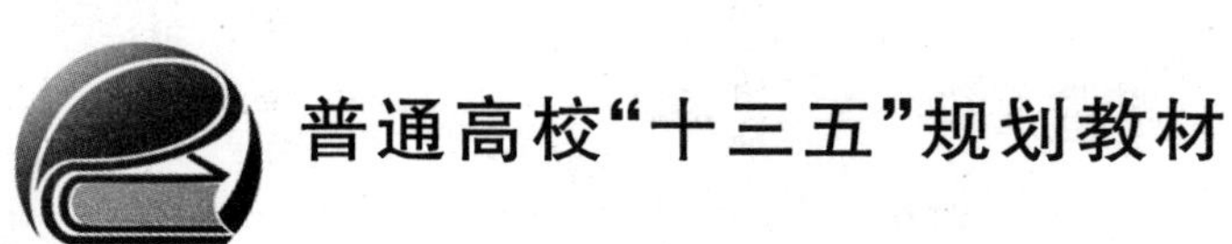

市场营销管理

——理论与应用(第3版)

赵晓燕　孙梦阳　主编

北京航空航天大学出版社

内容简介

本书是工商管理类的市场营销课程基础教程，根据工商管理类核心课程——市场营销学的教学要求编写。针对工商管理专业应用型人才的培养目标，较为全面地介绍了市场营销的基础理论与实际应用，以大量的市场营销实际问题和案例证实与支撑市场营销基本理论的正确性和先进性。全书共14章，分别介绍了市场营销的相关概念，阐述了市场营销环境与市场分析、消费者以及组织市场的消费行为分析、市场营销组织策略研究等内容。

本书结构完整，层次清晰，注意博采众长，坚持理论与实践相结合，结合大量最新的实际案例介绍市场营销的基本理论、策略和方法，具有一定的实用性。在撰写过程中注意把当代市场营销理论与实践的最新动态做适当的融入与介绍。

本书适合作为普通高等院校工商管理类的市场营销课程教材，也可供相关从业人员阅读参考。

本书配有教学课件供任课教师参考，请发邮件至 goodtextbook@126.com 或致电 010-82317037 申请索取。

图书在版编目(CIP)数据

市场营销管理：理论与应用/赵晓燕，孙梦阳主编.-- 3版.-- 北京：北京航空航天大学出版社，2018.3

ISBN 978-7-5124-2672-6

Ⅰ.①市… Ⅱ.①赵… ②孙… Ⅲ.①市场营销学—高等学校—教材 Ⅳ.①F713.50

中国版本图书馆 CIP 数据核字(2018)第 045799 号

市场营销管理——理论与应用(第3版)

赵晓燕 孙梦阳 主编

责任编辑 董 瑞 李丽嘉

*

北京航空航天大学出版社出版发行

北京市海淀区学院路37号(邮编:100191) http://www.buaapress.com.cn

发行部电话:(010)82317024 传真:(010)82328026

读者信箱:goodtextbook@126.com 邮购电话:(010)82316936

北京时代华都印刷有限公司印装 各地书店经销

*

开本:787×1092 1/16 印张:19.5 字数:499千字

2018年4月第3版 2018年4月第1次印刷 印数:2 000册

ISBN 978-7-5124-2672-6 定价:45.00元

前 言

这本教材积极吸纳市场营销领域的前沿理论，重视理论与实践的结合，旨在适应工商管理实践要求，培养市场营销管理的高级专门人才。教材既体现市场营销的综合性、交叉性，又体现解决实际问题的应用性、职业性，兼顾以学生为本、发挥学生学习的自主能动性和教师的指导性与主导作用。

本书根据市场营销活动的基本过程和规律，按照高校工商管理专业应用型人才的培养目标，较为全面地介绍市场营销的基础理论与实际应用结果，以大量的市场营销实际问题和案例证实与支撑市场营销基本理论的正确性和先进性。本书主要涉及四个方面的内容，即市场营销的基础概念及理论、市场机会分析、市场营销组合策略和市场营销管理与控制。

本书以市场营销国际化、知识化和信息化趋势为背景，对现代市场理论和方法进行较为详细的阐述，旨在培养学生运用所学知识，思考、分析和解决市场营销实际问题的能力。本书修订针对工商管理类教材的基本需求和最新变化趋势进行了内容设计和再版完善。本次修订保持第二版的基本框架，将知识转化为能力的核心思想继续保持并深化，参考菲利普·科特勒教授的《营销管理.中国版(第 13 版)》以及《市场营销.管理与实践(第 16 版)》，对基本概念、基本理论进行了补充与完善。此外，编者阅读了大量相关报刊、网站，将第二版中超过 90%的案例(含课后案例分析)进行了更新。这一切努力都是为了给读者呈现最新、最完整的市场营销理论与实践成果。本书对于工商管理类的本科生具有很强的适用性，也可作为营销业界人士的参考读物。

本书由赵晓燕、孙梦阳担任主编，赵晓燕负责全书框架体系设计，并负责编写第 1 章至第 4 章，孙梦阳负责再编内容的调整、统稿、修改与定稿，并负责编写编写第 5 章至第 14 章。

本书在编写过程中，参阅了国内外大量相关资料和文献，在此对这些文献资料的作者致以诚挚的谢意。由于编者水平有限，书中难免存在错误和疏漏之处，敬请各位专家和广大读者批评指正。

编 者

2018 年 1 月于北京

目　　录

第1章　市场营销管理概述

【引导案例】[①]

2016年的夏天，社交媒体发展缓慢。但是，各大社交网络巨头仍动作频频，还发生了一些令人惊奇的“黑天鹅”事件，譬如Pokemon GO的风靡和看似空穴来风的AR(增强现实)狂热。

让我们看一看2016年夏天最影响社交媒体的五大营销趋势：

1. 视频直播

Facebook在其整个用户平台上开放了视频直播功能，Facebook可能并未期望在此领域取得如同新闻渠道扛把子那样令人瞩目的成绩，但备受关注的国内大事接二连三地发生，视频直播功能已获公众认可。

当市场营销人员才刚刚开始探索视频直播的可能性时，就已经有开拓者涉入这个平台，探索市场行情、建立性能指标。毫无疑问，视频直播会在接下来几个月内成为一个重要的营销渠道。甚至，一些大型品牌公司也开始进入视频直播市场，包括跨国移动电话运营商T-Mobile等。T-Mobile CEO声称，视频直播会成为“社会活动的中流砥柱，你可以利用视频直播处理任何事情，包括新产品发布、社会信息通报以及竞赛传播等”。

就像Facebook近日所述，视频直播“让商界大佬能通过真实的途径与其核心受众——雇员、顾客甚至股东——交流。”这意味着所有人都需要对视频直播的全面入侵做好准备。

2. 增强现实

作为一项有用的技术，AR已经活跃了好几年。2014年，美国邮政署(S. Postal Service)将AR配置在APP上，并迅速在建筑、教育和外科手术等垂直利基市场取得成功。但真正让AR风靡全球的是《口袋妖怪GO》的开发公司Niantic和发行公司任天堂(Nintendo)。

尽管《口袋妖怪GO》只会火爆一时，到了圣诞节我们就将它忘到爪哇岛去了。但毋庸置疑的是AR翻转了大众传统上对“线上”行为和“线下”行为的区分认知，而且打开了一扇新的大门——规则是由第一批使用者来制定的(视频直播也是如此)。

3. 全面披露

市场营销人员已经接受了“影响者营销(Influencer marketing)”的营销理念，因为倘若能准确执行，没有比让名人穿你的衬衫、开你的车或者在节目中喝可乐更好地“脱颖而出”的方法了——尤其是在如今的网络环境中，(社交媒体和搜索引擎上的)广告拦截和自然触及人数削弱限制了品牌将信息传递给大众的能力。

但现如今，两大巨头——美国联邦贸易委员会和谷歌——正迫使“影响者营销”接受越来越多的审查，迫使市场营销人员确保其和影响者之间任何金钱或者其他报酬的相互转账

---

① 资料来源：Stephen Baldwin，2016年夏天最影响社交媒体的5大营销趋势.[2016-08-06].东方头条网，http://mini.eastday.com/a/160809151218603.html? btype=index&subtype=keji&idx=16&ishot=0.

是公开披露的。

如果想使用这种营销模式,实在无法避免美国联邦贸易委员会或者谷歌将你的营销模式判为欺诈性广告的风险。所以,需要宁求稳妥、全面披露、谨小慎微。

4. 社交媒体规范

如果通过谷歌快讯(Google alerts)或者其他最新资料快报关注“社交媒体”的相关报道,就会留意到那些因为在 Twitter、Facebook 和其他社交媒体上发表不恰当言论而被批评、被惩罚甚至被送至监狱的人在大幅度攀升。看来社交媒体为我们的生活消除了太多因意见分歧产生的倾轧,以致于人们不会在现实工作中出错、失败和破坏自己的声誉却太容易在网络上深陷义愤填膺。

另一方面来说,社交媒体规范为大家的社交通信增加了一层有用的(意见分歧)摩擦力以及透明度、责任性和审核流程。当然,社交媒体规范一点都不酷,但是如果不在网络环境中适当地设置一个规范,便无法高枕无忧。

5. “购买”按钮遭遇滑铁卢

仅仅在一年之前,Pinterest、Facebook、Instagram 和 Twitter 齐刷刷地在页面上添加了“购买”按钮,期望消费者能体验一站式购物。然而,一年之后,却发现“购买”按钮不是很受欢迎,特别是 Twitter 饱受困扰,因为 Twitter 对直效广告客户(direct response advertisers)入驻 Twitter 期望很高。

Twitter 承诺到第四季度圣诞节前夕的购物旺季将适当地强化直效广告分析功能。但现在,令人难以置信的是,社交媒体扮演的是“辅助机构”这样一个重要角色,其仍然只是一个意识开发(awareness - building)渠道而非转化(“转化”即“探究网站访问者的动机及网站的效果并吸引访问者浏览并购买”)渠道。在其他非社交媒体网站上,转化继续风生水起——而这里才是需集中优化转化率投入的地方。

1.1 市场和市场营销

市场是企业活动赖以进行的外部基础,是企业实现其任务与目标的关键所在。因此,认识市场是企业适应市场、驾驭市场,使企业活动与市场需要、市场环境协调起来,有效地开展市场营销活动的前提条件。

1.1.1 市 场

1. 市场的含义

从一般意义上讲,市场是社会分工和商品生产的产物,是以商品供求和商品交换为基本经济内容的各市场主体经济联系的形式。从这一定义出发可以了解到以下三点:

(1) 市场属于商品经济的范畴。哪里有社会分工和商品生产,哪里就有市场,社会分工、商品生产的发展程度决定着市场的发展水平。反过来说,市场的发育情况也制约着商品经济的发展状况和企业的市场营销活动。

(2) 市场是商品经济条件下联结各市场主体的基本形式,是整个社会经济生活得以正常运行的基本条件。这是因为市场的基本关系是商品供求关系,基本活动是商品交换

活动。

(3) 市场的形成必须具备一些基本条件。由于市场的基本经济内容是商品供求与商品交换,因此市场形成必须具备以下几个条件:

① 存在着具有购买动机与购买能力的买方。

② 存在着提供商品的卖方及可供交换的商品(包括有形商品和无形商品)。

③ 商品的交易条件符合买卖双方的利益要求,能够同时被双方接受。

由此可见,一个市场是由那些具有特定的需要欲望,而且愿意并能够通过交换来满足这种需要或欲望的全部顾客所构成。即市场=人口+购买力+购买欲望。

2. 市场的几个具体概念

在现实生活中,人们不仅从一般意义上来理解市场,而且从更具体的角度上来认识和把握市场。对企业的市场营销活动及市场营销学来说,以下几个市场概念具有重要意义:

(1) 市场是买主和卖主进行商品交换的场所、地点或地区

市场是一个地理性概念,它是同时从买卖双方的角度提出来的。对任何地区的每个购买者来说,都会考虑在何处购得自己所需要的商品;对于每个商品生产者来说,也必须考虑将本企业的产品销往哪些地区,在何种场所或地点销售给买者。

(2) 市场是某类或某种商品所有具有购买动机与购买能力的现实和潜在购买者的集合

市场是一个群体性的概念,它是从商品卖主的角度提出来的。企业明确自己的产品市场是由哪些购买者组成的,有哪些特定的需要,规模有多大,发展趋势如何等,是企业制定适当的营销战略与策略,有效地开展市场营销活动的前提条件。

(3) 市场是由买主和卖主组成的,是商品供求双方的力量相互作用的总和

这一概念是从商品供求关系的角度提出来的,是作为具有供求力相对强度的市场。买方市场和卖方市场这对概念反映了供求关系的基本状况、供求力的相对强度及供求双方谁在交易过程中处于主导地位上。切实了解市场供求的数量、结构状况,正确判断市场供求力的相对强度和变化趋势等,对企业进行营销决策,有效地开展市场营销活动也是十分重要的。

(4) 市场是指流通领域,反映的是商品流通的全局,是交换关系的总和

这一概念是从企业赖以运行的整体市场环境的角度来看问题,是作为社会整体的市场。各种产品的市场也不可分割地联结在一起,形成了有机的整体市场。任何一个商品生产经营者的买卖活动必须与其他市场主体的买卖活动发生着直接或间接的联系,任何一个企业都实际上而且只能在整体市场上开展营销活动,并受到整体市场环境状况的影响。为了实现自身的正常运转,企业要时刻注意整体市场的运行情况,并与整体市场保持合理的输入与输出的交换关系。

(5) 现代市场是世界性的

由于商品经济的发展,商品生产已具有普遍的世界性质,各国的相互关系和相互信赖日益加强,世界上再没有任何一个国家的经济能独立于国际经济范围之外而独自获得迅速发展,现代商品经济开拓了世界市场,可以说现代市场国家的生产和消费都已成为世界性的了。因此,市场的概念还应包括市场的世界性这一层含义,应把国内市场和国际市场联系起来考虑。

市场的上述 5 层含义,对企业的市场营销都具有实际意义,其中的前三种含义对企业的市场营销具有微观意义,第四和第五种含义则对企业的市场营销具有较为宏观的意义。企业不仅要研究其每一种产品的目标顾客、销售地区、供求状况,而且要面对整体市场,通观流通全局,理清本企业的营销活动与整体市场以致整个社会经济运行的内在联系,只有这样才能搞好

企业的市场营销工作。

1.1.2 市场营销

1. 市场营销的定义

国内外学者对市场营销有不同的定义,企业界对营销的理解更是各有千秋。本书采用著名营销学家菲利普·科特勒教授的定义:市场营销是企业为从顾客处获得利益回报而为顾客创造价值并与之建立稳固关系的过程[①]。

【小链接1-1】[②]

菲利普·科特勒(Philip Kotler)是美国西北大学凯洛格管理学院国际营销学S·C·庄臣荣誉教授,拥有芝加哥大学经济学硕士学位和麻省理工学院经济学博士学位。他是营销学领域最畅销教科书的作者,在Journal of Marketing,Journal of Marketing Research等国际一流刊物上发表了100多篇论文,是唯一荣获三次"阿尔法·卡帕·普西奖"的学者,该奖专门授予发表在《Journal of Marketing》上最优秀年度论文的作者。他是美国营销协会设立的"杰出营销学教育工作者奖"的第一位获奖人。1975年,因在营销科学上独创性的贡献荣获美国营销协会颁发的"保尔D·康弗斯奖"。1995年,被国际销售和营销管理者组织命名为"年度营销者"。同时,他还担任多家公司营销顾问,包括IBM、GE、美国电话电报公司、霍尼韦尔公司、美洲银行、默克公司等。他是美国管理科学学会市场营销学院主席、美国营销协会理事、营销科学学会信托人。

根据这一含义,可以将市场营销概念具体归纳为下列要点:

(1) 现代市场营销活动的最终目标是满足消费者需求和欲望

现代企业市场营销是以目标市场为中心进行的,它以市场为营销全过程的起点,在于深刻具体地了解市场的需要;它以市场为营销全过程的归宿,在于千方百计地满足市场的需要,实现企业的生存与发展。

(2) 交换是市场营销的核心,交换过程是满足双方需求和欲望的社会过程和管理过程

企业的市场营销不仅包括产品流通过程中的有关活动,而且包括产前和售后的有关活动,即市场营销并不局限于商品交换活动。但应该看到,企业的一切市场或营销活动都与商品交换有关,都是为实现商品交换和商品价值。因此,企业市场营销全过程的规定性和市场营销的核心是商品交换。

可见,市场营销不同于销售。现代企业市场营销活动包括市场营销研究、市场需求预测、新产品开发、定价、分销、物流、广告、人员推销、销售促进、售后服务等,而销售仅仅是现代企业市场营销活动的一部分,而且不是最重要的部分。市场营销也不同于促销。促销只是市场营销的一个重要环节,它包括广告、公共关系、人员推销和销售促进四个方面。海尔集团公司总裁张瑞敏指出:"促销只是一种手段,但营销是一种真正的战略。"营销意味着企业应该"先开市场,后开工厂"。

市场营销学是一门科学,市场营销是企业的一种社会经济行为,同时也是一项复杂的经营

---

① 资料来源:菲利普·科特勒,等.市场营销 原理与实践.16版.楼尊,译.北京:中国人民大学出版社,2016:7.

② 资料来源:菲利普·科特勒,等.营销管理.第13版.中国版.卢泰宏,高辉,译.北京:中国人民大学出版社,2016.

管理艺术。

2. 市场营销相关概念

（1）需要、欲望和需求

需要是指人类与生俱来的基本需要，是指没有得到某些基本满足的感受状态。例如：人类为了生存必然有对吃、穿、住、安全、归属等的需要。

欲望是指人们想得到一些基本需要的具体满足物的愿望，是个人受不同文化及社会环境影响而表现出来的对基本需要的特定追求。例如：为了满足解渴这一生理需要，人们可以选择喝开水、茶、咖啡、可乐等。市场营销者无法创造需要，但可以影响人们的欲望，开发和销售特定的产品和服务来满足人们的欲望。

需求是指人们对有能力购买并且愿意购买的某个具体产品的欲望。需求实际上是对某一特定产品及服务的市场需求。一些成功的案例表现，消费者并不知道什么是他们想要的，甚至什么是可能的。企业需要做的是开拓新产品和服务创意，用新产品领导公众。

【小链接1-2】[①]

这是一个值得玩味的经济现象：2015年，中国出境游客境外消费约1.5万亿元，占67.6万亿元GDP的2.2%。

全国人大代表、浙江华之毅时尚集团总裁张华明认为，越来越多的中国消费者热衷海外“扫货”，有些是因为对国内市场环境缺乏信任；有些是因为国内产品同质化严重、创新能力较弱，不能满足消费新需求；有些是因为服务不到位，消费体验差。

看产品，有效供给有差距。“在同等价格下，国外很多产品的质量、品质更高，或者是同样品质的产品，国外卖得反而更便宜”，张华明认为，在全球经济深度融合的当下，新的消费需求在国内无法得到满足，自然而然地被推向了海外市场。“去海外‘扫货’，一定程度上是国内消费者在利用全球市场满足自身需求。”

看体验，消费服务跟不上。“消费者爱往国外跑，很重要的一个原因，我们结合旅游、观光、购物的消费组合拳打得还不够好，无法满足消费者追求美好消费体验的需求。”张华明认为，随着消费更加个性化、多样化，影响消费者决策的因素从产品本身延伸到与产品有关的各个服务环节，“不少消费外流是服务不到位、消费体验差引起的。”

看环境，无序竞争让消费者无所适从。张华明调研发现，零售业在价格上的无序竞争体现得最明显。一是促销不分季节。没有促销规律，各大零售商有时候在旺季拼命打折促销，该挣钱的季节没有挣钱，该清货的换季时节没有清库存，结果导致经营质量、经营效率下滑，甚至出现不盈利和亏损状态。二是线上线下各大零售商常年无序促销，导致商品价格越压越低，企业无钱可赚，只有牺牲品质来换取低价，导致劣质产品蔓延，行业亏损，最终形成恶性竞争，扰乱整个零售市场。

“人们漂洋过海抢购马桶盖、奶粉等国内市场上并不缺少的产品，甚至去国外接受体检等常规医疗服务，使大量购买力持续外流。要留住这些可观的购买力，需在供给侧下一番大功夫。”张华明说。

---

① 资料来源：刘乐平. 中国制造，怎样追上消费者. 浙江在线—浙江日报.［2016-03-11］. http://zjnews.zjol.com.cn/system/2016/03/11/021060261.shtml.

张华明建议,要让我们的供给“更美更接近顾客”,也就是要为消费者提供更打动人心的产品、更好的性价比、更贴近人心的服务,创造更美好的、让消费者满意的消费环境和氛围。“其实,这与当前正在大力推进的供给侧改革相一致,供给侧改革的根本目的是落实好以人民为中心的发展思想,我们就是要‘更美更接近顾客’。”

(2) 产　品

产品是指能够满足人的需要和欲望的任何东西,包括实体商品、服务、创意和体验。例如:快餐店提供的商品是汉堡包、烤肉和软饮料,服务是销售过程,即烹调和安排座位,创意则是“节省我的时间”。随着营销观念的不断深入,企业已经将注意力从具体的产品或服务转变为消费者提供信息和体验。例如,可口可乐对于消费者来说,更多的代表的是丰富历史和深厚内涵的国际品牌。

(3) 价值和满意

当消费者面对大量产品和服务而难以选择时,产品为其所传递的价值和满意是其选择的基础和依据。

价值是指消费者对产品满足各种需要的能力的评价。德路斯认为:价值是“在最低的获取、拥有使用成本之下所要求的顾客满意”。而满意则是对其购买的满意程度,取决于产品的效能是否达到了顾客的期望。满意的消费者会再次购买,甚至推荐他人购买;而不满意的消费者不仅会转向其他企业,还可能在他人面前对该产品进行负面宣传。因此,建立长期顾客关系的关键是创造卓越的顾客价值和顾客满意。

【小链接1-3】①

【TechWeb报道】2015年1月2日消息,据国外媒体报道,密歇根大学发布的“美国消费者满意指数调查”结果显示,2014年中最令消费者满意的公司不是苹果,也不是去年排名居首的亨氏公司(H.J. Heinz),而是亚马逊。

报道称,密歇根大学编制的“美国消费者满意度指数”满分为100分,亚马逊以88分的得分名列第一,亨氏以87分的得分名列第二,好时(Hershey)和戴姆勒旗下的梅赛德斯-奔驰并列第三,得分均为86分。该指数对每家公司的测评——以每年进行的7万多次消费者回访为基础,此外还参考了消费者满意度评分、经济部门评分、行业评分和200多个美国联邦或地方政府服务部门的评分。

业内人士指出,亚马逊的采购品类经理重点关注四种服务:货品选择、价格、可获得性和消费者购物体验。亚马逊已经证明,如果一家公司只把重点放在销售上,那么就会丢掉“民心”:“这是一种新的思考方式,让人们重新考量价值和品牌问题,但现在只有很少的公司会关心这些东西。”

科技和媒体公司Quantum Networks的首席执行官Ari Zoldan指出,亚马逊之所以能大受消费者欢迎,靠的是快速投递服务和免费送货服务这两大法宝。“毫无疑问,这家公司未来面临着一些重大挑战,比如说还在亏损等。但是,亚马逊已经成功地建立起了自己在电子商务生态系统中的行业领导者地位。”他说道。

---

① 资料来源:2014美国消费者最满意公司:亚马逊力压苹果. 网易财经. [2015-01-02]. http://money.163.com/15/0102/15/AEVBJ96200253G87.html.

但亚马逊在股市中却表现不佳。其股价与去年同期的 398 美元相比，已经下跌了 22%，至 312 美元附近。此外，亚马逊在 6 月份发布了 Fire 手机，但这种智能手机遭遇了挫败。去年 10 月，亚马逊公布财报称其上一季度净亏损为 4.37 亿美元，与去年同期的净亏损 4100 万美元相比大幅扩大。不过，消费者仍旧热衷于在亚马逊购物，推动其该季度的总销售额同比增长 20%，至 205.8 亿美元。

(4) 交换和交易

交换是指从他人处取得所需之物，而以自己的某种东西作为回报的行为。人们获得产品的四种途径是自行生产、强行取得、乞讨和交换。

其中只有交换才存在市场营销，交换发生的条件须具备 5 个条件：

① 至少要有交换双方；

② 每一方都有被对方认为有价值的东西；

③ 每一方都能沟通信息和传送货物；

④ 每一方都可以自由接受或拒绝对方的产品；

⑤ 每一方都认为与另一方进行交易是最适当的、称心如意的。

交换是一个价值创造过程，通常总使双方变得比交换前更好。交易是交换活动的基本单元。交易是由双方之间的价值交换所构成的。一旦达成协议，就说发生了交易行为。

(5) 市场营销者和预期顾客

在市场的交换双方中，如果一方比另一方更主动、更积极地寻求交换，就把前者称之为市场营销者，后者称之为预期顾客。市场营销者可以是卖主，也可以是买主。当买卖双方都积极寻求交换时，则交换双方都是市场营销者。这种情况被称为双边营销。在一般意义上，市场营销者是指面对竞争者，服务于市场的企业。

1.1.3 市场营销的职能与作用

市场营销具有微观、宏观双重含义。微观市场营销和宏观市场营销是涉及面很广的企业经济活动和社会经济活动，它们在现代社会经济生活中处于重要的地位。

1. 宏观市场营销的社会职能和作用

宏观市场营销是由国民经济中各类企业的市场营销活动综合构成的与市场有关的社会经济活动过程。宏观市场营销的基本职能和作用是，各类社会市场营销机构(包括各类生产企业的市场营销部门和各种批发企业、零售企业、储运企业、金融企业、广告公司、市场营销研究企业等)通过执行自身的职能，创造有关的经济效益，以解决社会生产与社会消费之间的各种矛盾，求得社会生产与社会需要之间的统一与平衡，实现整个社会经济的正常运转。

在社会化大生产和市场经济条件下，普遍存在着种种社会生产与社会消费之间的矛盾。随着社会化大生产和商品经济的发展，随着人们生活水平的提高和消费需求由低层次向高层次递进，由简单稳定向复杂多变转化，这些矛盾只能通过市场机制和国家宏观调控，通过社会上各种市场营销机构的营销活动来加以解决。

2. 微观市场营销的职能和作用

现代市场营销学，着重研究的是买方市场条件下企业的市场营销，即微观市场营销问题。

微观市场营销的职能和作用在于,企业的市场营销部门通过市场营销研究,发现一些未满足的需要和市场机会。根据企业的任务、目标和资源条件等选择本企业能够最好地为之服务的目标市场,并根据目标市场的需要,开发适销对路的产品,制定适当的价格,选择适当的分销渠道,制定适当的促销方案,千方百计地满足目标市场的需要,扩大销售,提高市场占有率,增加盈利,实现企业的任务与目标。

由此可见,微观市场营销是联结社会需要与企业反应的中间环节,是企业用来把社会需要变为有利可图的企业机会的行之有效的手段,是现代企业整个经济活动中的一个极为重要的组成部分,它对企业的生存与发展起着决定性的作用。此外,微观市场营销作为宏观市场营销的组成部分,各类社会市场营销机构总是通过其具体的营销职能和作用,承担和发挥着宏观市场营销的某些职能与作用。

3. 市场营销职能与企业其他职能的关系

从企业经营管理的实践来看,在供给约束时代,市场营销与销售几乎是同义语,市场营销职能与生产职能、财务职能、人事职能处于同等重要的位置上;在供给约束向需求约束转变的时代,传统的市场营销概念开始向现代的市场营销概念演变,市场营销开始成为重要性大于生产职能、财务职能、人事职能的一种职能;在需求约束严重、市场竞争日趋激烈、外部环境复杂多变的当今时代,企业转向以市场为中心,关注对外部环境的适应性,经营战略管理和市场营销管理转变为企业的整体性职能。

在不同的时期内,市场营销职能与企业其他职能之间的关系以及市场营销在企业经营管理中的地位所发生的上述变化,不仅反映了市场营销在企业中受到重视的程度,同时也反映出人们对企业与市场、企业与外部环境之间关系认识的不断深化。

1.1.4 市场营销学的形成和发展

1. 市场营销学的概念

西方学者对市场营销学的定义甚多,众说不一,常见的有以下几种:

(1) 美国市场学会定义委员会1960年所下的定义是:市场营销学是研究引导商品或劳务流向消费者和使用者的业务活动指南。这一定义没有体现出满足消费者需求和欲望的观点,不能全面概括和准确表述现代企业营销活动的全过程。

(2) 英国市场学会所下定义是:市场营销学是指一个企业如果要生存、发展和盈利,就必须有意识地根据用户和消费者的需求以及潜在的需要来安排生产。这一定义虽然把消费者的需求与生产联系起来,揭示了销售学的本质,但未提出应以满足消费者需求为中心这一内容。

(3) 日本企业界人士认为:在满足消费者利益的基础上,研究如何应市场需求而提供商品和服务的整个企业活动,就是市场营销学。这一定义也是不完整的。

由以上定义可看出,现代市场营销学早已超出了美国市场学协会所下的定义范围,市场营销学这一概念已被赋予了更广阔和深远的含义。

综合国内外专家定义,可把市场营销学表述为:市场营销学是一门以经济科学、行为科学和现代管理理论为基础,研究满足消费者需求为中心的企业市场营销活动及其规律性的综合性应用学科。

2. 市场营销学的形成和发展

市场营销学最早出现在美国,后来传播到西欧、日本和其他国家,虽有 100 多年的历史,但现在仍处于迅速发展的阶段,所以它还是一门新兴的学科,在实践中不断完善和发展。它的形成和发展经历了 4 个时期。

(1) 市场营销学的形成时期

市场营销学的形成时期是指从 19 世纪末到 20 世纪 30 年代。由于科学技术日益进步,生产效率迅速提高,产品不断增加,企业与企业之间的竞争日趋激烈,国内外市场相对缩小,生产能力大于需求,于是商品销售问题就尖锐地突现出来。市场营销学就是在这种情况下形成的。

1912 年,哈佛大学赫杰特齐教授在走访了大企业主,了解了他们如何进行市场销售活动以后,写出了第一部以市场营销学命名的教科书。该书被认为是市场营销学作为一门独立学科问世的重要标志,但其内容仅限于分销和广告而已。这时,美国密执安大学、宾夕法尼亚大学、威斯康星大学、伊利诺斯大学和俄亥俄大学等都先后开设了市场营销学课程,并且形成了若干研究中心。但这一时期,市场营销学还没有形成明确的理论和原则,没有形成系统的体系和结构,只是注重研究商业销售实务和推销方法等方面的问题,而且只限于大学里的研究活动。因此,还未引起社会的足够重视。

(2) 市场营销学的应用时期

市场营销学的应用时期是指从 20 世纪 30 年代到第二次世界大战结束。1929—1933 年美国经济危机时期,造成供大于求,人们失业、消费萎缩,使销售变得更为重要。这一时期工商企业界把市场营销学应用于流通领域。20 世纪 20 年代,已有若干市场营销学的教科书问世,各种流派的不同观点及不同研究方法相继出现,并逐步形成市场营销学体系。此外,美国还建立和发展了各种形式的市场研究组织,组织的建立说明市场营销的理论研究已从个别的、分散的状况走向有组织、有系统的探索阶段。但是企业所重视的只是如何在更大规模上推销已经生产出来的产品。因此,这时期市场的研究对象仍局限于商品销售技巧、方法、渠道以及推销商品的组织机构、广告术等,基本上没有超出商品流通的范围。

(3) 市场营销学的革命时期

市场营销学的革命时期是指从第二次世界大战以后到 20 世纪 50 年代。第二次世界大战以后,世界各主要资本主义国家开始进入经济复兴阶段,而新的科学技术革命使资本主义国家劳动生产率大幅度提高。市场上的商品进一步供过于求,同时消费者的需求和欲望不断发生变化,市场竞争也更加激烈了。这种局面更加迫切地需要系统的市场营销学理论作指导,因此,如何使市场营销理论体系化已成为市场学家研究的课题。美国对市场营销学的研究不仅在深度和广度方面都比以前大大前进了一步,有关市场营销学的专著、论著和经营实务方面的大量书籍不断出版,理论观点也有了新的发展。这时出现了两位特别引人注目的市场学家,他们就是美国人 J. A 哈瓦德和 E. J 麦卡锡。他们从综合的市场营销管理的观点出发,把过去的产品、价格、销售渠道等个别的市场营销策略的研究加以体系化,统称为市场营销组合,即市场营销学广为应用的 4P 组合(产品、价格、渠道和促销)。这个时期市场营销学已基本形成了具有完整体系的一门学科。

(4) 市场营销学的现代化时期

20世纪80年代是资本主义经济高速发展的年代。现代化的科学技术已从理论研究进入应用领域。实现了生产技术的现代化,还必须有一套用先进科学技术武装起来的、效率极高的管理体系与之相适应。企业家们和政府都在设法寻求资本主义经济永远繁荣的妙计,从长远的战略目标和极其广阔的范围探讨市场营销问题。于是市场营销学理论也随之进入了现代化时期。这一时期市场营销理论引进现代科学技术理论的新成果,消费者观点和消费行为的研究已作为市场营销理论的重要内容之一,同时,从战略观点上考虑市场营销的整体规划,提出市场营销战略的理论。市场营销学的理论已被大多数国家广为运用。

【小链接1-4】

中国营销学的4个发展阶段①

阶段(时间)	主要内容
引进阶段(1978—1982)	主要通过翻译、考察及邀请专家的形式,系统介绍和引进了国外的市场营销理论。这是营销中国化非常重要的基础性工作,但由于当时社会条件的限制,参与研究者少,研究比较局限,对西方营销理论的认识也相对肤浅
传播阶段(1983—1991)	1984年1月,全国高等综合大学、财贸院校的"市场学教学研究会"成立,大大促进了营销理论在全面范围内的传播,营销学开始得到高校教学的重视,有关营销学的著作、教材和论文在数量和质量上都有很大的提高
应用阶段(1992—2000)	伴随中国经济体制改革和经济发展的全面转型,市场环境的改善为企业应用现代营销原理指导自身经营创造了条件,到20世纪90年代末,在中国已有一批在市场营销活动中取得显著成效的大型企业,它们富有创新意识的营销实践已经引起了海内外企业界和学术界的重视
创新阶段(2001年至今)	属于营销理论的本土化及应用的创新阶段,中国的企业界和学术界对市场营销理论的发展做出了自己独特的贡献。在此期间,无论是市场营销的研究队伍,还是市场教学、研究和应用的内容,都有了极大的发展。研究重点也从过去的单纯教学转向了应用研究,深度探讨中国市场转型中的营销问题,迈向为结合企业营销实践的研究,促进一批本土企业的崛起,且取得了一定的市场成果

1.2 市场营销管理哲学及其演进

1.2.1 市场营销管理

市场营销管理是指选择目标市场,并通过创造、传播和传递更高的顾客价值来获得、保持

① 资料来源:连漪.市场营销学理论与实务.2版,北京:北京理工大学出版社,2012.

和增加顾客的一门艺术和科学[①]。

市场营销管理就是需求管理，企业市场营销的管理任务会随着目标市场的不同需求状况而有所不同，营销者应该善于根据各种不同需求状况调整相应的营销管理任务。

目标市场典型需求状况及相应的营销任务包括以下 8 种：

1. 负需求

如果绝大多数人都对某个产品感到厌恶，甚至愿意出钱回避它，那么这个产品市场便处于一种负需求状态。营销者的任务是分析市场为什么不喜欢这种产品，以及是否可以通过产品重新设计、降低价格和更积极推销的营销方案来改变市场的信念和态度。

2. 无需求

目标消费者可能对产品毫无兴趣或者漠不关心。营销者的任务就是设法把产品的好处与人的自然需要和兴趣联系起来。

3. 潜在需求

有相当一部分消费者可能对某物有一种强烈的渴求，而现在的产品或服务却又无法满足这需求。营销任务便是衡量潜在市场的范围，开发有效的商品和服务来满足这些需求。

4. 下降需求

每个组织或迟或早都会面临市场对一个或几个产品的需求下降的情况。营销者必须分析需求衰退的原因，决定能否通过开展新的目标市场，改变产品特色，或者采用更有效的沟通手段来重新刺激需求。营销任务便是通过创造性的产品再营销来扭转需求下降的趋势。

5. 不规则需求

许多组织面临着每季、每天甚至每小时都在变化的需求。这种情况将导致生产能力不足或过剩的问题。营销任务则可以通过灵活定价、推销和其他刺激手段来改变需求的时间模式。

6. 充分需求

当组织对其业务量感到满意时就达到充分需求。营销任务是在面临消费偏好发生变化和竞争日益激烈时，努力维持现有的需求水平。各组织必须保证产品质量，不断地衡量消费者的满意程度，以确保企业的工作效率。

7. 超饱和需求

有些组织面临的需求水平会高于其能够或者想要达到的水平。营销的任务就是设法暂时地或者永久地降低需求水平，这就是低营销。一般的低营销是不鼓励需求，采用提高价格，减少推销活动和服务的方式。有选择的低营销则采用尽量降低来自盈利较少和服务需要不大的市场的需求量。低营销并不是杜绝需求，而是降低其需求水平。

---

① 菲利普·科特勒，等. 营销管理. 中国版. 13 版. 卢泰宏，高辉，译. 北京：中国人民大学出版社，2016：6.

【小链接 1-5】[①]

目前,我国约车、专车领域潜在需求0.9亿次/天。昨天,罗兰贝格、首汽出行联合发布了《2016中国约车及租车市场分析报告》,未来,新能源车分时租赁将是租车行业的发展趋势。

这份报告就中国当下移动出行领域进行了纵深的观察和分析,并特别针对约车/专车市场、长短租市场和新能源分时租赁市场进行了详尽解读。《报告》指出,目前,汽车出行场景日趋多样化、网络化、碎片化,由于车辆限牌和共享经济发展,新能源车分时租赁将有长足发展。

新能源充电桩,未来五年将得到长足的发展,再加上相关补贴政策的出台,新能源车分时租赁的发展前景也一片光明。目前,新能源车分时租赁的主要用途包括园区短途出行、年轻人短途出行以及公车改革。在取还方式上,自助取还将是大方向。网点设置则为酒店、地铁站、机场等相对方便的地点,以满足使用者点到点取还的需求。

此外,首汽租车相关负责人表示,目前首汽拥有约租车数量总共在1600辆左右,下个月将达到2000~2500辆,到2016年三季度,将达到5000辆。2016年6月将推出无障碍的约租车服务,可通过预约模式来实现,适合残疾人及老年人,甚至是轮椅出行的人群。

8. 不健康的需求

不健康的产品将引起有组织的抵制消费活动。营销的任务是劝说喜欢这些产品的消费者放弃这种爱好,采用的手段有传递其为害的信息,大幅度提价,以及减少供应。

1.2.2 市场营销管理哲学

市场营销管理哲学指企业决策者在组织和谋划企业的营销管理实践活动时所依据的指导思想和行为准则,即市场营销工作的指导思想或者说企业的经营思想。在现实生活中,它集中表现在企业如何看待和处理企业与市场(顾客)、企业与其他企业、企业与国家以及企业与社会其他方面的关系问题上。市场营销工作的指导思想,是企业市场营销实践活动和现代市场营销学理论中的一个重要问题。

一个多世纪以来,西方国家工商企业的经营思想经历了一个漫长的演变过程。企业的市场营销工作,起初以“生产观念”和“产品观念”为指导思想,继而以“推销观念”为指导思想,第二次世界大战后又逐渐演变为“市场营销观念”、“社会营销观念”等。下面对一些有代表性的经营思想加以介绍。

1. 生产观念

生产观念也称为生产中心论,它是一种最古老的经营思想。这种经营思想认为,消费者和用户欢迎的是那些用得上、买得到而且买得起的产品。因此,企业在考虑到人们最基本、最一般的需要的基础上,实行我能干什么就生产什么、销售什么,企业的整个经济活动以改进和增加生产为中心,组织所有资源,集中一切力量增加产品产量,降低成本,提高分销效率。生产观念是一种重生产、轻市场营销的企业经营思想。

生产观念是在卖方市场这种市场形态下产生的,它的存在以产品供不应求,生产的产品只要具有一定的使用价值就不愁没有销路及大批量、少品种、低成本生产更能适应消费需求为前

---

① 资料来源:闫峥.我国专车需求:0.9亿次/天.北京娱乐信报,2016-04-28.

提条件。西方国家在工业化初期以及第二次世界大战末期和战后的一段时间里，由于社会生产力水平低下和生产能力不足，物资短缺，产品供不应求，消费者或用户并不计较产品的具体特色等原因，生产观念在企业界颇为盛行。在这种情况下，企业很少，实际上也没有必要考虑深入开展市场调研和推销等营销工作问题。企业市场营销部门的职责主要是将产品运到销售地，通过销售实现企业的利润。

2. 产品观念

产品观念也称为产品中心论，它也是一种古老的经营思想。这种经营思想认为，人们总是欢迎那些质量好、有特色、价格合理的产品，企业只要注意提高产品质量，做到物美价廉，顾客就会自己找上门来，无须大力推销。

产品观念盛行期与生产观念盛行期大体相同，也是卖方市场条件下的产物。生产观念与产品观念的不同，主要表现在前者强调的是“以量取胜”，后者强调的则是“以产品特色取胜”。产品观念这种以产品为中心的经营思想，本质上坚持的仍是我能够生产什么就卖什么，但它比生产观念多了一层竞争的色彩，注意用产品质量、性能、价格等方面的特色和优势来赢得顾客。在市场供求矛盾稍有缓解，竞争有所增强的情况下，这种观念常常成为一些企业营销工作的指导思想。

企业市场营销的实践经验表明，一种产品是否能够赢得顾客，从根本上说并不在于它与竞争者的产品相比具有什么特色，而在于它是否真正满足顾客的需要。在不断变化、竞争日趋激烈的市场上，如果企业奉行产品观念，依恋于自己的产品，忽视市场调研、产品开发和促销等市场营销工作，就必然会导致“市场营销近视”，并将使自己陷入困境。

3. 推销观念

推销观念也称为推销中心论，这种经营思想认为，消费者通常表现出一种购买惰性或者抗衡心理，如果任其自然，消费者不会足量购买某一企业的产品。因而营销管理的中心是致力于主动推销和积极促销，使用各种推销技巧来寻找潜在顾客，并用高压式的方法说服他们接受其产品。在产品过剩时，往往奉行推销观念。

推销观念认为，消费者的购买行为不仅受需要等自身因素的制约，同时也受外界因素的影响，如果企业采取适当的措施，加强推销力度，消费者就有可能购买更多的产品。因此，必须将推销放在企业整个经济活动的中心位置上，大力加强推销工作，千方百计地使广大消费者对本企业的产品发生兴趣，以扩大销售，提高市场占有率，取得竞争优势和更多的利润。

推销观念是在卖方市场向买方市场的过渡时期中产生的。在西方国家，从 20 世纪 20 年代到 40 年代，随着科学技术的进步、科学管理和大规模生产的推广，产品产量迅速增加，于是逐渐出现了供过于求的现象，某些产品的局部买方市场已经形成，购买者的选择余地扩大，企业间竞争加剧，产品销售难的问题日益突出。这种情况促使许多企业认识到，企业不能只抓生产，要想在激烈的竞争中求得生存与发展，就必须重视市场营销，加强推销工作。

在推销观念的指导下，虽然企业的注意力开始从生产领域转到流通领域，由“以产定销”转向“以销促产”，然而从现有的产品出发点来开展市场营销活动的做法表明，其本质上依然是我能够生产什么就卖什么，与前两种观念相同，仍是以生产者为中心的。但经过这一阶段，使企业更多地了解市场需要，从而为引入市场营销观念阶段创造了条件。

4. 市场营销观念

市场营销观念也称为需求中心论,它与推销观念及其他传统的经营思想存在着根本的不同。营销观念认为,实现组织诸目标的关键在于正确确定目标市场的需要和欲望,并且比竞争对手更有效、更有利地传送目标市场所期望满足的东西。

市场营销观念与推销观念有着本质区别(见表1-1)。推销观念是以生产者为中心,以现有产品为出发点,以推销和销售促进为手段,通过刺激消费,达到扩大销售、取得利润的目的。市场营销观念则是以市场为中心,以目标顾客的需要为出发点,以整体性营销活动为基础,集中企业的一切资源和力量,千方百计地比竞争者更好地适应和满足目标顾客的需要,以便长久地占领市场,提高企业的长期盈利能力和经营效益,实现企业的目标。由此可见,市场营销观念把推销观念的思维逻辑顺序颠倒了过来。

表1-1 推销观念和市场营销观念的区别

观　念	出发点	重　点	方　法	目　的
推销观念	企业	产品	推销和促销	通过销售来获得利润
营销观念	市场	顾客需求	整合营销	通过顾客的满意获得利润

由推销观念向市场营销观念的转变,主要与以下一些方面的条件有关。第二次世界大战后,尤其是20世纪50年代以来,随着科学技术的发展,社会生产力得到了迅速的提高,产品产量剧增,花色品种日新月异。这样一来,西方主要经济发达国家的市场,特别是消费品市场已经变成了供过于求、卖主之间竞争激烈、买方处于主导地位的买方市场了。另外,人们的收入水平和物质文化生活水平也在不断提高,消费需求日趋多样化,变化也明显加快,企业依市场的选择或胜或衰。市场营销的实践经验一再表明,在新的环境条件下,传统的经营思想已经难以引导企业走向成功。与此同时,西方国家企业经济管理的实践经验也得到了进一步的积累和总结。正是在这种形势之下,市场营销观念这一新的企业经营思想便应运而生了。

由于市场营销观念符合生产为了消费的基本原理,既有利于较好地满足市场需要,同时又提高了企业的环境适应能力和生存发展能力,因而自其被提出后便引起了广泛关注,被众多企业所接受,并成为当代市场营销学研究的一条主线。

5. 社会营销观念

社会营销观念也称为社会中心论。这种经营思想认为,企业组织的任务是确定客源市场的需要、欲望和利益,并以保护或者提高消费者和社会福利的方式,比竞争者更有效、更有利地向目标市场提供所期待的满足。社会营销观念要求营销者在营销活动中考虑社会与道德问题。他们必须平衡与评判公司利润、消费者需要满足和公共利益三者的关系,即企业的生产经营活动不仅要满足消费者的需要与欲望,而且要符合消费者和社会的长远利益,求得企业利益、消费者需求的满足与消费者利益、社会利益这三个方面的统一与平衡,企业应确立包括社会利益、尊重人类等在内的多元化目标,而不能一元化地单纯追求利润。这种经营思想可以说是对市场营销观念的重要补充和完善。

社会营销观念产生于20世纪70年代中后期。在西方国家,社会营销观念的提出,一方面是基于对广泛兴起的以保护消费者权益为宗旨的消费者运动的反思。有人指出,许多企

业实际上并未真正奉行市场营销观念，顾客至上的口号对他们来说不过是骗人的漂亮话，为了牟取暴利，他们在为消费者谋利益的幌子下干着诸如以次充好、以假充真、虚假广告宣传等种种欺骗顾客、损害消费者权益的勾当。社会营销观念的提出，一方面是基于“在一个环境恶化、资源短缺、人口爆炸性增长、世界性饥荒和贫困、全球性通货膨胀和忽视社会服务的时代，单纯的市场营销观念是否是一个适当的组织目标呢？”这样的认识。一个在了解、服务和满足个体消费者需要方面干得十分出色的企业，是否必定也能满足广大消费者和社会的长期利益？

有人认为，单纯的市场营销观念的实施提高了人们对需求满足的期望值和敏感性，回避和加剧了消费者欲望的满足与消费者的根本利益及长远的社会利益之间的潜在矛盾，导致了诸如健康损害、物质消费、环境污染、资源消费和破坏等弊端的产生。此外，社会营销观念的提出，与一些国家为了保障社会经济生活的正常运转，维护消费者利益和社会公共利益，巩固自身的政治统治，从各方面不断加强了对企业活动的法律限制和行政干预有关。

社会营销观念的提出，是企业经营思想的一种进步，其正确性是无可置疑的。但是，在市场经济条件下，如果缺少外部监督和各种机制的制约，这种经营思想是企业难以完全自觉地加以贯彻实施的。在社会营销观念提出中，为了满足社会和人们长远利益，强调绿色营销观念，要求企业在对产品开发、生产、定价、分销进行策划和实施的整个过程中，在满足顾客需求和维护生态环境的前提下取得利润，实现经济与社会的可持续发展。

【小链接1-6】①

“互联网 ”时代，公益也不甘寂寞，悄悄地渗透了移动端。而在其他企业还在专注于产品销售的时候，立白已经扛起了互动公益的大旗。一场说走就走、组团去公益的行动一夜之间刷爆了朋友圈。一个公益APP何以取得如此有效的公众关注和行动，说到底还是营销玩出了新高度。

“HOME ”互动公益平台

立白健康幸福工程于2015年10月启动，传承于立白集团“健康幸福每一家”的品牌理念，致力于关爱中国偏远地区留守儿童的心理健康，以深度的互动与关怀体现对他们的关爱与尊重。有别于传统的公益捐赠项目，立白集团鼓励公众通过关爱自身健康的形式来参与公益，在为留守儿童付出爱心的同时，得到自身的健康和快乐。

立白健康幸福工程为对接公众的善行及留守儿童的需求，精心开发了“HOME”APP作为公益互动平台。立白公益负责人介绍，“HOME”是一款兼公益、健康管理、社交功能为一体的APP，使用者不仅可以通过个人努力兑换爱心，还可以通过该APP的社交功能，呼吁更多好友组队共同行善，同时还实现了以管理自身健康的形式兑换爱心，并在线完成捐赠的功能。

作为“立白健康幸福工程”的核心平台，“HOME”APP是一个鼓励用户以管理自身健康的方式实现公益目的工具。它与现有的其他公益APP最大的区别在于改变了公众以个人力量参与公益的局面，首次开创组队做公益的概念。在“HOME”APP上，用户可以分享邀

① 资料来源：是公益更是社交，立白公益营销玩出新高度．金羊网．[2015-12-29]．http://money.ycwb.com/2015-12/29/content_21046839.htm.

请码,邀请好友加入自己的战队,共同积攒爱心,形成不断壮大的公益队伍,让公众的力量最大化。

而在"立白健康幸福工程"组织的线下活动中,"组队"的理念也同样突出。在11月28日"一步一爱立白爱心公益跑"的活动中,三十多组爱心团队通过线上组队求赞的形式争取到最终入围的名额,他们齐聚广州塔通过切实的行动为留守儿童捐出数百个"立白幸福书包"。

线上与线下的活动,环环相扣,双管齐下,一方面运用新媒体组合吸引大批目标受众参与,制造话题热点,另一方面又通过活动参与者激发了二次传播,让立白的健康公益形象深入人心。

随着移动互联网时代的到来,公益形式已经不再局限于传统的捐钱、捐物的方式,手机APP为公众打开随手公益的大门。如何在浩如烟海的APP海洋中"只取一瓢饮",如何增强用户黏性,让公益摘下"一次性"的帽子,成为长期持续的行为,最关键的是有效地将公益和社交绑定,让公益成为社交行为。

"立白健康幸福工程"在短短几个月里,已成功通过"HOME"公益APP,将数千个公众计步捐赠的"立白幸福书包"送到广西和广东两省留守儿童手中。不论是公益跑还是APP,既让参与者用行动力改变了自己,又让世界更美好,实现了健康幸福双赢!

综合来看,在以上5种经营观念中,生产观念、产品观念和推销观念可归为传统经营观念。市场营销观念和社会营销观念可归为新型经营观念。这两大类经营观念的区别如表1-2所列。

表1-2　传统营销观念与新型营销观念的区别

区　别	营销观念类别	
	传统营销观念	新型营销观念
出发点	产品	消费需求
工作重心	企业以卖方(企业)的要求为中心	企业以买方(顾客群)的需求为中心
目的	将产品销售出去以获得利润	从顾客满足中获得利润
方法	主要依靠增加生产或加强推销,企业重点考虑的是我擅长于生产什么	组织以产品适销对路为轴心的整体市场营销活动,企业首先考虑的是消费者
导向	是一种以生产者为导向的经营观	是一种以消费者为导向或称市场导向的经营观

【讨论题】

1. 什么是市场营销?
2. 试述市场营销学的产生和发展过程。
3. 什么是市场营销管理?
4. 简述市场营销管理哲学的演变过程及其背景依据。

5. 在 5 种企业经营观念中，哪几种可归为传统经营观念？哪几种可归为新型经营观念？二者有什么区别？
6. 案例题[①]

服务营销成就顺丰快递

顺丰是一个鲜见广告宣传的快递企业，尤其对一些不了解快递市场的人。但就在这种低调之中，顺丰默默地拿到了最多的业务，成为许多顾客的首选快递公司。

将顺丰打造成拥有如此强大吸引力的企业的原因，就是每位员工对顾客的服务，而顺丰也通过这种独特的服务营销，成就了真正的快递帝国。

实际上，快递产业的服务非常不好判定或者划分等级。不同的顾客对不同的派件员会有完全不同的看法，就算是相同的派送员、相同的言谈举止，不同的顾客也可能会有完全不同的评价，因此想要让所有顾客满意是不可能的。为了尽力在服务方面做到最好，顺丰开辟了高科技的完整服务系统。就算快递员态度不够好，没有做到全程微笑服务，顾客仍然可以从这套系统中感受到顺丰作为民营快递领头羊的实力。

这套系统包括员工以最快的时间收发货物、顾客可以在网上全程把控货物的运送情况等服务，这让许多人感到非常贴心。尽管别的快递公司也采取了类似的做法，但他们往往做得不如顺丰精细。不少顾客在对比之后发现，许多快递只能查询到货物在几个小时前乃至前一天的动向，但是在顺丰的系统上，顾客可以清晰地了解到自己的货物现在正处于什么地方，处于运送过程中的哪一个位置。

快递是带有服务性质的，员工能够给顾客提供怎样的服务，决定着顾客未来的选择方向。做服务行业的人都知道，顾客在细节上享受到的体验，能够成为该服务行业超越同行的决定性竞争力。最终决定客户如何选择的，就是那看似微不足道的一点一滴。因此，在客户感受方面，顺丰会比其他公司多考虑一些。每当货物安全送达收件人处后，工作人员都会再停留 5 分钟。在这 5 分钟里，他会将刚才收件的时间和收件人姓名仔细记录下来，随后发送给寄件者。这不仅让顾客更加安心，还能够及时发现是否出错，方便立刻追回货物。

而今随着人们生活水平的提高，越来越多的人并不那么看重商品本身，而是更追求周到的服务以及使人心情愉快的消费体验，为此多花点钱也没有关系。为了应对这样的要求，顺丰不惜投下重金提高送货员素质，培训送货员可能用到的各种技能，并给他们每个人都配上 iPad，由此才能让顾客享受到周到贴心的服务。

产品质量就相当于“病毒”，人们在购物之后进行交流，遇到好的店家自然会想分享给自己的亲朋好友，遇到不好的服务或者质量奇差的货物也会告诫身边的人不要再去那家店，无形中对这个“病毒”进行了传播，而“感染者”们若发现这家店确实不错，又会传播给更多的人。由此，不同店家的形象、产品、服务在人们的口耳相传中逐渐形成。

而顺丰通过病毒营销，悄悄地开拓出一片江山。

在打造高质量服务上，顺丰总裁王卫做了许多考量。首先，推出自己快速的特色；其次，打造自己独有的服务体系；最后，做到其他快递无法做到的高效。

---

① 资料来源：顺丰：最好的营销是服务．搜狐网．[2015－11－27]．http：//mt.sohu.com/20151127/n428413563.shtml.

通过这些举措,王卫顺利地打造出适应顾客需要的服务体系,适应了病毒营销的要求。在病毒营销的概念里,首先,人们传播的服务或者产品要有非常出众的特色,最好能够让每个顾客以一句话概括出来。一旦内容过长,或者最直观的感受不容易描述,顾客就会丧失耐心,不愿意再担当"传播者"的角色。第二点是服务质量一定要以顾客为中心进行考量。病毒营销是顾客自发的行为,没有任何金钱或者利益驱使,如果能够让大部分顾客感受到优质的服务,自然会带动更多的"传播者"。

而为了让顾客享受到更好的服务,顺丰在员工管理上也煞费苦心。顺丰实行的是员工评分制度,员工每个月每增加1分,该月的绩效奖金就能提高10%,最高限度是10分,超过10分则可以优先享受升级、加薪、晋级等待遇。相对的,若是扣分的话,绩效工资就会相应地降低10%。由于这项制度与员工的工资直接挂钩,因此许多员工都为了加分而不断努力。

那么,如何能够得到更多加分呢?按照顺丰的《员工手册》,最容易得到加分的就是良好的业务服务。那些业务做得好的员工自然能够拿到更多的订单,从而更容易获得更多的利润;同时公司也会看到其分数不断往上涨的成绩单,从而对这个员工的工作做出肯定的评价,若是能够受到区部或者总部的表扬,这名员工的积分就能增加3~5分。

当然,在顺丰如今超过10万的员工里,能够达到如此高要求的只有寥寥数人,因此更多的人会偏向于更简单易行的加分方式。在顺丰的《员工手册》里,明确记录了这样一条嘉奖条例:"注意仪容仪表,讲究礼节礼貌,言行文明,受到客户书面表扬并经证实的。"为了拿到更多的薪金,顺丰的员工在这方面做出了巨大的努力。

面对着"四通一达"逐渐追上来的服务,面对着越来越严峻的竞争局面,顺丰的确该好好思考下一步的做法了。就算国内民营企业的威胁还不大,但顺丰与国际企业的差距也推动着他们不断前进。通过对这几年投诉总量的分析,就能说明问题。以2012年为例,快递业中投诉率最低的依次是DHL、民航快递、UPS、顺丰。其中顺丰为每百万件1.5例,DHL是每百万件0.4例,民航快递是每百万件0.9例,UPS是每百万件1.2例。从数据来看,顺丰想要达到国际水平,还有很长的路要走。

问题1:本案例的顺风快递带给消费者什么价值?它是如何与消费者建立紧密关系的?

问题2:随着竞争的加剧,顺风快递如何能继续在竞争中获胜?

第 2 章　企业战略规划与市场营销管理过程

【引导案例】①

电商企业掀起了跨界转型潮。继阿里、苏宁纷纷进军体育、娱乐产业后，北京商报记者昨日获悉，聚美将进军影视文化，打造"时尚娱乐＋电商"新模式。聚美优品 CEO 陈欧对公司未来战略规划提出了一个新概念：颜值经济。分析认为，传统电商企业正在由快速增长期步入成熟期，在消费市场和资本市场压力下，企业开始寻求新的市场增长点。

不止电商

靠美妆起家的聚美优品未来决定靠颜值吃饭。

颜值颇高的陈欧日前在公司年会上对未来战略规划提出了一个新概念——颜值经济。

陈欧表示，在聚美未来布局中，电商将只是公司业务的一部分，只是属于服务、价值变现的方式。聚美会开辟更多的新业务，整合影视、明星、网红、内容各种资源去创造影响力，靠影响力带来流量和用户，"三年内打造成中国影响力最大的颜值经济公司"。

关于聚美跨界的消息已经在业内流传，但让人没想到的是聚美将进军时尚娱乐多个领域。北京商报记者日前从知情人士处获悉，聚美正在筹建聚美影视公司，一张在网上流传的电影海报也印证了上述消息。"聚美影视 开山之作"的海报宣传语显示，影片正在挑选角色，而电影的出品人赫然写着陈欧。陈欧也在年会上提到，聚美会通过整合影视、明星、网红、内容各种资源去创造影响力，"电商只是未来一个事业部，未来还会有其他几个大型事业部"。

流量饥渴

聚美大张旗鼓跨界布局下是整个电商行业对流量和新增客户极度饥渴的现状。瞄准颜值经济的聚美正是看中眼球影响力带来的价值变现。陈欧将聚美做的"生态圈"描述为颜值产业。

在聚美的生态链条上，"颜值"是企业的"眼球发动机"，后续的用户抓取和服务提供才是变现手段。根据聚美公开的业务规划矩阵显示，未来"眼球"部分包括聚美影视、明星、网红和内容；"用户"部分包括聚美 APP、Better、社交资产、社区、资讯媒体；"服务"则包括电商、娱乐和广告。

粉丝经济已经成为电商企业新的获取用户手段。中国贸促会研究院研究员赵萍坦言，"中国电商行业正在由产品定位向文化定位转变，企业正在以满足消费者的产品需求向满足文化需求转型，而这正是企业欲通过文化属性增强消费黏性"。此前，包括苏宁、阿里等企业纷纷进军体育、文化、娱乐等领域，布局粉丝经济。

有数据显示，阿里、京东去年的单位用户获取成本依然超过百元，唯品会、聚美等垂直电商在 80 元左右。业内分析人士指出，知名电商企业尚需大笔营销费用支持，其他中小电商企业更需时刻保持曝光。

---

① 资料来源：李铎，王运. 破流量饥渴 聚美战略改道娱乐业. 北京商报，2016-01-28.

步入成熟期

与高速成长期激烈的市场争夺不同,逐渐步入成熟期的电商行业正迎来更严峻的厮杀。赵萍表示,从市场占有率、行业增速、市场格局等多个维度来看,电商行业正在由快速增长期迈向成熟期。

成熟期的市场竞争也将发生质的变化。赵萍表示,电商行业平台电商、垂直电商两大阵营划分越来越明显,“垂直电商不可能面面俱到,还是要拼专业性”。在赵萍看来,聚美所布局的颜值经济也是在围绕美妆领域进行深耕。

成熟电商进行的跨界布局也是一种“资本运作”。易观分析师王小星认为,这批传统电商企业正是在互联网浪潮下由风投推动成长起来的,在智能硬件、IP电影等新浪潮下,电商企业也在进行多元化投资布局。在王小星看来,电商企业的跨界布局甚至是在进行内部孵化,“电商企业正在转向多元化、集团化发展”。

此外,电商企业高发展空间的布局“创新”也更容易得到资本市场的认可。在赵萍看来,虽然资本市场遇冷,但还是有一大批热钱对好项目感兴趣,“在热点市场布局更容易让资本市场买账”。

2.1 企业战略与战略规划

制定市场营销战略与计划,是摆在企业经理面前的严峻课题。就企业来说,必须对市场营销活动做出全局性、长远性、关键性的全盘谋划。要在复杂多变的市场上寻找机会,战胜对手,扩大销路,企业就必须制定出具有远见又切实可行的市场营销战略,这是事关企业大局的科学规定和市场营销管理的指导思想。

2.1.1 企业战略

“战略”一词来源于希腊字“Strategos”,其含义是“将军指挥军队的艺术”。企业战略一词得到广泛应用是自1965年美国经济学家安索夫(H. I. Ansoff)所著的《企业战略论》一书问世后,企业经营学中才开始应用“企业战略”一词,而且从那时起,“战略”一词还广泛应用于社会、经济、文化、教育和科技等领域。在现代社会和经济生活中,这一术语被应用于描述一个组织打算如何实现其目标和使命。

对企业战略一词至今尚无统一的定义。菲利普·科特勒认为:当一个组织清楚其目的和目标时,他就知道今后要往何处去。问题是如何通过最好的路线到达那里。公司需要有一个达到其目标的全盘的、总的计划,这叫作战略。迈克尔·波特认为:战略是公司为之奋斗的一些终点与公司为达到它们而寻求的途径的结合物。企业经营战略是企业根据内外环境及可取得资源的情况,为求得企业生存和长期稳定地发展,对企业发展目标、达成目标的途径和手段的总体谋划。它是企业经营思想的集中体现,是一系列战略决策的结果,同时又是制订企业规划和计划的基础。战略就是确定目标并根据目标决定行动方向。有效的企业战略是目标与手段的有机结合。没有营销目标,就无从制定营销战略;没有营销手段,目标就无法实现,也就无所谓营销战略。因此企业的营销战略,既要规定企业的任务和目标,又要围绕这些任务和目标的实现,确定营销计划和营销手段。

关于“战略”有一个寓言:耗子问猫:“请问我该从哪条路走?”群猫回答:“这要看您想到哪

里去。"耗子再问:"我该怎么走?"属规划学派的猫甲说:"你应先订好计划再走。"属适应学派的猫乙说:"你摸索着走吧,有错就换一条路。"属产业组织学派的猫丙说:"你为什么要去那?为什么不换一个目的地?"属资源基础学派的猫丁说:"你应先培养走路的能力,然后再去。"通过这个寓言可以看出:当战略规划思想占主流时,战略就是规划未来;当环境适应学派占主流时,战略就是讨论企业如何适应环境;当产业组织论占主流时,战略就是讨论如何定位于有吸引力的行业并通过成本领先和差异化来赢得竞争优势;当资源基础论流行时,战略就变成挖掘和培养公司有价值的、无法仿制的、又难以替代的资源了。由此可见,"战略"的范式在不断演进,因为新的理论与经济环境还在不断涌现和变化,企业盈利模式的实践每天都在不间断地进行着,总有一天,一个新的战略范式又将展现在人们面前。

2.1.2　企业战略的特点

1. 全局性

任何企业战略都是研究全局的谋划方案。所以,确定企业战略应从整个企业的生存和发展去考虑。企业战略的全局性要求企业的决策者一切从大局出发,如果某项企业战略只对企业的某个部门有利,而不利于企业的整体发展,就不能采用。当然,重视企业战略全局,并不是排斥或忽视市场营销过程出现的局部问题。聪明的企业决策者,应从局部与全局、部分与整体之间的相互关系中对营销系统加以全面把握,使各个局部的营销战略与企业的整体战略得到协调发展。

2. 长远性

企业战略是着眼于企业未来发展的战略。因此,它首先要解决的就是对企业发展和长远利益具有重大影响的问题。企业战略的长远性,要求企业决策者必须能够放眼未来,对企业的经济运行环境及其发展规律具有清醒的认识,在把握全局的基础上,对企业进行长远谋划。实践证明,片面或盲目地追求企业短期利益,往往会造成企业发展战略上的失误。

3. 适应性

企业战略必须能适应市场环境的变化。当市场环境发生变化时,企业的战略也需要做出相应调整,只有那些能根据市场营销环境不断调整企业战略的企业,才能在激烈竞争的市场环境中处于较有利的地位。

4. 关键性

企业战略的关键性决定了它在市场营销中的地位。企业战略关系到企业的生存和发展,如果一个企业在战略上犯了错误,方向搞错了,战术上再高明也会于事无补。因此,在环境多变和竞争激烈的市场中,企业决策者要想使企业获得长期发展,就必须对企业战略给予足够重视,通过制定企业战略来统一营销活动的步骤,指明企业的发展方向,以获得最大的战略效益。

2.1.3　企业战略的层次

1. 总体战略

总体战略又称为公司战略,是企业最高层次的战略。总体战略的任务主要是回答企业应在哪些领域活动,经营范围的选择和资源如何合理配置是其中的重要内容。总体战略一般由企业决策层负责制定和落实。

2. 经营战略

经营战略又称为经营单位战略或竞争战略。在大企业,往往把一些具有共同战略因素的二级单位,如事业部、子公司等组成一个战略经营单位。在一般的企业,如果各个二级单位的产品和市场具有特殊性,也可将其视为独立的战略经营单位。因此,经营战略是各个战略经营单位或有关事业部、子公司的战略。

3. 职能战略

职能战略又称职能部门战略,是企业各职能部门的短期性战略。通常职能战略涉及对市场营销、研究与开发、生产、财务、人力资源等部门的管理。每一职能战略都要服从于所在战略经营单位的经营战略和整个企业制定的总体战略。

2.2 总体战略规划

企业总部高层管理在推行整个企业战略计划工作过程中,首先要规划总体战略。战略规划制定的步骤主要包括:确立企业使命,建立战略业务单位,规划投资组合和规划成长战略。

2.2.1 确定企业使命

1. 企业使命含义

企业使命反映企业的目的、特征和性质,是指在较长的时期内企业的经营范围,在社会分工中的地位,以及区别于其他企业的重要特征等。企业使命的设定要坚持以市场为导向。确定企业使命,首先需要明确本企业的业务性质是什么;其次,企业生产什么产品和提供何种服务?本企业的主要市场在哪里?谁是本企业的主要顾客?顾客的需要是什么?本企业应如何满足这些要求?通过准确回答这些基础性问题,就能够明确地判断出企业的使命。明确了企业使命,也就明确了企业的活动领域和发展的总方向。

2. 确定企业使命的关键要素

一个组织的使命由以下5个关键性要素组成。

(1) 历史和文化

每个企业都有自己的历史,除非它是一个新建企业。确定企业使命,必须注意企业历史上的突出特征。例如某饭店过去是一家豪华型饭店,并拥有相当多的老顾客,那就不宜改变为大众旅馆,即使这种改变在短期内是有利可图的。

(2) 所有者和管理当局的当前偏好

企业的上级主管单位或董事会对企业的发展和未来会有一定的规划,企业的高层管理人员也会对企业有自己的设想和追求,这些都会影响企业的目标和性质。主管当局有时会从全局的需要出发,合理地调整某些企业的业务范围。

(3) 市场环境的变化

企业周围市场环境是在不断变化的。环境变化可以给企业带来威胁,也可以给企业带来机会。为此,企业决策者一方面要抓住市场机会,以使其在变化的环境中圆满地完成企业的营销目标;另一方面还要避免或减少威胁给企业造成的损失。即企业使命要顺应时代和潮流的变化。

（4）资源条件

不同的企业有不同的资源条件。资源条件的约束决定了一个企业能够进入哪些领域，可以经营哪些业务。

（5）企业的优势及其核心营销能力

每个企业都有自己的核心竞争优势。确定企业使命必须结合企业独特的能力，使之能扬长避短，发挥优势。

3. 使命说明书

为了引导企业朝着一个方向前进，在上述工作的基础上，企业决策层应以书面报告形式提出本企业的使命。企业使命说明书就是根据思考企业使命的结果，最后形成的文字文件。好的使命说明书具有如下 3 个明显特点：

（1）集中在有限的目标上

清楚说明企业拟在哪些方面发挥作用、参与竞争，即明确公司要参与的主要竞争范围。一般可从行业范围、产品与应用范围、能力范围、市场细分范围、垂直范围、地理范围等方面加以说明。

（2）强调公司要遵守的主要政策和价值观

指导员工如何对待顾客、供应商、经销商、竞争者和公众，使整个企业在重大问题上能步调一致，行动上有共同的参考标准。

（3）远景和发展方向清晰

企业使命说明书指明了企业今后若干年的发展远景和发展方向。

4. 企业使命书应体现的原则

（1）以市场为导向

以市场为导向，按照目标顾客的需要来规定和阐述企业的使命。如果以产品或技术为基础定义使命，随着产品和技术的过时，就会造成企业对市场需求的迷失。部分企业对市场导向的业务定义如表 2-1 所列。

表 2-1　市场导向的业务定义①

公司名称	产品界定	市场界定
太平洋联合铁路公司	我们经营铁路	我们是旅客和货物的运输者
施乐	我们生产复印设备	我们帮助提高办公效率
Hess Corporation	我们出售汽油	我们提供能源
派拉蒙电影公司	我们拍摄电影	我们提供娱乐
大英百科全书	我们出售在线百科全书	我们传播信息
开利	我们生产空调和炉子	我们提供家用气温控制设备

（2）切实可行

规定企业使命，应立足于企业本身现有的能力和潜力，结合市场变化，并充分估计到外部环境的发展来规定和阐述企业的业务范围，做到切实可行。

① 资料来源：菲利普·科特勒，等. 市场营销管理. 十五版. 何佳讯，等，译. 北京：格致出版社，2016：37.

(3) 鼓励性

应使全体员工从使命中感受到本企业任务对社会的贡献、企业和员工的前途,从而受到鼓舞,激励干劲。

(4) 明确具体

为顺利执行使命而提出的方针、措施必须明确具体。要提出一系列有关的准则和界限,以尽量限制个人任意解释的范围和随意处理问题的权限,使企业内部各个方面的活动有章可循,责权明确,保证各环节的有机衔接。

(5) 体现竞争性

竞争是商品经济的必然,也是企业发展的内在动力和外在压力。规定企业使命时,必须对本单位和主要竞争者的优势和劣势进行对比分析,扬长避短,提出发展自身优势的竞争策略。

【小链接 2-1】①

在昨日宣布与阿里巴巴达成全面战略合作后,神州专车的运营主体——神州优车股份有限公司(简称"神州优车")今天对外发布公司战略和愿景。公司同时宣布,已于今日正式向全国股转系统公司递交新三板挂牌申请。

神州优车董事长陆正耀表示,神州优车的战略,就是在这场革命中,以客户为中心,以技术为驱动,通过商业模式的不断创新,发挥业务板块的协同效应,引领行业变革。而神州优车的发展愿景,就是迎接行业革命,把握变革机会,重塑人车生态圈。

"我们正站在出行领域的世纪变革前,互联网技术革命和汽车技术革命正在深度改变着客户的消费习惯,并将带来整个出行和汽车生态体系颠覆性的重塑。"陆正耀说。

据介绍,神州优车将会深度聚焦出行和汽车领域的全产业链和人车生态圈,通过业务运营和资本运作相结合的手段,深耕行业。公司的业务包括了现有的出行板块、电商板块和未来即将开展的其他业务板块。

陆正耀表示,无可比拟的先发优势、丰厚的行业资源、强大的创新基因、靠谱的管理团队以及强大的合作伙伴,将确保上述战略的成功实现。

2.2.2 建立战略业务单位

1. 战略业务单位的含义

战略业务单位(Strategic Business Unit,SBU)是指企业值得为其专门制定一种经营战略的最小经营单位。

大多数企业都经营几项业务,每项业务都会有自己的特性,面对的市场环境也不完全一样。界定企业的活动领域只是在大范围上说明了企业经营的总体范围。企业为了便于从战略上进行管理,有必要对组成其活动领域的各项业务从性质上区别开来,划分为若干战略业务单位。

2. 战略业务单位的特征

(1) 有自己的业务。可能是一项业务或相关业务的集合体,但在计划工作上能与企业其他业务分开而单独作业。

① 资料来源:顾阳. 神州优车发布公司战略愿景 已递交新三板挂牌申请. 中国经济网. [2016-4-12]. http://www.ce.cn/xwzx/gnsz/gdxw/201604/12/t20160412_10381836.shtml.

(2) 有共同的性质和要求。不论是一项业务还是一组业务，都有他们共同的经营性质和要求，否则无法为他们专门制定经营战略。

(3) 掌握一定的资源。这使战略业务单位能够相对独立或有区别地开展业务活动。

(4) 有竞争对手。战略业务单位应有自己的竞争对手，这样才有存在的意义。

(5) 有相应的管理班子从事经营战略管理工作。

区分战略业务单位的依据是各项业务单位之间是否存在共同的经营主线。所谓共同的经营主线是指目前的产品、市场与未来的产品、市场之间的一种内在联系。区分战略业务单位要注意两点：

第一，市场导向而不是产品导向。因为根据产品特性或技术区分的战略业务单位难以具有长久的生命力，只有顾客需求才是永恒的。企业的市场定义比企业的产品定义更为重要。企业经营必须看成是一个顾客满足过程，而不是一个产品生产过程。

第二，范围不能包罗万象。一个企业的经营业务范围可以从三个方面加以确定，即顾客群、顾客需要和技术。例如：一个小公司专为电视演播室设计白炽照明系统。它的顾客群就是电视演播室，顾客需要就是照明，技术就是白炽照明。企业也可以扩大它的业务范围：它可以决定为其他顾客群生产照明灯，如为家庭、工厂和办公室；或者它可以提供电视演播室所需要的其他服务，如暖气、通风或空调等；或者它可以为电视演播室设计其他照明技术，如荧光照明或紫外线照明。一个企业不要为它的业务即经营范围定义过宽，因为相对于过宽的经营范围其顾客范围也相当广泛，进而产品范围也相当广泛，从而产生出无数条经营主线，使企业难以制定经营战略。

2.2.3　规划投资组合

规划投资组合，即为每个战略业务单位安排资源。一个企业的人力、财力、物力资源是有限的，如何分配给现状和前景不同的各个战略业务单位是企业高层和总体战略必须考虑的问题。企业必须对各个战略业务单位及其经营状况进行评估，分析他们的前景和发展潜力，从而决定如何为每个战略业务单位安排资源。在规划投资组合方面，有两种模式广为应用，即波士顿咨询公司(BCG)模式和通用电气公司(GE)模式。

1. 波士顿咨询公司(BCG)模式

根据市场增长率和相对市场占有率对产品进行评价的方法是美国波士顿咨询公司提出的一种评价方法，也称波士顿矩阵法。市场增长率指企业一定时期销售业绩增长的百分比，相对市场占有率是将企业的市场占有率和最大的竞争对手市场占有率相比。

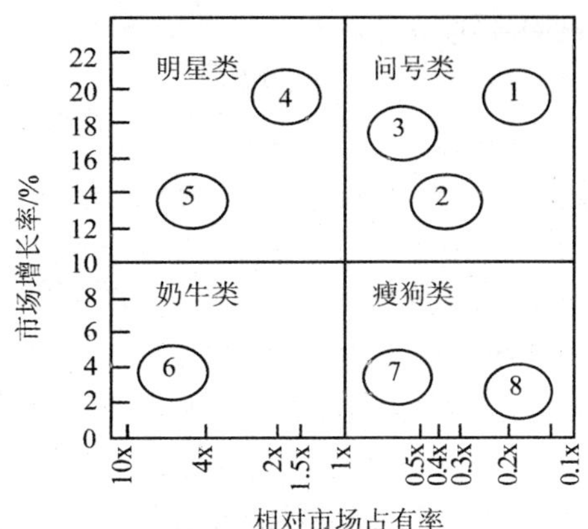

图 2-1　市场增长率/相对市场占有率矩阵

如图 2-1 所示，矩阵纵坐标代表市场增长率，横坐标代表相对市场占有率。市场增长率高低用百分比测量。以 10%作为临界线，超过 10%属高增长率，低于 10%为低增长率；相对市场占有率以 1 为界限，可分为高低两类相对市场占有率。矩阵中，圆圈代表企业所有的战略业务单位，圆圈的位置表示各单位在市场增长率及相对市场占有率方面的现状,圆圈的面积表示各单位销售额的大小。

该矩阵有4个象限,分别代表一个企业所有的战略业务单位的4种类型。

(1) 问号类

问号类即指高市场增长率、低相对市场占有率的经营单位或业务。多数产品最初都属于这类产品。为了提高这类产品的市场占有率,企业需要扩大生产,加强推销,因而需要较多资金投入,要靠现金产品或货款来支持,使它赶上最大竞争对手,然而它们又往往前途未卜,为此企业应慎重考虑的是继续增加投入还是维持现状,或减少投入,甚至精简、淘汰。企业无疑要支持这类产品中确有发展前途的产品,但不宜过多,以免资金分散,效益不明显。

(2) 明星类

明星类即指高市场增长率、高相对市场占有率的经营单位或业务。这类产品处于迅速增长阶段,属于成长发育期,仍然需要大量投资,投资目的是为了使它击败对手,因此这类经营单位短期内未必能给企业带来可观的效益;但当其市场增长率降低时,这类业务就由现金使用者变为现金提供者,即奶牛,他们是未来的财源。因此对这类产品应给予支持,保证其现有的地位和将来的发展。

(3) 奶牛类

奶牛类即指低市场增长率、高相对市场占有率的经营单位或业务。这类产品由于市场增长率降低,不再需要大量资金投入,只需较小投资来保持市场份额。又由于相对市场占有率高,利润高,成本低,是企业的奶牛或厚利产品,可用于支持其他经营单位。因此,企业都十分重视这类当家产品。

(4) 瘦狗类

瘦狗类即指低市场增长率、低相对市场占有率的经营单位或业务。它们利润少,市场发展缓慢,市场份额小,甚至亏损,需要大量管理时间和活动,因此需考虑是否放弃。

对各个战略经营单位进行分类后,企业要评估自己的业务组合是否恰当。一般来说,市场相对占有率越高,经营单位的盈利能力越强,利润水平一般与市场占有率同向增长;另一方面,市场增长率越高,经营单位所需的资源也越多,因为它们要继续发展和巩固市场。同时由于绝大多数产品存在着产品生命周期,也由于企业营销管理的不同,以上4类经营单位在矩阵图中的位置会不断变化,例如,明星类的市场增长率最终会降下来成为奶牛类,奶牛类有可能最终成为消耗现金类,即瘦狗类,如支持及时,问号类有可能成为明星类,如经营成功,消耗现金类也有可能转化为明星类。

可供选择的企业投资策略:

第一,发展。目的是扩大战略业务单位的市场份额,甚至不惜放弃近期收入来达到这一目标。适用于问号类业务,如果要成为明星类业务,其市场份额必须有较大的增长。

第二,维持。目的是保持战略业务单位的市场份额。适用于强大的奶牛类业务。

第三,收获。目的在于增加战略业务单位短期现金收入,而不是考虑长期影响。这适用于处境不佳的奶牛类业务、问号类业务和瘦狗类业务。

第四,放弃。目的在于出售或清算业务,以便把资源转移到更有利的领域。适用于瘦狗类和问号类业务,以免这类业务拖公司盈利的后腿。

2. 通用电气公司(GE)模式

多因素投资组合矩阵是美国通用电气公司模式的应用。多因素投资组合矩阵较市场增长

率/相对市场占有率矩阵有所发展。依据这种方法，企业对每个战略经营单位的现状和前景，都从市场吸引力和竞争能力两个方面进行评估。只有进入既有市场吸引力、企业又拥有相对竞争优势的市场，业务才可能成功。

市场吸引力取决于市场大小、市场增长率、行业利润率等因素。竞争能力取决市场占有率、品牌形象、技术水平、盈利率等因素。对每个因素分等级打分(最低为 1 分，最高为 5 分)，并依据权数计算加权值，加权值累计得出该单位市场吸引力和竞争能力的总分，如表 2－2 和表 2－3 所列。

表 2－2　市场吸引力

构成因素	批分数	权　数	加权值
市场大小	4	0.20	0.80
市场增长率	3	0.15	0.45
行业利润率	3	0.15	0.45
市场的分散程度	3	0.20	0.60
社会、环境因素	3	0.10	0.30
能源要求	2	0.05	0.10
竞争强度	2	0.15	0.30
		1.00	3.00

表 2－3　竞争能力

构成因素	批分数	权　数	加权值
生产规模	4	0.20	0.80
市场占有率	3	0.15	0.45
品牌形象	2	0.15	0.30
产品线宽度	3	0.20	0.60
企业形象	3	0.10	0.30
盈利率	5	0.10	0.50
技术水平	3	0.05	0.15
企业文化	4	0.05	0.20
		1.00	3.30

批分数选用具有 5 个等级的李克特(Likert)等级度量法，对每一个等级赋予一个分值，最低为 1 分，最高为 5 分，即非常不吸引人赋予 1 分，以此类推，非常吸引人赋予 5 分。然而，由于对不同经营单位而言，各因素的地位和重要性会有所不同，因此要赋予每一个因素一个相应的权数，其总和为 1。

每个战略经营单位都可以两个分数提供的坐标为圆心，画出与其行业市场成正比的圆，圆的大小表示行业市场规模，阴影部分的大小表示其业务在行业市场中的市场占有率，如图 2－2 所示。

多因素投资组合矩阵依据市场吸引力大、中、小,竞争能力强、中、弱分为9个区域,它们组成了三种战略地带。

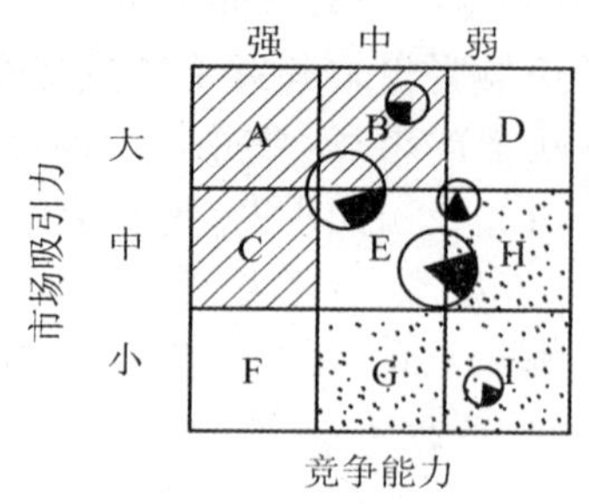

图2-2 多因素投资组合矩阵

地带▨:由左上角A(大强)、B(大中)、C(中强)三个区域组成。这个地带的市场吸引力和经营单位竞争能力最为有利,所以一般要开绿灯,采取增加资源投入和发展、扩大的战略。

地带□:由左下角至右上角的F(小强)、E(中中)、D(大弱)三个区域组成。这个地带的市场吸引力和经营单位的竞争能力基本属于中等水平。一般来说,对这个地带的经营单位开黄灯,即采取维持原投入水平和市场占有率的战略。

地带▒:由右下角I(小弱)、G(小中)、H(中弱)三个区域组成。这个地带的市场吸引力偏小,经营单位的竞争能力偏弱,因此多是考虑开红灯,采用收割或放弃战略。

需要注意的是,企业要对各个经营单位今后的发展趋势进行预测,为现在和未来各个不同的经营单位做出恰当的投资决策。

依据多因素投资组合矩阵为每个战略业务单位安排资源,如表2-4所列。

表2-4 GE模型战略业务优势

		保持优势	投资建设	有选择发展
市场吸引力	高	•以最快、可行的速度投资发展 •集中努力保持力量	•向市场领先者挑战 •有选择加强力量	•集中有限力量 •努力克服缺点 •如无明显增长就放弃
	中	•选择发展 •在最有吸引力的部分重点投资 •加强竞争力 •提高生产力,加强获利能力	•选择或设法保持现有收入 •保护现有计划 •在获利能力强、风险相对低的部门集中投资	•有限发展或缩减 •寻找风险小的发展办法;否则,尽量减少投资,合理经营
	低	•固守和调整 •设法保持现有收入 •集中力量于有吸引力的部门 •保存防御力量	•设法保持现有收入 •给产品线升级 •尽量降低投资	•放弃 •在赚钱机会最大时售出 •降低固定成本,同时避免投资
		强	中	弱
		竞争能力		

2.2.4 规划成长战略

投资组合战略决定哪些经营单位需要扩大发展,哪些应当淘汰放弃。因此,企业经常需要根据情况变化发展一些新业务,以代替被淘汰的业务。企业可以通过3个途径规划新增业务计划,即密集式成长战略、一体化成长战略、多样化成长战略,如表2-5所列。

1. 密集式成长战略

密集式成长战略是指在现有市场上投资发展现有业务，以达到扩大化经营目的的战略，即一个特定市场的全部潜力尚未达到极限时存在的市场机会。这就意味着，企业仍可以在现有的生产、经营范围内求得发展。企业决策时，就是在采用密集式增长战略，如表 2－6 所列。利用密集式成长战略获得业务增长有 4 种情况。

表 2－5　规划成长战略

密集式成长战略	一体化成长战略	多样化成长战略
• 市场渗透 • 市场开发 • 产品开发	• 后向一体化 • 前向一体化 • 水平一体化	• 同心多元化 • 水平多元化 • 跨行业多元化

表 2－6　密集式成长战略

现有产品		新产品
现有市场	市场渗透战略	产品开发战略
新市场	市场开发战略	多元化战略

(1) 市场渗透

企业通过采取更加积极有效的富有进取精神的市场营销措施，努力在现有市场上扩大现有产品的销售量，从而全面实现企业业务增长。可以采取的措施包括：第一，刺激现有顾客更多地购买本企业产品。第二，吸引竞争对手的顾客，使他们购买本企业产品，从而提高现有产品的市场占有率。第三，激发潜在顾客的购买动机，使其购买本企业产品。第四，增加企业销售网点，采取短期内调低价格、加强广告宣传等促销活动。

(2) 市场开发

通过努力开拓新市场来扩大现有产品的销售量，从而实现企业业务增长。实施这种策略的关键是开辟新的销售渠道，并大力开展广告宣传等促销活动。例如：度假饭店一般季节性因素较强，淡旺季明显，饭店可以通过加强网络销售等形式扩大现有产品销售地区，或在淡季采取诸如开办音乐会等活动，吸引非住店客人，以开拓新的市场。

(3) 产品开发

企业通过向现有市场提供新产品或改进的产品，以满足现有市场上不同顾客的需要，从而扩大销售，实现企业业务增长。例如：可以采用增加产品花色品种，增加规格档次，改进产品包装，增加服务等措施。实施这种策略的重点是改进产品设计，同时也要大力开展以产品特色为主要内容的宣传促销活动。

【小链接2-2】[①]

随着上海家化品牌战略的重新规划,旗下新品也出现了调整。北京商报记者在上海家化日前举行的秋季新品发布会上发现,上海家化此次推出的新产品中不仅包括佰草集、六神、美加净等重点发展品牌,还多了去年被该公司停止市场投入的玉泽和茶颜两个品牌。对于被搁置品牌重回视野,业内人士认为,随着上海家化从注重短期投资效益转为关心长期收益,上海家化的战略也开始调整。

被搁置品牌推出新品

北京商报记者了解到,茶颜在此次发布会上推出12款产品,包括6个茶包和6款面膜。调整规划之后的茶颜品牌将定位为一个创新品牌,主要针对"泛90后"的消费群体来进行销售。在产品上,上海家化提出"一茶一面膜",即以口服茶包搭配外敷面膜组合。

此外,根据"泛90后"消费群体的喜好和需求,茶颜在营销推广和包装上都会有一系列创新尝试。销售渠道方面,茶颜将以电商渠道为基础,打造全数字分销网络。

药妆品牌玉泽则推出了皮肤屏障修护系列和玉泽清痘调护系列等多款产品。据介绍,玉泽的销售渠道没有改变,主要为药店销售和医生推荐使用,产品则主要是对之前的产品做了升级。

品牌重新规划

值得注意的是,与一年前的品牌战略规划相比,现在上海家化对新品战略进行了重新规划。

2014年6月,上海家化董事长谢文坚上任后发布新品牌战略时表示,在未来的几年中,上海家化将集中所有资源大力推行"5+1"品牌战略,也就是进一步巩固其超级品牌佰草集与六神的地位,进一步扩大其主打品牌美加净与高夫的市场占有率,发展新兴品牌启初,继续推广差异化品牌家安。而对于茶颜、双妹和玉泽三个品牌,则解释称,由于在过去发展过程中遇到问题,需要暂停市场投入,对其进行重新审视和回顾。

而此新品牌战略与上海家化原董事长葛文耀制定的品牌战略也略有不同,2013年下半年,葛文耀曾对上海家化进行了品牌战略调整,希望打造三大超级品牌(六神、佰草集、美加净),培育七大细分品牌体系(双妹、高夫、玉泽、启初、恒妍、家安、茶颜)的品牌金字塔战略。

如今,上海家化重拾需要"重新审视和回顾"的品牌,对于此变化,上海家化表示,"对品牌进行了重新规划"。实际上,上海家化重新调整品牌战略早前已有迹可循。早在2014年底的业绩说明会上,上海家化便透露了玉泽的新思路,"玉泽原来定位药妆品牌,主打肌肤修护,但渠道没有做起来,现在我们对互联网推广做'爆款'已经有新的构思,未来将会有所动作"。

(4) 多元化

多元化战略是指企业同时经营两种以上基本经济用途不同的产品或服务的发展战略,主要包括:产品的多元化、市场的多元化等。具体的内容可以参见下文的多元化成长战略。

① 资料来源:钱瑜,赵秀静.上海家化开启产品战略.北京商报.产经周刊,2015-08-31.

2. 一体化成长战略

一体化成长战略是在现有业务基础上，通过收购、兼并、联合、参股、控股等方式，向现有业务的上游或下游方向发展，形成产、供、销一体化，以扩大现有业务的营销战略，即企业把自己的营销活动伸展到供、产、销不同环节而使自身得到发展的市场机会。

如图 2-3 所示，一体化成长战略有三种情况：

(1) 后向一体化

后向一体化即按销、产、供为序实现一体化经营而获得增长的战略。具体表现为企业通过自办、契约、联营、收购或兼并等形式，对它的上游供给来源取得了控制权或拥有所有权。例如，由于电商最后一公里的不给力，京东商城 2012 年借自建物流布局后向一体化战略，成为首批获得全国“快递牌照”的电商企业。

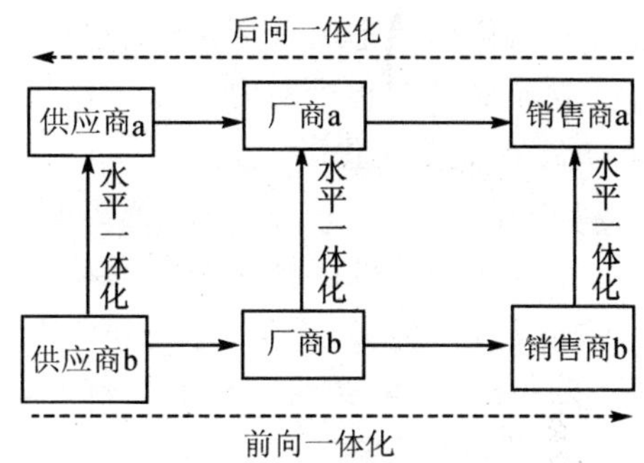

图 2-3　一体化成长战略

(2) 前向一体化

前向一体化即按供、产、销为序实现一体化经营使企业得到发展的战略。具体表现为：企业通过一定形式对其产品的加工或销售单位取得了控制权或拥有所有权。即收购、兼并企业下游的批发商、零售商，自办销售渠道业务，或将产品线向前延伸，从事原有用户经营的业务。例如，日本花王株式会社在家用清洁用品、个人护理品、卫生用品、化妆品的生产方面，建立起一整套完善的垂直整合系统。建立了从原材料调配到生产管理再到店铺零售的产、销、物一体化管理体系。20 世纪 60 年代花王公司与批发商、代理商共同出资，设立了“多喜屋花王”和“松花商事”两家销售企业，面向超市进行销售。

(3) 水平一体化

水平一体化即企业通过收购、兼并竞争的同类企业或在国内外与同类企业实行各种形式的联合经营来寻求增长机会。例如，青岛啤酒只做啤酒，因为他们认为应该保持在啤酒行业的核心竞争力。在这样的战略指导思想下，青岛啤酒选择了做强核心竞争力的一体化战略。实际上，青岛啤酒早在 1994 年、1995 年先后收购了扬州啤酒厂和西安汉斯啤酒厂。从 1997 年开始，青岛啤酒公司在吸取前两次并购经验的基础上，加快了低成本扩张的步伐，通过破产收购、政策兼并、控股联合等方式，形成了大型企业集团，跃居国内同行业前茅。

3. 多元化成长战略

企业利用经营范围之外的市场机会，新增与现有产品业务有一定联系或毫无联系的产品业务，实行跨行业多样化经营，以实现企业业务增长。

实施多元化经营的内部条件包括：企业资源未能充分利用、企业本身具有拓展该业务的能力、企业决策者具有开拓精神；外部条件包括：社会需求的发展变化给企业带来了新的发展机会，新技术革命提供了新的技术基础，竞争局势的不断变化要求企业以变应变，拓展新的业务。

(1) 同心多元化

企业利用原有技术、特长和经验来开发新产品,增加产品的门类和品种,从同一圆心向外扩大业务范围,以寻求新的业务增长。例如:一家生产收音机的无线电厂,决定利用现有的设备和技术增加摄像机和电视机的生产。

(2) 水平多元化

企业针对现有市场的其他需要,采用不同的技术来开发新产品,以扩大业务经营范围,寻求新的增长。例如,一家农机制造企业,是为农业生产服务的,现在决定增设一个化肥厂,实行跨行业经营,但仍然是为农业生产服务。实行这种多元化经营,意味着向其他行业投资,有一定风险,企业应具有相当实力。

(3) 跨行业多元化

企业通过投资、兼并等形式,把经营范围扩展到多个新兴部门,开展与现有技术、现有产品、现有市场无联系的多样化经营活动,以寻求新的增长机会。例如柯达公司,除主要经营摄影器材外,还经营食品、石油、化工和保险等业务。多元化经营像多角餐桌,比独角桌稳得多,但实行多元化经营的企业一般都是财力雄厚,拥有各种专家,具有相当声望的大公司。对中小企业来说,因为该战略风险大,对企业实力要求很高而不宜采用。

【小链接2-3】①

从20世纪90年代开始,格力便布局专卖店销售网络,并且成为格力最大的优势之一,至今仍没有任何一家家电企业能够成功复制格力的渠道建设模式。伴随着格力线上、线下渠道的打通,集家电购买、在线交流、送货安装、售后保修于一体,囊括了从产品购买到售后服务的一整套家电服务已经日渐成形。

目前,格力在全国有3万家实体店,这无疑成为格力产品最庞大也最有利的线下体验场所。而很多格力专卖店已经深入社区,让格力的售后服务,从传统所说的"最后一公里",变成了"最后几百米",充分显出格力专卖店独有的价值和意义。格力对线下专卖店的升级和更灵活销售模式的突破,也让传统的专卖店充满了无限的可能。

独特方式感受未来

以北京格力全产业链产品体验馆为例,记者了解到这家位于鸟巢附近全北京最大的格力产品体验馆,将于2016年6月8日盛大开业。其不仅在外观上彻底打破传统的格力专卖店设计,更在服务理念上实现了行业突破,大秀跨界技能,成为京城首家跨行业体验店。

格力产品体验区是格力最新产品、核心技术的集中体现。在这里,不仅有格力旗下众多品牌——格力空调、晶弘冰箱、TOSOT生活电器等系列强大豪华阵容的产品,更有双级增焓转子式变频压缩机技术、1Hz低频控制技术、超高效压缩技术等格力"国际领先"的核心技术的展示。倾力打造,以实景展示的生动形式,实现虚拟效果到真实场景的跨越,通过在观、听、触等方面的感官体验,让消费者真实感受到自己"未来的家"和"未来的生活"。

体验打造全新消费主张

格力鸟巢体验馆真正的创新在于它的跨行业服务理念,除了专业做空调之外,还将茶艺、家装、亲子互动等与消费者生活息息相关的服务内容融会贯通,为顾客倾力打造多样化

① 资料来源:格力打造京城首家跨行业体验店.新京报. B05:经济新闻. 2016-06-03.

的个性服务。据悉，格力鸟巢体验馆将定期举行茶艺表演和品茶活动，并为消费者提供免费的家装设计服务，力求将其打造成集直观体验、生活灵感和一整套生活解决方案的新场所，为消费者带来“新时代·消费新感受”的全新消费主张。

上述设计与构想打破了传统体验店专注销售的经营目的，而将消费者与品牌互动、沟通需求摆在第一位，这充分表明格力在打造更多样、更贴心、更人性化服务上的决心和想法，不难看出格力“销售创新、紧跟时代变化”的企业精神。

2.3　经营战略规划

2.3.1　分析业务任务

搞好经营战略规划，首先必须明确企业的任务。每个业务单位都要确定一个在企业总任务下的自己特定的任务书，每个经营单位还要确定自己的经营业务范围。同时应明确本单位需要满足哪些消费者的需求，主要的目标市场是什么，为这些消费者提供哪些产品和采取哪些技术以及最终要达到什么目的等。例如：一个企业的任务是提供电视演播室的灯光照明系统。因此企业业务可以描述为：“公司的目标定位在大的电视演播室，公司将选择代表最先进的灯光技术和对灯光的安排使用户绝对可信赖。”这种业务描述反映出该公司的任务并非是争夺小的电视演播室，也不是要开展最低价竞争，并且它对非灯光设备生产计划不感兴趣。

2.3.2　分析竞争环境

1. 外部环境分析

企业内外部营销环境各种因素的变化都会对企业营销产生直接或间接影响，因此企业必须适应营销环境的要求，对营销环境进行分析。对企业的营销活动发生影响的因素，不仅有国内环境因素，而且还有国际环境因素。对于一个企业和经营单位来说没有必要对所有环境做详尽分析，而是要根据其任务的性质和要求集中精力对影响较大的因素进行分析研究，特别要预测有关环境因素在未来的变化。

营销环境变化的结果或对企业及业务形成有利的条件，或对企业产生某些不利的影响。前者称为环境机会，后者称为环境威胁。企业在进行环境分析时，要分别对企业的环境机会和环境威胁进行分析，要采取果断营销行动，抓住营销机会，避免不利因素侵蚀公司的销售或利润。企业只有把握住外部环境的现状及未来发展变化的趋势，掌握足够的信息，才能正确确定企业经营方向和思想、提出经营目标，为确定经营战略打下了良好的基础。

2. 内部环境分析

企业内部环境分析就是对企业的资源、能力的评价，并根据环境的要求，分析企业的优势和劣势。企业要能客观评估自身的经营能力，可以对其营销、财务、制造、人力资源、研究与开发和组织协调能力等进行检查，预测现有的能力与机会和将来环境的相互适应的程度。波士顿咨询公司的负责人乔治·斯托克提出，能获胜的公司是取得公司内部优势的企业，而不仅仅是只抓住公司核心能力的企业。

2.3.3 明确企业目标

通过分析企业内外部环境,了解了企业外部机会和威胁以及内部优劣势,企业就应当制定具体的营销目标。营销目标是企业任务的具体化,是企业未来一定时期内所要达到的一系列具体目标的总称。大多数业务单位都是几个目标的组合,若干目标组成了一个目标体系。

1. 制定营销目标的要求

(1) 层次化

要按照轻重缓急和主次从属关系,区分各个目标的各自地位,而不是把它们并列在一起。这样做,既有利于理清各项目标之间的关系,又有利于在营销活动中抓住重点,兼顾一般。

(2) 定性与定量相结合

在可能的条件下,目标应该用数量表示,这样的目标才易于把握和核查。对于那些难以量化的营销目标,如企业形象,可以用定性的条件来表达的同时,结合市场调查进行定量分析。

(3) 切实可行

营销目标既要先进,又要可行。营销目标应使企业经过努力才能达到,既具有挑战性,又有一定难度。它应在原有基础上有所前进。所以营销目标必须具有先进性。但是在强调先进性的同时,必须从实际出发,与企业的资源条件和市场环境相适应,否则就是脱离实际的空想。

(4) 协调性

众多的营销目标不是孤立的,而是相互联系、相互制约地形成一个目标体系。各项具体目标之间应是协调一致的,而不是互相矛盾、互相抵触的。

2. SMART 目标原则

制定营销目标是使工作变被动为主动的一个很好的手段,制定目标可以采用 SMART 原则。所谓 SMART 原则是指目标必须是具体的、目标必须是可以衡量的,目标必须是可以达到的、目标必须和其他目标具有相关性和目标必须具有明确的截止期限。

具体来说:

S 代表具体(Specific),指目标要切中特定的工作指标,不能笼统;

M 代表可度量(Measurable),指目标是数量化或者行为化的,验证这些绩效指标的数据或者信息是可以获得的;

A 代表可实现(Attainable),指目标在付出努力的情况下可以实现,避免设立过高或过低的目标;

R 代表相关性(Relevant),指与其他目标相关,目标是实实在在的,可以证明和观察;

T 代表有时限(Time bound),注重完成目标的特定期限。

2.3.4 竞争战略制定

美国学者波特提出 3 种可供选择的一般性竞争战略,如表 2-7 所列。

表 2－7 一般性竞争战略

竞争优势	低成本	独特性
广泛目标	成本领先	差异化
狭窄目标	集中化 A. 集中成本领先　B. 集中别具一格	

【小链接 2－4】

迈克尔・波特(Michael E. Porter)①

迈克尔・波特(Michael E. Porter)是哈佛大学商学研究院著名教授，当今世界上少数最有影响的管理学家之一。他曾在 1983 年被任命为美国总统里根的产业竞争委员会主席，开创了企业竞争战略理论并引发了美国乃至世界的竞争力讨论。到现在为止，波特已有 14 本著作，其中最有影响的有《品牌间选择、战略及双边市场力量》(1976)、《竞争战略》(1980)、《竞争优势》(1985)、《国家竞争力》(1990)等。其中，《竞争战略》一书已经再版了 53 次，并被译为 17 种文字；另一本著作《竞争优势》，至今也已再版 32 次。

迈克尔・波特 32 岁即获哈佛商学院终身教授之职，是当今世界上竞争战略和竞争力方面公认的第一权威。他毕业于普林斯顿大学，后获哈佛大学商学院企业经济学博士学位。目前，他拥有瑞典、荷兰、法国等国大学的 8 个名誉博士学位。

波特博士获得的崇高地位缘于他所提出的“五种竞争力量”和“三种竞争战略”的理论观点。波特对于竞争战略理论做出了非常重要的贡献，“五种竞争力量”——分析产业环境的结构化方法就是他的杰出思想；他更具影响的贡献是在《竞争战略》一书中明确地提出了三种通用战略。波特的竞争战略研究开创了企业经营战略的崭新领域，对全球企业发展和管理理论研究的进步，都做出了重要的贡献。

1. 成本领先

成本领先战略是指一个企业以力争使其总成本降到行业最低水平，作为战胜竞争者的基本前提，即公司致力于达到生产成本和销售成本最低化，这样它就能以低于竞争对手的价格赢得较大的市场份额。采用这种战略成功的关键是：寻求整个价值链上的成本节约，形成成本控制的制度和文化；在提倡节约的同时，注意投资建立能够降低总体运作成本的关键资源和能力。实现成本领先的目标，要求企业具有良好畅通的融资渠道，能保证资本持续不断投入；产品工艺过程精简，产品便于制造；拥有低成本的分销渠道；实施高效管理，更严格的成本控制、更先进的技术、更熟练的员工、更高的生产效率和更完善的激励机制。通过以上这些措施可保障这一战略的成功实施。总之，成本领先战略就是企业依靠低成本为其战略特色，并在此基础上争取低价格，从而在与竞争对手抗争中处于有利地位。

2. 差异化

差异化的核心是与竞争对手相比能取得某种独特性，并对购买者有较高价值。容易被复

① 资料来源：迈克尔・波特及其竞争战略. 全球品牌网. http://www.globrand.com .

制的差别化不能产生持久的竞争优势。差别化的来源主要包括:企业在原材料采购方面有很大的独特性;在市场营销、技术开发方面有强大的实力;在新产品开发、新性能、新设计和新工艺方面享有良好的声誉;在产品质量、寿命、经济性、外观等方面享有领先的地位;在品牌、广告与促销,提升用户的感知价值方面拥有较强的可信度;有独特的销售渠道和满意的售后服务等。奉行此战略的企业通过对整个市场的评估找出某些重要的顾客利益区域,为顾客提供差别利益。

【小链接2-5】①

2014年1月9日,北京服装学院,一场时装秀在模特们的款款步伐中拉开帷幕。主导这场时装秀的是以销售3C、家电起家的电商平台京东商城。

出现在这场主题为"尚·京东"的2014春夏时尚新品发布会上的时尚品牌有数十家,包括玖姿、朗姿、MO&Co.、歌莉娅、周大福、Nautica、Jeep、Hazzys、REPLAY、GXG、爱慕等。就在这场时装秀之前,京东上线了名为"红"的闪购频道,定位类似于唯品会,但又与唯品会有一定的区别。至此,京东开放平台上最大的服装类目,已然形成了特色明显又定位不同的卖场。

要调性也要满足用户需求

京东2013年总销售额超过了1000亿元,目前开放平台占了30%的份额。由于京东是以3C、家电类目起家,因此京东的品牌形象一直是偏硬朗,偏男性化。

京东开放平台上主要类目是服饰类产品,怎么才能柔化京东的品牌形象,让京东变成一个时尚高端的购物平台?用人很重要,京东集团创始人兼CEO刘强东将京东集团副总裁蒉莺春调任开放平台任总经理便是一个绝佳的选择。

海外留学背景,投行任职经历,电视财经节目主播的履历使得蒉莺春在开放平台的调性上更容易把控到位。

时尚高端的调性就需要对品牌有所选择。在春夏时装发布会上,《中国经营报》记者了解到,玖熙(nine west)、新秀丽(Samsonite)、费雷、ENZO、EVISU、JEFEN、Clarks、UGG、阿迪达斯、迪斯尼、六福珠宝共11家国际高端品牌与京东达成深度战略合作。

京东开放平台服装事业部总经理刘宏表示,2014年京东开放平台上,服装将会与拥有优良品质的国际国内高端品牌达成深度战略合作。在帮助传统品牌卖家在电商发力的同时,也为中高端消费人群提供不同场合的穿衣解决方案。

对于服装品牌来说,无论在何种卖场或平台销售,都希望保持品牌高端的形象和价值感。

刘宏介绍,京东的服装类目招商不是以量取胜,而是以质取胜,围绕着用户的定位和需求进行招商。同时每年也会有淘汰机制,而淘汰机制并不是建立在销售额的基础上,而是从消费者体验的维度来评定的。

蒉莺春反复提到用户体验和需求。这也是闪购频道上线的缘由,她指出,即使在线下,消费者对于奥特莱斯这种可以买到便宜且高品质产品的卖场都是很热衷的。因此,主打低价折扣的闪购模式也是为了满足京东用户的需求。但这与平台的调性并不冲突。

① 资料来源:姜蓉.京东推"闪购"做差异化唯品会.中国经营报,2045期,2014-01-20.

3. 集中化

企业将力量集中在为几个细分市场上，而不是追求全部市场。实施这种战略的前提一是服务小市场的成本比竞争对手的成本低；二是能够为小市场的购买者提供更具差别化的产品与服务，从而建立竞争优势。这种战略的目的是比竞争对手更好地服务于目标细分市场的购买者。一般中小企业多采用这种战略，因为它们在整体市场上没有低成本和差别化的优势，但在一个较狭小的市场上却能通过采用集中化或市场聚焦战略取得相对优势。这种战略的风险在于，由于市场较狭小，一旦局部市场的需求发生重大变化，或有强大的竞争者进入这一市场，现有的企业就可能面临大的危险。

在同一市场采用同一战略的企业之间，事实上形成了一个战略群落。由于采取相同战略，只有运用战略最佳的企业才能够在竞争中取得较有利的竞争优势。那些采用模糊战略的企业，试图把所有战略的优点集于一身，结果是哪一方面都没有突出的成就，往往经营较差。

2.3.5　制订与执行计划

1. 制订计划

业务单位一旦形成了主要战略思想，它就必须制订执行这些战略的支持计划。市场营销计划是市场营销战略的延伸和具体化，是实施市场营销战略的重要一环。有效的市场营销计划能达到企业内部资源和外部环境的平衡，指明企业的营销目标步骤，因而在企业营销活动中起着重要作用。典型的产品或品牌计划主要包括以下内容，如表 2-4 所列。

表 2-8　营销计划的内容①

部　分	目　的
执行概述	为使高级管理层迅速了解计划的要点而对主要目标和建议做出的简短总结，内容应遵循该执行概述
当前的营销状况	描述公司在目标市场的定位，包括市场信息、产品性能、竞争和分销情况
威胁和机会分析	评估产品可能面对的主要威胁和机会，帮助管理层预期可能对公司或战略产生影响的正面或负面的发展
目标和问题	阐述公司在计划的期限内想要实现的营销目标；讨论影响目标实现的主要问题
营销战略	概述业务单位希望实现目标的大体营销逻辑，以及目标市场、定位、营销花费的具体方案；概述市场组合的每个因素的具体策略，解释每个因素如何去应对计划中提到的威胁、机会和关键问题
行动方案	明确说明营销战略如何转化为具体的行动方案，回答以下问题：应该做什么？什么时候去做？谁负责去做？需要花费多少钱？
预算	具体列出计划所预期的损益表的营销预算。它显示出预期的收益和预期的成本。收益和成本之差就是预期利润，一旦得到上级管理层的审批，预算就成为材料购买、生产计划、人事安排和营销运营的基础
控制	概述监控进程的控制活动，上级管理层可以通过控制来评估执行结果和不符合目标缺陷的产品

2. 执行计划

执行计划就是实施营销计划。战略的实施是指企业通过一系列行政和经济的手段，组织

① 资料来源：菲利普·科特勒，等. 市场营销管理. 亚洲版. 何志毅，等，译. 北京：机械工业出版社，2006：38-39.

职工为达到战略目标所采取的一切行动。应当说战略制定的关键在于其正确性,而战略实施的关键在于其有效性。战略实施的成败取决于能否把实施战略所必需的工作任务、组织结构、人员、技术等资源及各项管理功能有效地调动起来加以合理配置。

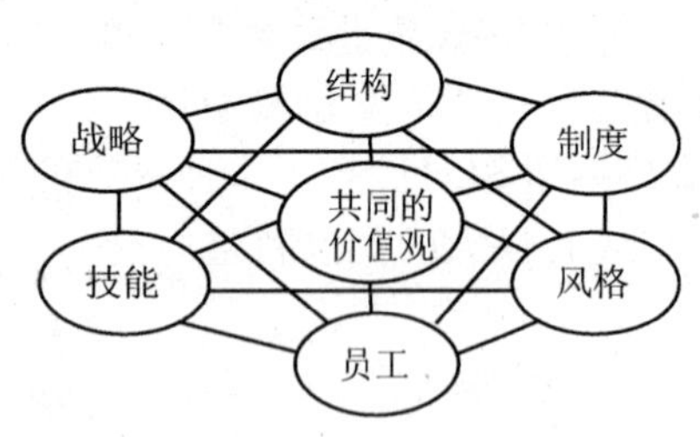

图 2-4 麦肯锡公司的7S构架

麦肯锡公司提出了执行计划过程中的7S构架(见图2-4),它是指企业在发展过程中必须全面考虑结构(Structure)、战略(Strategy)、制度(System)、风格(Style)、员工(Staff)、技能(Skill)和共同的价值观(Shared Value)7个要素,这些要素互相依赖,缺少对任何一个要素的关注都会对其他要素产生不利影响。

前3个S(战略、结构和制度)称为企业的硬件要素,把后4个S(风格、员工、技能和共同的价值观)称为企业的软件要素。由于7个单词都是以英文字母S开头,故称为7S模型,它们决定了企业经营的成败。

2.3.6 反馈和控制

在贯彻企业战略的过程中,需要追踪结果和监测内外环境中的新变化,并做好环境变化的准备。当环境变化时,企业将回顾和修订它的计划,对计划执行过程进行监督、控制、反馈和调整。战略实施的评价与控制是要确定战略在实施过程中在其达成目标上取得了多大的成效。战略和策略的制定过程属于主观认识范畴,其真正的价值只有经过实践才能得到验证,战略只有达成了目标才是成功的。在战略实施过程中进行评价将进一步辨认企业对外界环境的分析是否正确,所确定的经营领域、企业经营思想和经营目标是否恰当,所提出的战略途径和手段是否有效,等等,从中发现战略差距,分析产生偏差的原因,提出纠正偏差的措施,使企业的战略行动更好地与企业所处环境及企业要达到的目标相协调,使企业经营目标得以实现。

2.4 市场营销过程与市场营销组合

2.4.1 市场营销管理程序

1. 分析市场机会

所谓市场机会是指市场上尚未被满足的需求,哪里有未被满足的需求,哪里就有赚钱的机会。市场机会又分为环境机会和企业机会,营销人员不但要善于发现市场机会,还要善于分析评估市场机会,看它是否适合本企业,是否有利可图。分析市场机会既要对宏观环境,即影响企业销售与利润的人文统计、经济、物质、技术、政治法律和社会文化等因素进行分析,又要对微观环境,即供应商、销售中间商、顾客、竞争者和公众等进行分析。这部分内容将在第3章详细介绍。

2. 设计营销战略

设计营销战略包括选择目标市场和目标市场定位战略;对新产品进行开发、测试和投入市场;研究产品生命周期及在不同时期所采取的营销战略;确定企业的市场地位和所选择的战略,如市场领先者战略、市场挑战者战略、市场追随者与市场补缺者战略;研究企业面临的市场

营销机会和挑战，并采取相应营销战略。

3. 计划营销方案

计划营销方案是指对市场营销组合进行设计。常用 4P 营销组合，即产品(Product)、价格(Price)、渠道(Place)、促销(Promotion)。

4. 管理营销努力

在企业战略计划和营销职能计划制订后，更重要的在于市场营销的实施与控制，即将市场营销计划转变为市场营销行动，并对市场营销活动的进程和各个方面进行控制和市场营销审计，以达到预期的市场营销目标。

市场营销控制包括年度计划控制、盈利能力控制和战略控制。

2.4.2　市场营销组合

1. 市场营销组合的含义及特点

企业经营的成败在很大程度上取决于营销组合的选择和运用。市场营销组合是指企业为了进占目标市场、满足顾客需求，加以整合、协调使用的可控制因素。

市场营销组合的特点主要包括以下方面：

(1) 可控性

市场营销组合的因素是企业可以控制的因素。企业可以根据市场细分和消费者的需求及欲望，确定自己的产品结构；企业可以自己决定和选择销售渠道；企业可以根据市场竞争状况，自己决定产品销售价格；企业还可以根据自己产品的特点，适当选用各种促销手段。就企业的营销工作来说，市场营销组合就是利用企业的可控因素加以组合，选择多种营销方式和方法，以适应客观环境的变化，实现企业的营销目标。

(2) 动态性

市场营销组合是变化多样的动态组合，而不是固定不变的静态组合。营销组合中的每一个因素中又包含着许多因素。每个因素都是变数，只要其中某一因素发生变化，就会出现一个新的组合。另外市场营销组合还受到内部条件和外部环境变化的影响，企业必须能对此做出相应的反应。

(3) 复杂性

企业进行整体营销活动必须针对目标市场的需求，既要协调内部的人、财、物，又要考虑外部环境因素，从中选择最佳组合。同时每个具体因素所包含的方方面面也有一个组合问题，能适应市场环境和消费需求的组合是企业最佳营销组合的基础。企业在运用整体营销手段时，不但要综合运用各个因素，而且要注意运用各个因素的自身组合力量。

2. 市场营销组合

(1) 4P 营销组合

市场营销组合这一概念是美国哈佛大学尼尔·恩·鲍敦教授最先提出的。鲍敦认为，一个企业运用系统方法进行营销管理，必须针对内外环境的变化，把各种市场营销手段，包括商品设计、定价、销售渠道、人员推销、广告宣传等进行最佳组合，使它们互相协调，综合地发挥作用，以期达到企业的预定目标。美国密执安州立大学市场学教授杰罗姆·麦克塞教授首先概括简化出易于记忆的 4P，即产品(Product)、价格(Price)、渠道(Place)、促销(Promotion)。此后 4P 在西方市场营销中广为应用。市场营销组合是企业为取得最佳经济效益，针对产品、价格、销售渠道以及促销4个因素进行组合,使之互相配合,综合性地发挥作用的整体营销策略,是市场营销工作顺利进行的重要保证。

① 产品:产品是为目标市场而开发的有形物质产品和各种相关服务的统一体,产品的关键是要符合顾客的需要,企业必须设计和生产适应目标市场需要的产品,供消费者购买使用,这就需要研究产品品种、质量、特性、品牌、包装和产品的市场生命周期,积极不断地从事新产品开发。

② 价格:产品的定价必须考虑目标市场上的竞争状况、法律政策、顾客的承受能力,同时也要考虑折扣、让价、支付的期限、信用条件等相关问题。价格应对目标市场有吸引力,价格得不到顾客的认可,市场营销组合的各种努力势必是徒劳的。

③ 渠道:销售渠道指产品进入目标市场到达消费者手中所经过的渠道。大量的市场销售职能是在市场营销渠道中完成的。在销售渠道领域中,需要考虑产品在什么地点、什么时候和由谁提供销售。有些产品的分销渠道相当复杂,也有些产品的分配渠道却很简单。企业营销人员要研究批发与零售方面的问题,善于拓展销售渠道。

④ 促销:促销是指企业在市场和社会上广泛宣传自己产品的优点,促进销售活动,包括广告、人员推销、营业推广和公共关系等。企业要把合适的产品在适当地点按适当的价格出售的信息,通过促销活动,传递给消费者。

4P市场营销组合的具体内容如图2-5所示。

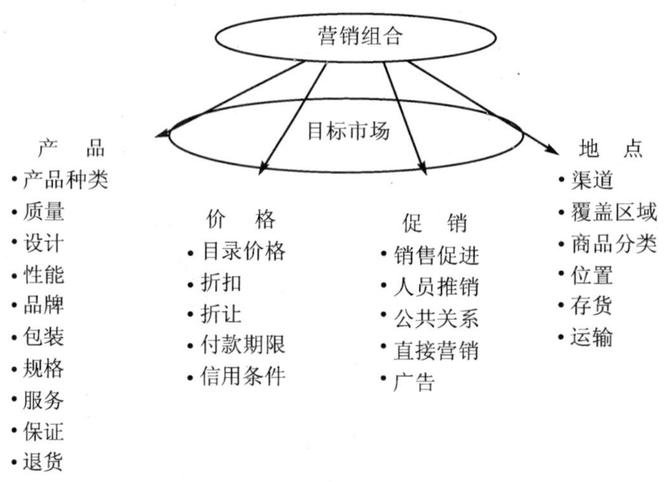

图2-5　4P市场营销组合的具体内容

(2) 4C营销组合

4C理论是由美国营销专家劳特朋教授在1990年提出的,它以消费者需求为导向,重新设定了市场营销组合的4个基本要素,即顾客需要与欲望(Customer)、成本(Cost)、便利(Convenience)和沟通(Communication)。它强调企业首先应该把追求顾客满意放在第一位,其次是努力降低顾客的购买成本,然后要充分注意到顾客购买过程中的便利性,而不是从企业的角度来决定销售渠道策略,最后还应以消费者为中心实施有效的营销沟通。

① 顾客需要与欲望:企业直接面向顾客,因而更应该考虑顾客的需要和欲望,建立以顾客为中心的观念,将"以顾客为中心"作为一条红线,贯穿于市场营销活动的整个过程。企业应站

在顾客的立场上，帮助顾客组织挑选商品货源；按照顾客的需要及购买行为的要求，组织商品销售；研究顾客的购买行为，更好地满足顾客的需要；更注重为顾客提供优质的服务。

② 顾客的成本：顾客在购买某一商品时，除耗费一定的资金外，还要耗费一定的时间、精力和体力，这些构成了顾客总成本，它包括了顾客的货币成本、时间成本、精神成本和体力成本等。由于顾客在购买商品时，总希望把有关成本降到最低限度，以使自己得到最大限度的满足，因此，企业必须考虑顾客为满足需求而愿意支付的“顾客总成本”。企业应努力降低顾客购买的总成本，如降低商品进价成本和市场营销费用从而降低商品价格，以减少顾客的货币成本；努力提高工作效率，尽可能减少顾客的时间支出，以减少顾客的时间成本；通过多种渠道向顾客提供详尽的信息，为顾客提供良好的售后服务，以减少顾客精神和体力的耗费。

③ 方便：最大限度地便利消费者是目前处于过度竞争状况的企业应该认真思考的问题。如企业在选择地理位置时，应考虑地区抉择、区域抉择、地点抉择等因素，尤其应考虑“消费者的易接近性”这一因素，使消费者容易达到。即使是远程的消费者，也能通过便利的交通到达。同时，在商店的设计和布局上要考虑方便消费者进出、上下，方便消费者参观、浏览、挑选，方便消费者付款结算等。

④ 沟通：企业为了创立竞争优势，必须不断地与消费者沟通。与消费者沟通包括向消费者提供有关商店地点、商品、服务、价格等方面的信息；影响消费者的态度与偏好，说服消费者光顾商店、购买商品；在消费者的心目中树立良好的企业形象等。在当今竞争激烈的市场环境中，企业的管理者应该认识到：与消费者沟通比选择适当的商品、价格、地点、促销更为重要，更有利于企业的长期发展。

总之，企业在组织市场营销活动时，应该从企业的行业特征出发，关注 4P 的组合运用。同时，更应该了解、掌握当前许多企业全面调整市场营销战略的发展趋势，注重 4C 在企业营销管理中的运用。

(3) 4R 营销组合

21 世纪伊始，《4R 营销》的作者艾略特·艾登伯格提出 4R 营销理论。4R 理论以关系营销为核心，重在建立顾客忠诚。它阐述了 4 个全新的营销组合要素：关联(Relativity)、反应(Reaction)、关系(Relation)和回报(Retribution)。4R 理论强调企业与顾客在市场变化的动态中应建立长久互动的关系，以防止顾客流失，赢得长期而稳定的市场；其次，面对迅速变化的顾客需求，企业应学会倾听顾客的意见，及时寻找、发现和挖掘顾客的渴望与不满及其可能发生的演变，同时建立快速反应机制以对市场变化快速做出反应；企业与顾客之间应建立长期而稳定的朋友关系，从实现销售转变为实现对顾客的责任与承诺，以维持顾客再次购买和顾客忠诚；企业应追求市场回报，并将市场回报当作企业进一步发展和保持与市场建立关系的动力与源泉。

① 关联：在竞争性市场中，顾客具有动态性。顾客忠诚度是变化的，他们会转移到其他企业。要提高顾客的忠诚度，赢得长期而稳定的市场，重要的营销策略是通过某些有效的方式在业务、需求等方面与顾客建立关联，形成一种互助、互求、互需的关系，把顾客与企业联系在一起，这样就大大减少了顾客流失的可能性。

提高产品与需求的对应程度，提供符合客户特点和个性的具有特色或独特性的优质产品或服务。与产品需求建立关联必须把产品和需求的层次对应起来，对应越准，关联性越强；其次是采用“大规模量身订制”式生产方式，网络经济的发展彻底改变了传统经济下无法大规模集结市场特殊需求，只能小批量生产特殊款式产品，“量身订制”意味着特权价格、高费用和超额利润的局面,使得"大规模量身订制"式生产方式成为可能。任何过去无法开通流水线生产的特殊款式的产品,通过网络进行全球范围的市场集结都可以形成"批量",可以由"特殊"转化为"常规",从而可以按照相应的规模经济要求进行流水生产。

② 反应:面对迅速变化的市场,要满足顾客的需求,建立关联关系,企业必须建立快速反应机制,提高反应速度和回应力,这样才可以最大限度地减少抱怨,稳定客户群,减少客户转移的几率。网络的神奇在于迅速,企业必须把网络作为快速反应的重要工具和手段。在及时反应方面日本公司的做法值得借鉴,日本企业在质量上并不一味单纯追求至善至美,而是追求面向客户的质量,追求质量价格比。他们并不保证产品不出问题,因为那样成本太高。而是在协调质量与服务关系的基础上建立快速反应机制,提高服务水平,能够对问题快速反应并迅速解决。这是一种企业、顾客双赢的做法。

③ 关系:在企业与客户间的关系发生了本质性变化的市场环境中,抢占市场的关键已转变为与顾客建立长期而稳固的关系,从交易变成责任,从顾客变成拥趸,从管理营销组合变成管理和顾客的互动关系。关系营销越来越重要了。那种认为对顾客需求做出反应、为顾客解答问题、平息顾客的不满就尽到了责任的意识已经落后了。关系营销应有所侧重,必须优先与创造企业75%~80%利润的20%~30%的那部分重要顾客建立牢固关系。把大部分的营销预算花在那些只创造公司20%利润的80%的顾客身上,会导致营销资源的浪费和低效。

④ 回报:回报是营销的源泉。对企业来说,市场营销的真正价值在于其为企业带来短期或长期的收入和利润的能力。一方面,追求回报是营销发展的动力;另一方面,回报是维持市场关系的必要条件。企业要满足客户需求,为客户提供价值,但不能做"仆人"。因此,营销目标必须注重产出,注重企业在营销活动中的回报。一切营销活动都必须以为顾客和股东创造价值为目的。

4P、4C和4R营销组合比较如表2-9所列。

表2-9 4P、4C和4R营销组合比较

4P	4C	4R
4P代表了销售者的观点,即4P是卖方用于影响买方的有效的营销工具	4C代表了从顾客出发的观点,即每一个营销工具是用来为顾客提供利益的	4R代表了以竞争为导向,即着眼于企业与顾客互动与双赢,形成竞争优势
产品(Product) 价格(Price) 渠道(Place) 促销(promotion)	顾客(Customer) 成本(Cost) 便利(Convenience) 沟通(Communication)	关联(Relativity) 反应(Reaction) 关系(Relation) 回报(Retribution)

【讨论题】

1. 什么是战略?它有什么特点?
2. 如何界定企业使命?
3. 比较三种一般竞争战略的特点和适用范围。
4. 简述规划成长战略的内容。
5. 什么是市场营销组合?4P、4C和4P营销组合有什么区别?

6. 案例题[①]

2017 年 10 月 26 日，百度与首汽约车宣布达成战略合作伙伴关系，双方将重点推进自动驾驶、车联网的商业化运行，并进一步探索自动驾驶网约车商业运营模式。

双方宣布将在自动驾驶、车联网以及地图层面达成深度合作，并将携手推动自动驾驶示范运营。

Apollo 平台将向首汽约车输送自动驾驶的技术和能力，打造自动驾驶网约车队，推动自动驾驶技术在网约车业务和景区中的示范运营。

在车联网方面，百度将为首汽约车提供 Apollo 开放平台内的 DuerOS 智能车联解决方案。Apollo 开放平台的 DuerOS 智能车联解决方案具备语音语义、人脸识别、AR 导航等技术，能为车主提供内容推荐和新的人机交互界面，帮助首汽约车增添更多个性化、主动化、智能化的服务和功能。

据透露，未来首汽约车将全面应用 Apollo 平台的 DuerOS 智能车联解决方案，并且 Apollo 平台还将根据网约车场景下用户的个性化需求，为首汽约车“量身定制”解决方案。此外，百度将为首汽约车提供百度地图的全面支持，同时双方将联合优化百度地图数据库。

据介绍，首汽约车业务已经覆盖了全国 52 座城市，运营车辆超过 60000 辆，目前已经在 35 座主要城市取得了线下运营资质。百度 Apollo 开放平台自 7 月份正式发布以来，目前已纳入 70 余家合作伙伴。

问题 1：根据本章所学的知识，分析一下此次战略合作属于哪种成长战略。

问题 2：请结合本案例的内容，分析一下这种战略规划对于其他企业的影响是什么，为什么？

① 资料来源：韩依民. 百度与首汽约车达成战略合作 将打造自动驾驶网约车队. 腾讯科技.[2017 - 10 - 26]. http://tech.qq.com/a/20171026/045767.htm.

第3章　市场营销环境分析

【引导案例】①

2016年9月5日，举世瞩目的G20杭州峰会圆满落下帷幕。本次峰会为世界经济开出了一剂标本兼治、综合施策的“药方”，并为世界经济开辟了一条强劲、可持续、平衡、包容的增长之路；峰会在世界经济的新起点上发出了“中国主张”，向世界展示了美丽中国的形象，不仅给我们留下了美好的回忆和对未来发展前景的展望，更为中国旅游发展带来了新的机遇、揭示了新的方向。

G20峰会“加强宏观政策协调，创新增长方式”的主题和共识，为全球旅游经济复苏增长创造了新的机遇，为我国旅游的强劲发展注入了新的动力。我们看到，在世界经济的新格局中，旅游业对于调整结构、增加就业、扩大需求、促进消费、推动经济增长的作用正日益凸显，在世界经济稳定增长中的贡献份额不断提升。据世界旅游理事会统计，去年全球旅游业贡献了7.2万亿美元，并创造了全球9.1%的就业岗位；旅游业已经成为全球各个国家的重要产业之一。近年来，我国积极推进旅游供给侧的改革，促进旅游业转型升级和融合发展，在全球旅游经济的创新发展中展现着勃勃生机。在G20杭州峰会开辟的新起点上，我们当把握机遇，与时俱进，深化旅游供给侧改革，创新旅游的发展模式，走出一条旅游业持续增长的中国之路，在全球新一轮旅游发展大潮中勇立潮头，加快建设旅游强国的步伐，这是时代赋予我们的新使命。

G20杭州峰会为我国全方位推进和深化旅游对外交流与合作带来全新机遇。中国正在从旅游大国向旅游强国迈进，让世界刮目相看。这次峰会期间众多国家政要来到中国，走进杭州，亲身体验了中国旅游的精彩，感悟中国旅游的魅力，目睹中国旅游巨大的潜力，自然都把开展旅游合作摆上重要的议事日程。在与诸多国家达成的成果清单里，我们看到了一个个关于旅游合作的共识和约定。峰会搭起了我国与世界各国沟通的桥梁，为推进和深化旅游合作开辟了广阔的空间。在国际经济合作和双边关系发展中打好“旅游牌”，将为我国带来一个前所未有的大好机遇。我们要主动融入国家战略，立足于国家推动建立以合作共赢为核心的新型国际关系的总体目标，围绕国家构建健康稳定的大国关系框架的战略，积极推动我国与其他国家之间的旅游交往，不断扩大旅游交流的规模；围绕国家全面推进周边外交，打造周边命运共同体的战略，进一步扩大中国与周边国家、地区的旅游合作；围绕国家加强同发展中国家团结合作的战略，积极引导中国游客前往发展中国家旅游，推动中国旅游产业“走出去”到发展中国家投资；特别要立足国家“一带一路”倡议，推动我国与沿线国家的旅游合作，共同打造世界级的旅游黄金带。

G20杭州峰会是一场精彩的中国旅游营销，不仅在世界经济中刻上了“中国印记”，而且

① 资料来源：王洁平．G20峰会带给中国旅游又一新机遇．中国旅游报，3版，2016-09-07.

向世界展示了中国形象。让世界了解中国，让中国走向世界。可以说，中国旅游也是最大的赢家。G20 峰会不仅告诉世界“像杭州这样美丽的城市，中国还有很多”，而且介绍杭州的人文历史和秀山丽水，娓娓动听地讲述“中国故事”。从峰会的接待、会议、宴请、晚会，到贵宾们的游览、品茶、美食、购物体验，再到会议的会标、礼品、饰件无不融入和凝聚着杭州的地方元素和中国的文化元素，展示着中国的山水美景，充分体现了“传统文化，时尚表达”“中国文化，世界表达”，让世界关注，让世界喝彩。我们不仅要乘势而进，走进入境旅游蓬勃发展的新阶段，而且还应以峰会为新起点，创新中国旅游营销，创新旅游发展，描绘中国旅游发展的崭新蓝图。

从旅游视野看，G20 杭州峰会推进了旅游国际化，打造了具有世界水平的旅游目的地，构建了全域旅游的新格局，同时也为中国旅游的可持续发展提供了经验，带来了启迪。优越的旅游资源、优质的旅游环境、优美的旅游产品、配套的旅游要素、品质的旅游服务、舒适的旅游生活……这一切，谁不说“最忆是杭州”？

杭州的经验总结可指导我国旅游实践，这必将是一笔宝贵的财富。知行合一，站在新的起点，让我们向着新的目标出发，谱写中国旅游可持续发展的崭新篇章。

任何企业都是在一定的营销环境中运行的，营销环境的变化，可以为企业带来新的市场机会，也会给企业造成环境威胁。因此，了解企业营销环境的基本构成，明确营销环境与企业营销的关系，监测和把握各种营销环境因素的发展变化，是企业适应环境，驾驭环境，审时度势，趋利避害地开展营销活动的基础。

3.1　市场营销环境及其与企业营销的关系

3.1.1　市场营销环境的概念与构成

市场营销环境指存在于企业营销部门外部的不可控制的因素和力量，这些因素和力量是影响企业营销活动及其目标实现的外部条件。对于企业来说市场营销环境是不可控因素。

企业的市场营销环境，指的是对企业的市场营销活动发生影响的各种因素的总和，可以分为内部环境和外部环境、直接环境和间接环境、微观环境和宏观环境以及国内环境和国际环境等。市场营销环境是错综复杂的，为了把握营销环境及其与企业营销之间的关系，主要从微观环境和宏观环境进行分析。

1. 微观环境

微观环境是指对企业或营销活动发生影响的直接环境，主要由企业内部环境、营销渠道中间商、顾客、竞争者、社会公众等方面构成。

2. 宏观环境

宏观环境是指对企业的营销活动构成影响的间接环境，但是并不能排除宏观环境中的某些因素会对企业的营销活动产生直接的影响。宏观环境主要由人口环境、经济环境、政治法律环境、自然环境、科学技术环境、社会文化环境等方面构成。

3.1.2 市场营销环境与企业营销的关系

企业的市场营销环境其实就是企业的生存环境,市场营销环境与企业营销的关系需要注意以下几个具体方面的问题。

1. 对企业营销发生影响的因素是多方面、多层次、连锁的

在一般情况下,环境因素对企业营销发生影响的特点是由外部到内部、由间接到直接、由宏观到微观逐步地发生影响作用的。鉴于以上情况,企业要特别注意各种环境因素对企业营销活动发生影响时传导的途径、作用的方面、作用的性质、力度的大小以及可能导致的结果等问题。

2. 企业面对的各种环境因素经常处于变动之中

营销环境的发展变化,或者可以给企业带来可利用的市场机会,或者会给企业造成一定的环境威胁。因此,企业不仅要了解静态的环境,而且要监测和把握环境因素的发展变化。弄清营销环境的现状及发展变化趋势与特点(如会发生什么性质的变化、变化的程度如何、发生的时间与几率等),善于从中发现并抓住有利于企业发展的机会,避开或减轻不利于企业发展的威胁,这是企业营销管理的首要问题。

3. 企业的市场营销活动是需要对变化着的环境做出积极反应的动态过程

虽然从一般意义上说企业不能从根本上去控制其外部环境的发展变化,但企业的营销活动除了适应和利用,也在影响着各种外部环境的形成与发展。在现代社会经济条件下,企业的营销活动如果仅是被动地适应和利用环境,而忽视凭借有效的手段和措施去主动地影响并在一定程度上改善环境,是难于取得营销成功的。

4. 不同阶段和环境条件对企业营销活动的影响程度不同

当企业处于成长期时,较多地受内部环境因素的影响,如企业的领导机构不健全、管理组织不完善、基础工作薄弱、生产秩序混乱等,这时企业只有首先着重抓好内部管理工作,营销活动才有可能获得发展。当企业进入高成长期之后,产品性能和质量达到了一定的水平,各项规章制度基本健全,内部管理已经建立起良好的秩序,这时企业主要应考虑的是如何去适应外部环境的变化,因此外部环境因素就成了影响企业营销活动的主要方面。

3.2 宏观市场营销环境分析

企业营销的宏观环境涉及人口、经济、政治法律、自然、科学技术和社会文化环境等多个方面,如图3-1所示。它对于企业来说是既不可控制,又不可影响,而它对企业营销的成功与否起着主要作用。宏观环境的发展变化既会给企业创造有利条件或带来发展机会,同时也会给企业的生存发展带来不利因素或造成环境威胁,企业必须密切注视宏观环境的发展变化,并注意从战略的角度与之保持适应性。成功的公司是那些能认识到在宏观环境中尚未被满足的需要和趋势并能做出盈利反应的公司。

3.2.1 人口环境

一个企业要关注的第一个因素是人口,因为市场是由人组成的。营销人员深感兴趣的是在不同城市、地区和国家的人口规模和增长率、年龄分布和种族组合、教育水平、家庭类型、地区特征和运动等。

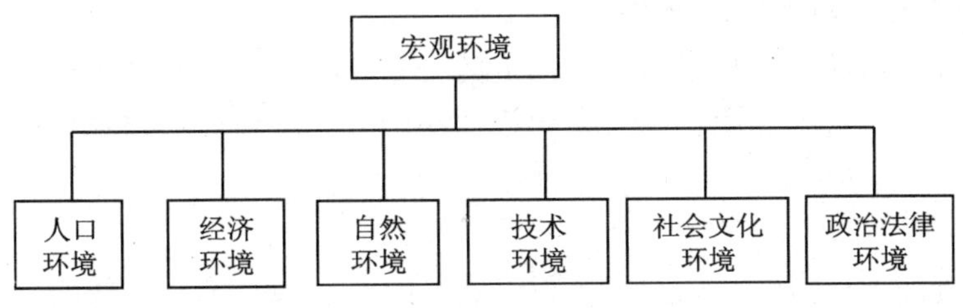

图 3-1 宏观环境

1. 人口规模与增长速度

一般来说，人口规模越大，市场规模（指现实商品需求与潜在商品需求的总和）也就越大，需求结构也就越复杂。但是，在考察人口规模对市场规模及市场需求结构的具体影响时，通常都要考虑到社会经济的发展状况。从需求数量的角度看，社会经济的发展水平越高，人口规模越大，则社会购买力也就越大，反之社会购买力就比较小。这就是说，人口规模与社会购买力水平之间并不呈现为简单的正比关系。从需求结构的角度看，在社会经济发展水平较低的情况下，社会购买力主要集中在维持人们生存所必需的生存资料方面，而且人口规模越大这方面的市场压力就越大；在社会经济发展水平较高的情况下，人们对发展资料和享受资料的购买需求就会大大提高，而且表现为对包括生存资料在内的生活资料的品质要求与品种要求会明显增强和拓宽。

世界人口尤其是发展中国家人口持续高速增长是人口环境变化中的一个重要情况。我国人口的迅速增长将对企业乃至整个社会带来深刻的影响，例如新增人口导致的社会基本生活需求的扩大，资源人均相对占有量较低及资源供应紧张引起物价上涨、成本上升、利润率下降等。

2. 人口的构成

人口的构成包括自然构成和社会构成。人口的自然构成，包括人口的性别构成和年龄构成等方面的内容。以年龄构成为例，全球的共同趋势是人口的老龄化。人口的社会构成，包括职业构成、教育构成、家庭构成、民族构成、宗教构成等内容。从教育构成来看，每个社会中的人口都可以分为 5 个教育群体，包括文盲、高中学历以下、高中毕业、大学和专业学位。

【小链接 3-1】[①]

如果世界是个由 1000 人组成的村庄，它将包括 520 名女性，480 名男性；330 名儿童，60 名 65 岁以上的老人；10 名大学生，335 名成人文盲。有 52 名北美人，55 名俄罗斯人，84 名拉丁美洲人，95 名欧洲人，124 名非洲人和 584 名亚洲人。人与人之间的交流将会较为困难，因为有 165 人说中国普通话，86 人说英语，83 人说印度语，64 人说西班牙语，58 人说俄语，37 人说阿拉伯语，其余人的说其他 200 多种语言中的一种。有 329 名基督教徒，178 名伊斯兰教徒，132 名印度教徒，62 名佛教徒，3 名犹太教徒，167 名非教徒，45 名无神论者和 84 名其他的。

① 资料来源：菲利普·科特勒，等. 营销管理. 第 13 版. 中国版. 卢泰宏，高辉，译. 北京：中国人民大学出版社，2016：62.

3. 人口的地区分布与地区间流动

人口的地区分布指的是人口在地理空间上的分布状态。一个地区的人口规模状况会对该地区的市场规模产生直接的影响;此外,人们往往会因其所处地区的地理条件、气候条件、文化习俗、社会经济发展水平等的不同,而在生活方式、消费需求、购买习惯、购买力等方面呈现出明显的差异性。

随着社会经济的发展,近年来我国人口的地区间流动增强,人口迁移的规模有逐年上升的趋势。迁移目的地以我国大中城市、东部沿海城市为主,迁移的动因主要是寻找就业和赚钱机会以及寻求更好的个人发展环境。

3.2.2 经济环境

经济环境包括的具体内容较多,一般指影响企业市场营销方式与规模的经济因素。在此主要对与消费者市场规模及需求结构关系密切的社会购买力、消费者收入、消费者支出模式问题以及对这些方面发生影响的有关因素进行一些分析。

1. 社会购买力

社会购买力指的是一定时期内社会各方面用于购买商品的货币支付能力。社会购买力是构成市场的重要因素之一,决定着市场规模,影响着市场需求结构,制约着企业的营销活动。企业应当密切注意由于社会购买力及市场规模、市场需求结构的变化而带来的市场机会和环境威胁。

社会购买力是国民经济发展水平、消费者收入、价格水平、储蓄状况、信贷规模等一系列经济因素的函数。虽然一定时期的社会购买力的大小受多种因素的制约,但主要取决于国民经济的发展水平。经济发展快,人均收入高,社会购买力就大,企业的营销机会就会随之增加,反之就会给企业的营销带来不利影响。

社会购买力的大小还受到价格水平和通货膨胀的影响。社会购买力的大小与储蓄的增减变动也有着密切的关系。此外,消费者信用的规模变化也会影响社会购买力的增减变动。消费者信用在刺激消费者需求、促进商品流通与商品生产、指导和调节消费方向等方面具有一定的积极作用。

2. 消费者收入

消费者收入指的是消费者从各种来源所得到的货币收入,通常包括人们的工资、奖金、退休金、红利、租金、赠予等。消费者收入是影响消费者市场购买力水平及消费者支出模式的一个重要因素。消费者收入的变化不仅对生产经营消费资料和服务企业的营销活动有直接影响,而且会间接地对生产经营生产资料和服务的企业的营销活动产生重大影响。

在实际生活中,消费者并不是也不可能将其全部收入都用于购买产品或劳务,消费者的购买力仅是其收入中的一部分。对企业营销来说,有必要将消费者个人收入区分为可支配的个人收入和可随意支配的个人收入。可支配的个人收入指的是从消费者个人收入中扣除消费者直接负担的各项税款以及上缴给政府或组织的非税性负担之后的余额。这部分收入或被用于消费支出或被用于储蓄,是影响消费者购买力和消费者支出模式的决定性因素。可随意支配的个人收入指的是从可支配的个人收入中减去消费者用于维持基本生活所必需的支出和其他固定支出后的

余额。这部分收入是消费者可以任意决定其投向的，是影响消费需求构成的最活跃的经济因素。这部分收入的数额越大，人们的消费水平就越高，企业的营销机会也就越多。

3. 消费者支出模式与消费结构

消费者支出模式指的是消费者个人或家庭的总消费支出中各类消费支出的比例关系。消费者收入的变化不仅影响购买力，而且对消费者支出模式有着直接影响，并使其发生具有一定规律性的变化。1958 年，德国统计学家恩斯特·恩格尔（Ernst Engel）在深入调查研究的基础上对此进行了概括性的描述，人们将其称之为恩格尔定律。此后，一些经济学家又根据实际情况对恩格尔定律的表述进行了修正和完善。

恩格尔定律的主要内容是：一个家庭收入越少，其总支出中用于购买食物的支出比重越大；随着家庭收入的增加，用于购买食物的支出占家庭总支出的比重就会下降，用于改善居住条件及用于家务经营的支出占家庭总支出的比重大体不变，而用于其他方面（如服装、交流、娱乐、卫生保健、教育等）的支出和储蓄占家庭总支出的比重就会上升。其中，用于食物的支出与家庭总支出的比值被称为恩格尔系数。一般认为：恩格尔系数越大，生活水平越低；反之，恩格尔系数越小，生活水平越高。

对许多国家有关情况的调查分析表明，恩格尔定律的基本方面是符合客观实际的，是对家庭各类消费支出随收入增长而发展变化的一般性的概括。上述的恩格尔系数，常被作为判断一个国家经济发展水平以及一个家庭生活水平的重要参数之一。需要指出的是，消费者支出模式除受消费者收入的影响外，还受家庭生命周期、家庭所在地点以及消费者的职业、文化水平、价值观念、生活方式等消费者特性以及有关环境因素的影响。

【小链接 3－2】①

国家发改委网站 2016 年 8 月 4 日刊发国家发改委政策研究室文章称，2016 年以来，国家着力推进供给侧结构性改革，努力提高产品和服务供给质量和效率，实施促进消费带动转型升级的“十大扩消费行动”，努力在更高层次上解决消费供需矛盾，为经济社会发展增添新动力。

具体来看，上半年，居民消费稳定增长，消费升级势能持续释放，呈现出增速保持平稳、结构进一步升级、服务消费持续旺盛、线上线下加速融合等多个亮点。

从增速来看，上半年，社会消费品零售总额实现 156138 亿元，同比增长 10.3%，增速与 2015 年同期基本持平。在投资增速回落、出口低迷的情况下，消费需求对经济增长的带动作用进一步凸显，最终消费支出贡献率达 73.4%，同比提高 13.2 个百分点。

不仅消费蛋糕在做大，结构也进一步升级。上半年，全国居民人均消费支出为 8211 元，同比增长 8.8%。分领域看，食品、衣着、生活用品等基本消费平稳增长，发展享受型服务消费增速明显较快，占比继续提高，其中教育文化娱乐、医疗保健支出分别增长 12.9%和 13.2%，占比分别达到 9.6%和 7.8%，均比上年同期提高 0.3 个百分点。

值得一提的是，上半年服务消费持续旺盛。全域旅游示范区建设加速推进，乡村旅游、红色旅游、通用航空等个性化、体验化旅游持续升温。受宽带提速降费等政策带动，信息消

① 资料来源：亢舒．增加居民收入．挖掘消费潜力．经济日报，2016－08－05：05．

费规模持续扩大,前5个月移动数据流量增长124.7%。各级文化文物单位积极开发文化创意产品,文化娱乐市场快速发展,上半年全国电影票房收入达246亿元,增长21%。体育经济"跑步"前进,全民健身计划深入实施,马拉松等体育赛事活动逐步兴起。

线上线下消费加速融合也是一大亮点。移动支付、远程教育、网络租车等快速发展,分享经济规模不断扩大,网络消费在过去两年高增长的基础上继续保持较快增长。上半年,全国网上零售额为22367亿元,同比增长28.2%,其中实物商品网上零售额增长26.6%,占社会消费品零售总额的比重为11.6%,较去年全年提高0.8个百分点。

此外,文章还表示,下一步国家将顺应居民消费升级趋势,在继续增加居民收入、提升消费能力的同时,从供需两端发力,进一步挖掘和释放消费潜力。

一方面,要持续增加消费品有效供给。着力提高供给体系质量和效率,继续推进"十大扩消费行动",激发企业不断提升产品质量和培育品牌的内生动力,多渠道增加产品和服务有效供给;另一方面,要全面改善优化消费环境。加快建立智慧家庭等新兴信息消费的标准体系,加大全国信用信息共享平台信息归集和联合惩戒力度,进一步扩大"同线同标同质"工程实施范围。

所谓的消费结构,指的是人们生活中所消费的不同类型的消费资料、消费劳务的比例关系。一个国家的消费结构称之为宏观消费结构,一个家庭或个人的消费结构称之为微观消费结构,它们之间有着密切的关系。上述的消费者支出模式问题主要是对微观消费结构的考察。调查研究消费结构的现状与发展趋势,有利于企业根据消费需求的变化趋向有针对性地搞好营销工作。

3.2.3 政治法律环境

任何企业的营销活动都会受到政治、法律环境的制约和影响。它主要涉及制度环境、体制环境、方针政策环境、法律环境等方面。

制度环境,主要指的是一个国家的基本社会制度,包括政治制度和经济制度。我国的制度环境决定了企业的营销活动必须符合社会主义的基本方向,这是一个根本性问题。体制环境主要涉及包括一系列具体内容的政治体制和经济体制。体制环境方面,对企业来说最基本的是企业与国家的关系问题。随着经济体制和政治体制改革的逐步深入,企业将真正成为自主经营、自负盈亏、自我激励、自我约束的独立法人实体和市场竞争的主体,并将在一个更为开放、民主、法制化的政治和经济环境下运行。

国家的方针政策是一个时期中政府工作的方向和目标,以及为实现这一目标而由国家行政机关制定的对有关方面加以约束的行为准则。同法律、法规相比,政策具有较强的灵活适应性和较大的可变性,除部分基本政策外,它们会随着政治经济形势的变化不断地进行必要的调整。政策具有普遍的号召性、指导性和规定性,主要依靠说服教育及组织、引导鼓励等方式,并运用适当的经济手段和必要的行政手段去贯彻实施,但有些政策也带有一定的强制性,依靠对违反者采取经济措施、行政措施乃至必要的组织措施来加以落实。国家的方针政策,尤其是经济方面的政策变化对企业的营销活动存在着直接或间接的重要影响。

法律是由国家制定或认可、并由国家运用强制力去保证实施的行为规范的总和。企业在营销活动中会遇到大量的法律、法规,尤其是经济方面的法律和法规。我国的经济法体系主要

包括：调整经济关系的基本法律，对社会经济活动进行综合调节和监督的法律，保护国土资源和生态环境的法律，保护消费者权益的法律，调整所有制关系的法律，调节和控制社会物质生活活动的法律，调节和控制流通过程的法律，调节国民收入分配、再分配的法律，保护知识产权的法律，处理涉外经济事务的法律，等。其中每一项新的法律、法规的颁布实施或原有法律、法规的修改，都会直接或间接地影响到企业的营销活动。

3.2.4　自然环境

社会生产不仅需要有一定的社会经济条件，而且需要有一定的自然条件，这种自然条件就是企业所面临的自然环境。自然环境可以按照要素划分为大气环境、水体环境、土壤环境、地质环境等。自然环境与自然资源有着密切的关系。从本质上看，社会生产活动赖以进行的自然环境本身就是自然资源。具体来讲，自然环境诸因素中，凡是人类已经或可能依一定的有用性将其投入生产过程的就是自然资源。自然资源的范畴十分广泛，依照再生产性可以将其划分为可再生资源、不可再生资源和无限资源。可再生资源如森林、食物，需精打细算地充分利用。不可再生资源如石油、煤炭、白金、锡、银等，石油这一不可再生的有限资源，已经构成未来经济增长所遇到的最严重的问题。无限资源如空气等。在人类活动的参与下，自然资源日益短缺，环境污染日趋严重。随着上述问题的普遍化和严重化，促使各国政府都不同程度地加强了对自然环境和自然资源的管理工作。

【小链接 3-3】①

第二部全球环境竞争力绿皮书《全球环境竞争力报告(2015)》(简称绿皮书)在京发布。绿皮书指出，2014 年，全球环境竞争力排名中，中国在全球排名第 85 位，比 2012 年排名上升了 2 位。挪威、瑞士、德国位列全球环境竞争力前三。

绿皮书指出，2014 年中国环境竞争力得分为 48.3 分，在全球 133 个国家中排在第 85 位。其中，资源环境竞争力 15.5 分，排位第 84 名；生态环境竞争力 32.1 分，排位第 128 名；环境承载竞争力 66.8 分，排位第 91 名；环境管理竞争力 63.2 分，排位第 8 名；环境协调竞争力 63.8 分，排位第 95 名。

据介绍，该绿皮书根据全球各国环境发展的实际，构建了由 1 个一级指标、5 个二级指标、14 个三级指标和 60 个四级指标组成的全球环境竞争力评价指标体系，选取了全球 133 个国家作为评价对象。

《全球环境竞争力报告(2015)》绿皮书是由福建师范大学、环境保护部环境规划研究院、国务院发展研究中心管理世界杂志社等单位联合攻关，具体由全国经济综合竞争力研究中心福建师范大学分中心负责组织研究。

我国是一个幅员辽阔的国家，从总体上看资源比较丰富，然而由于人口众多，因此从人均水平来说，不论是不可再生资源还是可再生资源又都是短缺的，绝大多数资源的人均占有量很低。但是，由于法制不健全、人们的环保意识差、缺乏全面效益观念等原因，对资源的破坏现象较为严重；同时，由于各种原因资源浪费问题又非常突出，高投入低产出、好原料次产品等现象较为普遍。这种情况要求政府部门必须进一步加强对资源的管理工作，运用法律、经济、行政

① 资料来源：贾世煜. 全球环境竞争力排名发布 中国位居第 85 位. 新京报.新媒体，2016-02-25.

等手段对破坏资源、消费资源的现象进行干预和控制。资源短缺,尤其不可再生资源越开采储量越少,资源成本趋于提高,政府对资源的管理不断加强,这对许多企业的发展来说无疑是一种威胁,然而反过来又迫使人们研究如何合理开发资源、有效利用资源以及寻找代用品等问题,这又给许多企业带来了发展机会。

在工业化和城市化的发展进程中,我国的环境污染也日趋严重,在许多地区已经严重影响到人民的身体健康、生态平衡和社会经济的长远发展,环境保护已成为我国最重要的社会经济问题之一。随着治理环境污染呼声的高涨和政府干预的加强,企业必须采取措施控制污染,治理污染,这给许多企业当然是一种压力和约束,但其中也蕴含着许多新的市场机会。

3.2.5 科学技术环境

科学技术环境指的是影响企业生产经营活动的外部科学技术因素。改变人类命运最戏剧化的因素之一就是技术。技术创造了许多奇迹,如青霉素、心脏手术;技术也造出了恐怖的魔鬼,如氢弹、神经性毒气、冲锋枪;技术还造出了诸如汽车、电子游戏机等产品。

对科学技术环境的考察,主要涉及科学技术的发展现状、新的科学技术成果、科学技术发展的动向、科技环境的变化对社会经济生活的影响等方面的问题。当前,在世界范围内科学技术迅猛发展,主要特点是以微电子为标志的尖端技术发展迅速,应用技术的发展速度加快,最新科技成果在民用产品上的应用受到重视,未来科技的研究受到了人们的普遍关注,人们已经在能源、原材料、制造、交通、通信、生物工程等方面的研究上做出了巨大的努力。科学技术的进步,对社会经济生活及企业的市场营销带来了一系列的影响,不能适应和引导这一过程的企业将面临被淘汰的威胁。每一种新技术也是一种“创造性破坏”因素。晶体管危害了真空管行业,复印机伤害了复写纸行业,汽车使铁路的经营日趋清淡,电视拉走了电影的观众。如果老行业不采用新技术,而是压制它,轻视它,那么那些老行业的生意必定衰落下去。

【小链接3-4】[①]

网络约车安全问题备受关注。今天,打车软件首创者优步(Uber)在长沙举行的入湘一周年新闻发布会上透露,该软件在网约车服务行业中率先运用最新的“人脸识别”技术,严格司机审核程序,以保证乘客出行安全。

据优步长沙相关负责人介绍,“人脸识别”技术主要应用于风控要求高的金融和支付行业,此次是出行行业内首次将生物识别技术应用在司机审核程序中。每一名优步司机,在每天接单前,都必须通过手机摄像头进行“自拍”的人脸识别步骤,以保证该车为司机本人驾驶,增强用户乘车安全性。

另据介绍,长沙的优步车辆未来还将新增“电话加密”功能。长沙乘客使用优步APP下单约车后,司机与乘客联系时,系统将自动生成一个加密代码,而非乘客和车主的真实电话号码,以保障车主及乘客的个人隐私。

目前,网络约车行业尚未出台国家政策。不过,交通运输部已明确表示,通过设计可操作、可执行的具体政策,鼓励网约车等新业态的创新和规范发展。

---

① 资料来源:邓晶琎(记者),胡莹(通讯员).网约车首推“人脸识别”技术.湖南日报,2016-06-17:03.

3.2.6　社会文化环境

在企业所面临的诸方面环境中，社会文化环境是较为复杂的，它不像其他环境那样显而易见与易于理解，却又时刻影响着企业的市场营销活动。有的国家，尽管人口、经济收入相近，但市场情况可能有很大的差别，这种差别在很大程度上反映在社会文化方面。社会文化环境通常是由语言、价值观、宗教信仰、商业习惯等内容所构成的。

1. 语　言

语言是人类思想交流的工具。语言文字是交易双方沟通信息、洽谈生意、签订合同必不可少的工具，在市场营销中其重要性更为突出。成功的市场营销人员必须熟练地运用一种或几种语言进行交流，并能透彻地加以理解，对国际通用的语言文字或对象国的语言文字缺乏准确的了解，不能准确的应用，就有可能导致营销机会的丧失。以品牌为例，我国出口的紫罗兰牌男衬衫，译成英文成了无丈夫气的男子，白象牌电池译成英语却是累赘之意，这些听而生厌的品牌译名使这些高质量商品长期在国外打不开销路，可见语言文字对营销成败的影响是无法回避的。

2. 价值观

价值观指影响个人和集团选择的心理观念，是人们选择行为目的、行为方式的精神标准，因此对市场营销者来说，这是应该考虑的重要因素。对于不同的价值观，营销管理者应采取不同的营销策略。

3. 宗教信仰

世界上有许多宗教和宗教团体，各有自己的文化倾向和清规戒律，它们深刻地影响人们认识事物的方式、行为准则和价值观念等，从而也影响人们的消费行为。

4. 商业习惯

市场营销表面看是经济问题，从深层次看，也是一个文化问题，是营销文化环境的组成部分。在市场营销中，由于商业习惯的抵触而使贸易双方同陷窘境，致使贸易失败的实例并不鲜见。由于地方文化的支配作用使得国际商业习俗对社会等级、交谈、语言、礼仪礼节以及几乎所有的经营行为都带上各自不同的文化特征。掌握各国商业习惯，是市场营销人员的必备素质。

3.3　微观市场营销环境分析

企业营销的微观环境涉及企业内部环境因素，市场营销渠道企业、顾客、竞争者、社会公众等多个方面，如图 3－2 所示。这些方面或构成企业营销的内部基础，或与企业形成协作、服务、竞争、监督等关系，直接影响企业的竞争能力、应变能力以及为目标市场服务能力的形成与具体状况。因此，一个企业营销活动的成败不仅取决于能否适应宏观环境的变化，而且取决于能否适应和影响微观环境的变化，能否与微观环境的各方面保持协调关系。

3.3.1　企业内部环境条件

企业进行营销决策，制订营销计划，开展营销活动，无一不以企业的内部环境条件为基础，

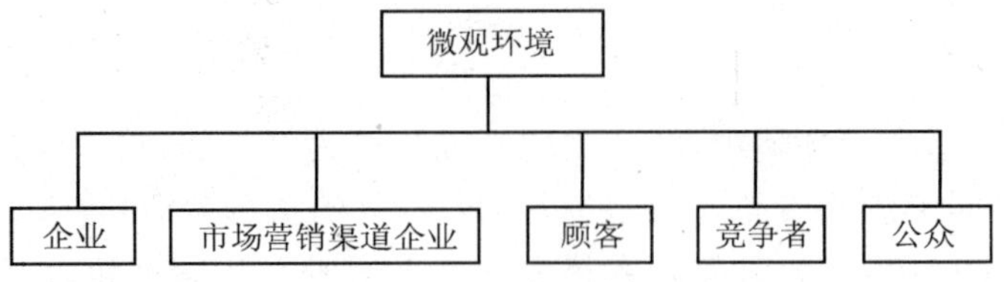

图 3-2 微观环境

无一不与企业内部各方面的工作保持着直接的联系。企业的内部环境条件涉及人员条件、技术条件、生产条件、资源条件、管理条件、企业文化等。这些内部环境条件共同决定着企业综合素质的状况,形成了企业的自下而上的发展能力。由此可见,市场营销工作主要是企业市场营销部门的职责,但市场营销工作的成败从根本上来说最终将取决于企业的综合素质和整体工作状况。企业营销部门不是孤立存在的,要和其他职能部门相互配合,即企业营销部门与高层管理部门、财务、研发、采购、制造和会计等部门需协调合作,如图 3-3 所示。

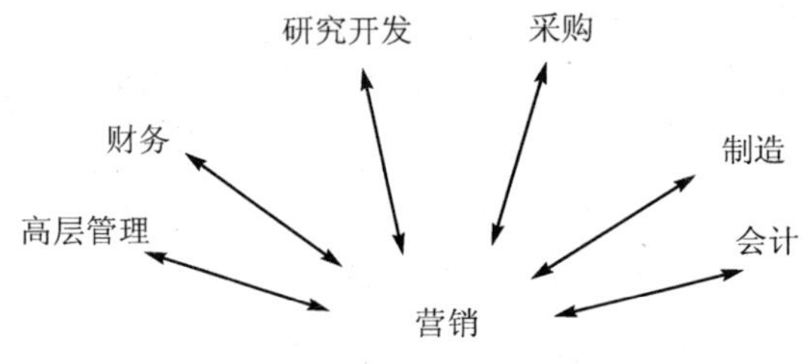

图 3-3 企业内部环境

3.3.2 市场营销渠道企业

一个企业的市场营销渠道指的是处于该企业的市场营销系统中,与该企业的供、产、销等经济活动存在着业务往来或为其提供某种形式服务的其他企业、组织或个人,主要包括各类资源供应者、营销中间商以及承担实体分配、便利交换之类的社会市场营销职能者。

1. 资源供应者

资源供应者即供应商,涉及诸多类型的市场主体,他们向企业提供其为目标市场服务时所必需的资金、能源、原材料、零部件和劳动力等生产要素。供应商对企业的营销活动有重要影响。其所供应的原材料数量和质量将直接影响产品的数量和质量,所提供的资源价格会直接影响产品成本、价格和利润。企业要对供应商的影响力有足够的认识,与其保持良好关系。

【小链接 3-5】①

2016 年 1 月 11 日,“从携程预订机票,值机时却被告知无效”的案例备受关注。对此,携程回应称,是供应商违规操作或供应商员工操作失误造成的,近期将进一步加强对于供应商的监管,并执行退一赔三的补偿标准。

昨日,一篇名为《携程在手,说走就走不了》的文章广泛传播,文章写道,旅客在携程上预订了机票,且显示“已出票”并有电子票号的情况下,却在值机时被机场告知“机票无效”。因距离起飞时间已近,旅客不得不现场买票登机。

① 资料来源:赵嘉妮.携程回应机票无效:将加强供应商管理.新京报,2016-01-12(财经版).

2016 年 1 月 9 日，也有旅客在微博讲述到，自己在携程网购买的一张机票，在国外登机时被认定无效，并被警察要求配合调查，原因是该机票涉嫌转卖积分而获得。

对此，携程相关负责人表示，目前，旅客到场无票的发生概率低于万分之二，携程将努力将此概率进一步降低。这几次事件主要是由于供应商违规操作或供应商员工操作失误造成的，且近期将进一步加强对于供应商的监管。

2. 营销中间商

营销中间商主要指帮助公司促销、销售和分销产品到最终用户的公司，包括中间商、营销服务机构、金融中间机构和实体分配公司。

(1) 中间商

中间商主要指商人中间商、批发零售企业、代理中间商，如经纪人、制造商代理商、销售代理商等。

(2) 营销服务代理机构

营销服务代理机构主要指为厂商提供营销服务的各种机构，如广告公司、市场营销研究企业、市场营销咨询企业等。

(3) 金融中间机构

金融中间机构主要指协助厂商融资或分担货物购销储运风险的机构，如银行、信贷机构、保险机构等。

(4) 实体分配公司

实体分配公司主要指协助厂商储存并把货物运送至目的地的仓储公司。实体分配包括包装、运输、仓储、装卸、搬运、库存控制和订单处理等方面。

一个企业能否在营销活动中与自己的营销渠道企业建立起稳定、有效的协作关系，对其服务于目标市场的能力的最终形成有着直接的影响作用。

3.3.3　顾　客

这里所说的顾客指的是企业决定为之服务的目标市场。通常可以将市场分为消费者市场、生产者市场和政府机构市场等基本类型。一家企业往往将自己的产品销往几种类型的主体市场，这些市场有着不同的需求和购买行为，因此要求企业以不同的服务方式提供不同的产品，从而制约着企业营销对策的制定，影响着企业的整个营销活动。企业必须深刻地了解其所服务的目标市场的特点、需求与购买行为，并设法满足市场的需要。能否紧紧地抓住市场是企业营销成败的关键。我国企业面对的市场类型如图 3-4 所示。上述各类市场都有其独特的顾客。

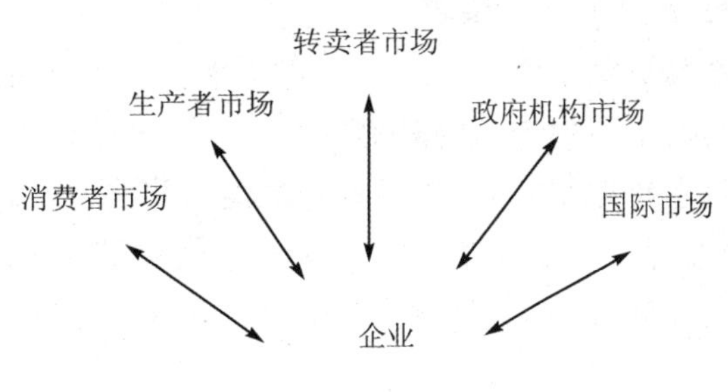

图 3-4　顾客关系

3.3.4 竞争者

所谓竞争者,从广义来说指的是向一企业所服务的目标市场提供产品的其他企业或个人。竞争者的范围是非常广泛的,包括现实竞争者与潜在竞争者、直接竞争者与间接竞争者、国内竞争者与国际竞争者等。从满足消费需求或产品替代的角度看,每个企业在试图为自己的目标市场服务时通常面临着4种类型的竞争者。

1. 愿望竞争者

愿望竞争者是指向一企业的目标市场提供种类不同的产品以满足不同需要的其他企业。一个消费者在一定时期往往有许多想要满足的愿望,如既想买一台电视机,又想买一台计算机或一辆摩托车,那么提供电视机、计算机、摩托车的各个企业之间就形成了竞争关系,互为愿望竞争者。

愿望竞争主要是从行业乃至产业之间的竞争关系来看的,它既不属于生产经营相关产品的企业之间的竞争,也不属于生产经营相同产品的企业之间的竞争。愿望竞争将使购买力在不同行业或不同产业之间发生转移,从而使不同行业或产业的市场规模发生或大或小的变化。

2. 一般竞争者

一般竞争者是指向一企业的目标市场提供种类不同的产品但可以满足同一种需要的其他企业。例如,一个消费者打算通过某种形式来解决上下班的交通问题,而购买一辆自行车,或是购买一辆摩托车,或是乘公共汽车或自己开车都可以满足他的这一要求,那么提供自行车、摩托车、公共交通服务、销售私家车的各个企业之间就形成了竞争关系,互为一般竞争者。

实际上,这些种类很不相同的产品却有着相同或类似的功用,它们在满足某种需要上是可以相互替代的,这些产品就是所谓的相关产品。一般竞争考察的主要是不同行业间生产经营相关产品的企业之间的竞争问题,一般竞争将使购买力的投向在不同行业的生产经营相关产品的企业之间发生转移。一般竞争的强度主要取决于科技进步所带来的相关产品的多少以及相关替代的程度。在科技进步较快的情况下,企业应对一般竞争问题予以较多的关注。

3. 产品形式竞争者

产品形式竞争者是指向一家企业的目标市场提供种类相同,但质量、规格、型号、款式、包装等有所不同的产品的其他企业。由于这些种类相同但形式不同的产品在对同一种需要的具体满足上存在着差异,购买者有所偏好和选择,因此这些产品的生产经营者之间便形成了竞争关系,互为产品形式竞争者。例如:一个旅游者到了旅游目的地后,他可以住高、中、低等不同档次的宾馆,这种不同档次宾馆的经营者之间就是一种产品形式竞争者。

【小链接 3-6】[①]

特拉维斯·卡拉尼克是全球打车应用软件优步的创始人。7 年前巴黎夜晚打不到出租车的一次经历，让他产生了开发手机叫车应用的念头，念头变成行动，这个“作品”也让卡拉尼克跻身硅谷最炙手可热的创业家行列，催生了目前估值达到 600 多亿美元的 Uber。

一种颠覆性的新技术和新商业模式，在短短几年内红遍全球，既经受着来自各国支持者的褒扬，也有既得利益群体的抵制，还有不以为然者的贬低。尽管如此，也不影响它顶着“世界上目前最值钱的创业公司之一”的头衔。卡拉尼克在接受中央人民广播电台记者专访时说，“Uber 其实参与了创业经济，也有人叫共享经济或者按需经济，这意味着每个人都可以创立自己的业务，而且过程容易。他可以在这个技术平台上自己创业，让工作变得更加灵活，以适应生活，而不是说让生活更契合工作。李克强总理也说了‘互联网＋’，这个概念，＋交通、＋医疗保健、＋教育……这种开放的态度可以使老的行业提升效率，增加它的价值。市场有多大不言自明。”

几乎每隔一周，Uber 融资的消息便会上个头条，月初，Uber 宣布获得 G 轮 35 亿美元融资，来自沙特公共投资基金投资，其总经理亚西尔阿尔-鲁马亚将进入 Uber 的董事会，这是 Uber 获得的最大一笔单笔融资。截至目前，G 轮累计融资金额已达 60 亿美元，总估值高达 625 亿美元。这些融资怎么花？在当天卡拉尼克出席的一场科技论坛中，不知是有意还是无意，这个问题被跳过了。再次被问及，他回答简单：投到那些需要的城市。

卡拉尼克说：“我们在全世界几百个城市都有业务，如果要更好地为他们服务的话，我们要更深刻的投入，大量的投资可以帮助我们对这些城市更好地投入，而这些又能帮助我们更好地快速服务这些城市。”

那么，这些城市的投资是否包括向中国市场发出补贴等项目？占多大比重？对此，卡拉尼克表示，好的事情在于这些钱最终进入了司机的口袋，优步的钱也好，竞争对手滴滴的钱也好。没有那么多司机的话，别人叫车也没有那么快。竞争主要是为了确保不会落后于竞争对手。最好赢得客户的方式就是提供特高质量的服务。不管在哪里，最终目的就是给客户提供最好的服务。

Uber 旗下唯一一家海外注册公司就是在中国，现在业务发展怎样？和强力对手滴滴之间的联姻传说一直都有，是否确有此事？对此，卡拉尼克回应称，优步中国和滴滴、阿里巴巴的构造是一样的，我们在其他市场上也一般都不会并购公司，而是通过为用户提供最好的服务和对手竞争。当然，我们不会关闭机会的大门，但可以肯定的是这不是我们通常的做法。

从 2009 年成立以来，种子投资开始，Uber 已经累计融资 150 亿美元。硅谷创业公司的传统是获得风险投资、开发出前景光明的业务，然后 IPO——首次公开招股，获得资金后进一步扩大业务。但 Uber 现在无意走这条“老路”。

① 资料来源：邢斯嘉，马喆. 优步创始人回应与滴滴竞争：不断思考如何提升服务质量，网易新闻.[2016-6-28]. http://news.163.com/16/0628/08/BQKRMGJL00014JB5.html.

原因也不难理解,上市后的繁文缛节对于Uber和卡拉尼克来说就等于束手束脚,拖累发展速度并迫使公司注重短期利益。

卡拉尼克坚称,他们将尽量推后Uber上市时间。大大咧咧的他在公开论坛中表示,"上市计划能延多久就延多久。会等到Uber的员工及其家属强烈要求我们上市的时候才会上市。"这也体现了这家公司重视长期发展和利益的思维。

所谓商场如战场,从Uber中国、滴滴出行两家公司大肆烧钱的程度不难看出其间竞争的激烈。卡拉尼克的回答方式转了个弯。他说:"每天晚上我都有半个小时睡不着觉,思考如何更好地服务中国客户,这半个小时的夜不能寐,就是竞争带来的,让我们去思考如何更好地服务司机和乘客。竞争是严峻的,也是有好处的,能让我们这样的公司提高服务质量。"

4. 品牌竞争者

品牌竞争者是指向一企业的目标市场提供种类相同,产品形式也基本相同,但品牌不同的产品的其他企业。由于主客观原因,购买者往往对同种、同形、不同品牌的产品形成不同的认识,具有不同的信念和态度,从而有所偏好和选择,因而这些产品的生产经营者之间便形成了竞争关系,互为品牌竞争者。例如:消费者选定了宾馆的档次后,还要考虑购买哪种品牌的酒店,是假日酒店、喜来登酒店还是希尔顿饭店,这是满足旅游者的不同品牌的酒店产品。

上述第三、四种竞争是在相同产品之间进行的,属于同行企业间的竞争。这两种竞争,将使同行业内不同企业的市场占有率和市场地位发生变化。市场营销学中所讲的竞争,较多地是指品牌竞争、产品形式竞争以及一般竞争。

上述这些不同而且不断变化着的竞争关系是每一企业在开展营销活动时都必须密切注意和认真对待的。一般来说,竞争对手的力量越强,其产品及市场营销组合的有关方面越有竞争力,其威胁也就越大。企业要制定正确的营销策略,除了要了解市场的需要与购买者的购买决策过程外,就要全面了解现实竞争对手的数目、分布状况、综合能力、竞争目标、竞争策略、营销组合状况、市场占有率及其发展动向等方面的情况,还要对潜在竞争对手进行全面分析。

3.3.5 公　众

这里所说的公众指的是所有实际或潜在地关注企业的生产经营活动,并对其实现目标的能力具有一定影响的组织或个人。由于企业的生产经营活动影响着公众的利益,因此政府机构、金融组织、媒介组织、群众团体、地方居民乃至国际上的各种公众必然会关注、监督、影响和制约企业的生产经营活动。这些制约力量的存在决定了企业必须遵纪守法,善于预见并采取有效措施满足各方面公众的合理要求,处理好与周围各种公众的关系,以便在公众中树立起良好的企业形象,这是企业适应和改善微观环境的一个重要方面的工作。企业所面临的公众主要有以下几种(见图3-5)。

(1) 金融公众,指银行、投资公司、股东等,他们影响企业获得资金的能力。

(2) 媒体公众,指电视、报纸、杂志、广播等传递信息的大众媒体。

(3) 政府公众,指对企业的经营活动有相当影响的有关政府机构。这些机构就产品的安

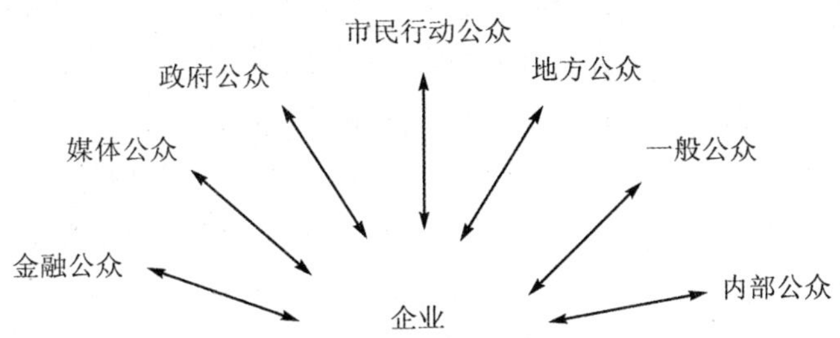

图 3－5　企业面临的公众

全性、广告的真实性等方面进行监督。

（4）市民行动公众，包括保护消费者权益组织、环境保护组织、少数民族团体等市民团体。

（5）地方公众，指企业当地的居民和社区团体和地方政府。

（6）一般公众，指上述各种关系公众之外的社会公众。企业需要知道一般公众对其产品和活动的态度，企业在一般公众中的形象直接影响到他们是否购买本企业的产品。

（7）内部公众，包括企业内部的所有员工。因为在许多情况下企业的形象是靠企业的员工传达给外部顾客的，特别是在服务性企业。

企业必须采取适当措施与周围的各种公众搞好关系。因为这些不同的公众都能促进或阻碍企业目标的实现。以大众媒介这种公众为例，报纸、广播、电视对某旅游企业一篇优质服务的报道就能使这一企业提高信誉，扩大销售；反之，对其坑害旅客的行为进行曝光，就能使这一企业的形象受损，信誉降低，顾客减少。为搞好与周围公众的关系，树立企业的良好信誉和形象，大多数企业都设立了公关部，主要业务是处理好内部、外部以及社会公众的关系。遵纪守法，善于预见并采取有效措施，满足各方面公众的合理要求，开展一些力所能及的公益活动，努力塑造并保持企业良好的信誉和公众形象，是企业适应和改善微观环境的一个重要方面，如赞助、捐助等。

3.4　市场营销环境分析与对策

3.4.1　环境威胁与市场机会分析

市场营销环境通过对企业构成威胁或提供机会而影响营销活动。环境威胁是指给营销带来不利影响或难题的环境变化、发展趋势，对企业形成挑战，对企业的市场地位形成挑战。市场机会是指市场上存在的未被满足的市场需求。企业家们说，哪里有消费者的需求，哪里就有我们的机会。也就是说，市场机会是企业能施展具有竞争优势的市场营销活动的竞技场所。对市场机会进行分析，就是要考虑一下市场营销机会是否适合本企业的经营目标和内部的人力、物力、财力资源。科学地分析、寻找、选择市场机会，将为企业制定市场营销战略、拓展市场营销活动奠定坚实的基础。

分析市场机会必须把“环境机会”和“企业机会”区分开来。环境机会是指市场环境条件所创造的各种未被满足的需求。任何企业的生存和发展必须以外部环境为基本条件,没有外部环境,企业的营销活动就无法进行。对某一企业来说,市场环境的变化,一方面为它创造了新的市场机会,另一方面也会给它带来“威胁”。只有当企业具备了必要的成功条件时,某一环境机会才能成为该企业的市场机会。换言之,市场机会成为企业机会是需要条件的。这些条件包括:要与本企业的任务和目标相一致;本企业应比其他潜在竞争者具有优势,能获得最大的差别利益,从而利用该机会足以实现企业的目标要求。企业无力利用的市场机会固然不能成为企业的市场机会,有能力利用、但不足以实现企业目标的市场机会也不是合适的企业机会。在竞争激烈的市场中,只有比竞争对手更能适应环境机会的需要时,企业才能利用这个环境机会获得比竞争者更多的利益,并在竞争中立于不败之地。市场机会对不同企业有不同的影响,企业在每一特定的市场机会中成功的概率取决于公司的资源是否与利用该机会的条件相匹配,以及企业是否能比竞争者具有相对竞争优势,把市场机会转化为企业机会。

企业对威胁程度不同和市场机会吸引力不同的营销环境需要通过环境分析来评估环境威胁和环境机会,还可以采用“环境威胁矩阵图”和“市场机会矩阵图”来分析评价营销环境。

1. 环境威胁分析

对环境威胁的分析一般着眼于两个方面:一是分析威胁的严重程度;二是分析威胁出现的概率。其分析矩阵如图3-6所示。

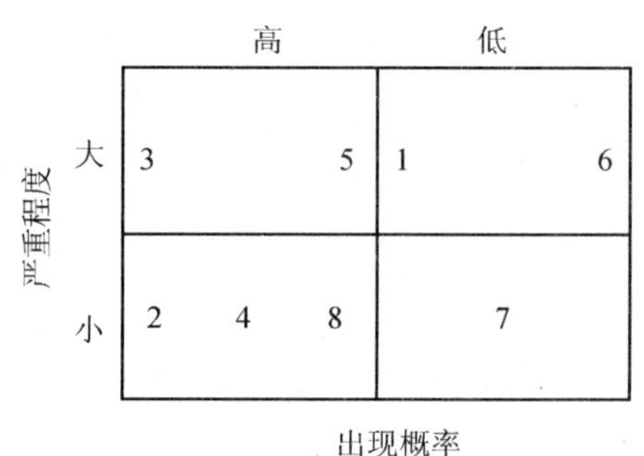

图3-6 环境威胁矩阵图

当威胁出现的概率和严重程度都大时(处于图3-6中的3、5的位置),企业必须特别重视并制定相应对策;当威胁出现概率和严重程度均低时(处于图3-6的7位置),企业不必过于担心,但要注意其发展变化;当威胁出现概率虽小,但严重程度较大时(处于图3-6中1、6位置),企业必须密切监视其出现与发展;当企业处于威胁严重程度较小,但出现的概率较大时(处于图3-6中的2、4、8位置),也必须充分重视。

2. 市场机会分析

机会分析主要考虑市场机会的潜在吸引力和成功的概率。其分析矩阵如图3-7所示。

在图3-7中,当潜在吸引力和成功概率都大时(处于图3-7中的3、7位置),企业有非常大的可能性获得巨大利润,企业一定要把握机会;当吸引力和成功概率均小时(处于图3-7中的1、5、8位置),企业应注意改善自身条件,密切注意机会的发展变化,谨慎地开展营销活动。用上述矩阵法分析营销环境,可能出现4种不同的结果,如图3-8所示。

① 理想业务:机会多,很少有严重威胁的业务。

② 冒险业务:机会与威胁都多的业务。

③ 成熟业务:机会与威胁都少的业务。

④ 困难业务:机会少、威胁多的业务。

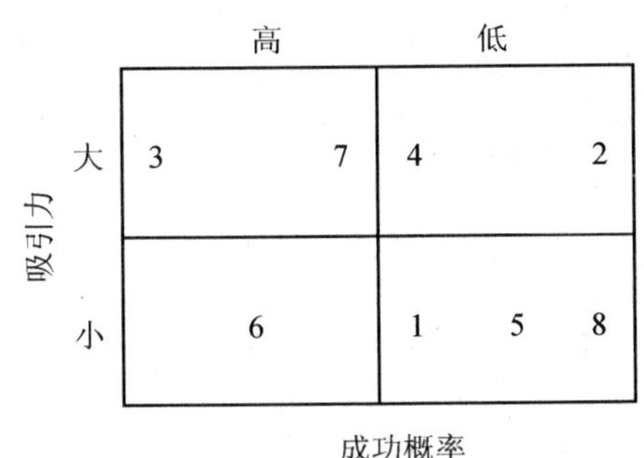

图 3-7　市场机会矩阵图

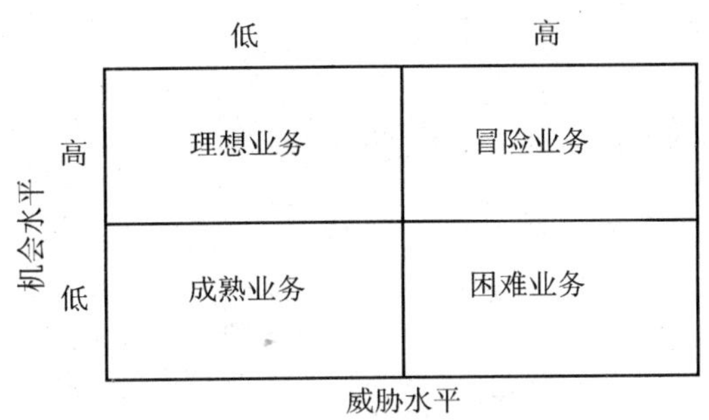

图 3-8　环境评价矩阵图

3.4.2　企业营销对策

在环境分析和评价的基础上，企业针对威胁水平和机会水平不等的各种营销业务要采取不同的营销对策。

对理想业务，企业必须抓住市场机会，迅速采取行动。

对冒险业务，面对高风险和高利润，企业应全面分析自身优劣势，扬长避短，创造条件，争取有突破性发展。

对成熟业务，机会和威胁均处于较低水平，可作为企业的常规业务，但企业要为开展理想业务做好准备。

对困难业务，企业有两个选择：一是努力改变环境，尽快走出困境或减轻威胁；二是调整战略，摆脱无法扭转的困境。

3.4.3　SWOT 分析

SWOT 分析是企业制定营销战略的前提，是对企业内部的优劣势和外部环境的机会与威胁进行综合分析。SW 指企业内部的优势与劣势(Strengths & Weaknesses)，OT 是指企业外部的机会与威胁(Opportunities & Threats)。通过 SWOT 分析，企业可以发现市场中存在的机会，并结合企业的自身优势去抓住机遇；也可以发现市场中的威胁，并尽量去规避市场中的风险。图 3-9 所示为 SWOT 分析图。

当把企业内部优劣势和企业外部面临的机会和威胁综合考虑时，企业会处在不同的区域中，其所采用的营销战略是不同的。图 3-10 所示为企业营销战略选择。

当企业外部机会较多，又具有强大内部优势时，宜采用迅速扩张性战略。

当企业外部机会较多，而企业内部条件不佳时，宜采取调整战略，争取采用各种措施将企业内部劣势转化为优势。

内部能力 / 外部环境	优势(S) 了解公司的优点	劣势(W) 了解公司的缺点
机会(O) 掌握外部环境的机会因素	SO 利用优势的外部环境机会的应用战略方案	WO 存有劣势的外部环境机会的应用战略方案
风险(T) 掌握外部环境的风险因素	ST 利用优势的外部环境风险的对应战略方案	WT 存有劣势的外部环境风险的对应战略方案

图 3-9　SWOT 分析图示

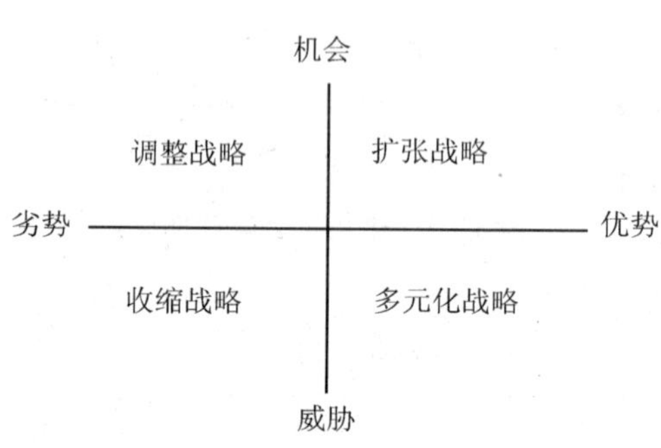

图 3-10　企业战略选择

当企业外部面临威胁，内部劣势又较多时，企业应设法避开威胁，消除劣势，可采用收缩战略。

当企业拥有较多内部优势，而外部存在威胁时，可采用多元化战略，分散风险，寻求新的市场机会。

一般来说，成功企业可以增加市场机会，减少威胁；冒险企业既增加市场机会又增加威胁；问题企业是减少市场机会，而增加威胁。

【小链接 3-7】①

据新华社报道，印尼国有企业部长里妮·苏玛尔诺1日晚对媒体表示，印尼国企联合体和中国国企关于雅加达—万隆高铁(雅万高铁)项目的谈判工作还在进行，中国目前是雅万高铁项目唯一竞标者。

印尼高铁的竞争可以说一波三折，中日两国的优势几经反复，目前中日高铁竞争暂告段落。印尼为中方的勇气和胆识所折服，因中方提出的融资结构和无须政府担保的方案要比日本方案更具有吸引力。中日高铁的竞争不止于技术，而更凸显了商业的逻辑。

为什么中国会出人意表地开出如此慷慨的合作条件呢？一个根本原因在于高铁的国际市场呈现出“买方市场”的特征。也就是说，高铁的供应商比较多，但是真正有能力修建高铁的国家并不多。全世界60%以上的高铁是在中国，而全球的高铁时代则刚刚开始，市场潜力巨大，但是开拓不易。这种市场竞争态势必然会拉低合作的条件，中国、日本、法国、加拿大等国在技术水平上越来越趋同。因此，高铁竞争的焦点也就从技术转向市场，尤其是融资方案。毕竟，这种资本密集型的产业对发展中国家来说还是奢侈品，但是高铁又代表了未来

① 资料来源：孙兴杰.印尼高铁竞争，为何中方更有优势？新京报，2015-10-03.

发展的潮流,是值得进入的市场。

高铁在中国已经广泛普及开来,已经成为比较成熟的市场,这也代表着未来世界高铁发展的趋势。高铁时代的来临意味着企业将是建设高铁的主体,中方的胜出在很大程度上也是顺应了这一商业化的逻辑。未来的高铁国际市场容量巨大,任何率先进入这一市场的企业都有可能确立合作模式、技术标准,从而不断积累市场份额和话语权。由此,印尼的高铁竞争开启了一个高铁竞争的时代,中国方案所包含的融资模式,很可能会为后来者所接受和模仿。

当然,高铁不是一件消费品,而是需要长期建设和维护的资本品,涉及土地、劳动力和社会治安等多方面的因素,与政府提供的公共服务也有非常大的交集。在修建和运营高铁的过程中,印尼政府是不能缺位的。若最后敲定,对于高铁建设方而言,中国承担了主要的风险和成本,是延续国内建设高铁的方式,还是拓展融资渠道,更新合作方式呢?这些都是需要以后考虑的事情。

【讨论题】

1. 分析市场营销环境有何意义?
2. 宏观营销环境包括哪些因素?各有何特点?
3. 微观营销环境由哪些方面构成?竞争者、顾客对企业营销活动有什么影响?
4. 结合我国实际分析法律环境对营销活动的影响。
5. 案例题①

七年前的哥本哈根,非凡之城里约热内卢成功将奥运会首次带到了南美大陆,当时的巴西经济处于上升期,国家希望用一次全球性的盛会将国家形象进一步提升;然而七年后的今天,巴西受到全球性经济危机影响,经济出现衰退,甚至里约州都遭遇财政窘境。巴西政府克服重重困难,使奥运会顺利举行,期待奥运经济带来的"红利"能给巴西带来曙光。

短期的"强心针"

奥运经济的短期效应主要集中在申奥成功到奥运举办前以及奥运会举办期间。在里约申奥成功后,巴西智库之一管理机构基金会(FIA)发布了一份研究报告,称举办 2016 年奥运会将使巴西国内生产总值在 2009 年到 2016 年间累计增长 41.60%,工作岗位数量累计增加 53.1%,平均每年新增 12 万个就业岗位,巴西全国工资总量将累计增长 50.9%。

7 年后的今天,巴西经济衰退,无法达到当初预期的效果,但同一机构的报告显示,巴西国内有 55 个行业从举办奥运会中获益,其中基础设施建设、房地产、服务业、石油和天然气行业、交通运输、通信等行业受益最多。

---

① 资料来源:赵焱,陈威华.奥运"红利"能否拯救巴西经济?新华网.[2016-8-17.]http://news.xinhuanet.com/fortune/2016-08/17/c_1119403245.htm.

作为获益最多的基础设施建设，里约西部的巴哈区已经成功得到改造，包括场馆建设、道路交通改造、房地产在内的项目得到十多亿美元的政府投资，虽然建筑行业的获利在赛前已经结束，但巴哈区成为新兴的金融、娱乐和休闲中心，将在奥运后继续“吸金”。

旅游业是最直接的受益行业，2014年世界杯的举办就曾让巴西在2008年至2014年间海外旅游业市场年收入从每年的12.6亿美元飙升到21亿美元，如今迎来奥运，预计有40万海外游客来到巴西，除了赛事期间场馆区内的酒店、餐饮和服务业外，里约作为全球知名的旅游城市，主要景点的收入不可低估，同时远道而来的游客们还拉动了航空业的增长。

在今年4、5月份时还令组委会担心的门票销售，到赛前出现了爆发，在距离奥运开幕还有两周时，奥运会门票收入已经达到9.6亿雷亚尔(约合3亿美元)，超过此前计划收入总额的92%，而开赛以来，每天都有大批观众在场馆门口临时购票，沙排、游泳以及足球和排球的热门场次都已经一票难求，甚至开赛一周就没收了1.2万张“黄牛票”。里约奥组委发言人安德拉达说，到8月10日里约奥运门票已经售出500万张，相当于总量的82%。

虽然奥运期间巴西一些工厂和企业放假，对工业产值有所影响，也会抵消一部分奥运期间创造的收益，但巴西股市在奥运前后已经连续9周上涨，创下2009年以来最长连涨期。这主要得益于大宗商品价格反弹使钢铁行业和石油企业回暖，也许奥运的东风能够将这一良好势头继续吹到各个行业。

期待长期效应

当然奥运的“红利”并不局限于直接收入，对一个国家长期的经济推动作用是更被看中的，比如2004年雅典奥运会的总收入为20.9亿欧元，然而2005年希腊旅游业的收入高达110亿欧元，占到国内生产总值的6.1%。新加坡国立大学经济系教授马科斯·布鲁克内尔和欧洲大学研究院教授艾维·帕帕在分析了188个国家的统计数据后认为奥运会在宏观经济和长期经济发展上都将对主办国产生积极影响。显然，里约奥运也会给巴西带来可观的“奥运遗产”。

现在已经可以看到的“遗产”同样集中在基础设施方面，国际评级机构穆迪的副总裁芭芭拉·马托斯认为：“与奥运会相关的投资给主办城市的交通等基础设施带来长期改善，比如4号线地铁连接了里约南区和奥运会主赛区巴哈区，而城市轻轨让老城区重新焕发活力。”

同样，为奥运新建的酒店、改造的机场都对将对未来旅游业的发展起到推动作用，将扭转里约酒店设施陈旧、很多游客还不得不住到贫民窟客栈的状况，给非凡之城今后的发展铺好道路。

巴西资源丰富，是一个原材料出口大国，奥运会让更多的外国人增进了对巴西的了解，在奥运期间吃个巴西烤肉、黑豆饭，或者品尝丰富的水果一定都给旅游者留下了深刻的印象，自然为巴西的农产品出口留下无限商机。

不过巴西智库瓦加斯基金会体育营销研究员佩德罗·特伦格鲁斯说：“首先里约奥运会要保证成功举行，如果出现特殊事件，将影响里约的城市形象以及巴西的国家形象，进而对巴西的长期投资环境产生负面影响。”

问题1：请分析奥运后的巴西的宏观环境。

问题2：请用SWOT分析方法分析巴西未来的发展战略。

第4章　消费者市场购买行为分析

【引导案例】[①]

2014年，尼尔森推出的《90后生活形态和价值观研究报告》对来自中国一线城市的“90后”进行了长达一年的跟踪研究。通过对“90后”生活、社交和态度的观察，尼尔森对这群消费者的生活形态和价值观进行了归纳和总结，并得出“正能量”“若即若离”“抓信息”“开放”四个关键词。

和“80后”相比，“90后”成长于经济更为优越的90年代，由于成长于更好的家庭经济环境中，“90后”更懂得去享受。优越的生活条件和成长环境决定了他们的眼光更加独到，见识更广，并且很快就付之于行动。可以说，“90后”不仅懂享受，也懂得如何实践和拼搏，并在这一过程中不断“追寻自我”，释放个性。

“从‘90后’的特质看，他们具有巨大的消费潜能。他们的消费潜力不仅来自于他们更强的消费基础，同时也来自于他们充满‘正能量’的生活态度，这能为他们带来更高的行动力，正如他们所言，‘如果你已经出发，那么你的旅行已经完成了大半’。”尼尔森中国副总裁刘晓彬表示。

“90后”出生和成长于中国计划生育的大潮中，他们中的许多人都向往有兄弟姐妹的家庭生活。由于家庭的成长环境相对孤单，“90后”与同伴群体的关系更加亲密，特别是那些拥有共同的兴趣爱好、共同的价值观的朋友。

尼尔森的数据显示，62%的“90后”受访者表示他们和父母的关系最为亲密，紧接着是好友(大多数是志趣相投的朋友)，占到38%，这个比例高于他们的兄弟姐妹或表哥表姐(32%)。

“一方面，‘90后’的自我意识十分强烈，从小在‘8421’模式家庭长大的青少年得到长辈的较大关注，他们渴望通过独立证明自己的成长，通过追求个性来证明自己的与众不同，但另一方面，成长环境的孤单使他们渴望沟通和被理解，对于最为亲近的人——父母和亲密朋友有较强的依赖性。因此，很多‘90后’在人际交往中的一大特征即在熟人面前‘奔放’，生人面前‘含蓄’。”刘晓彬说。

这也表现在他们对“圈子”的看法，对自我的追求让他们希望在群体中保持个性，但另一方面，他们也渴望在群体中获得认同。在行为上，他们寻求独立；在情感上，又寻求同情。于是，他们对圈子总处于一种“若即若离”的状态。他们对圈子不追求“大不同”，但又维持着自身的特别。这对品牌的消费者细分提出更高的要求，需要更精准的营销才能实现与“90后”消费者更加良性的互动。

而陈亮则觉得人的消费观念应该以族群的方式，以价值观的方式体现。比如推崇积极的生活方式，那么“锻炼身体”和“热爱旅游”这些关键词就会出现在这些圈子里。因为“90后”

---

① 资料来源：赵正.“小时代”如何精确定位“90后”，中国经营报，2073期，2014-8-18.(营销前沿版).

更圈子化,对于企业营销而言,广告轰炸的效果已经大打折扣,他们更看重口碑的方式。

“90后”成长的年代,同时也是互联网和个人电脑迅速在中国普及和渗透的年代。由于接触媒体的时间较早,在众多信息渠道中,他们更多依赖手机和电脑的网络渠道。相较于其他群体,“90后”对于互联网有着更大的依赖,互联网已成为“90后”消费者获取信息的最重要来源。

为了更及时地获取新鲜信息,他们更喜欢“挂在网上”。尼尔森调查报告显示,约86%的“90后”受访者表示,他们每天至少上网一到两次,20%左右的受访者表示,他们一般全天都会通过个人电脑、智能手机和平板电脑保持在线的状态。当问及“想象一下,没有手机的生活”时,绝大多数的受访者表示“太不方便”“没法好好生活了”,说明对于“90后”而言,手机除了具有人际沟通、获取信息等功能外,也在心理上给予他们很大的“安全感”。而推动年轻一代进行在线活动的最主要因素则包括“虚拟社交”(17%)、“自我表达”(16%)和“追新的体验”(16%)。

“当年,互联网成为现实生活的延伸,网友变朋友;如今,随着过去10年互联网技术的不断突破,现实照进网络,朋友变网友。火热的聊天工具和社交媒体已经成为‘90后’们获取实时外界信息的重要方式。”刘晓彬指出。

事实上,这些社交媒体与应用程序不仅仅满足了“90后”消费者对于从“圈子”中寻找归属感的需求,同时还成为他们随时随地可以请教的顾问,给他们提供方方面面的建议,例如,越来越多的“90后”消费者通过基于位置的移动互联网产品/衍生服务(LBS)来告诉他们去哪儿吃饭、去哪儿娱乐、叫车打车的各种建议和服务。

“由于‘90后’长时间待在互联网和社交平台上,他们会较容易受到来自他们朋友圈中的好友及社交网站上的各类‘意见领袖’的影响,证明了口碑传播在市场营销和年轻消费群体中的重要性。相比在普通的门户网站或是论坛上投放一个一般性的广告,精准的市场营销策略,或是一个创新的营销活动,如嵌入式广告或是微信营销等,或许对‘90后’消费者更奏效。”陈亮表示。

从生产经营者的角度看,市场就是经常掌握着交换主动权的商品购买者。企业的市场营销活动总是面向某个或某些种类的具体市场,企业生产经营的产品或劳务如果不受市场欢迎,人们不愿意购买,企业就无法生存与发展。因此,在对市场的一般性问题和市场营销环境进行分析之后,将讨论各类市场及购买行为问题,这是企业市场营销活动的更为具体、更为直接的出发点。消费者市场是整个社会经济活动为之服务的最终市场,对消费者市场的研究是对整个市场进行研究的基础。

4.1 消费者市场及其购买行为

4.1.1 消费者市场购买行为概述

1. 消费者市场的含义

消费者市场是由那些为满足生活消费需要而购买商品的所有个人和家庭所组成的。消费者的购买行为指的是消费者在整个购买过程中所进行的一系列有意识的活动。这一购买过程

从引起需要开始，经过形成购买动机、评价选择、决定购买到购买后的评价行为等。

2. 消费者市场购买行为的特点

同其他种类的市场及购买行为相比，消费者市场的购买行为具有以下几个主要特点。

(1) 消费者市场不是中间市场而是最终市场

消费者购买的商品通常直接进入消费过程，一般不会再回流到流通领域，这些商品会对消费者个人及其家庭的基本生活、身心健康等方面产生直接的影响，因而各国政府一般都制定较为严格的法律对消费者权益进行保护。

(2) 消费者的购买多属于少量多次购买

消费者市场以个人或家庭为购买和消费的基本单位，由于受到每个单位人数、需要量、购买能力、存储条件、商品有效期等因素的制约，消费者一般购买的批量较小、批次较多，特别是对日常生活消费品的购买比较频繁、随机性较大。

(3) 消费需求与购买行为具有多样性和多变性

消费者的人数众多，由于受消费者特性等因素的影响，不同的消费者往往有着不同的需要、欲望、兴趣、爱好和习惯，因而会对不同的商品或同种商品产生多种多样的要求，购买的行为方式也有所不同。此外，随着社会经济的发展、消费水平的提高、消费观念的更新以及消费生活的交互影响，消费需求不仅在总量上不断扩大，结构上也在不断地发生着变化。

(4) 消费需求与购买行为具有较大程度的可诱导性

消费者在购买什么商品以及何时、何地、如何购买等方面具有较大的选择性和灵活性，容易受企业营销活动及其他外部环境因素的影响。造成这种状况的原因很多，比如，消费者一般很难掌握各种商品知识和充分的市场信息，属于非专家购买；消费者一般是自发、分散地做出购买决策。

【小链接 4-1】①

许多商店和餐厅都会播放背景音乐，这个看似简单的行为背后却大有深意，一项最新研究显示，放不同的背景音乐，可对顾客的购买行为产生不同影响。不论是点菜还是买东西，你最好都要注意别被音乐忽悠了。

澳大利亚科廷大学的研究人员在《零售学杂志》(*Journal of Retailing*)上报告说，请一些志愿者参与了 3 项试验。

第一项试验是关于吃的，给受试者循环播放来自美国、中国和印度这三个国家的特色音乐，然后给他们一份来自这三个国家各 10 道特色菜共 30 道菜的菜单，要求受试者在 5 分钟内看一遍。随后进行的测试显示，受试者能回忆起来的菜品，多是在上菜单之前那一刻所播放的音乐所属的那个国家的。在受试者被要求点一道菜的时候，他们也更倾向于点这个国家的菜。比如上菜单之前正好在放美国音乐，那么受试者就会更倾向于点汉堡和热狗等在美国流行的食物。

第二项试验则对比了古典音乐与乡村音乐的不同效果。在放古典音乐的时候，受试者表示更想买能展示“社会地位”的商品，比如金耳环和古龙香水等。而在放乡村音乐的时候，

① 资料来源：黄堃. 商店放音乐，可影响你的购买行为. 新华网. [2015-08-03]. http://news.xinhuanet.com/world/2015-08/03/c_128087280.htm.

受试者更倾向于买"实用物品",比如圆珠笔、牙刷、灯泡等。

最后一项试验测试了音乐对人们的影响程度。试验中播放的是古典音乐,受试者在不同的时间压力下决定是否购买对象物品。结果显示,被要求在更短时间内做决定的受试者,更倾向于做出购买的决定。这说明在时间压力下,音乐更容易通过潜意识而发挥作用。

看来,背景音乐真没有那么简单。本来出门买牙刷,结果在商店里听了会背景音乐就买了根金项链,这样的事儿虽然不太可能发生,但只要顾客在音乐的影响下稍微多买一点东西,对商家来说就是不菲的收入了。

4.1.2 消费者购买行为模式

市场营销学研究消费者市场,核心内容是研究消费者的购买行为。消费者的购买行为是在消费者特性因素(包括心理特性、个人特性、社会文化特性因素等)的直接作用下发展的,同时也受到一系列外部环境因素,特别是企业市场营销活动的很大影响。消费者的购买行为实际上就是这些错综复杂的内外部因素相互制约和相互作用的结果。因此,研究消费者的购买行为就要注意了解支配和影响消费者购买行为的各种因素,并将这些因素与消费者在购买过程中的各种活动结合起来进行分析,以便弄清买什么(需求对象)、为什么买(购买目的)、谁来买(购买组织)、如何买(购买方式与购买要求)、何时买(购买时机)、何处买(购买地点)这样一些基本问题(见表4-1),这是企业有的放矢地开展营销活动,在满足市场需要的竞争中取得优势的基础。

由于7个英文单词的开头字母都是O,所以称为7O研究法。了解市场和消费者的关键问题就是搞清7O。营销人员在制定针对消费者市场的营销组合之前,必须研究消费者购买行为。

表4-1 7O研究法

市 场	消费者
市场由谁构成(Who)	购买者(Occupants)
消费者在该市场购买什么(What)	购买对象(Objects)
消费者为何购买(Why)	购买目的(Objectives)
谁参与消费者的购买活动(Who)	购买组织(Organizations)
消费者怎样购买(How)	购买行为(Operations)
消费者何时购买(When)	购买时间(Occasions)
消费者何地购买(Where)	购买地点(Outlets)

消费者购买行为的模式实际上就是用来描述消费者的外界刺激与消费者反应之间关系的模型,如表4-2所列。

表4-2 消费者购买行为模式

营销刺激因素	营销环境因素	购买者黑箱		购买者反应
		购买者特征	购买者决策过程	
产品	政治	文化	确认问题	选择产品
价格	经济	社会	收集信息	选择品牌
地点(渠道)	文化	个人	评估	选择交易者
促销	科技	心理	决策	购买时间
			购后行为	购买数量

从表 4－2 可以看到，所有外界刺激经过购买者的黑箱便产生了一系列可以观察到的购买者反应。购买者的外界刺激可以看作是一种输入，它涉及两个基本方面：一类是市场营销刺激因素，另一类是其他环境因素的刺激。购买者反应可以看作是一种输出。购买者黑箱是连接输入与输出的中间环节，为一信息处理中心，它包括两个部分：一是购买者特性，它决定着购买者如何理解他所面对的需求问题、购买问题以及外界刺激，影响着购买者如何对外界刺激做出反应；二是购买者的购买决策过程，它直接导致购买者的最终选择。这一模式进一步表明，对企业来说须着重研究的是消费者特性因素和消费者的购买决策过程。

需要指出的是，支配和影响消费者购买行为的消费者特性因素中有些是企业难以控制和施加影响的，如消费者的年龄、性别、职业、个性、经济状况、生活方式、民族等，但了解这些因素可以为企业进行市场细分、选择目标市场提供必要的线索，有助于企业采取适应性的营销措施；有些消费者特性因素是易于受到企业营销活动影响的，如消费者的购买动机、认识、学习信念等，在了解这些因素的基础上企业可以制定相应的营销对策，以便在一定程度上诱导消费者的购买行为。

4.2　影响消费者购买行为的因素

影响消费者购买行为的因素很多，有二因素论、三因素论和四因素论，主要因素为心理因素、个体因素、社会文化因素、市场营销因素以及消费者社群因素等，具体内容见表 4－3。本书重点介绍心理因素、个体因素和社会文化因素。

表 4－3　影响消费者购买行为的因素

影响因素	具体内容
心理因素	需要和动机、感觉和知觉、学习、信念和态度
个体因素	年龄、家庭生命周期、性别、教育程度、职业、经济状况、生活方式、个性和自我形象
社会文化因素	文化和亚文化、相关群体、家庭、社会阶层
市场营销因素	产品、价格、渠道、促销
消费者社群因素	网上或终端社群、虚拟社群的偏好和价值观念等

4.2.1　心理因素

消费者心理是消费者在满足需要的活动中的思想意识。支配和影响消费者购买行为的心理因素主要有需要与动机、感觉和知觉、学习、信念和态度这几个方面。

1. 需要与动机

人类的一切活动，包括购买行为都是为了满足自身的某些需要。

需要，就是人感觉到缺少什么从而想获得它的一种心理状态。一种尚未满足的需要会使人产生内心的紧张和不安，当它达到迫切的程度时便会发展成为一种驱使人们采取行动的强烈的内在刺激（也称为驱动力），当这种驱动力被外在刺激引向一种可以减弱或消除它的刺激物时便发展成为一种动机。

动机，是一种推动和维护人们为达到特定的目的而采取行动的思想意识，是行为的直接原

因。当需要被满足时,人的紧张和不安状态就会被消除,心理也就重新恢复到平衡状态。

人的需要和动机是多种多样的,但人的需要总是反映着有机体内部环境和外部生活条件的某种要求,动机总是与需要及实现需要的行为相联系。

美国心理学家马斯洛的需要层次理论认为,人类的需要依重要性的不同可以划分为五个层次:第一,生理的需要,即饮食、睡眠、取暖等基本的生存需要;第二,安全的需要,即保护人身安全、财产安全及防备年老、失业等的需要;第三,社会的需要,即希望被群体接受从而有所归属和获得友谊、爱情等的需要;第四,尊重的需要,即实现自尊,赢得好评、赏识,获得承认、地位等的需要;第五,自我实现的需要,即充分发挥个人能力,实现理想抱负,取得成就等的需要。马斯洛认为,这些需要的层次越低越不可缺少,因而越重要;人们一般是按照重要性的顺序,分别轻重缓急,在低层次的需要满足后才设法去满足高一层次的需要。马斯洛的需要层次理论指出了各种需要之间关系的一种基本模式,对了解人的需要、动机和行为是有帮助的。马斯洛需求层次如图4-1所示。

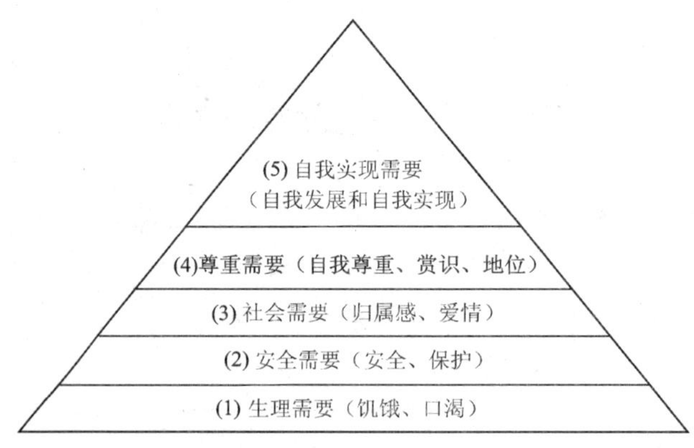

图4-1 马斯洛需求层次

需要与动机是一个较为复杂的问题,只有对其进行多角度的细致考察和具体分析才能便于企业在营销工作中加以把握。

人们的购买动机总是和满足一定的需要相联系的,但在一定时期内,人们的诸多需要中只有那些被明确意识,迫切地想要实现,并且达到激发和推动人们朝着一定方向行动的程度时才发展成为购买动机。因此,需要不等于动机,购买动机的形成是一个心理过程,企业的市场营销人员不仅要善于了解人们的需要,而且要善于设计和运用适当的市场营销组合,刺激和促使人们认识并将某种或某些需要转变为足以引起采取购买行动的动机,以促进本企业产品的销售。

在现实生活中,人们的各种需要和动机往往交织在一起,同一购买可能与多种需要和动机相联系。企业要善于认识这种主导需要和动机,开展有针对性的营销活动,以提高营销工作的效率。

2. 感觉和知觉

消费者经过一定的心理过程形成了购买动机之后,便确定了购买行为的基本方向,并准备采取购买行动。但是,消费者是否采取行动以及采取怎样的行动还会受到感觉与知觉的影响。

感性认识和理性认识是认识的两个阶段。感觉、知觉、表象、思维等都是人脑对客观事物的认识活动,统称为认识过程。外部的客观事物刺激人的感官后就使人们感觉到了它的个别

属性，这就是感觉。随着感觉的深入，各种感觉到的信息在大脑中被联系起来并进行初步的分析综合，使人形成了对刺激物表面现象和外部联系的综合反映，这就是知觉。

在感知的基础上对外部客观事物形成的感性形象为表象，表象分为记忆表象和想象表象、个别表象和一般表象，表象是从直接感知到抽象思维的一个中间环节。在感性认识的基础上人们经过分析和综合、抽象和具体形成概念，进而通过比较、判断和推理获得对客观事物本质的理性认识过程就是思维。在一般情况下，消费者总是在对购买动机指向的商品产生一定的认识之后才做出购买决定，采取购买行动的。

人们的基本认识过程都是一致的，然而人们的认知世界是有所不同的。认知世界是客观事物反映到人的头脑中而形成的主观映像，是个体对客观规律所持的看法或评价。对企业来说，不仅要了解人们的基本认识过程，而且要了解人们认知世界的差异性及其原因。

人们在感知上的 3 个特点：

① 选择性注意，即每个人每时每刻都面对着许多刺激物，但往往只是有选择地注意其中的某些刺激物或刺激物的某些方面。这是由于人们通常只关心那些与自己的需要有关或期望见到的事物，总是注意自己爱听爱看、想听想看的东西，易于被一些与众不同的刺激物所吸引。

② 选择性扭曲，指消费者虽然注意到了某种刺激，但往往是按照先入为主的见解曲解它，因而不能如实地认识该事物的客观情况。在消费品购买中，人们受选择性扭曲影响，往往会忽视其所喜爱品牌的缺点和其他品牌的优点。

③ 选择性保留，指隔了一段时间后，人们往往把获得的大部分信息都忘掉了，只记得那些与自己的需要有关、与自己的看法和信念相同、当时曾给自己留下深刻印象或人们常常说起的信息。

人们在感知上的 3 个特点，也是影响人们认知世界的重要因素。针对消费者认识过程的特点及影响认知世界的有关因素，企业的市场营销部门必须适当地安排市场营销刺激因素，以便将有关的信息及时传递给目标顾客，引起他们的注意，努力使他们对本企业的产品及有关方面产生深刻的而且符合客观实际的印象和认识，并最终影响他们的购买决策。此外，鉴于感觉在认识过程中的重要性，企业在安排市场营销刺激时要特别注意致力于影响消费者的感觉。

3. 学　习

所谓学习，指的是消费者在购买和使用商品的实践活动中逐步获得认识，积累经验，并据以调整购买行为的过程。

消费者的学习是在驱动力、刺激物、提示刺激、反应、强化等方面相互作用、相互影响下展开和进行的，是由于后天经验而引起的知识结构和行为的改变。例如，一个消费者产生了某种需要，这就是一种驱动力，是驱使其行动的内在刺激。当这种驱动力较为强烈，并被某种外在提示刺激引向某种可以减弱或消除它的刺激物时，这种驱动力就会转变为一种动机。在这一动机的支配下，他将做出购买该物的反应。但他将在何时、何地以及怎样做出反应，还常常受到一些其他的或大或小的外在提示刺激的影响。消费者在购买和使用了某个品牌的产品之后，如果感到满意，就会加以肯定并正向地强化对它的反应，从而在同一刺激物上重复或在类似的刺激物上扩大自己的行为；如果感到不满意，就会加以否定并反向地强化对它的反应，从而停止或不再重复自己的行为。

鉴于上述情况，企业为了引起或扩大消费者对自己某种商品的需求，可以反复提供诱发其购买该商品的提示刺激，并应尽量使消费者购买后感到满意，促使其今后再次购买。

4. 信念和态度

信念和态度作为个性心理倾向对人的行为具有很大的影响。

(1) 信　念

信念是人们确信的对某种事物的看法和评价,它对人们的行为具有总体导向和很强的驱动与支持作用。人们的信念是多方面的,同时从多个侧面直接或间接地影响着人们的购买行为。例如,某些人以俭补为信念,这就不能不影响到他们的需要、动机及有关的购买行为;再如,某些人在购买和使用商品的实践活动中,通过认识与学习对某个品牌的产品形成了良好的信念,这就会使他们成为这一品牌产品的坚定购买者。仅从后一种情况看,由于信念关系着企业及其产品的社会形象,影响着消费者的购买选择,所以企业的营销部门必须注意对这方面情况的了解,并通过有效的营销措施帮助人们确立起对本企业及产品的良好信念。

(2) 态　度

态度指的是个体对某一事物所持有的评价和行为倾向,是认知、情感和意向的统一体。认知是人们对事物带有评价意义的认识,是态度的基础。情感是人们对事物持有的感情,如好与恶、肯定与否定等,它是伴随着认识过程而产生的,具有性质和程度的区别,是态度的核心。意向是人们对事物的行为倾向,是态度的外观。一般地说,在对某一事物的态度上,这三种基本因素是一致的。态度具有稳定性,一旦形成往往很难改变;态度对人的行为有重要影响,会使人的行为呈现出一定的规律性。消费者对某一品牌产品的态度一经形成,以后就倾向于根据态度做出相同的购买决策,不愿再费心去比较、分析、判断。因此,对某种商品的肯定态度可以使它长期畅销,而否定态度则可以使它一蹶不振。

【小链接4-2】①

态度一旦形成,很难改变,然而也有例外。

试图说服父母他们的孩子实际上喜爱洋葱——不错,是洋葱——看起来就像是对根深蒂固的态度发动一起战争。而说服孩子们甚至是更大的挑战。但是维代利亚洋葱协会(Vidalia Onion Committee,VOC)为佐治亚州最重要的农产品——洋葱,策划了一场推广运动,就想尽力打赢这场硬仗。

让孩子们乐意吃洋葱可太难了。洋葱有股刺鼻的味儿,会让他们流泪,难怪许多孩子坚决拒绝吃洋葱。于是,为了改变这一态度,VOC制订了一个独特的计划。它选用了史莱克(Shrek),这个著名的怪物是一部非常受欢迎的动画片《怪物史莱克》中的主角。VOC的灵感来自于第一部史莱克电影中的一个片断,怪物克莱克向它的朋友驴子解释说:“洋葱有好多层,怪物有好多层,怪物就像洋葱。就这么简单。”

于是一场名为“怪物与洋葱”的全国性营销活动诞生了,而且恰巧与洋葱丰收和最新的怪物史莱克电影首映时机相吻合。这场营销活动包括在商店过道上悬挂大幅史莱克的海报,旁边是一袋一袋的维代利亚洋葱,史莱克问道:“怪物与洋葱有什么共同之处?”在维代利亚洋葱的网站上,史莱克来提供适宜孩子的维代利亚洋葱食谱。该运动很快得到回报,孩子们吵着要吃洋葱,惊喜的父母们赶紧响应。维代利亚袋装洋葱的当季销售增长了近30%。

---

① 资料来源:菲利普·科特勒,等.营销管理.13版.中国版.卢泰宏,高辉,译.北京:中国人民大学出版社,2016:152.

4.2.2 个体因素

消费者的个人特性也是影响其购买行为的重要因素。个人特性主要包括年龄、家庭生命周期、性别、教育程度、职业、经济状况、生活方式、个性和自我形象等方面的内容。

1. 年 龄

不同年龄的消费者对商品有着不同的需要，他们消费或购买的许多商品在种类上存在着明显的区别，如儿童是儿童食品和玩具的主要消费者；青少年是文教体育用品和时装的主要消费者；中年人是家务经营用品的主要购买者和使用者；老年人则是保健品的主要购买者和消费者。不同年龄的消费者对商品的式样、风格等也有所偏好，如青少年喜欢新奇有趣，中老年注重端庄朴素。此外，不同年龄的消费者在购买方式上也各有特点，如青少年易于接受新事物，容易在各种信息的影响下凭着感觉冲动性地购买，购买行为的理性度较低；中老年人则较为保守，往往不太看重于广告等商业性信息，主要依据习惯和经验来购买，购买行为的理性度较高。

2. 家庭生命周期

家庭生命周期，指的是一个人从年轻时离开父母家庭独立生活，到年老后并入其子女家庭或独居至去世为止的家庭生活全过程。

根据消费者的年龄、婚姻、子女等方面的状况，可以把家庭生命周期分为以下几个阶段（见表 4－4），在不同的阶段上他们的消费需求和购买行为存在着一定的差别：

表 4－4 家庭生命周期

阶 段	购买特点	主要购买产品
单身阶段	几乎没有经济负担，是新观念的带头人，消费观念偏重于娱乐导向，穿着比较时髦，娱乐活动较多	主要购买一般厨房用品和家具、汽车、模型游戏设备、度假等
新婚阶段	年轻、无子女，经济上比单身阶段富裕，购买力很强，对家具等耐用消费品的需求较大	主要购买汽车、冰箱、家具、娱乐和旅游类产品
满巢阶段Ⅰ	最年幼的子女不到 6 岁，处于家庭用品采购的高峰期，家庭流动资产少，不满足现有经济状态，开始储蓄部分钱，喜欢新产品	主要购买洗衣机、烘干机、电视机以及婴幼儿哺育产品等
满巢阶段Ⅱ	最年幼的子女 6 岁或超过 6 岁，经济状况较好，对广告不敏感，购买大包装商品，配套购买	主要购买食品、清洁用品、自行车、音乐课本、钢琴等。娱乐、旅游活动的开支有所增多
满巢阶段Ⅲ	年长的夫妇和尚未独立的子女同住，经济状况仍然较好，一些家庭夫妇和子女都有工作，对广告不敏感，耐用品购买力强	主要购买新颖别致的家具、汽车、游泳用品、非必需品、牙齿保健服务、杂志等。在子女的衣着、教育等方面的支出很大，耐用消费品进入更新期

续表 4-4

阶　段	购买特点	主要购买产品
空巢阶段Ⅰ	年长的夫妇无子女同住,户主仍在工作,拥有自己宽敞的住宅,经济富裕,有储蓄,对旅游、娱乐、自我教育尤感兴趣,愿意施舍和捐献,对新产品无兴趣	主要购买度假用品、娱乐、奢侈品、家用装修用品的开支有所增加,对非生活必需品、礼品、保健用品的支出较多
空巢阶段Ⅱ	年老的夫妇无子女同住,户主已退休赋闲在家,收入锐减	主要购买有助于健康、睡眠和消化的医用护理保健产品
鳏寡阶段Ⅰ	尚在业余工作,健康条件尚可,仍会参加少量的社会活动,经济条件仍然较好	主要购买特殊食品、医疗保健用品
鳏寡阶段Ⅱ	完全退休,需要与其他退休群体相仿的医疗用品,收入锐减	主要购买情感和安全保健类产品

3. 性别、教育程度和职业

不同性别的消费者,因生理和心理上的差异而在消费需求方面存在着明显的不同,在接触的媒体、信息来源、购买方式等方面也存在着一定的差别。

【小链接4-3】①

"她经济"的崛起已是一个不可忽视的存在。有公开数据显示,75%的中国家庭总消费由女性来决策,50%的男性定位产品由女性来购买,根据阿里巴巴的数据显示,阿里系在线电商销售额中,70%由女性消费者贡献。而她们最爱在线上购买的商品中,服饰消费占89%,母婴产品消费占87%,化妆品消费占83%,家居用品消费占78%。由此可见,在中国社会的消费链条中,女性在消费决策和消费能力上都占据绝对主导地位。女性逐渐成为家庭可投资资产的支配人,掌握着社会大量资源。其潜在消费能力和该人群的消费特征值得深入研究。

商家抢滩,掘金"她经济"

在这个"得妈妈者得天下"的电商时代,无论是线上还是线下,商家围绕女性的营销活动都非常丰富。在各个节点,都有专门针对女性推出的"购物狂欢日",无论是"3.7女生节"还是"3.8妇女节","双十一"或者是"双十二",商家们在关键时刻都会为女性"发福利"。

2015年双十一期间,阿里除了推出各种折扣、红包吸引消费,请用户"免费吃喝",还专门针对女性用户派发蚂蚁花呗"双十一"消费额度,额度从200~10000元不等,折合人均5000元。除此之外,金融机构也将目光更多地放到女性身上,各类女性专属的信用卡,理财产品横空出世。光大银行推出嘉人香水信用卡,招商银行为女性定制ELLE联名信用卡。而近日有报告显示,有近60%的家庭中,女性负责家庭财富管理决策,成为家庭财富管理"一把手"。现货投资服务商银天下也关注到此,对于掘金"她经济"将有更多部署。

---

① 资料来源:高辰(编辑),"她经济"时代 数据赋能电商更懂女性,中国新闻网.[2016-8-26].http://www.chinanews.com/cj/2016/08-26/7984787.shtml.

利用大数据,洞察女性消费行为

要想赚女人的钱,要先懂女人心。在这个数据为王的年代,每一位女性滑动手机,点击链接,都产生了大量的行为习惯。大数据,让所有的电商运营不再只是纸上谈兵,如何利用大数据了解女性消费的行为特征?

根据第一财经商业数据中心(CBNData)之前发布的《时尚美妆行业报告》显示,2011年至2015年,在美妆行业消费者中,女性无可厚非的占绝对主导地位,化妆品中,尤其是彩妆,女性购买占比更大。

23岁至50岁消费者是时尚美妆行业的主力用户,贡献了90%的消费金额。从地区方面来看,美妆的消费主力主要集中在沿海经济发达地区,但包括河南、河北在内的中西部地区,其增速也较快。

针对以上数据,可以分析出一些经营建议,通过消费行为设计出合理的运营策略,洞察消费者行为,挖掘潜在的消费市场,采取更具有针对性的决策。

大数据赋能商家,数据服务商家更懂女性

"她经济"的崛起,带来了新的经济增长点,越来越多的商家开始从女性的角度来确定自己的目标受众以及研发女性定制化产品。想赚"她"的钱?痴迷于买买买的"她们"从何而来?如何科学分析"她们"的消费行为?"爆款"是如何产生的?这些都将成为了每个电商从业者的必修课。

8月30日,由第一财经商业数据中心(CBNData)主办的"数据电商大讲堂"将为你揭开电商运营中的"秘密"。本次活动由"现货投资服务领导品牌——银天下"独家冠名,黄金合作伙伴有:情报通、抹茶美妆、快展科技。此次大讲堂第一讲主题为"数据赋能她经济",旨在通过大数据帮助商家更理性地洞察女性消费市场,挖掘潜在商业价值。

届时,第一财经商业数据中心首席数据分析师、天猫美妆事业部总经理、天猫母婴行业总经理等重磅讲师将通过消费数据分析、消费者运营解读、创新营销玩法等课程,开启数据电商的灵感之门,挖掘数据赋能电商的秘密。

教育程度对消费者的需求、购买行为的影响表现在教育程度较高的消费者对书刊等文化用品的需求量较大,购买行为的理性度较高,审美能力较强,购买决策过程较全面,更善于利用非商业性来源的信息;教育程度较低的消费者则经常表现出与此相反的一些情况。以服装为例,教育程度较高的人一般较为讲究得体、典雅,教育程度较低的人在穿着方面往往更富有流行性和时代感。职业不同的消费者,如工人、农民、军人、教师、文艺工作者等,由于生活、工作条件的不同,消费构成和购买习惯也存在着较大区别。

4. 经济状况

一个人的经济状况,是指他的收入状况(收入的水平、稳定性和时间分布)、储蓄和财产状况、借贷能力等方面的综合情况。经济状况决定着个人的购买能力,并在很大程度上制约着个人的需求结构和购买行为。消费者的经济状况较好,就易于做出购买决定,新产品也容易推广,非生活必需品的消费量也会比较大;经济状况较差,在支出方面就较为慎重,偏重于满足生活必需品的需要,选择商品时更注意经济性和实用性。此外,对开支和储蓄的态度也影响着个人的实际购买力和购买行为。消费者对开支和储蓄的态度,不仅受收入水平、消费习惯和传统风尚的影响,而且受利率高低、物价稳定程度和商品供求状况等因素的影响。由于商品的销售很容易受到消费者经济状况的影响,因此生产经营这类商品的企业需要密切注意消费者个人收入、储蓄、利率等的动向,以便根据实际情况及时调整营销策略,保持商品对目标顾客的吸引力。

5. 生活方式

生活方式,指的是人们在自己的中心目标、价值观念、个性心理及经济条件等的制约下,在一系列外部环境因素的影响下形成的物质生活和精神生活的模式,它通过人们的活动、兴趣和意见表现出来。生活方式也是影响消费者购买行为的一个重要因素。企业的市场营销人员可以根据人们的中心目标、价值观念、个性心理、经济状况或活动、兴趣、意见等划分生活方式的类型。例如,有些人把大量时间与精力投入工作和学习,期望在事业上做出成绩的事业型;有些人希望生活丰富多彩,增加生活情趣,注重生活方面的满足,并乐于在这些方面开支,花费时间和精力的享乐型;有些人重视家庭生活,依惯例行事的归属型。具有不同生活方式的人,在个人偏好、需求特征、购买行为等方面具有许多不同的特点,企业调查消费者的生活方式可以制定出针对性比较强的营销方案和策略。

【小链接4-4】①

2011年1月21日,微信的第一个版本正式发布,次年4月推出的4.0版开始支持朋友圈功能。5年来,微信的版本不断更新,其月活跃账户数迄今已超过6.50亿,全国各级各类政务民生微信公众号已突破10万个。微信成为中国网民特别是青年群体生活方式的一个重要组成部分,它深刻影响着用户的即时交流、信息获取乃至电子商务、生活服务等诸多方面。

在“互联网+”时代,如何看待微信所代表的社交新媒体对当下生活方式的影响,如何评估微信所带来的赋权价值并反思过度使用、安全漏洞等问题,又如何培养和提升社交媒介素养,思想者副刊特约请谢静、王玲宁、张军芳三位学者对此进行解读,以飨读者。

“2015微信大数据”之“微信·青年”

1. 2015年9月,微信用户平均日登录5.70亿人,其中,“15~29岁”的年轻人占60%。微信日活跃用户数量增长了64%,微信在一线至五线城市的渗透率分别为:93%、69%、43%、27%、28%。

2. 较之于“30~60岁”的年龄段,“10~30岁”这一群体的年轻人更多愁善感。

3. 微信用户每天语音通话时长累计2.80亿分钟,相当于540年。其中,异地通话的“15~29岁”的年轻人占了58%。

4. 阅读方面,60后侧重鸡汤文化,80后关心国家大事,90后则更感兴趣娱乐八卦。

5. 超过15%的微信用户玩游戏,玩游戏超过10分钟的用户超过75%,他们最爱棋牌类和休闲类游戏。

6. “15~29岁”的年轻人中,其微信朋友圈中平均有128个微信好友,大学毕业工作后的好友数增加了20%。

7. “15~29岁”的年轻人中,网购高峰是10:00和22:00,他们2015年9月最爱买的三类商品是:充电宝、秋衣秋裤、自拍杆。

8. 80后是春节发红包的主力军,发红包的“土豪”用户中超过一半是80后。

① 资料来源:腾讯微信团队.微信时代:青年社交方式新特点初探.中国青年报,2016-3-21(02).

6. 个性、自我形象

(1) 个　性

这里所说的个性，指的是一个人经常表现出来的，既比较稳定又带有一定倾向性的各种心理特征（如兴趣、爱好、能力、气质、性格等）的总和。它是在个人生理素质的基础上，在一定社会历史条件下，通过社会实践活动形成和发展起来的。个性所表现的是个人的独特风格和基本精神面貌，如自信或自卑、冒险或谨慎、倔强或顺从、独立或依赖、合群或孤独、主动或被动、急躁或冷静、勇敢或胆小等。个性使人对环境产生比较一致和持续的反应，可以直接或间接地影响购买行为。直接与消费者的个性相联系的购买风格有几乎不变换产品种类和品牌的习惯型，经冷静、慎重思考后购买的理智型，易受外来刺激影响而购买的冲动型，感情和联想丰富的想象型，缺乏主见或没有固定偏好的不固定型等。

(2) 自我形象

自我形象，一般是指人的实际自我认识或理想自我认识，即一个人怎样看待自己或希望怎样看待自己；有时也指人的社会自我形象，即一个人认为别人和希望别人如何看待自己。由于人们总是希望保持、增强和改善自我形象，并把消费和购买行为作为表现和塑造自我形象的一种重要手段，因此消费者一般总是选择符合或能够改善自我形象的商品。企业研究目标市场上消费者的自我形象有助于更好地满足消费者上述方面的特定需要。

4.2.3　社会文化因素

社会文化环境主要包括文化和亚文化群、相关群体、家庭、社会阶层等方面。消费者的购买行为除了心理和个人特性之外，还受到个人所处的社会文化环境的影响。

1. 文化和亚文化群

文化一般是指人类在社会发展过程中所创造的物质财富和精神财富的总和，表明了人类所创造的社会历史的发展水平、程度和质量的状态。这里的文化，主要是指观念形态的文化（精神文化），包括思想、道德、科学、哲学、艺术、宗教、价值观、审美观、信仰、风俗习惯等方面的内容。文化是一种社会现象，是在一定的物质基础上形成的，是一定的政治和经济的反映。由于不同社会或国家的文化通常是围绕着不同的因素在不同的物质基础上建立起来并与之相适应的，因此不同社会或国家的文化往往存在着较大的差异。社会文化通过各种方式和途径向社会成员传输着社会规范和价值准则，影响着社会成员的行为模式。大部分人尊重他们的文化，接受他们文化中共同的价值准则，遵循其中的道德规范和风俗习惯。所以，文化对消费者的需求与购买行为具有强烈而广泛的影响。这种影响表现为，处于同一社会文化环境中的人们在消费需求与购买行为等方面具有许多相似之处，处在不同社会文化环境中的人们则在消费需求与购买行为等方面具有很大的差异。

此外，在每一种社会文化环境的背景下，又往往存在着许多在一定范围内具有文化同一性的群体，即亚文化群。在我国，亚文化群主要有民族群、宗教群和地理区域群。这些不同的亚文化群，在风俗习惯、审美情趣、价值观念、行为准则、消费偏好、生活方式等方面又存在着一定的甚至很大的差别，从而影响着他们的消费需求与购买行为。这是企业开展营销活动时所不能忽视的。

【小链接4-5】[①]

近10年来,网络空间生产了成千上万的新词语、新句式、新语体,这道由语辞构筑的文化景观杂糅了冷僻词、外来词、生造词以及图形符号,让社会大众目不暇接,如堕云雾;让语言学家忧心惶恐,乃至失语。

与此相反,作为网络语言生产主体的青年网民却乐此不疲。近期有关"逼格"一词能否被主流媒体采用的争议便可窥一斑。这个生造的词语,在盛大文学总监汗青看来是"流氓话语"的入侵,媒体从业人员使用之是有违文字工作者职业道德和缺乏审美情趣的表现。与之针锋相对的是凤凰网主笔王路的看法,他认为词语变迁和获得新义后,可以脱胎换骨,因此"逼格"只不过是"格调""品味"的戏谑表达,已经脱"脏"。

而网民们呢?他们早就在网络交往和意见表达中用得风生水起,不亦乐乎。青年网民为何如此热衷于生产和使用与主流媒体不一样的语言?网络语言对于亚文化群体具有怎样的意义和价值?

语言风格化是当下亚文化的表征符号

"风格化"是青年亚文化标榜自身,形成认同时所生产出来的特有的符号系统。20世纪六七十年代英美国家各种各样的青年亚文化,在服装、音乐、活动场所、喜好、行动等方面无不形成自己的风格,比如光头党对黑色带金属链条的皮衣、皮鞋、带铅扣皮带的狂热追捧,无赖青年对鹿皮鞋、天鹅绒、厚斜纹绒衣领以及鞋带式领带的青睐,这些可视化的"行头"都意在与主导文化,甚至与其他青年亚文化相区隔。由于互联网空间的虚拟性和从事青年亚文化实践的群体不再需要聚集在实体空间中,他们之间因为匿名甚至互不相识,因此,着装打扮的风格对活跃在互联网空间中的亚文化青年不再具有决定性的作用,相反,独特的语言表达成为亚文化风格醒目的标识。

语言的风格化是青年亚文化从社会总体文化中凸显自身的内在需要。可以这么理解,非主流、另类的语言创造是青年群体有意识标榜自己与其他文化差异性的文化行为,具有鲜明的语言区隔功能。在此,区隔首先表明的是与众不同,其次是共同体的建构,再次是身份的认同。火星文是90后自己创造出来的网络语言,其语言结构非常复杂,集合了符号、繁体字、日文、韩文、冷僻字、图形文字以及汉字拆分等多种元素,并随性拼贴组合,甚至设计了专用的火星文软件来创造出其他人看不懂的语言文字,其意图无非表明"我,与众不同"。每一个亚文化群体都刻意地发展一些专属语,一方面通过设置语言障碍将圈外人排除在外,一方面又通过语言强化同一个圈子内人与人之间的关系,以及对圈子这个共同体的认同。

语言风格化一方面形成特定亚文化与外面的区隔,另一方面也促成内部的凝聚,使特定的亚文化群体成员在观念、共识、行为上更加容易形成共识,这意味着,如果能以同一种方式说话时,就是同类,相反,便是非我族类。

逃离规制 追求个体自由表达

网络用语以超乎想象的速度批量出现,也因为原来的语言系统不再能准确地概括和表述由于科技进步带来的某些新的事物及情感。

虽然改革开放许多年了,但在互联网普及使用之前,曾经高度一体化的话语体系的变迁

① 资料来源:马中红.亚文化符号:网络语言.中国青年报,2014-11-24(02).

比较缓慢。时至今日，一些主流媒介上刊发的社论、评论依然惯用着相对稳定、同一的话语体系。而网络青年则跃跃欲试希望创造表达自我的新语言。在前互联网时代，占据主导地位的文化对草根文化和青年的另类文化有着非常严格的限制，草根们很少有机会自由地表达自己。正是有了互联网，青年的文化参与、文化表达和文化分享才得到了前所未有的激发。

为了让自己的声音在海量信息中浮现出来，被人注意到，夺人眼球的新词新语，与主流文化构成强烈反差的表达方式就应运而生。

从目前的情形来看，青年创造的新词新语有不少已经被大众媒介率先采用，继而又被权威部门收纳，登堂入室。这是青年文化创造的胜利，是充满活力的青年亚文化对相对滞后的社会主流文化的刺激，这将有利于激活社会总体文化。

语言的游戏　亚文化的“抵抗”

网络空间的无深度感、暂时性、分裂性和全球化特征，促使在其基础上生成和传播的青年亚文化，不同程度地体现出无厘头、狂欢、无聊、围观、起哄等现象，但不同程度的“抵抗”却依然是青年亚文化实践的氧气。

为数不少的网络用语来自青年群体对现实社会突发事件的强烈反应。这部分事件大多集中在社会不公、贪官腐败、恃强凌弱和无序竞争，这种社会矛盾的体现，是社会之殇，也是百姓之痛。“表叔”“你懂得”“生，容易。活，容易。生活，不容易”，凡此种种，哪一个不映射出严峻的社会问题？

值得注意的是，网络用语过度地狂欢往往也会导致青年亚文化的“抵抗”失去明确的指向，拼贴、戏仿、恶搞等手法的大量使用固然撕裂了原有文本的意义，但为了博取语不惊人死不休的效果，夸张的搞笑，尽力地拆解在短时间里重复地出现，其结果便是意义被放逐，剩下的只是狂欢。

2. 相关群体

群体指的是具有共同目标或兴趣的两个或两个以上的人联结而成的人群。个人的相关群体指的是对一个人的态度和行为等具有直接或间接影响的一群人。相关群体可分为直接相关群体和间接相关群体。

直接相关群体也称为成员群体，即一个人从属的并受其直接影响的群体。成员群体又分为首要群体和次要群体两种。首要群体是一个人经常受其影响的群体，如家庭、朋友、邻居和同事等，往往是非正式组织。次要群体是一个人不经常受其影响的群体，如工会、职业协会、学生会等，多为正式组织。

间接相关群体也称为非成员群体，即一个人不是其中的成员，仅受其间接影响的群体。非成员群体又分为向往群体和厌恶群体两种。向往群体指的是一个人推崇效仿的，期望成为其中的一员或与之交往并受其影响的群体。例如，电影明星、体育明星、网红等常有一些崇拜者、追随者仿效他们的穿着打扮，这些明星就是其崇拜者、追随者的向往群体。厌恶群体指的是一个人讨厌或反对的一群人。一个人总是不愿与其厌恶群体发生任何联系，在各方面都希望与之保持一定的距离，甚至经常反其道而行之。

除了厌恶群体外，消费者通常都与其相关群体具有某些相似的态度和购买行为。群体结合得越紧密、交往过程越有效、个人对群体越尊重，它对个人的购买行为影响就越大。相关群体对消费者购买行为的影响可以概括为以下几个方面：

① 为个人提供可供选择的行为模式或生活方式。

② 影响人们的价值观、审美观、消费偏好、消费需求,引起人们的仿效欲望。

③ 影响人们对产品品种、花色以至品牌的看法和选择,促使人们的行为趋向于某种一致性。

需要指出的是,相关群体对个人的影响因商品不同而有所区别,如对使用时不易为他人觉察到的商品影响就小,对使用时十分显眼的商品影响就大;相关群体对个人的影响因产品所处生命周期阶段的不同也有很大差别,如在介绍期只对产品选择影响较大,在成长期对产品选择和品牌选择都有较强的影响,在成熟期只对品牌选择有较强的影响,在衰退期对产品选择和品牌选择的影响都很小。

在利用相关群体影响人们的购买行为这一点上,企业应着重于设法影响有关的相关群体的意见领导者,即相关群体中有影响力的人。意见领导者可能是首要群体中在某方面具有专长的人、次要群体的领导人或向往群体中人们的仿效对象。由于意见领导者的建议或行为影响力较大,因而他们一旦夸奖了或使用了什么产品,就会对其起到有力的宣传和推广作用。企业应注意研究和影响相关群体中意见领导者的消费倾向,以便借助他们对本企业及产品进行有效的宣传和推广。

3. 家　庭

随着传统的三代同堂的主干家庭向一对夫妻一个子女的核心家庭的转化,核心家庭已成为我国消费者市场上非常重要的购买单位。此外,家庭是一种最重要的相关群体,它对其成员的购买行为具有强烈和持续的影响。企业要注意研究目标市场上各类家庭的特点、需求情况、家庭购买决策的类型、家庭成员在购买商品时各自所起的作用以及他们之间的相互影响等问题,从而有针对性地开展营销活动。

4. 社会阶层

这里所说的社会阶层指的是根据职业、收入、财产、教育程度等可变因素对人们进行的群体划分。处于同一社会阶层的人,通常在社会经济地位、利益、价值取向、思维方式、生活方式、生活目标、兴趣、消费欲望、消费偏好、购买行为等方面存在着许多相似之处;处于不同社会阶层的人,往往在上述方面存在着较大的差别。企业依据社会阶层进行市场细分,进而选择自己的目标市场,安排市场营销组合,可以大大地增强市场营销活动的有效性。

4.3　消费者的购买决策过程

这里所说的消费者购买决策过程指的就是消费者的整个购买活动过程。本节涉及的内容主要有购买决策单位、消费者购买行为的类型及消费者购买决策过程的主要阶段这样几个方面的问题。

4.3.1　购买决策参与者

购买决策参与者是由参与和影响购买决策的有关人员构成的群体。有些消费品的购买决策通常只有一个人,如购买简单、价格较低的日常生活用品往往就是如此;而有些消费品,特别是价格昂贵的耐用消费品的购买决策参与者就比较多,往往包括一个家庭的所有成员,甚至还有家庭以外的人员参与进来。

在购买决策过程中，购买决策单位中的各个成员可能充当着以下某个或某些不同的角色，发挥着特定的作用：

(1) 发起者，即首先提出购买某种商品的人。

(2) 影响者，即对最后购买决定具有某种影响的人。

(3) 决定者，即最后做出部分或全部购买决策的人。

(4) 购买者，即实施购买决策从事实际购买的人。

(5) 使用者，即消费或使用将要购买的商品的人。

企业的市场营销人员应注意了解这方面的情况，以便对购买决策参与中的有关人员施加有效的影响。

4.3.2　消费者购买行为的主要类型

消费者的购买行为实际上是一种解决问题的活动过程。消费者在购买活动中所遇到及所要解决的问题的复杂程度和重要性不同，其购买行为的复杂性程度和类型也就不一样。

消费者在购买活动中所遇到及所要解决的问题的重要性和复杂性程度，主要与以下几个方面的因素有关：

(1) 风险性。这取决于所购商品技术上的复杂性、价值的高低及其对个人或家庭生活的影响范围和程度。风险性越大，消费者就越会慎重对待。

(2) 选择性。这主要取决于相同性替代产品和相关性替代产品的多少和差别程度。相同性替代产品有两种情况：品牌差别小的同种产品为同质产品，即产品并不因生产经营者不同而在质量、花色、式样、价格、服务等方面存在较大的差别；品牌差别大的同种产品为异质产品，即产品因生产经营者不同而在质量、花色、式样、价格、服务等方面存在较大的差别。在相同性替代产品和相关性替代产品较多且判别较大时，就会增加消费者选择的难度和工作量。

(3) 信息或知识的充实性。消费者在做购买决策时通常都需要一定的与欲购商品有关的信息或知识，当需要的信息或知识比较多而消费者又知之甚少时，就会迫使消费者在这方面投入较多的精力来加以掌握。

消费者购买行为的复杂性程度，可以用消费者卷入购买的程度来表示。消费者卷入购买的程度是由消费者在购买过程中谨慎的程度、花费时间和精力的多少以及参与购买决策单位的人数多少等方面的情况综合决定的。

消费者购买决策随其购买决策类型的不同而变化。阿萨尔根据在购买过程中参与者的介入程度和品牌间差异程度，区分了消费者购买行为的四种类型：复杂的购买行为、减少失调的购买行为、习惯性的购买行为和寻找品牌的购买行为，如表 4－5 所列。

表 4－5　消费者购买行为的 4 种类型

购买参与程度 / 品牌差异程度	高	低
大	复杂的购买行为	寻求多样化的购买行为
小	减少失调感的购买行为	习惯性的购买行为

1. 复杂的购买行为

如果消费者属于高度参与,并且现有各品牌、品种和规格之间差异较大,则会产生复杂购买行为。在这种情况下,消费者首先要广泛地收集与欲购商品有关的各种信息以至学习一些必要知识,然后对可供选择的各种品牌商品的重要特性等方面进行评价,最后再慎重做出购买决策。也就是说当消费者专门仔细地购买,并注意现有各品牌间的重要差别时,他们也就在进行复杂的购买行为。

针对上述情况,生产经营这类产品的企业营销部门应通过调查研究了解那些可能成为自己顾客的消费者的有关情况及其信息收集和评价活动,然后再酌情采取适当的措施,以使他们逐渐熟悉和相信本企业的产品并决定购买。

2. 减少失调感的购买行为

此类产品价值较高,偶尔购买,消费者属于高度参与,但消费者看不出或不认为某一价格范围内的不同品牌有显著差异,此时,消费者往往不会去广泛收集产品信息,也不会精心挑选和比较品牌,购买过程较迅速而简单。消费者可能会受到与产品质量和功能无关的其他因素的影响,如因价格便宜而决定购买,但购买后经常会因使用过程中发现产品的缺陷或听到其他同类产品的优点而产生失调感。于是,他开始学习更多东西,为的是避免再次产生失调感。在这种情况下,企业的市场营销部门应不断改进营销工作,改善企业及产品在市场上的形象,同时要制定适当的信息沟通方案,以增加消费者对品牌的了解和信任。即营销沟通的主要作用在于增强信念,提供完善的售后服务和产品信息,使购买者对自己所购品牌有一种满意的感觉。

3. 习惯性的购买行为

如果消费者属于低度参与并认为各品牌之间没有什么显著差异,就会产生习惯性购买行为。当消费者面对的是一些风险性低、频繁购买的日常生活用品,而且对其种类、质量、特性、品牌等方面已经很了解并有所偏好时,再次购买已呈现为一种常规性的惯例化反应行为,通常不须花较多的时间与精力去评价和选择,卷入购买的程度很低。

对品牌差别小的相同商品和相关替代性强的商品,人们通常根据经验、偏好和习惯重复购买某一品牌的商品,对其他品牌的商品不愿加以比较;但当这一品牌的商品脱销或其他品牌的商品特价时,他们又往往转而购买其他品牌的商品。针对这一种情况,企业应注意保持一定的产品服务质量和库存水平,并经常做一些提醒性广告以鼓励消费者重复购买,也可以采用种种诱因吸引新的顾客。

4. 寻求多样化的购买行为

如果消费者属于低度参与并了解现有各品牌和品种之间具有的显著差异,则会产生寻求多样化的购买行为。某些购买情况是以消费者低度介入但品牌差异很大为特征的。在这种情况下,消费者被看成是会经常改变品牌选择的。以在购买小甜饼中遇到的情况为例:消费者会有某些信念,不先做充分评价,就挑选某一品牌的小甜饼,待到入口时,再对它进行评价。但在下一次购买时,消费者也许想尝新,或想体验一下口味而转向买另外一种品牌。品牌的选择变化常起因于产品的多品种,而不是起因于对产品不满意。针对这一情况,企业可以通过增加花色品种、改善购买现场陈列、适当降价、利用效果好的广告等营销措施,引导顾客使用新的品种或品牌的产品,促使消费者为寻求消费种类的多样化而购买。

4.3.3　消费者购买决策过程的主要阶段

消费者的购买行为是一个过程,这个过程在实际购买之前就已经开始,并且一直延续到实际购买之后。对企业来说,在这一过程中始终伴随着愿望竞争、一般竞争、产品形式竞争和品牌竞争问题。企业的市场营销人员分阶段地研究和了解消费者的整个购买过程,为的是针对消费者这一过程中各个阶段上的思想和行为酌情采取适当的营销措施,以便系统地施加影响,使消费者的购买决策和购买行为朝着有利于扩大本企业产品销售的方向发展。

西方学者曾经提出过不少消费者购买决策的模式,但现代市场营销学中一般采用的是 5 个阶段的模式,如图 4-2 所示。

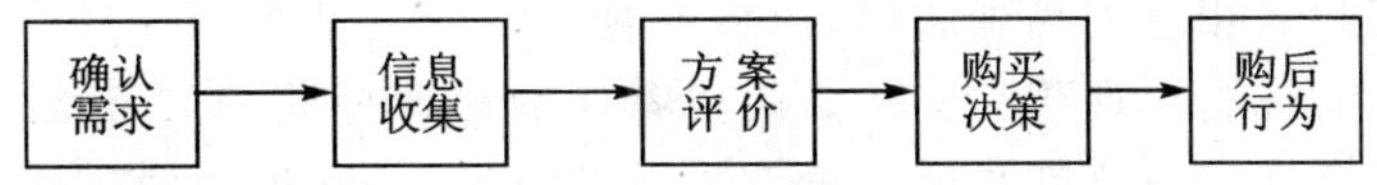

图 4-2　消费者购买决策过程 5 阶段

这是一个"提出问题—分析问题—解决问题"的模式,主要是针对较为复杂的购买行为而言的。在实际的购买活动过程中,人们并不是严格按照上述模式进行的,有时会省略其中的某些阶段或颠倒它们的次序,在各个阶段上花费的时间和精力也有所不同。

1. 确认需求

消费者的购买过程是从引起需要开始的。需要的产生有时很简单,有时却较为复杂。一般来说,人的需要是由两种刺激引起的:一是来自身心的内在刺激,这是引起需要的驱动力;二是来自外部环境的刺激,这是引起需要的触发诱因。在这两种刺激的影响下,当消费者意识到一种需要并准备通过购买某种商品去满足它时就形成了购买动机。因此,营销者的任务是识别引起消费者某种需求的环境。注意通过对上述两个方面的分析,了解那些在消费者中已经存在(或可能产生)的与本企业产品实际(或潜在地)有关联的驱动力及其强度,分析与这些驱动力有关的各种触发诱因的状况,进而适当地安排市场营销对策,以便引起对本企业产品的现实需要,诱发购买动机。

2. 收集信息

消费者形成了购买某种商品的动机后,就要从事与购买它有关的活动。在多数情况下,尤其是不熟悉这种商品的种类、特性、品牌、价格、出售地点等情况时,消费者总是在收集一定的信息并对其进行分析判断后才做出购买决定,实施购买行动。这时,消费者增强了对有关信息的注意。消费者收集信息的积极性主要与需要的强度有关;收集信息的数量和内容主要与所遇到或所要解决的问题的类型和性质有关,并因购买行为类型的不同而有很大的差别。

为了有效地向目标市场传递信息,影响消费者的购买行为,企业要了解消费者获得信息的主要来源以及不同来源的信息对消费者的影响程度。消费者的信息来源有:

(1) 商业来源,即消费者从广告、销售人员的介绍、商品陈列或展示会、商品包装、产品说明书等方面得到的信息,即营销企业提供的信息。

(2) 个人来源,即消费者从家庭成员、朋友、邻居、同事及其他熟人等方面得到的信息。

(3) 公众来源,即消费者从大众传播媒介的报道、消费者组织的评论等方面得到的信息。

(4) 经验来源,即消费者通过接触、试验或直接使用商品得到的信息。

从消费者的角度看,从企业控制的商业性来源得到的信息主要起着通知性的作用,从其他非商业性来源得到的信息主要起着建议、评价和验评的作用。

3. 评价选择

在这一阶段中,消费者将根据所掌握的信息在选择品牌组内众多可供选择的品牌中进行评价和比较,从中选择和确定他所偏好的品牌的商品,形成购买意向。对企业来说,这里的主要问题是消费者如何评价选择各个品牌的商品,以及如何让消费者选择本企业生产经营的商品。

消费者评价和选择商品的方法很多,其中主要有理想品牌法、最高期望值法等。所谓理想品牌法就是消费者首先根据自己的购买目的等构想出一种“理想产品”,并大致确定出该产品几种主要特性的理想水平或可以接受的水平值;然后将进入选择中的几种品牌的实际产品作为购买对象。在实际运用理想品牌法时,消费者有时会根据情况调整要考察的产品主要特性的种类及其水平值的标准。理想品牌法是消费者评价和选择商品的方法中最基本、最常用的一种方法。所谓最高期望值法就是消费者首先对选择各品牌产品的若干主要特性分别进行评分,得出各自的特性值;然后分别确定每一特性的权数,再用权数与对应的特性值相乘后加总,分别求出每一品牌产品的期望值;最后将期望值最高的某一品牌的产品作为购买对象。实际上,消费者在评价和选择商品时很少进行这样复杂的数量分析。

【小链接4-6】[①]

近日,美团网公布了2014年用户评价(UGC)相关数据。随着交易额的持续增长,美团网上基于消费后的用户评价内容数量不断增长,美团网去年用户评价数量已达到3.38亿条,且均为用户消费后的真实评价,涵盖了美食、酒店、电影、KTV等多个品类,其中来自移动端的评价占比超过90%。

美团网CEO王兴表示,美团是以交易为核心的,但不代表除了交易之外的事情都不做。早在2010年上半年美国就开始做评价相关的事情,因为用户和商户的评论都是有助于交易的。美团现在大概每天有300多万笔交易,有40%~50%的有效评价,积累了大量的评价数据。王兴认为,用户需要评价,也更需要基于交易的、不容易造假的评价。

“现在无论是信息平台还是交易平台,评价留言的功能都是必备,但大多存在留言内容太水、展现形式不利于阅览的问题,无内涵的内容把有用内容掩盖住了。究其原因还是在于门槛,如果任何网友都能对商户进行评价的话,可能很多人并没有体验过产品,所以客观的评价一定是在交易的基础上产生的”,业内人士这样认为。

因美团用户的订单处于完成状态才可评价,用户体验后得出的结论真实性也比较高,因此避免了非交易用户乱评分、乱评价的现象。

同时,美团网为了引导用户写出高质量的评价,还推出了一定的奖励活动。美团用户在消费后进行评价除了可以根据消费金额得到一定的积分,还可以通过上传消费过程中的图片或详细描述消费体验来获得额外的“认真评价”积分奖励。

目前,基于交易的UGC内容不仅给消费者提供高效快捷的消费决策参考信息,也有利于商家有针对性地改进服务质量。对于很多传统商家而言,平时很难通过线下方式进行系统、全面的消费者调研。

① 资料来源:魏蔚,姜红. 美团网首度披露用户评价数据. 北京商报. IT互联网周刊,2015-01-28.

据悉，美团网 2014 年交易额超 460 亿元，用户数超过 2 亿，合作商户超 80 万家，覆盖城市超 1000 个，市场份额超过 60%。通过美团网的评价体系，消费者可以方便、快捷地反馈自己的消费体验。这也成为传统商户在获得商业利益的同时，进行消费者调研、与消费者沟通互动的渠道，进而根据消费者的意见来改善经营管理。

有分析人士指出，美团在移动端获得的评价数量的优势比例主要得益于如今移动互联网的发展。移动端购物以其便捷性吸引了更多的消费者，本地生活服务(O2O)作为强调线上线下结合的商务模式，其与 APP 应用的结合也更加紧密。手机与人的距离最近，而手机上 APP 更是缩短了人们与生活服务的距离。主打本地生活服务的美团网在移动端的优势也很明显，自然带动了用户消费后随时在移动端进行评价。

在消费者对进入选择中的各品牌的产品进行评价比较后，每个品牌的产品的生产经营者大体会遇到下述两种情况：一是所有的产品都与消费者的理想产品相同或相接近，这时每个企业都面临着如何开展工作来影响消费者以使其选择自己产品的问题；二是部分产品与消费者的理想产品相同或相近，这时与消费者的理想产品不同或不相接近的产品的生产经营者也面临着如何开展工作来影响消费者以使其选择自己产品问题。对此，企业可以采取以下策略来影响消费者的购买选择。

(1) 重新定位策略，即企业通过改变现有产品的某些属性的特征，以使其符合消费者理想产品的标准或要求。一些消费者感兴趣的产品属性分类如下：

① 照相机：如照片清晰度、摄影速度、相机大小、价格。

② 旅馆：如位置、清洁度、气氛、费用。

③ 漱口剂：如颜色、效力、杀菌能力、价格、味道。

④ 轮胎：如安全、耐磨寿命、行驶质量、价格。

(2) 心理换位策略，即在消费者低估了本企业产品的特性水平或产品某些较优的特性尚未被注意到的情况下，企业通过实事求是的宣传和积极的引导，以改变他们对本企业现有产品的信念。

(3) 竞争换位策略，即在消费者高估本企业竞争者产品特性水平的情况下，企业通过广告等形式，设法改变他们对竞争者产品的信念。

(4) 心理重新定位策略，即企业设法改变消费者对理想产品的构想，或使其调整对现实产品的评价角度以及对产品某些特性的水平标准要求，从而接受本企业的现有产品。

4. 购买决策

消费者经过对进入选择的各品牌产品的评价比较后就会形成购买意向，在正常情况下便会购买他最喜欢的某个品牌的产品。但是，在购买意向与决定购买这两者之间往往会介入某些因素的影响和干扰，从而使消费者不一定实现或不马上实现其购买意向。这些影响因素有：

(1) 其他人的态度，如关系密切的某个人坚决反对购买这种产品、在购买现场听到对这种产品的不利议论等，这些都可能使消费者重新考虑、放弃或改变原先的购买意向。

(2) 意外事件，包括消费者个人、家庭、企业、市场及其他外部环境等方面突然出现的一些新情况，如家庭中出现了其他方面的紧迫开支、产品生产企业出现了重大的质量问题、市场上出现了新产品、经济形势出现了较大的变化、原定的商品价格突然提高、购买时销售人员的态度恶劣等,这些也都可能造成消费者重新考虑、放弃或改变原先的购买意向。

(3) 预期风险的大小,在对欲购商品预期风险较大的情况下,消费者可能采取一些防范或减少风险的习惯性做法,如暂不实现购买意向、改变购买意向等。

因此,企业完全依据消费者对品牌的偏好和购买意向来判断其购买决定与实际购买是不十分可靠的。

对于决定实际购买意向的消费者来说,在实施购买某一品牌产品的行动之前,一般还要做出一系列相关的购买决策,包括购买种类、品牌决策、何时买、在何处买、如何买等。需要注意的是,企业对于决定实施购买自己品牌产品的消费者应尽可能提供良好的销售服务,以避免顾客在这一阶段的流失。

5. 购后行为

消费者购买和使用了某种产品后,必然会产生某种程度的满意或不满意感。消费者购买后的满意程度是消费者预期与产品的实际觉察性能的函数。产品的实际觉察性能若符合预期,消费者就会满意;若超过预期,消费者就会感到很满意;若达不到预期,消费者就会感到失望和不满。

消费者是否满意会直接影响其购买后的行为。如果感到满意,以后就可能重复购买,并向他人称赞和推荐这种产品,而这种称赞和建议往往比企业为促进产品销售而进行的广告宣传更有效;如果感到不满意,以后就不会再购买这种产品,而且会采取公开或私下的行动来发泄不满,这势必会抵消企业为赢得顾客而开展的许多工作。

消费者购买后的感觉和行为与企业关系极大。企业的营销部门必须注意采取各种有效措施千方百计地增加顾客购买后的满意感,如切实保证产品质量、同购买者保持各种可能的联系、经常征求顾客的意见、加强售后服务工作等。此外,企业在产品宣传中如实地反映产品的性能或适当留有余地,也有助于增加顾客购买后的满足感。

【讨论题】

1. 影响消费者购买行为的因素有哪些?
2. 消费者在购买过程中扮演哪些角色?
3. 消费者购买决策过程包括哪几个阶段?
4. 消费者有哪几种购买类型?针对不同购买类型应采取哪些营销策略?
5. 表4-5阐述了不同消费者参与度和品牌差异4种情况下的消费者购买行为类型。考虑如下购买行为各属于哪种,并解释原因:A. 购买一辆凌志汽车;B. 走进一家超市买了一袋新出的糖果;C. 去轮胎经销商那里买轮胎;D. 课间休息时从自动售货机处买一盒软饮料。
6. 案例题①

---

① 资料来源:王晓然,王浩.百年大牌脱节消费需求被嫌弃.北京商报.时尚周刊,2015-04-30.

国内一项最新的调查显示，Gucci 和 LV 成了消费者眼中最过气的两个奢侈品包袋品牌。伴随着内地奢侈品市场的持续低迷，部分曾经红极一时的品牌正面临着被消费者抛弃的窘境。

品牌定位过气——渠道下沉暗藏危机

在英国《金融时报》旗下调研机构的最新报告《中国投资参考》中，LV、Armani 等品牌在一线城市、二三线城市的热度呈现出倒挂趋势。

报告显示，尽管 LV 在中国依然是最受欢迎的奢侈品牌，有接近三成的消费者渴望拥有一款 LV 单品，但这一数据在一线城市中不足 20%，而在三线城市中，这一数据则高达近四成。

新兴市场依然是部分奢侈品牌的业绩引擎，但也带来了副作用。随着渠道拓宽，在二三线城市大量铺店，品牌形象势必面临大众化危机，品牌大众化导致一些奢侈品牌在竞争激烈的北上广深等核心城市正逐渐失势，并下沉到中小城市。

财富品质研究院院长周婷认为，奢侈品的两极分化不可避免，超高端和轻奢路线将是各大品牌即将面临的抉择，一些轻奢品牌甚至有可能继续下沉沦为大众时尚品牌。

“产品多元化也是品牌形象下跌的原因之一”，周婷表示。新设产品线能够提供新的利润增长点，但也导致品牌价值稀释。

款式设计过气——消费者不买 LOGO 的账

来自贝恩咨询公司的《2014 年奢侈品市场研究》指出，越来越多的消费者开始为自己选购奢侈品，并愿意尝试新的品牌和风格。在贝恩公司的调研中，有 44%和 38%的被调查者表示“非常同意”和“同意”自己会在未来三年内尝试购买 BALENCIAGA 或 MICHAEL KORS 这样的新兴奢侈品牌。

设计师品牌赢得了越来越多消费者的青睐。根据《财富》报道，设计师风格在影响中国奢侈品消费选择的因素中在去年增长速度最快，产品个性成为奢侈品消费者更加关注的价值。

相较新兴品牌，一些传统大牌在设计上可谓乏善可陈，大量 LOGO 露出的品牌设计理念如今早已落伍。《2014 年奢侈品市场研究》中表明，带有明显品牌标志的产品正在失宠，超过 20%的被调查消费者明确表示不会购买。一些消费者表示，“不喜欢 Gucci 一堆小 LOGO 印花的设计，显得太老气”。

Gucci 高层也急于在创意与设计上求变。1 月，时任 Gucci 创意总监的 Frida Giannini 被品牌提前驱逐，由配饰首席设计师 Alessandro Michele 接替其位置。

周婷预测，LESS LOGO 将成为奢侈品设计的新趋势，随着消费者日趋成熟，他们承担品牌溢价的意愿正在下降，以合理的价格获得良好的品质、设计、服务正成为新的奢侈品消费诉求。

摆脱过气形象——品牌或应主动求变

开云集团最新一期季报显示，集团旗下旗舰品牌 Gucci 已连续 6 个季度业绩下跌，中国市场再度恶化。分析师普遍认为，调价或只为时间问题。

摆脱过气品牌形象并非易事，品牌应当积极寻求主动调整。此前，香奈儿在 3 月宣布在欧洲和亚洲地区调价以刺激亚洲市场，一时间内地专柜频现抢购。北京商报记者曾撰文分

析指出,香奈儿引领全球同价风潮,对品牌推广影响积极。

专注于品质和服务升级同样可行。Burberry在集团下半财年针对其传统围巾和大衣进行了设计和面料上的调整,消费者普遍反映良好。品牌在数字营销的互动造势也扩大了品牌影响力。在法国巴黎银行发布的《奢侈品数字竞争地图》报告中,Burberry的数字化表现名列榜首。

为逆转销售颓势,Gucci曾在3月底增设首席客户官一职,由Micaela Le Divelec Lemmi担任,此举被业内视为品牌战略调整的重要一环。

问题1:结合现实情况,你认为该案例中的百年大牌被消费者嫌弃的原因主要包括哪些方面?

问题2:为了抑制这些大牌销售量的下跌,你认为可以采取哪些措施?

第 5 章 组织市场购买行为分析

【引导案例】[①]

近年来，沃尔玛自有品牌服装发展迅猛，增长势头强劲，2010—2015 年间，平均增长率达双位数。近日，沃尔玛宣布，将紧跟流行趋势，加速发展自有品牌，特别是牛仔及运动系列。2016 年春夏，沃尔玛从美国首次引进自有品牌"FadedGlory"，该品牌的牛仔裤以媲美欧美时尚品牌的剪裁与设计、更高的材质要求及性价比，为顾客带来惊喜。

作为顾客的代言人，沃尔玛成衣买手踏遍国内的生产基地，根据多年积累的销售数据以及零售经验，自主开发舒适美观、便于搭配的商品，并依托海量采购争取最佳成本，创造出许多热销商品，为广大顾客所青睐。

紧跟潮流设计和严格的品质管控是受到顾客喜爱的主要原因。为了吸引消费者，沃尔玛更是在商品细节上下足功夫。如沃尔玛在其自有品牌"简适"使用的"无感印唛"，一改过去把商品标签缝在衣服上的做法，使顾客穿着更舒适，尤其是婴童服装更受到妈妈顾客群体的欢迎。还有刚推出的无缝运动 T 恤，也是目前流行的剪裁。

据悉，今年首次进入中国市场的美国品牌"FadedGlory"始于 1972 年，其童装设计精美，用料精良，为了获得更好的舒适感，该品牌的儿童针织服装大部分选用 93%棉、7%氨纶的面料，在保持棉透气性的基础上，增加了弹性，大大改善了穿着舒适度。

此外，对于如何保持价格的竞争力，沃尔玛的采购团队可谓煞费苦心，通过加大采购量、提前更长时间做好采购计划等多种方式来降低成本。譬如，这一季刚上市的"FadedGlory"牛仔裤仅售 149 元，"FadedGlory"含 7%氨纶的女童装仅售 49.9 元。再以去年大卖的轻便羽绒服为例，沃尔玛采购团队提前大半年，在生产淡季确定买货计划。该羽绒服含绒量 90%，售价仅为 269 元，以超高性价比受到顾客热捧。沃尔玛透露，今年秋冬即将推出的羽绒服新款，在保持价格竞争力的同时，还将增加新功能，预计届时会再创销售新高。

5.1 组织市场的概述

5.1.1 组织市场的定义及特点

1. 组织市场的含义

组织市场是指以组织为单位的购买者所构成的市场，是相对于消费者市场而言的。组织市场包括生产者市场、中间商市场、非营利组织市场和政府市场。

2. 组织市场购买行为的模式及特点

与消费者购买行为分析一样，组织购买者的行为模式也是从营销刺激、环境刺激与购买者

① 资料来源：李子晨．沃尔玛自有品牌服装发展迅猛．国际商报，2016-03-22.

反应之间的关系角度来分析,如表5-1所列。

表5-1 组织市场购买行为模式

营销刺激因素	营销环境因素	购买机构	购买者反应
产品	政治	购买中心 购买决策过程	选择产品
价格	经济		选择供应商
渠道	文化		订货数量
促销	科技		送货条款
			付款条款

组织市场具有以下的特点:

(1) 购买者少。组织市场营销人员要比消费者市场营销人员接触的顾客少得多。

(2) 购买数量大。组织市场的顾客每次购买数量较大,较消费者市场而言,组织市场涉及更多的销售金额和类目。

【小链接5-1】[①]

德国铁路公司首席采购官吴维·君特16日在柏林举行的记者会上表示,德铁有意扩大国际供货商网络。

更引人注意的是,君特公开为中国高铁装备"点赞"。

君特说,他和公司高层考察中国市场后认为,中国供货商有与欧洲同行竞争的实力,能够为德铁提供高质量的产品。

他说,采购中国高铁整车或机车是德铁几年后的"可能选项"。不过,在此之前,中国高铁装备需要通过欧洲和德国相关机构的审批。

德国的铁路市场不小。君特说,德铁今后5年平均每年的采购开支约为100亿欧元。不过,目前德铁只有不到10%的供货商来自德国国外,德铁的计划是未来5年内将这一比例提高至20%。

"我们希望在全球范围内寻找供货商,尤其是我们今年几年可能发出的大额订单,比如机车、高铁,"君特说。

德铁国际采购办公室负责人米夏埃尔·博巴克说,德铁对铁路车辆零配件以及铁轨、信号系统等基础设施产品的需求非常大,目前在中国主要计划采购这两类产品。他透露,经过前期接触,德铁将中国中车、太原重工等约40家中国企业列入潜在供货商范围。

德铁告诉新华国际客户端,太原重工生产的车轮组正在德国接受德铁技术检测;中国中车则将在近期与德铁签订谅解备忘录,以推进相关合作。

中国高铁"走出去",已到达印尼、土耳其、英国等市场。但进入以高端制造闻名的德国市场并获得认可,仍显难能可贵,又实至名归。

从市场角度来看,德国铁路网绵密,也是闻名的铁路大市场之一。

德铁采购策略部门主管扬·格罗特表示,中国企业的竞争力在于产品质量过硬、生产效

① 资料来源:唐志强.确认!德铁计划大量采购中国高铁装备.新华网.[2015-11-17].http://news.xinhuanet.com/world/2015-11/17/c_128437357.htm.

率高、积极回应客户需求。

“以前，中国产品大多数情况只是依靠价格取胜。而现在我们看到，中国产品已经达到很高的质量标准”，他说。

他还表示，中国企业对用户反馈的态度非常开放，主动邀请其技术人员提意见，“按照客户提出的每一点要求改进，这在欧洲是很难做到的”。

(3) 供需双方买卖关系的长期性。组织市场的购买者需要有源源不断的货源，供应商需要有长期稳定的销路，买卖双方之间业务联系紧密，每一方都对另一方有重要的意义，因此供需双方能够建立和保持长期的密切合作关系。

(4) 购买者的地理位置相对集中。组织市场的购买者往往集中在某些区域，以至于这些区域的购买量占全国市场的很大比重。

(5) 派生性需求。组织市场的顾客购买商品或服务是为了给自己的服务对象提供所需的商品和服务，业务用品需求由消费品需求派生出来，即组织市场购买者的需求衍生于最终消费者需求，并随着消费品需求的变化而变化。例如：消费者的矿泉水需求引起饮料厂对优质矿泉、饮料瓶和生产矿泉水设备的需求，连锁引起有关企业对玻璃、塑料等产品的需求。

(6) 需求缺乏弹性。组织市场对产品和服务的需求总量受价格变动的影响较小。一般情况是：在需求链条上距离消费者越远的产品，价格波动越大，需求弹性却越小。比如：在酒类需求总量不变的情况下，粮食价格下降，酒厂未必会大量购买，除非粮食是酒成本中主要部分并且酒厂有大量的存放场所。组织市场的需求在短期内特别无弹性，因为企业不可能临时改变产品的原材料和生产方式。

(7) 需求波动大且快。组织市场需求的波动幅度大于消费者市场的波动幅度，如果消费品需求增加仅上升 10%，为了生产满足这一追加需求的产品，下一阶段工业需求就会上升 200%；消费品需求下跌 10%，就可能导致工业需求全面暴跌。组织市场需求的这种波动性使得许多企业向经营多元化发展，以避免风险。

(8) 专业人员采购。组织市场的采购人员基本都经过专业训练，有丰富的专业知识，清楚地了解产品的性能、质量和有关技术要求及价格等。供应商应能够详细介绍产品的技术性能和售后服务。

(9) 影响购买的人较多。影响组织市场购买的人较多。大多数企业有专门的采购部，重要决策须由各方面专家共同做出。供应商应当安排有专业知识和人际交往能力较强的销售代表与买方的采购人员打交道。

(10) 销售访问多。由于参与购买过程的人较多，市场竞争又很激烈，因此需要销售人员有更多次的销售拜访来获得订单。

(11) 直接采购。组织市场的购买者往往向供应商直接采购，不经过中间商。

(12) 互惠购买。组织市场的购买者经常互换角色，互为买方和卖方。

5.1.2　组织市场购买行为的主要类型

1. 直接重购

直接重购指组织市场购买者按常规重新购买过去购买的同类生产用品。这是最简单的购买类型。在这种采购中,组织市场购买者或是从已有的供应商名单中选择,或是重新在新的供应商中寻找。已有名单的供应商需要努力保持产品一贯的品质和良好的服务,而不在名单中的供应商则应力争取得小额订单,或是提供不一样的产品。

2. 修正重购

修正重购指组织市场的采购部门为了更好地完成采购任务,适当改变其采购的某些产业用品的规格、价格或其他交易条件后再行购买或更换供应商。

3. 新　购

新购指生产者第一次采购某种产业用品或服务。这是最复杂的购买类型,在新购任务中决策参与者多、信息收集量大、决策时间长。

5.2　生产者市场购买行为

生产者指购买产品和服务用于制造其他产品和服务,然后销售或租赁给他人以获得利润的单位和个人,包括工业、农业、林业、渔业、牧业、交通业、通讯业、公共事业、金融保险业和服务业等。

5.2.1　生产者市场购买决策的参与者

一个购买组织的决策制定单位被称为组织的采购中心,采购中心的成员在购买决策中扮演着 5 种角色中的一种或多种,如图 5-1 所示。

1. 使用者

使用者指生产者用户内部使用这种产品或服务的成员。在多数情况下,使用者往往首先提出购买建议并确定产品规格。

2. 影响者

影响者指生产者用户内部和外部能够直接或间接地影响采购决策的人员,他们协助确定购买方案,影响者大部分是技术人员。

3. 决策者

决策者指有权决定买与不买,决定产品规格、购买数量和供应商的人员。

4. 采购者

采购者指被授予权利按照采购方案选择供应商和商谈采购条款的人员。

5. 信息控制者

信息控制者指生产者用户的内外部能够控制信息流向采购中心成员的人。例如:采购代理人或技术人员可以拒绝某些供应商和产品的信息。

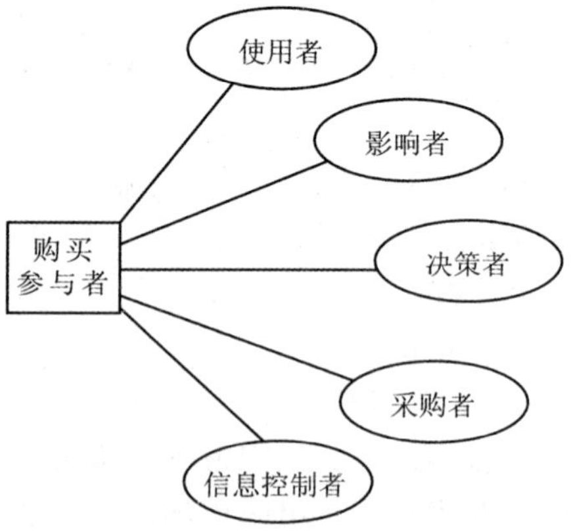

图 5-1　生产者市场购买决策的参与者

为了实现成功销售,企业营销人员必须明确:谁是购买决策人?他们影响哪些决策?影响程度如何?

5.2.2 影响生产者购买决策的因素

影响生产者用户购买决策的主要因素有 4 大类:环境因素、组织因素、人际因素和个人因素,如表 5-2 所列。

表 5-2 影响生产者市场购买行为的主要因素

影响因素	具体内容
环境因素	需求水平、经济前景、资金成本、供应条件、政治与法规的发展、竞争趋势等
组织因素	组织目标、政策、程序、组织机构、制度等
人际因素	权威、地位、感染力、说服力等
个人因素	年龄、教育、工作职位、人格、风险态度等

1. 环境因素

环境因素指组织面对的无法控制的宏观环境因素,包括国家经济前景、需求水平、技术条件、竞争态势和政治法律状况等。生产购买者必须密切关注国家以及全球的经济前景,同时预测经济环境变化,以便在不同的经济发展状况下,合理地安排投资结构,以及进行有效的存货管理。此外,组织购买者也要关注技术因素、政治与法规的变化以及竞争趋势的影响。在竞争激烈的行业中,组织更注重提升自身的相对竞争优势,同时不断地保持、改善与供应商的合作关系,使其与供应商讨价还价的能力更优于竞争对手。

2. 组织因素

组织因素指与购买者自身有关的因素,如经营目标战略、政策、程序、组织结构和制度等。供应商的营销人员必须尽量了解组织的经营目标和战略、需要采购的产品、采购的方式和程序、参与采购或对采购产生影响的人以及评价采购的标准。不同组织由于经营目标和战略的差异,会使其对采购产品的款式、功效、质量和价格等因素的重视程度、衡量标准不同,从而导致他们的采购方案呈现差异化。

3. 人际因素

人际因素指生产者内部参与购买过程的各种角色的职位、地位、态度、说服力对购买行为的影响。供应商的营销人员应当了解每个人在购买决策中扮演的角色,以便利用这些因素促成交易。

4. 个人因素

个人因素指参与购买过程的生产者用户的有关人员年龄、受教育程度、个性、偏好等因素对购买行为的影响。

5.2.3 生产者购买决策过程

一般来说,生产者购买决策过程包括 8 个阶段,如表 5-3 所列。

表5-3 生产者购买决策过程

阶段序号	购买类型 购买阶段	直接重购	修正新购	新　购
1	确认问题	不必要	可能需要	需要
2	说明一般需要	不必要	可能需要	需要
3	确定产品规格	需要	需要	需要
4	寻找供应商	不必要	可能需要	需要
5	征求报价	不必要	可能需要	需要
6	选择供应商	不必要	可能需要	需要
7	正式订购	不必要	可能需要	需要
8	评估使用结果	需要	需要	需要

(1)确认问题:生产者用户认识自己的需要,明确所要解决的问题。确认需要一般是由两种刺激引起的,一种是内部刺激。生产者为了开发或生产某种新产品,需要购置生产新产品的机器设备和原材料;或是生产用的一些机器发生故障或损坏报废,需要购买某些零部件或新的机器设备;或是发现已采购的生产资料有些缺陷不能满足企业生产经营的要求,必须更换供应商。另一种是外部刺激。生产企业的有关人员发现了适合于本企业生产经营的新生产资料或是更好的替代品等。

(2)说明一般需要:通过价值分析确定所需项目的种类、特征和数量。这一阶段主要是在进一步明确问题及其性质的基础上,确定解决问题的基本方式,工作中主要以待购项目的实际需要部门为核心进行,然后将建议提交给有关人员确定所需产品的种类特征和数量。

(3)确定产品规格:说明所购产品的品种、性能、特征、数量、服务以及技术特征供采购人员作为购买依据。在对所需产品的规格、型号等技术指标做详细说明的基础上,对其技术性、经济性、适用性等方面做出整体性评价,写出技术说明书,以便由采购中心的有关人员选择并确定最佳的采购方案。

(4)寻找供应商:生产者用户的采购人员根据需要挑选最佳供应商。采购人员可以利用工商名录或其他资料来查询供应商,也可以通过参加贸易展会等方式来了解供应商的信誉。然后他们会对一批可能的供应商进行初步选择,供应商应注意把自己的企业名称列入工商名录,并在扩大知名度的基础上树立良好的信誉。

(5)征求报价:要求合格的供应商提交供应建议书。

(6)选择供应商:生产者用户对供应建议书进行分析和评价,从中确定供应商。评价内容包括供应商提供产品的质量、性能、价格、技术、信誉、服务、交货能力等。

(7)正式订购:生产者用户根据所购产品的技术说明书、需要量、交货时间、售后服务等内容与供应商签订订货合同。

(8)评估使用结果:生产者用户对所购产品使用结果进行评估,以便决定今后是否继续从该供应商处购买。

5.3　中间商购买行为

中间商是指处在生产者和消费者(或使用者)之间、参与产品交换、促进买卖行为发生和实现的、具有法人资格的经济组织或个人,通常包括批发商、零售商、代理商以及物流公司和营销服务机构等。中间商采购的目的是为了通过转售商品或服务,从中获取差价利润或是佣金。

中间商具有生产者和最终消费者所不能代替的特殊作用。在现代市场中,生产者生产的产品的确还有一部分是自产自销,直接卖给最终消费者和用户,如一些笨重复杂的机器、消费者订购及预约加工的产品、邮购商品、上门推销商品等,但绝大部分产品还得通过或多或少的批发商或零售商转卖给最终消费者和用户,中间商由此在市场中发挥了沟通产销的媒介作用。在我国,中间商已经成为一个相当大的不容忽视的市场(见表 5－4)。

表 5－4　2008—2011 年我国批发业和零售业情况[①]

指　标	2011 年	2012 年	2013 年	2014 年
法人企业单位数/个	125223	138865	171973	181612
年末从业人数/万人	9011000	9856000	11396000	11820000
商品购进额/亿元	328160.30	378314.80	451265.10	493664.00
商品销售额/亿元	360525.90	410532.70	496603.80	541319.80
期末商品库存额/亿元	24979.30	29000.60	32422.00	38123.80

5.3.1　中间商购买行为的主要类型

1. 新产品采购

新产品采购是指中间商购买以前未经营过的某一新产品。在这类购买中,中间商首先考虑买与不买,然后再考虑向谁购买。中间商会通过对该产品的进价、售价、市场需求和市场风险等因素进行分析,然后做出决定。

2. 最佳供应商选择

最佳供应商选择是指中间商已经确定需要购进的产品,正在寻找最合适的供应商。这种供应商的选择往往与以下情况有关:第一,中间商缺乏足够的经营场地,只能在品牌货源充足的情况下选择经营某些品牌;第二,中间商打算用自创的品牌销售产品,选择愿意为自己制造定牌产品的生产企业。

3. 改善交易条件的采购

改善交易条件的采购是指中间商希望现有供应商在原有交易条件上再做出相应让步,以便使自己得到更多的利益。实际上中间商并不一定想换供应商,他们只是希望供应商给他们更大的折扣、增加售后服务和给予信贷优惠等。

4. 直接重购

直接重购是指中间商的采购部门根据对供应商的评估,对感到满意的供应商在原交易条件下,继续订购其供应的产品。

---

① 资料来源:中华人民共和国国家统计局网站,http://data.stats.gov.cn/easyquery.htm? cn=C01.

5.3.2 中间商购买过程的参与者

中间商购买过程的参与者的多少与商店的规模和类型有关。小型商店通常店主人亲自进行商品选择和采购工作,大型公司有专人和专门组织从事采购工作。以连锁超市为例,参与购买过程的主要有以下人员和组织。

1. 商品经理

商品经理即连锁超市公司总部的专职采购人员,负责各类商品的采购工作,收集不同品牌的信息,选择不同的品牌。

2. 采购委员会

采购委员会通常由公司总部的各部门经理和商品经理组成,负责审查商品经理提出的各项新产品采购建议,以便做出是否购买的决定。

3. 分店经理

分店经理指连锁超市下属各分店的负责人,掌握着分店一级的采购权。

5.3.3 中间商购买决策过程

1. 选择购买商品的编配组合

选择购买商品的编配组合即指中间商根据产品组合策略确定购进产品的品牌、规格和数量。中间商可以从以下4种货色形式中加以选择:

(1) 独家编配,即中间商只代理一家厂商的产品。这类产品多属于专利商品、具有技术诀窍的商品、特殊商品或是中间商所处地区市场从未有过的新产品等。

(2) 深度编配,即中间商同时经销多家厂商生产的多种不同规模型号、花色款式的同类产品。

(3) 广度编配,即中间商经销多家厂商的多种种类的产品,但这些种类的产品并没有超出中间商的经销范围,也不影响其原有的企业经营方向和经营特色。

(4) 综合编配,即中间商同时经营多家厂商生产的互不相干的产品。

2. 选择供应商

中间商的市场购买活动都是以盈利为目的,理性的购买决定了其对供应者的选择比较慎重。面对众多供应商,他们总是要根据交易的优惠条件、合作的诚意以及当时所处的市场营销环境、产品的销路、经营的能力、本身的经营风格等各方面来加以甄选。

3. 选择购买的时间和数量

中间商在和供应商签订合同时,确定购买商品的时间和数量。中间商赚取差价或是佣金的特点,决定了他们对选择购买时间的苛刻程度远远超过消费者。他们常常把提出订货单的时间延迟到最后一刻,这样就可以较有把握地知道最终消费者和其他买主的需要,使商品适销对路,从而避免承担库存过多的风险。一旦提出订货单,中间商又要求能尽快提到货,转手卖给买主,以免占用资金。此外,中间商赚取微小利润,因此他们的购买数量都比较大,通过多购和薄利多销来牟取较大的利润。

【小链接 5-2】[①]

日前，京东大客户部在广州发布了办公通、积分通、乐采通三大产品，并举行了企业采购信息化产业联盟华南分站的成立仪式。在不少消费者眼里，京东是一个以零售为主的电商平台。其实，京东在大中型企业的企业采购市场中同样举足轻重。据京东的数据显示，2015 年京东大客户华南区企业采购订单量突破 150 万，同比增长 295%。华南地区客户广泛覆盖汽车、政府、快消、服务业等多个行业领域。京东大客户部总经理宋春正表示，京东将持续发力企业采购信息化合作模式创新，大力推进企业采购信息化联盟的发展，联盟合作伙伴三年内将共同带动累计超千亿企业采购规模。

宋春正表示，企业传统采购模式的弊端毋庸置疑，不仅成本高企，采购透明度不够，效率也相当低下。企业采购信息化的缺失，已成为阻碍企业打造管理信息化闭环的主要障碍。而这也是京东大客户部华南区企业采购订单量和企业客户数量飙升的最大推动力。大量企业客户也从与京东的合作中尝到了甜头。

在采访中了解到，以合作方华为为例，华为在企业内部建立采购商城，并实现与京东大客户平台的对接，采购人员登录电采门户，即可提报采买需求方案并选购商品，方案包含订单一并进入企业审批流程，并在 5 天内锁定库存和价格。当企业审批流程完成后，虚拟订单便自动执行，大大加快了采购效率。借此，华为实现了供应商管理效率、采购策略、纯信息流的审批采买等六大转变。随着双方合作不断加深，从开始的试点单位逐步扩大到数百个分支机构，服务范围覆盖华为员工逾数十万人次；而合作品类也从单一的 IT 类产品采买，扩展到小家电、3C 用品、办公用品、劳保用品等多个类目。

4. 选择购买条件

购买条件的优劣直接影响中间商的经营效益，因为中间商和制造商一样都是致力于盈利的事业者，巨大的经营风险逼使他们力争在制造商那里得到尽量多的优厚购买条件。其中，价格是一个极其重要的条件。由于中间商的需求属于派生需求，会受最后消费者需求的影响，而且中间商在价格问题上更为敏感，中间商与最后消费者的关系更为直接，最终消费者对商品价格的要求能迅速地为中间商所觉察，中间商就会据此向厂商提出合理的价格条件。

5.3.4　影响中间商购买行为的主要因素

中间商作为组织市场购买者之一，环境因素、组织因素、集团因素和个人因素等均会影响中间商的购买行为。此外，中间商在制定购买决策、采取购买行为时，以下因素也会制约并影响其购买行为：

① 购买者需求。为他人购买是中间商的一个显著特点，因此，中间商购买什么、购买多少、以什么价格购买，都必须考虑其购买者——消费者个人及家庭、生产企业的需求和愿望，按照他们的需求和愿望制定购买决策。

② 存货管理。储存是中间商的基本职能之一，储存什么、储存多少是影响中间商购买行为的一个重要因素。

③ 供应商的策略。中间商购买商品是为转售他人，供应商的策略、供货条件、价格折让、

① 资料来源：刘佳宁. 京东深拓企业采购蓝海，2015 年订单超 150 万单. 羊城晚报，2016-1-14(B7)

运费折让、促销津贴等对其商品转售有直接关系,因而影响中间商的购买决策。

除了以上的因素之外,采购者的风格也是一个值得关注的影响因素。狄克森把采购者风格分为7类:

① 忠实的采购者:长期忠实地从某一供应商处进货的采购者。

② 随机型采购者:采购者事先选择若干符合采购要求,可满足自己长期利益的供应商,然后随机地确定交易对象并经常更换。

③ 最佳交易采购者:力图在一定时间和场合中实现最佳交易条件的采购者。

④ 创造型的采购者:经常对交易条件提出创造性想法并要求供应商照办的采购者。

⑤ 追求广告支持的采购者:采购者重视产品购进后的销售状况,希望供应商给予广告支持,以扩大影响,刺激需求。

⑥ 斤斤计较的采购者:每笔交易都反复讨价还价,力图得到最大折扣的采购者。

⑦ 琐碎的采购者:每次购买的产品总量不大,但品种繁多,非常重视不同品种之间的搭配,以期实现最佳产品组合的采购者。

5.4 非营利组织及政府购买行为

5.4.1 非营利组织市场的含义

非营利组织市场指为了维持正常运作和履行职能而购买产品和服务的各类非营利组织所构成的市场。按照非营利组织的性质划分,非营利组织可以分为履行国家职能的非营利组织(如政府、军队等)、促进群体交流的非营利组织(如宗教组织、行业协会等)、提供社会服务的非营利组织(如学校、医院等)。

5.4.2 非营利组织市场的购买特点及方式

1. 非营利组织市场的购买特点

(1) 预算低、限定总额。非营利组织正常运转的活动经费主要来自政府拨款或社会捐助,设立的目的是为了推进社会公益,而不是创造利润,采购经费总额是既定的,不能随意突破。

(2) 受到控制。为了使有限的资金发挥更大作用,非营利组织采购人员受到许多控制,只能按照规定的条件购买。

(3) 采购程序复杂。非营利组织购买过程参与者众多、审核程序复杂、审核部门较多。此外,还有专门的法律和法规限制,采购人员缺乏自主性。

【小链接5-3】①

财政部近日印发通知,简化优化中央预算单位变更政府采购方式和采购进口产品审批审核程序,提高审批审核工作效率,保障中央预算单位政府采购活动的顺利开展。

根据通知,此次简化优化相关审批审核程序主要包括推行变更政府采购方式一揽子申

① 资料来源:中央单位政采审批审核更简化优化.中国政府采购网.(2016-12-6).http://www.ccgp.gov.cn/zycg/zycg-dt/mof/201612/t20161206_7683818.htm.

报和批复，推行采购进口产品集中论证和统一报批，提高申报和审批审核效率 3 项举措。

在变更采购方式审批方面，财政部进一步放宽了申报周期和频次等要求。按照财政部 2015 年印发的《中央预算单位变更政府采购方式审批管理办法》规定，中央主管预算单位在同一预算年度内，对所属多个预算单位因相同采购需求和原因采购同一品目的货物或者服务，拟申请采用同一种采购方式的，可统一组织一次内部会商后，向财政部报送一揽子方式变更申请。而此次印发的通知明确，主管预算单位应加强本部门变更政府采购方式申报管理，定期归集所属预算单位申请项目，向财政部（国库司）一揽子申报，财政部（国库司）一揽子批复。归集的周期和频次由主管预算单位结合实际自行确定。时间紧急或临时增加的采购项目可单独申报和批复。

针对采购进口产品的审批，通知规定，主管预算单位应按年度汇总所属预算单位的采购进口产品申请，组织专家集中论证后向财政部（国库司）申报，财政部（国库司）统一批复。时间紧急或临时增加的采购项目可单独申报和批复。

此外，为提高申报和审批审核效率，财政部明确将实行限时办结制。同时，与《中央预算单位变更政府采购方式审批管理办法》相比，此次财政部不仅缩短了规定的办结时限，还进一步完善了自身相关服务性要求。通知强调，主管预算单位应完善内部管理规定和流程，明确时间节点和工作要求，及时做好所属预算单位变更政府采购方式和采购进口产品申报工作。对于中央预算单位变更政府采购方式和采购进口产品申请，财政部（国库司）实行限时办结制。对于申请理由不符合规定的项目，财政部（国库司）及时退回并告知原因；对于申请材料不完善和不符合规定的，财政部（国库司）一次性告知主管预算单位修改补充事项；对于符合规定的申请项目，财政部（国库司）自收到申请材料起 5 个工作日内完成批复。而根据此前《中央预算单位变更政府采购方式审批管理办法》的规定，变更政府采购方式申请的理由不符合政府采购法规定的，财政部应当在收到材料之日起 3 个工作日内予以答复，并将不予批复的理由告知中央主管预算单位。申请材料不符合该办法规定的，财政部应当在 3 个工作日内通知中央主管预算单位修改补充。变更政府采购方式申请的理由和申请材料符合政府采购法和该办法规定的，财政部应当在收到材料之日起 7 个工作日内予以批复。

(4) 注重物美价廉。非营利组织由于受到经费预算的限制，因此其在采购时要仔细计算，争取选择商品价格低廉的供应商。

2. 非营利组织的购买方式

(1) 公开招标竞购：非营利组织的采购部门以向社会公开招标的方式择优购买商品和服务。

(2) 议价合约选购：非营利组织的采购部门和一个或几个供应商接触，经过谈判协商，最后只和其中一个符合条件的供应商签订合同，进行交易。

(3) 例行选购：非营利组织的采购部门对维持日常政务运转所需的办公用品、易耗物品和福利性用品等商品向熟悉的和有固定业务联系的供应商采购。

5.4.3　政府市场行为分析

1. 政府市场购买行为的特点

(1) 采购业务比较复杂。政府市场需求品种繁多，并在公众的监督下，为了提高资金的使

用效率,节约经费支出,保证国防、教育及公用基础设施的需要,政府购买决策程序更加复杂,采购程序有着明确的法律或是法规约束。

(2) 受到较强的制约。政府的某些采购涉及国家的方针政策和预算开支计划,因而具有较大的风险。政府市场的购买一般是先根据计划决策采购项目,然后寻求供应商,因此受到较强的制约。

(3) 购买目的的多重性。政府市场采购商品既有生产需要又有消费需要,如政府投资的一些工程项目、公共设施等,先进入生产领域,后提供给公众用于公共消费;又如政府机构购买办公用品,是为了直接提供给相关人员消费的。

(4) 配套性强。政府采购的需求往往具有关联性,如工程招标对建筑材料的相关需求,采购计算机时对相关软件的需求等。

(5) 供应商的风险小。因为政府市场的采购主体是各级国家机关,其采购数量一般严格控制在国家财政预算范围内,有较强的财力保障和较好的信誉,所以供应商的风险小。

2. 政府市场主要的购买方式

一般来说,政府采购方式有公开招标、议价合约和例行采购。2002年6月29日第九届全国人民代表大会常务委员会第二十八次会议通过的《中华人民共和国政府采购法》明确规定,我国政府采购方式包括公开招标、邀请招标、竞争性谈判、单一来源采购、询价和国务院政府采购监督管理部门认定的其他采购方式。其中公开招标应作为政府采购的主要采购方式。

(1) 公开招标

公开招标采购方式是目前各国政府采购中普遍使用的方式,具有竞争性强、透明度高、程序规范、采购规模大等特点。一般做法是由政府向社会发布招标公告,明确拟采购商品的具体规格及要求,在规定的期限内对供应商的标书进行开标,并择优选择供应商。

【小链接5-4】①

日前,国土资源部首次油气区块公开招标在北京举行,此举打破常规油气勘探仅几家国有石油公司勘查开发的局面,国土资源部还将向社会公开投放新一批的新疆油气勘查区块。

本次投放的5个区块,有13家企业参加投标。其中一个区块因为投标单位不足3家而流标,剩余4个区块正常招投标。尽管该次区块招标中出现了民企的身影,但竞标资金都极少,实力雄厚的国企依然是唱标过程的主角。北京能源投资(集团)有限公司在其中3个区块的承诺投入合计超过60亿元。

今年7月,国土资源部在网站公示将拿出新疆的6个油气区块进行招标,包括新疆布尔津盆地布尔津地区、塔城盆地裕民地区、伊犁盆地巩留地区、塔里木盆地柯坪北地区、塔里木盆地喀什疏勒地区、敦煌盆地罗布泊东南地区。由于上游区块公开招标在国内石油天然气领域尚属首次,因此这也标志着以新疆为试点的油气资源上游领域改革正式拉开序幕。

国土资源部地质勘查司司长王昆称,在现有体制下,石油天然气产量实现了大的跃升,但是在有些区块内,国有石油公司的投入严重不足,需要放开市场、引入竞争。

卓创天然气分析师刘广彬表示,我国能源体制改革的步伐需要循序渐进,对上游资源的勘探开发进行公开招标是市场化的重要举措,但由于在技术、资金等方面的差异性,前期运

① 资料来源:王晔君.我国油气勘探首次公开招标.北京商报,2015-10-22(产经版)

行的主力仍然是国有企业。此外,受替代能源价格冲击的国内天然气市场需求增速已经降至冰点,在这种市场格局之下,很多国内燃气巨头参与国内天然气资源的勘探与开发还比较慎重。

(2) 邀请招标

邀请招标是指政府采购部门主动邀请事先预选的供应商参加投标。符合下列情形之一的货物或者服务,可以采用邀请招标方式采购:第一,具有特殊性、只能从有限范围的供应商处采购的;第二,采用公开招标方式的费用占政府采购项目总价值的比例过大的。

(3) 竞争性谈判

竞争性谈判是指政府采购部门组成谈判小组与多家供应商同时谈判,从中选出最优的供应商。符合下列情形之一的货物或者服务,可以采用竞争性谈判方式采购:第一,招标后没有供应商投标或者没有合格标的或者重新招标未能成立的;第二,技术复杂或者性质特殊,不能确定详细规格或者具体要求的;第三,采用招标所需时间不能满足用户紧急需要的;第四不能事先计算出价格总额的。

(4) 单一来源采购

采用这种采购方式通常是所购产品的来源渠道单一或属专利、艺术品、秘密咨询、属原形态或首次制造、合同追加、后续扩充等特殊的采购。符合下列情形之一的货物或者服务,可以采用单一来源方式采购:第一,只能从唯一供应商处采购的;第二,发生了不可预见的紧急情况不能从其他供应商处采购的;第三,必须保证原有采购项目一致性或者服务配套的要求,需要继续从原供应商处添购,且添购资金总额不超过原合同采购金额百分之十的。

(5) 询价采购

询价采购是指询价小组根据采购需求,从符合相应资格条件的供应商名单中确定不少于三家的供应商,并向其发出询价单让其报价,由供应商一次报出不得更改的报价,然后询价小组在报价的基础上进行比较,并确定最优供应商的一种采购方式。

【讨论题】

1. 组织市场有哪些特点?
2. 生产者用户购买过程包括哪几个阶段?
3. 中间商的购买类型对购买决策会产生哪些影响?
4. 非营利组织有哪些购买特点?
5. 我国政府购买方式有哪些?
6. 案例题[①]

财政部发布 2015 年全国政府采购简要情况。2015 年全国政府采购规模为 21070.5 亿元,首次突破 2 万亿元,比上年增加 3765.2 亿元,增长 21.8%;占全国财政支出和 GDP 的比重分别达到 12%和 3.1%。

① 资料来源:去年全国政府采购规模为 21070.5 亿元 首次突破 2 万亿. 中国网财经. [2016-8-12]. http://finance.china.com.cn/news/gnjj/20160812/3856835.shtml.

从政府采购结构来看，货物类、工程类和服务类采购金额分别为6571.4亿元、11155.2亿元和3343.9亿元，占全国政府采购规模的比重为31.2%、52.9%和15.9%。货物类和工程类采购增长相对平稳，较上年增加1341.4亿元和1014.1亿元，增长25.6%和10%。随着各地政府购买服务工作的推进，服务类采购大幅增长，较上年增加1409.7亿元，增长72.9%，占政府采购规模的比重明显上升，比上年提升4.7个百分点。

从政府采购方式和组织形式来看，公开招标规模占政府采购总规模的比重下降，分散采购占政府采购总规模的比重上升。公开招标金额为16413.5亿元，占全国政府采购规模的77.9%，公开招标仍占主导地位，但所占比重比上年下降6.6个百分点，主要是各地落实简政放权要求，提高公开招标数额标准，积极引导预算单位更加注重按采购项目特点选择采购方式，相应减少了公开招标项目数量。分散采购金额为4365亿元，占全国政府采购规模的比重为20.7%，较上年上升5.5%，主要是一些地方转变监管方式，抓大放小，调整政府集中采购目录，减少了集中采购机构采购项目。

从政府采购政策功能落实情况来看，各地各部门积极落实节能环保、促进中小企业和监狱企业发展等采购政策，推动实现经济社会发展相关目标。全国强制和优先采购节能产品规模达到1346.3亿元，占同类产品采购规模的71.5%；全国优先采购环保产品规模达到1360亿元，占同类产品采购规模的81.5%。政府采购合同授予中小微企业的总采购额为16072.2亿元，占全国政府采购规模的76.3%。其中，授予小微企业的采购额为6564.6亿元，占授予中小微企业总采购额的40.8%。政府采购合同授予监狱企业的采购额为1.4亿元。

问题：请根据以上材料，分析近年来我国政府市场采购的主要变化趋势？

第6章　市场营销调研与预测

【引导案例】[①]

近日，Worldpay中国区业务拓展副总裁陈国山在北京就公司针对全球两万名消费者进行的一项调研结果做了公开说明。调查结果显示，在互联网时代，购买力高度集中在那些消费金额和消费频率都颇高的超级购物者群体。尽管仅占总人口数量的13%，但超级购物者每月的消费金额约15783亿英镑(消费者其消费频率以“日”或“周”为单位，单笔消费金额达51英镑左右，即称之为超级购物者)。相比之下，剩余人口仅支出了约1455亿英镑。

本次Worldpay的调研涉及十个国家，每个国家分别有两千名消费者接受调研。研究发现，超级购物者并不仅仅集中在成熟发达的电子商务市场。巴西荣登榜首，有高达25%的互联网用户属于超级购物者，其后分别是美国(18%)和墨西哥(15%)。然而，就购买力而言，最强的当属中国的超级购物者，尽管他们只占总人口的5%，其惊人地在全国网购支出中贡献了87%的份额。

超级购物者中有34%是千禧一代。超级购物者的购买力从其购买频率和消费价值即可见一斑。他们中有85%每周都购物，15%每天都购物。这类群体不仅购买频率高，而且消费金额也大。超级购物者中近四分之一(24.4%)最近一次的网购支出在100至150英镑之间，有13%超过了200英镑。

根据Worldpay对超级购物者购物偏好的研究显示，这一群体的行为在不同国家之间表现得非常一致。从全球范围来看，普通购物者使用信用卡进行支付的平均比例为42%，而超级购物者使用信用卡进行支付的比例高达52%。绝大多数超级购物者会首选信用卡，即使在信用卡使用率较低的市场也是如此。在中国，超级购物者比普通消费者更愿意选择信用卡进行支付。

研究还显示，超级购物者现象对于在线零售商而言可能是把双刃剑。有36%的超级购物者表示曾经在结账时遇到过无法使用自己首选支付方式进行付款的情况。于是，52%的超级购物者选择从其他网站购买同一款商品，还有17%转而去实体店购买。据Worldpay估计，零售商每错失一笔交易，其损失可高达100英镑。这也意味着零售商将在这些高频率、高消费的购买群体中损失巨大收益。

陈国山副总裁向联商网记者表示：“面对超级购物者，零售商们需要进行深刻的思考：如何通过改善销售环节让消费者满载而归，如何通过改善营销让偶尔购物的群体每天都进行消费。全球各地的超级购物者具有如此强大的购买力，零售商必须做出革新，为超级购物者提供他们偏好的支付方式，方便他们随时购买到想要的商品，以更好地满足他们的购物需求。”

---

① 资料来源：崔旭升. Worldpay最新调研发现中国超级购物者的六大亮点. 北京商报网. [2016-08-04]. http://www.bj-business.com.cn/2016/0804/156823.shtml.

本次调研报告最令人感兴趣的是针对中国超级购物者的调研结果，调研报告显示中国的超级购物者有六大突出亮点：

① 中国的超级购物者热衷时尚。在最近一次网购消费中有40%购买的是服装，而全球普通消费者的平均水平只有28%。

② 13%的中国超级购物者选择通过网络购买外卖，其比例为全世界之最。

③ 尽管超级购物者只占中国人口的5%，但是他们的实体商品网购支出却占到了全国的87%。

④ 中国是全球最大的移动购物市场。33%的超级购物者最近一次的网购是通过移动端完成的，稍低于全国普通消费者36%的平均水平。

⑤ 中国超级购物者相比于支付宝(18%)更可能选择使用信用卡(54%)或是借记卡(27%)用于一次性网购的支付交易，这跟国内大多数消费者的选择大相径庭。

⑥ 在定期付款交易中，支付宝更受欢迎。69%的超级购物者使用支付宝进行定期付款交易。如果定期付款过程中要求消费者保存支付信息以便于下次付款使用时，有62%选择使用支付宝(尽管这一比例仍然低于普通消费群体)。

市场营销调研是指运用科学的分析方法和手段，有目的、有系统地收集、处理、分析、储存和传发有关市场营销方面的各种信息，并提出与本企业面临的特定营销状况或问题相关的调研结果的过程。营销调研的主要目的是为企业营销管理者制定有效的市场营销决策提供重要的依据。

6.1 市场营销信息系统

6.1.1 信息及其功能

市场信息是一种特定信息，是企业所处的宏观环境和微观环境的各种要素发展变化和特征的真实反应，是反映它们的实际状况、特性、相关关系的各种消息、资料、数据、情报等的统称。市场信息是社会信息的重要组成部分，它反映市场动态，表现市场供求、消费心理、竞争及市场营销活动，并不断扩散。它是企业了解市场、掌握市场供求发展趋势，了解用户、为用户提供产品和服务的重要资源。

1. 市场信息的主要特征

(1) 时效性

任何信息所表明的都是一定时间内所发生的事情，企业只有在某一时间内获得了所需要的某种信息，这一信息才有所值。因此，信息的利用必须讲究时间效应，谁能最先掌握某种信息，谁就最有可能取得经营上的成功。

(2) 分散性和大量性

市场信息的产生没有固定的时间和地点，而是随时随地地发生和传播着。市场信息这种分散性和大量性的特点，要求企业必须广泛开辟信息渠道，建立市场营销信息系统，借助科学的手段收集和处理信息，为营销决策提供科学依据。

(3) 可压缩性

信息可以被人们依据各种特定的需要，进行收集、筛选、整理、概括和加工，并可建立相应的信息系统对大量的信息进行多次加工，增强信息自身的信息量。

(4) 可存贮性

信息可以通过人的记忆、各种文字性的、音像性的、编码性的载体存贮起来。

(5) 系统性

企业必须连续地、大量地、多方面地收集、加工有关信息，分析它们之间的内在联系，提高它们的有序化程度。只有这样的信息，才是可以运用的。

(6) 可扩充性

随着社会的不断发展和时间的延续，信息可以得到不断扩充。

2. 信息内容分类

(1) 消　息

消息是指变化中的新近出现的事实记录传报，包括人类活动与自然现象的变异，是社会中最为普遍的。

(2) 资　料

事物的静态描述和事物变化过程与社会现象的原始记录，以及消息的积累就是资料。

(3) 知　识

人们对客观世界及其自身的理性认识，人们对资料去伪存真，去粗取精，就能获得一定知识，即知识是信息升华的成果。

3. 营销信息的重要性

(1) 从地方营销发展到全国营销和国际营销。当公司扩大它们地理上的市场覆盖面时，经理们就需要比从前更多的市场信息。

(2) 从满足购买者的需要发展到满足购买者的欲望。由于购买者的收入增加，他们在选购商品时会变得更加挑剔。卖主们发现在预料购买者对不同特点、式样和其他属性的反应方面更难了，因此，他们转向建立正式的市场调研系统。

(3) 从价格竞争发展到非价格竞争。当卖主们加强对品牌、产品差异化、广告和促销等竞争工具的应用时，为了有效地应用这些工具就需要信息。

6.1.2　营销信息系统的内涵及其构成

菲利普·科特勒在《市场营销管理(第 8 版)》一书中，为市场营销信息系统(marketing information system，MIS)所下的定义是：由人、设备和程序组成，它为营销决策者收集、挑选、分析、评估和分配所需要的、适时的和准确的信息。①

营销信息系统一般来源于企业内部报告系统、营销情报系统、营销调研系统和营销分析系统 4 个子系统，如图 6－1 所示。

1. 内部报告系统

营销经理使用的最基本的信息系统是内部报告系统。内部报告系统提供企业内部信息，以内部会计系统为主，同时辅之以销售报告系统，集中反映订货、销售、存货、现金流量、应收及

① 菲利普·科特勒. 营销管理(新千年版). 梅汝和，等，译. 北京：中国人民大学出版社，2001：124.

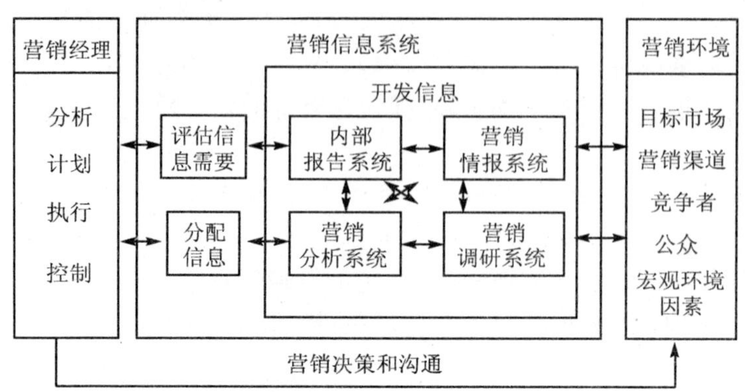

图6-1 市场营销信息系统

应付账款等数据资料,营销管理人员通过分析这些信息,可以发现一些新的问题或新的机会,及时比较实绩与预测目标的差异,进而采取切实可行的改进措施。

内部报告系统的核心,一是"订单—发货—账单循环"。销售代表、经销商和顾客将订单送交公司;订货部门准备数份发票副本,分送各有关部门。存货不足的项目留待以后交付;需装运的项目则附上运单和账单,同时还要复印多份分送各有关部门。许多公司为了更快、更准确和更有效地处理"订单—收款循环",已经采用了电子数据处理(EDI)软件。二是销售报告系统。营销经理需要他们当前销售的最新报告。销售代表现在能立即得到关于潜在和现行顾客的资料,计算机迅速反馈和送出销售报告。

2. 营销情报系统

内部报告系统为管理人员提供结果数据,营销情报系统则为管理人员提供正在发生的数据。营销经理大多数自行收集情报,他们常通过阅读书籍、报刊和同业工会的出版物,与顾客、供应商、分销商或其他外界人员交谈,同公司内部的其他经理和人员谈话来收集。但这种方法带有相当的偶然性,一些有价值的信息可能没有抓住或抓得太迟。经营灵活的公司会采取进一步的步骤改进其营销情报的质量和数量:第一,他们训练和鼓励销售人员去发现和报告新发展的情况。第二,公司鼓励分销商、零售商和其他中间商把重要的情报报告公司。第三,公司积极从外界的情报供应商和信息研究公司购买信息。这些调研公司收集事例与消费者数据比公司自己收集信息的成本要小得多。第四,利用多渠道、多形式了解竞争对手的营销活动情况,包括参加有关展销会、协会、学会,阅读竞争者的宣传品和广告,购买竞争品,雇用竞争者的前职工等。第五,一些公司建立了内部营销信息中心以收集和传送营销情报。

3. 营销调研系统

市场营销调研指系统地设计、搜集、分析和提交关于一个组织的具体营销情况的数据报告[①]。这些调研可以发现营销机会与问题,被用以开展、修正和评估营销活动,监视营销绩效,增进对营销过程的了解.

4. 营销分析系统

营销分析系统指企业以一些先进技术分析市场营销数据和问题的营销信息子系统。完善的营销分析系统通常由资料库、统计库和模型库组成。即营销分析系统是一个组织,它通过软

① 菲利普·科特勒,加里·阿姆斯特朗. 市场营销原理(亚洲版). 何志毅,译. 北京:机械工业出版社,2006:93.

件与硬件支持，协调数据收集、系统、工具和技术，解释企业内部和外部环境的有关信息，并把它转化为管理活动的基础。

6.1.3　理想的市场营销系统特征

一个理想的市场营销系统应具备以下特征：

(1) 能向各级管理人员提供其工作所必需的一切信息。

(2) 能够对信息进行选择，以便使各级管理人员获得与他能够且必须采取的行为有关的信息。

(3) 提供信息的时间限于管理人员能够且应当采取行动的时间。

(4) 提供所要求的任何形式的分析、数据与信息。

(5) 所提供的信息一定是最新的，并且所提供的信息的形式都是有关管理人员最易了解和消化的。

6.2　市场营销调研

6.2.1　市场营销调研的含义和类型

市场营销调研，就是运用科学的方法，有目的、有计划、系统地收集、整理和分析研究有关市场营销方面的信息，提出解决问题的建议，供营销管理人员了解营销环境，发现机会与问题，作为市场预测和营销决策的依据。

市场营销调研有利于制定科学的营销规划，有利于优化营销组合，有利于开拓新的市场。营销调研要遵守客观原则、科学原则、及时原则、相关原则和经济原则。

市场营销调研可根据不同的标准，划分为不同的类型。按调研目的可分为探索性调研、描述性调研、因果关系调研。

(1) 探索性调研

这种调研主要用来搜集初步资料，通常在两种情况下较多采用。一种情况是市场现象复杂，难以确认实质性的问题，为了确定调研的方向和重点，首先采用探索性调研去寻找和发现实质性问题。例如，某市场产品销售量出现下降，到底是什么原因所致不清楚，这时可运用探索性调研，找出主要原因，才能做进一步的深入调查。另一种情况是当企业提出新的设想和构思时，可借助于探索性调研帮助企业进一步确认这些设想和构思是否可行。

(2) 描述性调研

这种调研是对市场的客观情况(包括历史情况和现状)进行如实的记录和反映。描述性调研首先需要大量收集有关市场营销信息，其中包括各种有关数据，然后对调查资料进行分类、分析、整理，形成调研报告。描述性调研的目的是对客观状况做出描述，因此一定要客观公正，并且要有定量分析。

(3) 因果性调研

这种调研主要是为了寻找出有关市场现象之间的因果关系，它既可以用于了解已经发生的市场现象之间的因果关系，也可以用于进行某项市场试验。因果性调研可分为定性调查和定量调查两种，定性调查的目的是寻找出引起某一变量产生的原因变量，而定量调查的目的则是确定两个或多个变量间的数量关系。在使用因果调研方法时，应注意防止片面性。

6.2.2 市场营销调研的内容

市场调研的内容非常广泛，由于调研目的不同，内容也不完全一样，可以对市场特性的确认、市场潜量的衡量、市场份额分析、销售分析、企业趋势研究、竞争产品研究、新产品接受潜量、价格研究、市场预测等方面进行调查。一般而言，市场调研的基本内容可以概括为以下几方面：

1. 市场营销环境调研

市场营销环境的变化直接影响企业的营销活动和消费者的需求变化。营销宏观环境调研应主要集中于政治、经济、法律、科技、社会文化以及自然环境等方面，如政策法令的变化、经济和科技的发展、人口状况调查和社会时尚的变化。微观环境调研应主要集中于企业的竞争者状况、营销中介等方面调研。

2. 市场需求调研

市场需求调研主要是对市场需求总量、构成、特征及其变化趋势进行调查研究，包括对市场现实需求和潜在需求的调研，各细分市场及目标市场的需求调研，市场份额及其变化情况调研，以及客观环境、企业的营销活动及竞争者的营销活动对市场需求的影响等内容。

3. 消费者调研

消费者调研主要包括对消费者规模及构成、动机、消费行为等方面的调查。

【小链接6-1】[①]

2016年第三季度，我省出台了《提升旅游服务质量、加强旅游市场综合监管实施方案》，进一步明确了相关部门旅游市场监管责任清单，不断强化部门对旅游市场的监管责任，持续推动开展旅游市场督查工作，通过开展"放心游福建"旅游承诺活动，建立旅游投诉"一口集中受理、分工协作办理、及时反馈办结、网上跟踪督办"的工作机制，有效促进了全省旅游市场有序运行。本季度，面对"暑期"旅游旺季大量游客出游带来的旅游服务压力以及"尼伯特""莫兰蒂""鲇鱼"等台风带来的不利影响，针对国家旅游局对我省个别重点景区存在问题的通报警告，全省旅游系统上下高度重视，举一反三，全面开展全省A级景区整治行动，力求摸清我省景区存在的各方面问题，促进全省景区旅游服务质量规范和提升，使我省游客满意度，保持在"比较满意"水平上。

本季度，受台风及部分景区被严重警告的负面影响，全省游客满意度有所下降。调查显示，本季度全省游客总体满意度得分为75.42分，环比上季度小幅回落0.53分。由于实施"放心游福建"旅游服务承诺，在投诉量增加的新背景下，游客对投诉处理的满意度大幅上升，较上季度提高5.45分。从旅游服务要素来看，导游、旅行社服务评价最高，购物和娱乐服务满意度仍处低位徘徊。主要特点如下：

团队游客满意度相对领先，华中地区游客评价提升

团队游客满意度评价相对较高，位居第一，得分为77.15分，与上季度基本相当；其他散客满意度位居第二，为75.20分，环比小幅下滑0.42分；自驾游客满意度评价位居第三，得

① 资料来源：福建省旅游局行业管理处. 2016年第三季度福建游客满意度调查情况报告出炉. [2016-11-01]. http://news.163.com/16/1101/14/C4PTUL9U000187V5.html.

分为 74.87 分，环比下降 1.05 分。从不同客源地游客评价来看，省外游客满意度评价一直保持在高位，得分为 76.77 分，其次为入境游客，得分为 75.41 分，第三为省内游客，得分为 74.84 分。本季度，通过参加江西旅游产业博览会等宣传促销活动，持续打响“清新福建”旅游品牌，有效提升了江西等华中地区游客对我省旅游的好感度。本季度，华中地区游客对我省旅游服务的满意度评价最高，其次是长三角地区和京津冀地区游客，珠三角地区游客的满意度相对较低；与上季度相比，华中地区游客的满意度有所提升，其他省外地区游客的满意度评价有所下滑。

旅游市场秩序运行，住宿服务评价显著提高

全省旅游相关部门严格落实《旅游法》，强化对旅游市场的监管，省旅游局联合卫计委、省工商局、省物价局、省质监局等部门持续开展旅游市场及安全生产督查，保障我省旅游市场有序、规范运行。本季度，全省旅游相关部门积极贯彻落实《“放心游福建”旅游系统投诉快处先赔实施办法》，切实保障来闽游客的合法权利，有效提升投诉处理满意度。第三季度，全省共受理的 49 件旅游投诉案件，较上季度(35 件)有所增加，游客对投诉处理的满意度为 57.80 分，较上季度提高 5.45 分。

本季度，我省旅游相关部门全面贯彻落实《福建省人民政府办公厅转发省人社厅关于加强职业培训提升产业工人队伍素质十七条措施的通知》，积极组织开展福建省导游职业技能大赛，有效提高我省导游服务能力；同时，我省旅游相关部门严格执行《关于进一步规范导游专座等有关事宜的通知》，有效规范我省导游服务行为。第三季度，游客对我省各项旅游要素的评价中，导游服务评价得分保持最高，其次是旅行社服务，娱乐和购物服务满意度相对较低；与上季度相比，除导游和旅行社服务评价得分有所下降外，其他旅游要素的评价得分均有所提升，其中住宿服务提升最为明显。各项旅游服务要素满意度从高到低依次是：导游服务 78.95 分、旅行社服务 75.62 分、住宿服务 75.52 分、景区服务 75.32 分、餐饮服务 72.69 分、交通服务 72.00 分、娱乐服务 71.11 分、购物服务 71.10 分。

生态景区满意度较高，乡村景区满意度有提升

我省旅游相关部门积极贯彻落实国家旅游局的《关于开展全国 A 级旅游景区整治行动的通知》要求，同时结合《福建省旅游景区创新提升 2015—2017 年行动方案》，深入开展全省 A 级旅游景区整治行动，全面检查全省景区在旅游服务过程中存在的突出问题，督促景区及时完成整改，推动景区服务向规范、优质、高效转变。本季度，游客对我省景区服务的总体满意度得分为 75.60 分，较上季度小幅下滑 0.77 分。不同类型景区服务满意度方面，生态景区的满意度最高，为 75.96 分，其次是 A 级景区，为 75.40 分，乡村景区的满意度相对比较低，为 75.04 分；与上季度相比，乡村景区的满意度上升 0.72 分，其他类型景区满意度均有所下滑。重点景区方面，白云山风景区、连城冠豸山风景区、将乐玉华洞、东山风动石风景区、福建土楼·永定景区等景区游客满意度较高，位居全省前五。

厦门游客满意度保持首位，南平游客满意度提高最多

厦门市游客满意度保持在首位，得分为 77.85 分；其次是龙岩市和南平市，满意度得分分别为 76.16 分和 76.02 分；平潭综合实验区游客满意度评价相对较低；与上季度相比，南平市和龙岩市游客满意度出现较明显提升，厦门市和三明市游客满意度下降相对较大。

4．企业营销活动评估性调研

企业营销活动评估性调研主要包括对企业营销活动中计划、组织、实施以及控制过程中出现的问题进行调查，以便于企业营销决策人员更好地管理营销活动的全过程。

5．企业形象调研

企业形象调研主要包括企业理念形象的调研、企业行为形象的调研、企业视觉传递形象的调研。

6．企业营销组合调研

企业营销组合调研主要包括对产品、价格、销售渠道以及促销等问题的调查分析。产品调研主要包括产品实体调研、产品形体调研和产品服务调研。价格调研主要包括产品成本及比价的调研、价格与供求关系调研和定价效果调研。渠道调研主要包括现有销售渠道的调研、经销单位调查和渠道调整的可行性分析。促销调研主要包括广告及促销客体的调研、广告及促销主体的调研、广告及促销媒体的调研、广告及促销受众的调研、广告及促销效果的调研。

6.2.3 市场营销调研的步骤

1．确定问题与调研目标

调研的第一步要求营销研究人员认真地确定问题和商定研究的目标。营销研究人员应认真仔细地确定本次调研应该弄清的问题，并据此确立调研的目标。因为对一个问题做出恰当定义等于解决了一半问题。

2．制订调研计划

营销调研的第二阶段是要求制定一个收集所需信息的最有效的计划，以保证调研方案的实施。调研计划应包括：选择资料来源，选择资料收集的方法，选择调研工具，决定抽样计划，建立调研组织和选择调查人员，选择接触方法，编制本次调研的预算并确定时间进度。

在市场调研工作中，人们根据信息资料的来源将其划分为两类，即原始资料和二手资料。所谓原始资料也称第一手资料，指专门为本次调查目的而直接从调查对象处搜集的信息资料；所谓二手资料是指各种可以利用的现成资料。调研资料的收集首先应从二手资料入手，只有当二手资料不能满足本次调研目的的需要时才需着手收集原始资料。

（1）二手资料的收集

二手资料的来源包括内部来源和外部来源。

内部来源是指来自本企业或本组织内部的各种可利用的资料来源。例如，各种统计、财务报表，企业内部的有关记录、凭证，各种经营指标以及过去的调研报告等。

外部来源是指来自于本企业或本组织以外的资料来源。其中包括政府部门来源、报刊书籍、商业资料和网络信息。

因此，在利用二手资料时，应谨慎地分析和评价其可用性。在对二手资料进行评估时，应掌握 3 条标准：

① 公正性。资料应客观公正，发布资料的机构越具权威性，其资料一般客观公正性越高。

② 时效性。应注意考察资料是否过时，统计口径是否可比。

③ 可靠性。大多数统计资料是采用抽样调查的方法得到的，因此，抽取的样本是否具有典型性、代表性，是否有足够大的规模，都会影响资料的可靠性。

(2) 原始资料的收集

当二手资料不能满足专门的调查时,调查人员就必须花费较多的时间和经费去收集第一手资料,即原始资料,以满足市场调查的专门要求。

(3) 调研工具的选择

营销调研人员在收集第一手资料时,可以选择两种主要的工具:

① 调查表:它是迄今用于收集第一手资料的最普遍的工具。

② 仪器:机械工具在营销调研使用得较少。仪器包括电流计:用于测量一个对象在看到一个特定广告或图像后所表现出的兴趣或感情的强度。速示器:能从少于百分之一秒到几秒的闪现中将一个广告展露在一个对象面前的设备。眼相机:用于研究被调查人眼睛活动情况。收视器:一种安装在接受调查的家庭电视机上的电子设备,用于记录电视机收看的时间和频道。

(4) 抽样计划

营销研究者在决定了调研方法与工具后,必须设计一个抽样计划,要求做出 3 个决定:

① 抽样单位:向什么人调查?营销研究人员必须在抽样对象中确定目标调查者。

② 样本大小:向多少人进行调查?大样本比小样本更能产生可靠的结果。

③ 抽样程序:怎样选择被调查者的问题?为了获得一个有代表性的样本,应该采用概率抽样的方法。

(5) 接触方法

这是回答如何接触被调查对象的问题。有 3 种方法可供选择:邮寄、电话、面谈。

3. 收集信息

在确定调研计划后,可由本企业调研人员承担收集信息的任务,也可委托调研公司收集。营销调研的数据收集阶段是一个花费最昂贵也是最容易出错的阶段。

4. 分析信息

从数据中提炼出恰当的调查结果。

5. 提出结论

在营销调研的最后一步,调查人员需要解释自己的发现,得出结论并向管理部门或是报告需求方提交调研报告。

6.2.4　市场营销调研的方法

营销调研除了包括确定资料种类及资料收集的方法外,还应包括营销调研对象的选择、调查工具的确定、收集资料的方法和设计以及抽样设计。

1. 调研对象的选择方法

营销研究人员应根据营销问题的性质、调研目标以及调查对象的特点与分布来选择调研对象。调研对象的选择可采取以下方法:全面调查、典型调查和抽样调查。

(1) 全面调查

全面调查是指对与营销调研目标有关的所有调研对象进行普遍的调查,其目的是搜集全面而精确的第一手资料,如全国人口普查、全国旅游资源普查等。通过全面调查取得的资料比较精确,但由于全面调查的工作量浩大,费用、时间及人力方面耗费巨大,而且需要严格而周密的组织协调工作,因此,在企业营销调研中很少使用。

(2) 典型调查

典型调查是以现象总体中的某些典型单位为对象进行调查的方法。这种方法是通过了解典型单位的情况而推测现象总体的状况。典型调查的关键在于正确地选择典型单位,选择出的典型单位应具有充分的代表性,一般应选择中等发展水平的单位为调查对象。在大多数情况下,如果总体的发展水平比较一致,选取一个或几个单位作为典型就可以了。而在总体数量庞大、且个体发展水平差异很大时,应把总体按发展水平划分为几个类型组,然后在每个类型组中再选取典型单位。选取典型进行调查相对省时并节约经费,对典型单位可以进行深入细致的研究,适用于总体庞大,而研究人员对其又比较了解的情况。从性质上讲,典型调查是抽样调查的一种特殊的形式。

(3) 抽样调查

抽样调查是从应调查对象总体中抽取出一部分具有代表性的个体进行调查的方法。旅游营销人员通过对部分个体的调查结果推测总体的性质或发展水平。

抽样调查对经费要求相对较少,节省时间和人力,而且调查结果与普查非常接近。虽然抽样调查会产生误差,但抽样误差可以用统计方法加以计算和控制。因此,抽样调查法在旅游营销调研中应用非常广泛。绝大多数调研均采用抽样调查法收集资料。抽样调查按照调查对象总体中每一个样本单位被抽取的机会是否相等的原则,分为随机抽样法和非随机抽样法。

① 非随机抽样方法:指根据调查人员的需要和经验,凭借个人主观设定的某个标准进行抽样的方法。在非随机抽样调查中,通过调查人员有意识地选择具有代表性的个体作为样本,以样本调查达到推测总体状况为目的。常用的非随机抽样方法有任意抽样、判断抽样和配额抽样三种。

② 随机抽样方法:指从调查对象总体中完全按照随机原则抽取样本的方法。运用随机抽样方法时,调查对象总体中每一个样本单位都会有平等的抽取机会,排除了人为主观因素的影响。常用的随机抽样方法有简单随机抽样、分层随机抽样和分群随机抽样。

抽样调查法的基本程序主要包括以下几个步骤:

① 确定调查总体。调查总体应包括总体单位、抽样单位、抽样范围和时间。

② 给调查个体编号。正确确定调查总体范围后,为使挑选出来的样本更具有客观性和代表性,需要按随机抽样原则抽取样本时,就要求必须对总体内每一个个体进行编号。

③ 抽样样本的确定。样本是指从统计总体中选择出来的小群体即被抽取的单位。确定抽样样本就是选择样本的过程,解决向什么样的对象进行调查的问题。调研人员应对总体进行仔细研究才能确立适当的抽样样本。不同的企业都有自己特殊类型的顾客,如对于一家酒店而言,抽样样本应是度假旅游者还是商务旅游者,应是哪一国籍的游客,这一切都应依据调研目标进行选择。

④ 样本大小的确定。应依据调查对象的特征、营销问题的性质以及要求误差的大小来确定样本大小。一般情况下,样本越多,调查结果的准确程度也就越高,但同时营销调研的花费也就越多。在保证调查结果的准确性和调研经费不超支的情况下,旅游调研人员应将样本数量控制在合理的范围内。

⑤ 进行样本调查。对抽选出来的样本进行逐个调查。在调查中,随机抽样方式不允许轻易改变样本或减少样本数,以保证所得资料的准确性和代表性;而非随机抽样方式,只要达到

样本数量，若调查人员变更调查样本，对调查结果影响不太大。

⑥ 推算调查总体结果。对收回的调查样本进行统计分析，用适当的方法推算调查结果。

2. 原始资料收集的方法

（1）观察法

观察法是指由调查人员在调查现场或借助仪器设备观察有关调查对象和事物的研究方法。例如，旅游酒店的营销调研人员可以在餐厅、前台及其他消费场所观察住店客人的消费行为，从而间接了解顾客对该酒店服务设施及服务质量的评价和意见。

观察法的最大特点是研究人员以旁观的形式代替对调查对象的询问，被调查者并不感到正在被调查，心理干扰较少，因此能客观地反映被调查对象的实际行为，所获调查资料比较真实可靠。其主要缺点是成本较高。另外，观察法也受到其适用范围的限制，例如，对顾客的职业、文化水平、购买动机等方面的调查就不可能采用观察法。

（2）会议法

会议法即指通过召集调查会的形式搜集有关的信息资料。采用会议法应注意以下几点：

① 会议主持人应事先做好充分准备，其人选应具备与议题有关的业务知识。

② 主持人的主要任务是鼓励与会者围绕议题各抒己见。主持人言谈不能带有倾向性，更不可将自己的意见强加于人。

③ 对会议内容要认真记录，以便会后整理和研究。

④ 每次调查会的规模不宜过大，一般以 6～10 人为宜，以便于充分发表意见。

会议法适宜用于定性调查。

（3）询问法

询问法即指由调查人员采用访谈询问的方式向被调查者了解市场情况。这类方法通常可分为以下几种：

① 人员访谈法：是指调查人员直接访问被调查者，以递送问卷或面对面交谈的方式获得有关信息的调查方式。这种方法的优点是，访问人员能够提出较多的问题，以补充个人观察的不足，交谈时较灵活，可以察言观色，随时调整访问内容。因此，所取得的资料往往比较真实可靠。但此方法成本较高，调查过程难以控制，而且调查结果的准确性在很大程度上受调查人员访问技术水平的影响。

② 电话调查法：是指调查人员用电话向被调查者征询意见的方法。这种方法的优点是获得信息迅速、及时，而且调查成本较低，可以及时澄清疑难问题。但此法也有局限性，一是调查人员不容易获得对方的合作；二是由于受时间限制，很难询问比较复杂的问题；三是调查人员往往难以判定被调查者回答问题的真实程度；四是对没有电话的人不能使用此方法调查。

③ 邮寄调查法：是指将调查问卷邮寄给被调查者，由被调查者根据调查表的要求填好后寄回，从而获取信息的调查方法。这种方法的优点是，调查成本低，被调查者可以完全依据随机抽样法抽取样本，抽样误差小。被调查者可以完全不受调查者在场的影响回答问题，而且回答时间比较充裕。其缺点是被调查者容易对问卷中的问题发生误解，而且问卷回收率低，周期长。

④ 网络调查法：是指利用国际互联网以电子邮件、BBS、网站会员以及聊天室等形式进行的调查。在某种意义上，它可以替代会议法、人员访谈法、电话调查法、邮寄调查法，即将这些调查方法以网络的形式进行。网络调查法的优点是，时效性强、成本极低、形式方法多

样、调查对象的数量大而且不受时空限制。最大缺点是,调查者难以掌握被调查者的真实情况和真实意愿,调查过程难以控制,准确性有所折扣。另外,它还受到国际互联网普及程度的限制。

随着国际互联网技术的迅速发展和普及使用,网络调查法已被越来越广泛地应用于各种领域。

【小链接6-2】①

2016年4月1日,网络问答社区"知乎"推出首款付费看答案的产品"值乎"。5月15日,"在行"推出了付费语音问答应用"分答",随着一些公众人物和知名机构入驻分答,让公众对其的关注热度居高不下,也正式叩开了"知识付费"的大门。

上周,中国青年报社会调查中心联合问卷网,对2001人进行的调查显示,有63.6%的受访者支持为知识付费,56.5%的受访者认为人们参与付费问答活动是为了获取独到的见解和指点,59.1%的受访者表示知识付费体现了知识分享的价值。

73.9%受访者会为了获得某一问题答案而付费

天津某高校学生牛杰经常参加付费平台问答活动。问过有关健康食疗、职场新人等方面的问题,前后共花了近200元,"有些答案并不令人十分满意,但也有非常中肯的建议,让我感觉物超所值。总体感受非常不错,以后我还会继续在上面提问"。

调查显示,73.9%的受访者会为了获得某一问题的答案而去付费,26.1%的受访者直言不会。此外,10.8%的受访者表示会频繁参加付费平台的问答活动,55.5%的受访者偶尔参加,33.7%的受访者从没参加过。

关于知识付费的走红,牛杰认为,是专家咨询和网红经济发挥了主要作用,"像分答,给了人们接触专家、了解权威资讯的机会。前一阵子微博大V等人群的入驻,更是吸引了不少人的眼球"。他认为,专家的个性化建议、明星个人的回答,都是网络上搜索不到的,这既满足了人们的咨询求知需求,也在一定程度上满足了人们的八卦欲,让人们愿意花钱。

调查显示,56.5%的受访者认为人们热衷于付费问答活动是为了获取独到见解和指点,48.8%的受访者认为是出于好奇新鲜。其他还有:满足八卦心理(35.3%),认可这种商业模式(32.9%),与名人对话很刺激(31.7%)。

付费问答平台为何能发展起来?清华大学新闻与传播学院副教授张铮认为,首要条件是中国互联网付费环境的发展。以前的互联网是开放、共享、免费模式,通过第三方付费,如广告的形式来支撑发展,而现在有了变化,已经有了愿为求知而付费的用户群体的存在。再者就是目前技术手段能够做到对付费用户精准识别并提供服务。"目前的付费问答软件,仍是依靠着像果壳、知乎这样有庞大用户资源的主体,在用户中找到了一小部分有需求的受众,成功击中了互联网的窄众市场"。

北京师范大学哲学与社会学院副院长朱红文也表示,知识付费的发展说明了知识本身在市场中是有价值的,是被消费者认可的,体现出人们对知识需求的提高,也说明了人们付费习惯的养成。

① 资料来源:杜园春,王永琳.73.9%受访者愿为网络答问付费.中国青年报,2016-7-26(07)

59.5%受访者认为“为知识埋单”模式会长久发展

“天下没有免费的午餐，尤其是精美的免费午餐。”朱红文认为，在知识的前沿领域，应支持知识付费。“免费模式，让知识不断被分享、传播，是知识的一种增值。但在前沿知识领域，付费模式是一种鼓励和保护。如今知识创新难度在提高，好的知识在创造过程中需要投入大量物质、人力等成本，而完全免费模式会阻碍优质知识的产出”。

在张铮看来，有人愿意为优质的知识花钱，是一种值得肯定的消费行为。“在过去，人们更愿意为了游戏、音频、视频付费，而现在肯为知识付费，就相当于人们愿意去买一本书、报一门课程，愿意去学习。而且通过付费问答，减少了用户搜索成本、时间成本等其他成本”。

调查中，59.1%的受访者认为知识付费直观体现了知识分享的价值，41.8%的受访者直言能向特定群体传递有效信息。其他还有：付费求知理所应当(41.4%)，可解决长期困惑是值得的(40.9%)，只满足小部分人的猎奇心理(24.0%)，“一个愿打、一个愿挨”(19.8%)。

舒馨看来，在全球，知识付费已经成为一个趋势，过去免费获取知识的时代可能慢慢会被付费模式所取代，“任何习惯的养成都需要一个过程，付费问答类软件的流行，体现了人们获取知识的意识在改变”。

有 63.6%的受访者支持知识付费行为，其中 15.1%的受访者非常支持，态度一般和不支持的受访者分别占 27.5%和 8.8%。而关于知识付费模式是否能够长久发展下去，59.5%的受访者认为会，21.8%的受访者则认为是“昙花一现”。

朱红文认为，这种知识付费模式不会是昙花一现。“知识的创造和传播是两个话题，像文化分为精英的、大众的，知识也类似。在知识的传播上，我们该鼓励免费、低价进行推广。在知识开发阶段，我们该用收费模式来保护，甚至一些知识也可通过高价来鼓励开发。同时，要考虑到相关法律问题，目前在国内我们有知识产权法，在国际上有‘伯尔尼公约’，已经形成了一套知识的保护机制”。

张铮认为，知识付费模式是否能够持续下去，还是要经过市场的检验，要看供给方能不能提供有益、有质量的知识，消费者觉得钱花得划算，才可能继续购买。“此外，这和时间背景有很大关系。像最初，在线音乐要求付费，受众当时不愿接受，甚至有抵触心理，而如今再为在线音乐付费，已经不那么突兀，甚至是理所当然了”。

(4) 实验法

实验调查法是指把调查对象置于特定的控制环境下，通过控制外来变量和检查结果差异来发现变量间的因果关系。实验调查法最适于因果性调查。实验调查法的应用范围较广，凡是某一产品在改变其质量、价格、广告及推销手段等因素，或其他营销变量发生变化时，为测定需求变化的情况，都可以先做小规模的实验性改变，以搜集和测量调查对象的反应，然后决定是否值得大规模推广。

实验调查法的优点是，方法科学而客观，通过控制外来变量的变化可以比较准确地获得变量间的相关关系，从而较好地验证实验前对营销问题所做的不同假设。但是，实验调查法费时较长，实验费用较高，而且有时调查人员往往难以控制各种变量，很难在纯粹的实验条件下进行。

6.3 调查问卷设计

6.3.1 调查问卷的含义及特点

问卷又称调查表,是指为了营销调研的目的而专门设计印制,有一组问题或指标体系的表格。问卷是营销调研工作最常用的工具。有其自身的优点和缺点。

1. 问卷调查的优点

① 费用较少,节省时间和人力。

② 实施灵活方便,既可以由调研人员收发,也可以通过邮寄或委托他人收发。

③ 调查的样本可大可小,几乎不受人数的限制。

④ 使用问卷调查有利于调查对象充分表达自己的想法,很适用于调查对象不愿面谈或有顾虑的情况。

⑤ 能比较有效地控制研究变量,较为容易地寻求变量间的相互关系。

⑥ 调查获取的资料便于整理分析。

2. 问卷调查的缺点

① 只能在一定范围内取得资料,不适于进行深度研究。

② 不太适于询问文化程度较低的调查对象。

③ 问卷中的问题选择与语言表达上容易出现错误,易使调查对象产生误解。

④ 在调查过程中,营销调研人员发现问卷设计出现问题时往往难以补救。

6.3.2 问卷设计程序

1. 明确调查目的,把握调查主题

在这一过程中,调研人员应确立调查主题,界定调查的范围、对象。此外,研究人员还应进行走访研究,通过走访有关专家或其他人员了解本次调查主题的性质,并对其进行理论上的解释。

2. 确定调查内容

在充分分析调查主题的前提下,拟定所要调查的项目,全面考虑,把各种与调查主题有关的内容一一列出,并针对调查对象的特征,进一步分解成更详细的题目。例如,可以搜集有关消费者对企业产品说明书的看法、对产品包装的看法、对产品售后服务的看法等。

3. 了解样本

由于问卷调查的对象是人,因此,调研人员应初步走访部分调查对象,了解被调查者的参考框架和信息水平,才能使问卷被调查者接受。所谓了解被调查者的参考框架是指调查人员应充分了解各类调查者所属的社会阶层、居住地区、社会环境及其行为规范、观念习俗和心理状况。所谓信息水平是指被调查者的文化程度及理解能力。只有了解了被调查者

的这两项内容，问卷设计者才能够使问卷中问题的内容、问话的语气、用词的方式等适合被调查者。

4. 建立假设和研究框架

这是问卷设计的核心环节。理论假设是研究人员在对问题了解的基础上，假定出的现象或变量与现象之间的相互关系；而确立研究架构则是确立理论假设中所有变量的结构。

5. 问题设计

设计问卷中的问题时，应根据理论假设和变量的结构关系进行。因此，与本次调查主题有关的各个变量都应设计在相应的问题之中。

6. 小样本检查初步完成的调查表

在小范围内进行试验性调查，以弄清问卷还存在的问题，以便及时纠正。

7. 修正问卷并形成一份正式的问卷

通过预先测试问卷，针对问题做进一步的修改、定稿，按调查工作的需要打印复制，最后制成正式问卷。

6.3.3　问卷的基本结构

1. 问卷标题

确定标题应简明扼要，易于引起被调查者的兴趣。例如“旅游者消费状况调查”。

2. 问卷说明

问卷说明是指问卷卷面上对本次调查目的内容及要求的说明。问卷说明应言简意明，文笔亲切，以期能够消除被调查者可能的紧张和顾虑，建立与之相互信任和合作的关系。

3. 填表说明

告知被调查者如何填写问卷的简要说明。填表说明一般应对回答问题时所用的符号予以明确规定，对自填或邮寄等方式进行说明，并要对特别问题的回答方式予以说明。

4. 问题表

问题表是问卷最主要的部分，所有问题最好以数字或代码排列。对问题排序时，一般是难度小的问题放在前面，难以回答的问题放在后面，开放性或敏感性强的问题通常放在问卷的最后。

5. 致辞及其他补充内容

在问卷的结尾处，调查人员一般应以致谢的话对回答问题者表示感谢，或有一封企业总经理或营销主管写给客人的信，信中说明企业要求客人填写调查表的目的和企业对客人的谢意；也可以请被调查者自由发表对本次调查的意见和建议；结尾处还可附有调查者的通讯地址，以供被调查者与研究人员联系；最后还应附有调查员姓名及调查时间、地点的填充处。

【小链接6-3】

2010中国最具幸福感城市(市级)调查问卷①

新华社《瞭望东方周刊》联合中国市长协会《中国城市发展报告》工作委员会以“创造幸福,享受尊严”为主题,隆重推出“2010中国最具幸福感城市调查推选活动”,本次活动得到平安保险的大力支持。我市已经连续两年荣获“中国最具幸福感城市”称号。今年,我市决定继续参加“中国最具幸福感城市调查推选活动”。请广大市民踊跃参与到这项活动中来,认真填写下列调查问卷,并于11月20日前寄往:长沙市岳麓大道186号湖南省作家协会二楼203室(邮政编码:410013)或由各区县(市)、各成员单位组织统一回收。

您的电话______

您的性别______

您的年龄______您在长沙市住了几年?______

您的最高学历是?______

0=不到高中毕业　1=中专/职校毕业　2=高中毕业　3=大专毕业

4=本科毕业　5=硕士或博士毕业

一、主观部分

请您评价一些事情给您带来的感受。请在1到7中打分:1表示非常不开心或不满意,7表示非常开心或满意。开心或满意度越高,分数越高。

01. 当您想到长沙市时,是几分?______

02. 当您想到长沙市的人情味浓厚程度时,是几分?______

03. 当您想到长沙市的交通状况时,是几分?______

04. 当您想到长沙市的医疗的便利程度和质量时,是几分?______

05. 当您想到长沙市的教育质量时,是几分?______

06. 当您想到长沙市的文体设施(如博物馆、体育馆)时,是几分?______

07. 当您想到长沙市的餐饮及娱乐设施时,是几分?______

08. 当您想到长沙市的购物便利性时,是几分?______

09. 当您想到长沙市的治安状况时,是几分?______

10. 当您想到长沙市的气候时,是几分?______

11. 当您想到长沙市的污染程度,包括空气、水质、道路干净程度时,是几分?______

12. 当您想到长沙市的自然环境,包括绿化、山水等时,是几分?______

13. 当您想到长沙市的城区建设,包括建筑、街道等时,是几分?______

14. 当您想到长沙市有多少赚钱机会时,是几分?______

15. 当您想到长沙市的房价时,是几分?______

16. 当您想到长沙市除房价以外的物价时,是几分?______

17. 当您想到长沙市近年来的经济发展时,是几分?______

① 资料来源:2010中国最具幸福感城市调查问卷.长沙新闻网.[2010-11-04].http://news.changsha.cn/2010cszt/201005m/1/201011/t20101104_1183517.htm.

18. 当您想到长沙市的生活节奏时，是几分？______

19. 当您想到长沙市的工作压力时，是几分？______

20. 当您想到长沙市的市民文明程度时，是几分？______

21. 当您想到长沙市的文化底蕴，包括历史、传统等时，是几分？______

22. 您有多希望您的下一代居住在长沙市？（仍旧从 1～7 打分，1 为一点也不希望，7 为非常希望。）______

二、客观部分

23、您是否在长沙市长大的？______ 0＝否 1＝是

24、您在长沙市大约有多少知心朋友或亲戚？______

25、您上下班在路上需要花多少时间？______

26、您到离您家最近的医院有多少距离？______

27、从您家步行 15 分钟内有几家饭店？______

28、从您家步行 15 分钟内有多少大小型超市及商场？______

29、您现在住的房子的建筑面积多大？______

30、您现在住的房子估计单价是多少？______

31、您的房子是租的还是自己的？______ 0＝租的 1＝自己的

32、您每周的工作时间有多少？______（小时）

33、您每周的娱乐时间有多少？______（小时）

34、您家是否有汽车？______ 0＝无 1＝有

35、您去年的个人年收入？人民币______千元

36、您现在的婚姻状况是？______ 0＝未婚 1＝已婚 2＝其他

37、您有几个孩子？______ 0＝没有孩子 1＝有一个孩子 2＝有一个以上

6.3.4　问题设计的方法

1. 开放式提问法

（1）自由回答法

这种提问方法不规定答案的范围，让客人根据自己的想法自由回答。例如：请就如何改善我们的产品提供你的建议和意见。自由回答法的优点是设计问题时较为容易，可获得的信息多种多样。由于没有提示，因此，自由回答法的结果受被调查者的素质影响很大，不愿明确表达意见的可能会回答“不知道”或回答其他内容。自由回答法要求统计答案的时间较长，而且不易使用统计方法进一步分析。

（2）回忆法

回忆法指通过测定被调查者记忆的强度来推测印象强度。在营销调研中，回忆法一般用于测量服务项目、企业名称以及广告等的印象强度。例如：请您写出 5 个中国衬衫企业的品牌、请您举出 3 个报刊上常见的中国旅游景点的名称或请说出您所知道的口香糖牌子等。

拟定问题时，调研人员应明确划定回忆的范围，避免使被询问者产生误解。对回忆法测定的结果进行分析时，应以第一个回忆对象的记忆强度和印象为最深，以下次之。

(3) 再确认法

在营销调研中,再确认法大多用于调查服务项目名称、公司名称以及广告词等知名度和认识程度。在进行询问时,调研人员应提示出相应的线索,请被调查者回忆确认。例如:下列有5个酒店集团的名称,请您划出您所知道的。

A. 假日公司(　) B. 喜来登公司(　) C. 希尔顿旅馆公司(　)

D. 凯悦旅馆公司(　) E. 马里奥特公司(　)

调研人员还可以针对每个答案列出"见过""似乎见过"以及"没有见过"等回答方式供被调查者选择。再确认法所列的名称一般不宜超过10个。再确认法常常同回忆法结合使用。

(4) 词汇联想法

词汇联想法指列出一些词汇,每次提出一个,由被调查者写出其想到的第一个词汇。本方法在营销调研中常用来测量产品特性、公司特点及消费者对某种事物的观察和认知等。

例如:当您见到下列词汇时,脑海中出现的第一个词是什么?

汽车________________

酒店________________

手机________________

(5) 语句完成法

运用语句完成法时,调研人员写出一些不完整的语句,每次一个,请被调查者完成该语句的内容。

例如:当我去中国旅游时,我首先想去____________________。

2. 封闭式提问法

封闭式提问法即指营销人员在提出问题后,向客人提供选择性答案,要求客人从中选出合适的答案。

(1) 二项选择法

二项选择法又称是非回答法、是否法、真伪法。回答问题的答案分为"是","否"两种,由被调查者选择其一。

例1:你是否觉得你在本饭店所花费用很值得(物有所值)?

A. 是 B. 否

例2:您是否购买过空调?

A. 是 B. 否

二项选择法的优点是调研人员可以在短时间内得到明确的判断,或者使中立者的意见偏向一方,但这个方法并不能表示意见程度的差别。

(2) 多项选择法

单选:在多项答案中只有一个答案。

例1:您觉得哪种类型的广告宣传的效果最好?(选一项)

A. 电视 B. 广播 C. 杂志 D. 路牌 E. 报纸

多选:一个问题可提出3个或3个以上可能的答案,由被调查者从中选出一个或几个答案。使用多项选择法时,一般应将选择答案予以编号。选择答案必须包括所有可能的情况,要求被调查者选择的答案不宜过多。

例2:请问您购买轿车时,主要考虑哪些因素?

A. 价格　　B. 款式　　C. 品牌　　D. 油耗

(3) 顺位法

顺位法是要求被调查者从所列问题的答案中，按照一定标准进行先后选择或排序的方法。

例：请问您购买轿车时，主要考虑哪些因素？（按重要程度排列）

A. 价格　　B. 款式　　C. 品牌　　D. 油耗　　E. 服务

(4) 数值尺度法

数值尺度法要求被调查者对某一现象的发展水平或被调查者与某现象或事物的关系进行程度上的判断。研究人员对每个答案分配分值，以便统计测算。此方法简单易行，应用非常广泛。

例 1：您是否喜欢本餐厅的内部装饰？

A. 极为喜欢　　B. 很喜欢　　C. 喜欢　　D. 不喜欢

例 2：请问您是否想买一部空调？

A. 很想买　B. 想买　C 不一定　D. 不想买　E. 很不想买

例 3：请问您觉得空调的价格如何？

A. 很贵　B. 贵　C. 适中 D. 便宜

在计算数值尺度法的分值时，越趋于肯定意见的答案分值越高，反之亦然，并把多个问题的分值相加，作为总分进行比较。

(5) 项目核对法

项目核对法是指营销人员列出某一服务或其他现象的各种特性，针对每项特性测量被调查者的意见。例如：您对餐厅的各个方面的重要性如何看待？请在您赞同的项目上打“√”

项　目	不重要	不太重要	介于中间	重　要	非常重要
特征					
气氛					
卫生					
营养					
价格					
服务					
菜品种类					

6.3.5　问卷设计应注意的问题

在设计调查表时，营销研究人员必须精心地挑选要问的问题、问题的形式、问题的用词和问题的次序。

1. 提问项目的设计

常见的错误发生在所提的问题上，也就是有时提问包含了不能回答、不愿回答或不需回答的问题，而同时却遗漏了应该回答的问题。问卷中可以采用二项选择、多项选择等封闭式问题，也可以采用自由回答的开放式问题，根据调查内容进行选用。提问时要注意以下几点：

① 提问的内容尽可能短。

② 问题的用词设计应十分审慎。研究人员应该使用简单、直接、无偏见的词汇。用词要

确切、通俗。

③ 一项提问只包含一项内容例如:“您觉得这种新轿车的加速性能和制动性能怎么样”,应把该问题分成两个问题提问。

④ 避免诱导性提问,例如:人们认为康佳彩电质量不错,您觉得怎么样?

⑤ 避免否定形式的提问 例如:您觉得这种产品的新包装不美观吗?

⑥ 避免敏感性问题。

⑦ 尽量避免对人们收入、生活、政治等方面问题的提问。

2. 问题顺序设计

① 问题的安排应有逻辑性。

② 先易后难。

③ 能引起被调查者兴趣的问题放前面,核心问题放在中间,涉及个人资料的敏感性问题放在后面,开放性问题放最后面。

④ 注意问卷的规范性。

6.4 市场需求的测量与预测

6.4.1 市场需求测量

1. 不同层次的市场

一个市场就是某一产品的全体实际和潜在购买者的集合。从这个定义出发,市场的规模是随着一个特定市场供应品的购买者人数而定的。可把市场分为以下几个层次。

(1) 潜在市场:那些表明对某个市场上出售的商品有某种程度兴趣的顾客群体。

(2) 有效市场:一群对某一产品有兴趣、有收入的潜在市场顾客组成。

(3) 合格有效市场:对在某个市场上出售的商品有兴趣、有收入和可取得该商品的合格的顾客群体。

(4) 目标市场(又称为服务市场):是公司决定要在合格有效市场上追求的那部分。

(5) 渗透市场:那些已经买了这种公司产品的顾客群体。

2. 市场需求

某一产品的市场总需求是指是一个产品在一定的地理区域和一定的时期内,一定的营销环境和一定的营销方案下,特定的顾客群体愿意购买的总数量。市场需求不是固定的数,而是给定条件下的函数。因此,也称为市场需求函数。市场总需求对基本条件的依赖关系如图6-2(a)所示。纵坐标表示特定时期内行业市场营销费用的可能水平,纵坐标表示由此产生的需求水平。

市场预测:与预期的努力相对应的市场需求称为市场预测。在许多可能有的行业营销努力水平中,实际上只有一个水平会发生。

市场潜量:在一个既定的环境下,当行业营销努力达到无穷大时,市场需求所趋向的极限。

图6-2(a)表明,基本销售量也称市场最低量,它是指在不发生任何营销费用的情况下也能达到的市场销售量。随着行业营销费用的增加,刺激消费的力度加大,市场需求一般会随之增大,但报酬率由递增变成递减。当营销费用超过一定水平后,就不能进一步促进需求。由于

市场环境变化深刻地影响着市场需求规模、结构和时间等，也深刻地影响着市场潜量。图 6－2(b)说明经济繁荣期的市场潜量比经济衰退期要高。

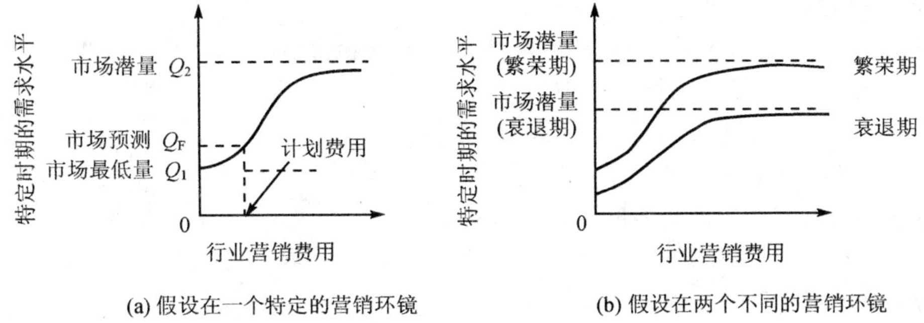

图 6－2　市场需求函数

3. 公司需求

公司需求指在市场需求总量中企业所占的份额，其公式为

$$Q_i = S_i Q \tag{6-1}$$

式中：Q_i 为 i 公司的需求；

S_i 为 i 公司的市场占有率；

Q 为市场需求，即市场总需求。

在市场竞争中，企业的市场占有率与其营销努力成正比。假定营销努力与营销费用支出成正比，则

$$S_i = \frac{M_i}{\sum M} \tag{6-2}$$

式中：M_i 为 i 公司的营销费用；

$\sum M_i$ 为全行业的营销费用。

由于不同企业的营销费用支出所取得的效果不同，以 a_i 代表公司营销费用的奏效率，则 i 公司的市场占有率计算公式为

$$S_i = \frac{a_i M_i}{\sum a_i M_i} \tag{6-3}$$

进而言之，如果营销费用分配于广告、促销、分销等方面，它们有不同的奏效率及弹性，以及考虑到营销费用的地区分配，以往营销努力的递延效果和营销组合的协同效果等因素，则上述表达式还可以进一步完善。

4. 公司销售预测与公司销售潜量

公司销售预测是指公司以其选定的营销计划和假设的营销环境为基础所预期的公司销售水平。与销售预测相关的几个概念如下：

销售定额：公司针对某一产品线、公司事业部或销售代表而设定的销售目标。

销售预算：对预期销售量的一种保守估计，它主要为当前的采购、生产和现金流量决策服务。

公司销售潜量：是当公司相对于竞争者的营销努力增大时公司需求所能达到的极限 。

6.4.2 估计目前市场需求

1. 总市场潜量

总市场潜量指一定时期内,一定环境条件和一定行业营销努力水平下,一个行业中所有企业可能达到的最大销售量。估算公式为

$$Q = nqp \tag{6-4}$$

式中:Q 为总市场潜量;

n 为既定条件下特定产品的购买者人数;

q 为每一购买者的平均购买数量;

p 为单位产品平均价格。

由式(6-4)可推导出另一种估算市场潜量的方法,即连比法。该方法由一个基本数乘上几个修正率组成。

假设一个啤酒厂对估计一种新营养啤酒的市场潜量有兴趣。它的估计可以从下面的计算中获得:

对新淡啤酒的需求=人口×每人可支配的个人收入×可支配收入用于食品的平均百分比×食品的支出中用于饮料的平均百分比×饮料支出中用于含酒精饮料的平均百分比×含酒精饮料的支出中用于啤酒的平均百分比×啤酒饮料支出中用于淡啤酒的预计百分比

2. 地区市场潜量

公司在测量市场潜量后,为选择计划进入的最佳区域,合理分配各种营销资源,还需要估计各个不同城市、地区和国家的市场潜量。较为普遍的有两种方法:市场组合法和多因素指数法。市场组合法是一种主要由为企业服务的厂商所采用的方法,它要求辨别在每市场(业务市场)上的所有潜在购买者,并且对他们潜在的购买量进行估计,然后计算得出地区市场潜量。例如:一家车床制造厂想判断在波士顿地区木制家具生产用车床的市场潜量。这个厂家首先需要确认在波士顿地区木制家具生产用车床的所有潜在购买者,这些消费者主要是在其生产中需要加工木料的企业。其次,这个车床制造厂需要搜集波士顿地区木制家具制造企业名录,然后根据木制家具行业中每百万美元销售额所需车床数量来判断木制家具行业可能购买的车床数量。表6-1所列为利用标准产业分类体系代码的市场组合法(假想的车床制造厂——波士顿地区)。

表6-1 利用标准产业分类体系代码的市场组合法

标准产业分类体系	年销售额/百万美元	厂家数	百万美元销售额可能需要的车床	市场潜量
	(1)	(2)	(3)	(1)×(2)×(3)
2511	1	6	10	60
木制家用家具	5	2	10	100
2521	1	3	5	15
木制办公家具	5	1	5	25
				200

多因素指数法是一种主要由为消费者服务的厂商所采用的方法，即借助与区域市场购买力有关的各种指数以估算其市场潜量。

一个著名的多因素指数是《销售和市场营销管理》杂志公布的“购买力年度调查”，它反映了不同地区、不同城市的消费者相对购买力，方程式如下：

$$B_i = 0.5 \times y_i + 0.3 \times r_i + 0.2 \times p_i \tag{6-5}$$

式中：B_i 为地区的购买力占全国总购买力的百分比；

y_i 为地区的个人可支配收入占全国的百分比；

r_i 为地区的零售销货额占全国的百分比；

p_i 为地区的居住人口占全国的百分比。

0.5、0.1、0.2 是三个因素的权数，表明该因素对购买力影响的程度。

例如：假设某城市的个人可支配收入占全国的 6.7%，零售额占全国的 5%，人口占全国的 1.4%，则该城市的购买力指数为

$$0.5 \times 6.7 + 0.3 \times 5.0 + 0.2 \times 1.4 = 5.13$$

因此该城市的保健品销售应占全国保健品销售的 5.13%。

3. 行业销售额和市场占有率

除了估计总的潜量和地区潜量外，公司还需要知道发生在市场上的实际行业的销售额。也就是说，公司还必须辨认它的竞争对手和估出竞争者的销售额。

公司通常采用 3 个阶段的程序获得销售额的预测：宏观经济预测，行业预测，公司销售预测。

预测要求对通货膨胀、失业、利率、消费者开支和储蓄、企业宏观经济投资、政府支出、净输出以及与本公司有关的其他重要因素和事件进行预测。其结果产生一个全国总产出的预测，应用这种预测数据和结合其他环境指标，便可预测行业销售额。然后，公司把假设在行业销售中能达到的一定数量的份额作为它的销售预测的基础。

6.4.3 市场预测程序

(1) 确定预测目标。即明确预测的目的、对象、范围、时间、指标及其精确度要求等。

(2) 收集与整理预测资料。根据预测目标，收集各种有关的历史资料和现实资料，在整理和分析统计资料时，应注意分辨哪些是可控制因素导致的变化，哪些是不可控制因素导致的变化，并尽可能排除因偶然因素造成的不正常数据，以保证预测的质量。

(3) 选择预测方法。预测方法很多，每一种方法都有不同的特点、用途和适用范围。因此，选择实用而有效的预测方法是预测过程中的主要环节。

(4) 提出预测结果。运用预测方法后便应提出预测结果。

(5) 修正预测误差。预测得出的结果，必然存在一定误差，对预测误差的分析就是综合判断误差产生的原因，及时修改模型或改用其他预测方法，直至达到许可的误差范围为止。

(6) 提出预测报告。即对预测结果进行文字说明，可以采用图表与文字结合的形式来表达。

6.4.4 市场预测方法

1. 购买者意向调查法

购买者意向调查法是指向潜在购买者了解预测期内的购买意图的方法。使用这种调查法时,营销人员一般应通过抽样的方法列出一份潜在购买者的名单,然后依据名单分别与每个被调查者接触,用调查表或当面询问其购买计划和购买意图。对购买者意向的调查,经常采用"购买概率调查表"进行,例如:

您打算在半年内购买笔记本电脑吗?

不买	不太可能买	有点可能买	可能买	很有可能买	肯定买
0.0	0.2	0.4	0.6	0.8	1.0

对于每项答案,营销人员可以设定特定的概率。如"肯定"意味着概率为1,"不可能"意味着概率为零。

2. 销售人员意见综合法

销售人员意见综合法是指预测人员召集有关推销人员进行预测,然后对其预测结果进行综合的方法。此方法尤其适用于对市场需求的测量和对竞争对手情况的预测。

由于销售人员经常与顾客打交道,因此,对市场需求以及竞争情况十分了解,对未来发展趋势可能有更清楚的预测。用这种方法进行预测十分简便易行,既节省时间又节省经费,但销售人员预测市场需求也容易受到个人对市场的了解及各种偏见的影响。

营销管理人员可以对销售人员过高过低的估计进行适当调整。吸收销售人员参加预测过程,可使销售人员更加有意识地去分析市场发展趋势。而且,通过参与预测并制定定额,销售人员还会从中受到激励,更利于销售目标的完成。

3. 经理人员评判预测法

经理人员评判预测法指高级营销管理人员召集下级有关管理人员举行会议,广泛交换意见,听取下级管理人员对相关事情的看法,在此基础上,由高级管理人员根据个人判断进行预测。

这种方法的优点是简便易行,对时间和费用要求较低,日常性预测可采用此方法。这种方法缺点是过分依赖管理人员,特别是上层管理人员的判断,而管理人员的经验、工作能力以及营销环境的形势往往对其判断产生很大影响。 因此,这种方法有时带有主观性,仅用这种方法有一定风险,如结合数学、统计方法综合预测,则效果会更好。

4. 专家意见法

专家意见法指营销人员通过专家分析判断而进行营销预测的方法。专家意见法主要有专家会议法和德尔菲法。

(1) 专家会议法

专家会议法是指预测人员邀请有关专家开会,对预测问题进行研讨,并得出结果的预测方法。此方法的优点是,通过召开会议,专家们往往会提出较多的预测方案可供选择,而且多名专家预测时可消除仅仅一名专家预测时产生的独自承担责任的顾虑。专家会议法有利于意见交流和相互启发,不同领域的专家协作时效果更突出。此方法的缺点是:权威者的意见往往会影响到其他专家发表意见。由于受人际关系影响,有些专家难以充分表达与他人不同的意见。

(2) 德尔菲法

德尔菲法是20世纪40年代由美国兰德公司首创。它是一种流行的预测方法,具体步骤

如下：

① 事先对所要预测的问题拟定调查提纲并提供有关背景材料，问题要提得明确，只要被调查人回答“是”或“非”即可，或在几种可能性中任选一种。

② 在有关领域物色各类专家，请他们在调查提纲上回答所要预测的问题。

③ 将各专家回答的意见综合整理归纳，并匿名反馈给各个专家，再次征求意见。

④ 专家们的意见经几次反馈以后，通常对所要预测的问题逐渐趋于一致，这个意见或判断即可作为预测的基础。

⑤ 汇总专家意见，量化预测结果。经过几轮的征询，专家意见渐趋一致，但仍然存在一种以上的不同预测结果，需要经过汇总、整理、分析、处理，以及用中位数等方法，最后得出数量化的预测结果。

德尔菲法一般应用于预测营销环境变化大的情况，以及新产品或新市场的开发等项目。

采用函询调查可以避免专家会议法的缺点，如崇拜权威，碍于情面的情况。由于不同领域的专家各有专长，考虑问题出发点不同，会提出很多极有价值的意见。

5. 时间序列预测法

时间序列预测法指利用预测目标的历史统计数据，按时间先后顺序排成数列，运用统计方法研究其发展变化规律性，建立数学模型，据此进行外推预测对象的一种方法。

(1) 移动平均法

移动平均法指利用过去若干期的实际值来求其平均值，作为预测期的预测值的方法。其基本方法是，把过去几年、几个季度或几个月的数据相加，然后除以观察值的数目，从而得到一个算术平均值。这一算术平均值就是下一年、下一个月或下一个季度的预测数字。当新的观察值产生时，则去掉最前面的那一观察值，并将新产生的观察值纳入观察数列之中，从而计算出新的平均值。其基本计算公式为

$$F_{t+1}=\frac{X_t+X_{t-1}+\cdots+X_{t-n+1}}{N} \tag{6-6}$$

式中：F_{t+1} 表示预测值，即以 t 时期为基准，下一个时期的预测值；

X_t 表示 t 时期内实现的实际数值；X_{t-1} 表示以 t 时期为基准的上一个时期内实现的实际数值，以此类推；

N 表示观察值的数目。

例如：某轿车生产企业 2014 年实现轿车销售 30000 辆，2015 年为 36000 辆，2016 年为 45000 辆。如果该企业根据这些已有的历史数据采用移动平均法去预测下一年度即 2018 年的轿车销售量，其算法是

$$2017\text{ 年的销售量}=\frac{45000+36000+30000}{3}\text{ 辆}=37000\text{ 辆}$$

如果到了 2017 年结束时，该企业实际实现的轿车销售量为 42000 辆，那么在仍然采用移动平均法预测下一年度(即 2018 年)销售量的情况下，其做法可以是在所采用的时间序列中，去掉 2014 年这一陈旧数字，而将 2017 年的数字补充进去，即

$$2014\text{ 年销售量}=\frac{2015\text{ 年销售量}+2016\text{ 年销售量}+2017\text{ 年销售量}}{3}=$$

$$\frac{36000+45000+42000}{3}\text{ 辆}=41000\text{ 辆}$$

以上两个例子中,由于所采用的观察值都是3个,所以计算出来的移动平均值都称之为3年移动平均值。如果现有的历史数据比较全,根据需要,也可以将时间序列加大,推算4年或5年的移动平均数。从理论上说,移动平均期取得长,预测误差就减小;但由于这种方法忽略了移动平均期内经营企业内外部因素变化的影响,因而在实际运用中如不加以适当修正,往往会有较大误差。举例来说,由于旅游需求存在季节性因素,因此在同一年份中,往往不宜采用移动平均法利用过去几个月的实际营业量数字去预测下一个月份的营业量,否则很容易出问题,并导致决策上的失误。为了尽量排除季节性对预测结果的影响,在预测某一月份或某一时期的营业量时,可以借助过去几年中同一月份或同一时期营业量的历史数字,利用移动平均法去进行预测。

例如:假定某饭店在2017年第二季度要采用移动平均法预测下一个季度的营业量,则应先查阅出过去若干年第三季度的营业量数字。经查阅,该饭店2012—2016年在第三季度的客房出租率分别为85%、90%、92%、90%和88%,利用移动平均法计算时则为

$$2017\text{年第三季度客房出租率}=\frac{88\%+90\%+92\%+90\%+85\%}{5}=89\%$$

将这一出租率乘以该饭店的客房数和第三季度的营业天数,便可以进一步预测出第三季度的营业量了。

移动平均预测法的最大优点是简便易行,计算简单。但由于移动平均值落后于观察值的变动,不能反映其他相关因素变化时带来的影响,因此这种方法本身不够精确,从而不能产生准确的预测结果,有较大的局限性。

(2) 指数平滑法

指数平滑法也称指数加权移动平均法。这种方法主要是根据已掌握的历史统计资料去推测未来的市场需求量。一般地说,它利用过去的有关统计资料,以几何级数形式对历史数据加权,使最近期的数据数量较大,使远期的数量依次减小,以加权移动平均值作为预测数。

指数平滑法预测模型有若干种,在企业实践中应用最多的是单一指数平滑法。这种方法是在已知上一期的需求预测数和实际实现需求量的基础上,通过确定两者之间的误差率,修正上一期的预测数字,从而去预测下一期的需求量并提高预测结果的准确度。基本公式是

$$F_{t+1}=F_t+R(X_t-F_t) \tag{6-7}$$

式中:F_{t+1} 表示下一期的预测数;

X_t 表示上一期实现的实际数;

F_t 表示上一期的预测数;

R 为平滑系数,表示上一期的预测误差率,R 的取值范围为 $0<R<1$。

在单一指数平滑法中,R 取值不太大,一般不超过0.5。这一公式也可以改写为 $F_{t+1}=RX_t+(1-R)F_t$。

例如:某百货公司在2016年底曾预测本公司2017年的销售额将达2亿元。到2017年底时,该公司在该年度的实际销售额为2.2亿元,超过原预测销售额0.2亿元。若 R 为0.3,采用指数平滑法预测该公司2018年的销售额,计算如下:

2018年销售额(预测)=2亿元+0.3×(2.2亿元-2亿元)=2.06亿元

使用上述方法要求历史资料完整并且具有可比性,这种方法的主要优点是简便易行,容易理解和掌握;缺点是未考虑事物发生变化的因果关系,不能反映产品需求变化中的外在客观因

素。因此，这种方法在短期和近期预测中用得较多，不适用于中、长期预测。

6. 回归预测法

回归分析法就是通过对具有相关关系的变量建立回归模型进行预测。一元线性回归模型预测是在确立一个自变量和一个因变量之间具有显著相关关系的基础上，配合回归线进行预测。其主要步骤如下：

① 确定预测目标和影响因素，收集历史统计资料数据。

② 建立一元线性回归方程，即

$$Y = a + bx \tag{6-8}$$

式中：Y 为因变量(如旅游者人次)，即预测值；

X 为自变量，表示时间序数，一般用年份序数表示；

a、b 为方程参数(a 为直线截距，b 为趋势线斜率)。

③ 建立标准方程，求 a，b 方程参数，标准方程为

$$\begin{cases} \sum_{i=1}^{n} y_i = na + b\sum_{i=1}^{n} x_i \\ \sum_{i=1}^{n} x_i y_i = a\sum_{i=1}^{n} x_i + b\sum_{i=1}^{n} x_i^2 \end{cases}$$

如果简化计算，可将时间序列原点移到数列中心，使$\sum x_i = 0$，即

$$\begin{cases} \sum_{i=1}^{n} y_i = na \\ \sum_{i=1}^{n} x_i y_i = b\sum_{i=1}^{n} x_i^2 \end{cases}$$

式中：x_i 是变量 x 第 i 个已知数据；

y_i 是变量 y 第 i 个已知数据。

④ 用回归方程进行预测，并对预测结果进行分析。

例：某旅游企业 2011—2017 年的营业收入如表 6－2 所列，预测 2018 年该企业的营业收入并进行误差分析。

表 6－2　某旅游企业 2011 年—2017 年回归预测数据统计表

年　份	时间序数	营业实绩/万元	收入 X 期	期数平方
n	x	y	xy	x^2
2011	－3	610	－1830	9
2012	－2	640	－1280	4
2013	－1	600	－600	1
2014	0	650	0	0
2015	1	700	700	1
2016	2	720	1440	4
2017	3	680	2040	9
$\sum n=7$	$\sum x=0$	$\sum y=4600$	$\sum xy=470$	$\sum x^2=28$

表中时间序数已做简化处理。根据该饭店 7 年的营业收入进行预测的步骤为：

① 历史数据资料的处理结果如表6-2所列。

② 将数据代入标准方程,即简化方程式为

$$4600=7a$$

得

$$a=657.14$$

$$470=28b$$

得

$$b=16.79$$

③ 将回归参数代入一元线性回归模型

$$y=a+bx$$

得

$$y=657.14+16.79x$$

④ 如果计算2018年的企业营业收入,则时间序数 x 为4,预测值为

$$y=657.14\text{ 万元}+16.79\text{ 万元}\times4=724.30\text{ 万元}$$

⑤ 针对企业的实际情况,再进行误差分析。

【讨论题】

1. 许多公司建立复杂的内部数据库用来确认营销机会和问题,规划战略并评估绩效。如果你是一家五星级酒店营销经理,你希望酒店的内部数据库能够提供什么类型的信息?并解释其原因。

2. 什么是市场营销调研?它可以划分为哪几种类型?

3. 根据信息资料的来源,原始资料的收集可以划分为哪几种?

4. 如何设计市场调查问卷?

5. 什么是市场预测?有哪些方法?

6. 案例题①

在东风常州制造基地的车间,自动化的生产线开足了马力,平均1分钟,就有一台新车下线。

今年1月至10月,东风销售汽车331.2万辆,同比增长10.9%,稳居行业第二位。其中,东风自主品牌汽车销售108.4万辆,同比增长12.4%。在合资品牌价格不断下探,自主品牌市场份额不断被挤压的情况下,东风汽车的销量却仍然不断向好,秘诀何在?

答案就是东风紧盯汽车行业的发展趋势和市场需求变动,不断调整先进产品和先进产能的布局。

"十年前,自主品牌可能都集中在中部和西部,那里的市场消费很活跃。接下来自主品牌的突破点在哪里?"在东风乘用车公司总经理李春荣看来,东部市场作为我国经济最发达片区,在市场容量和消费潜力方面拥有巨大潜力,"经过市场调研,东风确定要以常州为据点,向东部的海岸线市场进军,用密集的产品投放满足当地消费者需求。"

加速自主品牌布局长三角,既是东风优化产能,以保持并扩大市场领先地位的一大举措,也是东风践行供给侧改革,扩大品牌自主化,履行国有企业社会责任的重要部署。在日

① 资料来源:邱玥.东风汽车:加速驶向蓝海.光明日报,2016-12-01:08

前发布的社会责任“十三五”战略规划——“润”计划 2.0 中，东风提出，到 2020 年，实现汽车产销 560 万辆，市场占有率从现在的 16%提升至 18%，经营效益持续改善；与此同时，东风坚持“节能环保地造车，造节能环保的车”的理念，着力保护生态环境，全面开展“绿色东风 2020”行动，加快构建绿色全价值链，积极提供绿色产品，努力培育绿色东风文化。

为进一步提升自主品牌竞争力，在加速布局产业蓝海的同时，东风提出，到 2020 年实现自主研发能力国内领先，整车、动力总成技术平台全面升级，新能源汽车、智能网联汽车技术取得重大突破；到 2025 年，达到国际先进水平，东风品牌世界知名，新能源汽车、智能网联汽车居于前列，部分技术领域引领发展。

“汽车制造行业集合了装备、工艺、材料等领域的先进技术。作为大型汽车企业，东风大力推动制造技术持续升级，把技术成果体现到产品中去，不断支撑企业更好发展。”东风汽车公司董事长竺延风表示，“只有具备强大专业技术能力，才能实现公司的这个战略定位，否则只是一句空谈。东风作为国有汽车骨干企业，必须要在科技创新上走在前列，在建设世界汽车强国中做出更大贡献。”

问题 1：请分析一下近年来汽车行业的市场需求变化趋势。

问题 2：东风汽车公司做些什么市场调研，而决定“向东部的海岸线市场进军”？

第7章　目标市场营销战略

【引导案例】①

2015年在线旅游的“双十一”大战没有了往年浓重的硝烟味。携程、去哪儿网往年“口水战”不断的节前宣传阵势一去不返。而在新的行业格局下，未来在线旅游上下游整合、兼并以及细分市场竞争仍将持续白热化。业内人士在接受《经济参考报》记者采访时表示，去哪儿网携程合并会提前终结在线旅游窝里斗，促使行业内上下游加速整合、抱团取暖。机票和酒店为主要业务的互联网企业将受到最大冲击。

携程成OTA“大家长”

对中国旅游市场的想象空间，对去哪儿网商业模式的认同，使得去哪儿网在上市之初受到资本市场的青睐。然而，百度羽翼之下持续的烧钱却似乎令“巨头”不再耐心。百度终于决定，用去哪儿网45%的总投票权换来了携程25%的总投票权，成为携程第一大股东。彼时2011年的百度斥资3.06亿美元入股去哪儿网，成为去哪儿网第一大机构股东。根据百度披露数据，2015年第二季度O2O交易额中，去哪儿网所做的贡献占比达到86%。

交易完成后，去哪儿网董事会成员分别是，百度CEO李彦宏、庄辰超、梁建章、携程COO孙洁、携程副总裁、大住宿事业部CEO孙茂华、携程副总裁、机票事业部CEO熊星。另外三人为投资人代表：金沙江创业投资基金创始人林仁俊、纪源资本合伙人符绩勋、前网易CFO李廷斌，均是去哪儿网的独立董事。而携程的董事会名单分别是梁建章、携程副董事长范敏、兰馨亚洲投资集团的执行董事李基培、启明创投董事总经理甘剑平、红杉资本中国基金创始及执行合伙人沈南鹏、华住酒店集团创始人季琦，加上百度李彦宏及百度副总裁及投资并购部负责人叶卓东。去哪儿网的9人董事会中携程高管人员占据4席，去哪儿网系高管则没有一人进入携程董事会。

去哪儿网在烧钱快速扩张的同时，自身的盈利能力变成亟待解决的问题。从财报数据来看，去哪儿网从2014年全年来看，去哪儿网共亏损18.5亿元，亏损额超过了2014全年的总营收。从2014年第三季度到2015年第二季度，一共烧钱高达27.6亿元。截至2015年6月30日，去哪儿网净亏损为人民币8.157亿元，去年同期净亏损为人民币4.216亿元，上一季度净亏损为人民币7.012亿元。有评价指出，以去哪儿网如此的烧钱速度，其现金流不足以支撑到3年时间。相比之下，烧钱的携程在2014年第四季度亏损3600万美元，在2015年第一季度亏损2000万美元，而到2015年第二季度又恢复到盈利2300万美元。

事实上，有传言称，百度和携程的第一次重要谈判发生在今年5月，当时携程CEO梁建章和百度CEO李彦宏会面，进行了携程去哪儿网合并的谈判，并制定了交易方案，并随后告知了去哪儿网CEO庄辰超。而这一做法引起庄辰超的强烈不满，并随后拒绝了交易，导致合并流产。虽然梁建章在内部邮件中表示，未来去哪儿网将继续作为独立的上市公司运

---

① 资料来源：韦夏怡．在线旅游市场细分领域角逐开启．经济参考报，2015－11－03．

营，不过，市场猜测庄辰超未来很可能出局。

纯渠道企业将会很难生存

携程、去哪儿网合并之后，占据了机票和酒店的大份额，其他在线旅游网站，想在这两块取得份额很难。景域集团董事长、驴妈妈旅游网创始人洪清华表示："携程和去哪儿网在资本推动下合并后，对行业影响各不相同，其中酒店和机票影响最大，休闲旅游影响不大。因为两家企业目前业务模式越来越趋同，不会像大家担心那样产生垄断，合并后 1+1 一定小于 2。合并后，纯渠道企业将会很难生存，会出现大量上下游整合、兼并。"

高盛集团也适时的在近日发布的《中国在线旅游市场分析报告》中指出，中国将很难再出现全面解决方案旅游商与携程、去哪儿网、阿里旅行并肩，BAT 三巨头和 Priceline 也均投资这三家企业。更多机会将会在更细分的旅游行业产生，比如途家在的非标准化住宿领域，马蜂窝所在的旅游社交化领域；将会有更多互联网巨头或者全面解决方案旅游商进军这些细化行业。

报告指出，2014 年中国旅游市场规模高达 4.4 万亿元，其中 63%是国内旅游，8%是入境旅游，23%是境外旅游。国内旅游交易数始终占据主导，但远距离导致的高额交通费和当地花费使得境外旅游成交额却以最快速度上升。而境外旅游大多为包办旅游(Packaged Tour)业务，预计在线包办旅游将在 2020 年持续增长到 26%。因此，境外包办旅游商，尤其是团体包办旅游，在 5 年内将会是最大的受益者；同时，预计将会有更多境外旅游者选择包办旅游，而国内旅游相对较少选择包办。携程和途牛占据境外包办旅游市场，分别占 31.1%和 16.3%。

营销大师科特勒曾说："现代战略营销的核心可定义为 STP 市场营销，即市场细分(S)、目标市场选择(T)和市场定位(P)。"目标市场营销战略分为三个阶段，如图 7-1 所示。第一阶段，市场细分(market segmentation)。第二阶段，目标市场选择(market targeting)。第三阶段，市场定位(market positioning)。在第一个阶段，根据不同的市场细分因素把一个总的市场进行细分，并勾勒出细分市场的轮廓；在第二个阶段，评估每个细分市场的吸引力，并选择要进入的一个或多个目标细分市场；在第三个阶段，为每个目标细分市场确定可能的定位概念，并选择发展和沟通所选择的定位概念，即根据目标顾客对产品某些属性的重视程度、市场竞争情况及企业自身情况，塑造出本企业产品与众不同的鲜明个性或形象，并传递给目标顾客，使该产品在细分市场上占有强有力的竞争位置。

其中市场细分是战略营销活动的基础，也是制定营销战略的关键所在。进行市场细分后，要对所分市场进行有效的评价，并选择目标市场。在完成这两项基础性的步骤之后，更为重要的一个环节便是定位。无论在国外还是国内，无论是小公司还是著名的大公司，成也定位，败也定位。

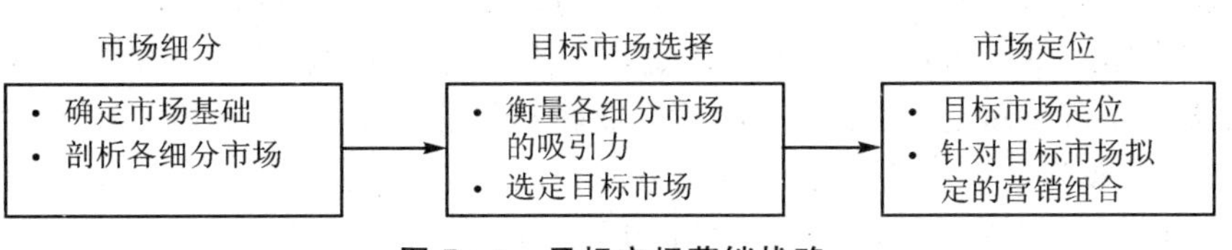

图 7-1　目标市场营销战略

7.1 市场细分

7.1.1 市场细分的产生与发展

从企业营销的角度看,一种产品的市场也就是这种产品的全体买主,他们是由成千上万的消费者或用户构成的。但是,这些买主对一种产品及相关的市场营销组合的各个方面的具体要求往往并不完全相同,甚至存在着很大的差异。然而,任何一个企业,即使规模很大的企业也难以满足一种产品全体买主互有差异的各种要求。因此,企业要根据自己的生产经营能力,进一步明确选择企业为之服务的目标市场。市场细分则是企业选择目标市场实行目标市场营销的前提和基础,同时也是企业进入市场的有效途径和策略。

市场细分是20世纪50年代中期西方市场营销学家在总结了企业市场营销实践经验的基础上提出来的,是战后以来企业营销战略思想的一个重要发展。20世纪以来,西方经济发达国家的企业在进入市场的途径和市场营销方式上发生了很大的变化,大体经过了3个发展阶段。

1. 大量市场营销阶段

西方经济发达国家在工业化初期,由于物资短缺、商品供不应求、卖方市场居于统治地位,所以生产观念在企业中甚为流行。与此相适应,企业普遍实行了大量市场营销方式,即企业大量生产某种产品,并通过众多的渠道进行推销,试图以这种产品来吸引市场上的众多购买者。企业采取这种营销方式,目的在于大大降低成本和价格,以便创造巨大的潜在市场,获取最多的利润。

2. 产品差异市场营销阶段

20世纪20年代之后,随着科学技术的进步、科学管理和大规模生产的推广,在西方经济发达国家,商品产量迅速增加,逐渐出现了供过于求的现象,卖方市场开始向买方市场过渡。企业间的竞争日趋激烈,引致了产品销售困难、价格跌落、利润下降,从而对企业构成了很大的威胁。这时,由于同一行业中的各企业生产经营的产品大体相同,因此谁都难以有效地控制产品的销售和价格。这种情况促使一些企业逐渐认识到了产品差异的潜在价值,并开始实行产品差异市场营销方式,即企业以现有产品为基础进行改型变异,推出多种外观、式样、型号和质量的产品,或千方百计地使自己的产品与竞争者的产品保持一定的差异性,以此来吸引顾客,争取在市场竞争中取得主动权。但是,这种对产品的改型变异以及追求产品的差异性,往往并不是从特定购买者群的需要出发进行的,只是企业提供有特色的产品供购买者选择,因而带有较大的主观性和盲目性。

3. 目标市场营销阶段

第二次世界大战后,随着经济的发展,西方经济发达国家的市场形态发生了很大的变化,买方市场逐渐占据了主导地位;随着收入水平和生活水平的提高,人们的消费需求日趋多样化而且变化加快。在这一新的形势之下,一些企业在市场营销观念的指导下开始实行了目标市场营销方式,即企业将某一产品的整体市场划分为若干个购买者群或市场部分,然后选择其中一个或多个市场部分为目标市场,有针对性地开发适销对路的产品,发展相应的市场营销组合,以此来适应和满足目标市场的需要,实现企业的任务和目标。目前,目标市场营销方式已为企业普遍采用。

以上情况表明，企业要选择目标市场，实行目标市场营销，有效地进入市场，就要实行市场细分。市场细分是现代市场营销学中的一个重要的概念和方法。

7.1.2　市场细分的概念和作用

1. 市场细分的含义

市场细分指营销者依据消费者的需要、偏好、购买行为、购买习惯等方面的差异性，将某一产品的整体市场划分为若干个具有不同需求倾向的消费者群的市场分类过程。其中，每一个从整体市场中划分出来的消费者群就是一个细分市场（也称为子市场、亚市场、分市场或市场部分）。

对市场细分的概念，需要注意以下几点：

(1) 不同消费者群的不同需要、欲望与购买行为是由一系列具体因素引起的，因此企业在实施市场细分时，就应以影响消费者需要、欲望与购买行为的有关因素为基本线索和依据进行。影响消费者需要、欲望与购买行为的因素虽然很多，这些因素多集中在几个侧面，处在不同的层级上。因而在实际开展市场细分时，为了使这一工作能够有效进行，人们通常总是着重于从少数几个主要方面和适当的层次上展开。

(2) 一个细分市场是一个由若干独立的消费者构成的群体，分属于同一细分市场的消费者具有相近的需求倾向，分属于不同细分市场的消费者则在需求倾向上存在着明显的差异性。当然，这并不是说各个不同的市场部分在消费需求上毫无共同之处。但是，各个不同的市场部分在消费需求上必须存在着明显的不同点。

(3) 不同的细分市场在需求倾向上的差异性，不仅可以表现在对产品的要求上，而且可以表现在对市场营销组合其他构成因素的要求上，甚至综合表现在对企业整个市场营销组合要求的异同上。因此，企业在选择某一细分市场为目标市场之后，需要注意从整体营销活动和整个营销组合的角度与其保持适应性。

(4) 市场细分不是简单分解，而是一个分类组合过程。市场细分，从某种意义上可以说是企业从更具体的角度寻找和选择市场机会，以使企业能够将具有特定需要的顾客群与企业的营销组合对策有机地衔接起来。

2. 市场细分的理论基础

市场细分的客观基础是对同一产品的消费需求具有多样性。从需求的角度进行考察，各种社会产品的市场可以分为 3 大类：

(1) 同质市场

凡是消费者或用户对某一产品的需要与欲望及对企业市场营销组合策略的反应等方面具有基本相同或极为相似的一致性，这种产品的市场就是同质市场。不过，只有极少数产品的市场属于同质市场。从一般意义上讲，同质市场无须细分。

(2) 异质市场

凡是消费者或用户对某一产品的需要与欲望及对企业市场营销组合策略的反应等方面存在着差异性，这种产品的市场就是异质市场。从实际情况看，绝大多数社会产品的市场都属于异质市场。市场细分其实就是把一个异质市场划分为若干个相对来说是同质市场的分类组合过程。

(3) 集群市场

凡是消费者或用户对某一产品的需要与欲望及对企业市场营销组合策略的反应等方面存在着较为密集的差异性,这种产品的市场就是集群市场。这些密集群体形成了自然的细分市场。

3. 市场细分的作用

(1) 有利于企业发现最好的市场机会,适当地选择目标市场

通过市场细分,企业可以深入了解各个消费者的需求及其满足的程度,掌握各个细分市场上企业间竞争的情况,从而发现对自己有利的市场机会,确定宜于自身发展的目标市场,并通过制定有效的营销措施迅速地进入市场,取得较大的机会效益。

(2) 有利于企业提高竞争能力和应变能力,取得较好的经济效益

通过市场细分,企业易于清楚地了解各个细分市场上的各个竞争对手的优势和弱点,从而可以避实就虚、扬长避短地选择目标市场,进行市场定位,增强自己的竞争能力;企业实际市场细分,面向特定的消费者群有针对性地开展营销活动,市场信息反馈较快,有利于根据市场需求及竞争等方面情况的变化及时地调整自己的营销对策,提高应变能力;在激烈的市场竞争中,若单纯以价格为竞争的手段,这对企业极为不利,如果企业通过市场细分选择有利的市场机会为目标市场,向市场提供别人没有或不愿、不能提供的产品,就能创造出一个局部的卖方市场,从而避免单纯用价格进行竞争所带来的不利影响;通过市场细分,选择少数最好的市场部分为自己的目标市场,企业可以集中人力、物力、财力等资源生产经营适销对路的产品,从而避免分散使用力量,提高经营效率和经济效益。

【小链接7-1】①

2015年,110周岁的中国电影交上了一份亮丽耀眼的成绩单。

这一年,面对竞争压力增大和全球电影市场疲软的局面,中国电影发展呈现可喜局面,创作活力在增长,作品水平在提高,开创了一派"这边独好"的美丽风光。

据统计,截至目前,全国电影票房440.69亿元,同比增长48.7%;观影人次达到12.6亿,同比增长51.08%;国产片票房271.36亿元,同比增长68%,创造了历年最好成绩。

在令世界瞩目的数字背后,是优秀的作品撑起了中国影市火热的局面。

"好作品永远是衡量电影的唯一标准。"国家新闻出版广电总局电影局负责人说。回眸2015年,一部部国产佳作催生出动人的"中国故事"。面对来势汹汹的好莱坞大片,国产电影以超过68%的市场份额,捍卫了中国电影的尊严,多品种、多类型、多样化创作硕果累累。

从跨年上映的《智取威虎山》到春节档的《狼图腾》,从淡季不淡的《战狼》到旺季更旺的《捉妖记》《西游记之大圣归来》《破风》《滚蛋吧!肿瘤君》,从火爆国庆档的《解救吾先生》到引燃贺岁档的《寻龙诀》《老炮儿》……其中,既有发挥本土优势、走差异化路线的中小制作影片,也有彰显工业实力、强化技术攻关的"中国式大片",都体现出更强的文化自信,提振了观众对国产电影的信心,巩固了国产影片在电影市场的主导地位。

尤可称道的是,面对席卷全球电影市场的好莱坞,中国电影在"与狼共舞"20年后,开始涌现"叫好又叫座"现象,步入量质齐增的新阶段。

① 资料来源:史竞男.长风破浪会有时—2015年中国电影回眸.经济日报,2016-1-11(综合版)

据统计,截至去年 12 月 31 日,在 47 部票房过亿的国产影片中,60 后导演作品 10 部、70 后 19 部,80 后 9 部,其中处女作 13 部。新生代电影人作品,已占据中国电影市场的主体地位——《捉妖记》不仅大范围地运用数码特效,而且创造性地将中国传统文化元素与流行趣味相嫁接;《解救吾先生》打造出独具中国特色的公安题材电影新类型;《寻龙诀》标志中国视觉特效大片的出现……众多青年导演通过鲜明的特色形成自我品牌,得到观众的认可与市场的期待。

今天,大量拥有丰富实践经验、洞悉市场细分需求、具备灵活互联网思维的跨界人员涌入电影领域,使得电影创作呈现出兼收并蓄、海纳百川的新气象。一大批优秀青年电影人才相继脱颖而出,新导演、新编剧、新演员、新制片人、新的技术专家逐步挑起电影创作生产的重担,为中国电影的未来发展积累下可贵的人才资源。

(3) 有利于满足千差万别、不断变化的消费需要

在众多企业实行市场细分化策略的情况下,尚未满足的社会消费需要就会逐一被不同的企业选为自己的市场机会和目标市场。随着新产品的不断出现,同类产品花色品种的日益丰富,消费者或用户的各种不同需要就会较好地得到满足,人们的生活水平和生活质量就会得到不断提高,社会经济就会得到不断发展。

7.1.3　市场细分的形式和方法

1. 市场细分的基本形式

从消费者市场来看,影响需要倾向的因素归纳起来主要有地理环境、人口统计、消费心理、消费行为、消费受益这样几个方面。以这些方面的因素为依据细分市场,就形成了地理细分、人口细分、心理细分和行为细分 4 种基本形式。

(1) 地理细分

地理细分,就是按照消费者所处的地理位置、自然环境来细分市场,具体的细分变量包括地区、城市、乡村、城市规模、人口密度、气候带、地形地貌等。处于不同地理位置的消费者对同一类产品的需求特征往往有较大区别,对企业营销组合的反应也大不相同。麦当劳是全球最大的汉堡包连锁店,致力于在不同地区提供本地化餐单。例如,它在印度就提供以辣薯饼、洋葱、番茄和“一种特制蔬菜酱料”制成的汉堡包“McAloo Tikki”。

(2) 人口细分

人口细分,就是按照人口统计因素来细分市场,具体的细分变量包括年龄、性别、职业、收入、教育、家庭人口、家庭生命周期、国籍、民族、宗教、社会阶层等。例如,针对不同的性别特征推出的主题书店;针对不同的收入阶层推出的不同的金融服务产品。

(3) 心理细分

心理细分,就是按照消费者的心理特性来细分市场,具体的细分变量包括生活方式、性格特征、价值取向、购买动机等。通过按消费者心理因素细分市场,不仅可以使经营者了解哪些市场是本企业的目标市场,而且还可以了解到顾客购买本企业产品的心理原因,企业便可从顾客的需求入手,从而更好地占领市场。

【小链接7-2】①

细分市场成为运动用品业的增长点。阿迪达斯宣布本月底在成都将开设两家女子专卖店,10月,公司在京开设了第一家女子专卖店。阿迪达斯表示,将于2015年在中国开设更多该新型专卖店。在此之前,美津浓、亚瑟士、新百伦都凭借其在跑步这个细分市场在国内站稳了脚跟。

这一全新的店铺模式试图抢占女性市场,也意味着阿迪达斯零售模式逐渐细分化。事实上,在其开设女子专卖店之前,北京商报记者发现,阿迪达斯位于王府井北京apm的鞋类专卖店也悄然开始运营。

自去年开展女子产品市场营销活动以来,阿迪达斯的女子产品业务有了大幅增加,销售增长保持两位数,高于整个大中华区。今年前三季度,公司大中华区销售收入同比增长10%。阿迪达斯集团大中华区董事总经理高嘉礼表示:"女子产品一直都是我们在华业务中增长速度最快的品类之一。目前,女性开始热衷于健身和运动,因此她们都在寻找能最大限度提高运动表现的装备,而我们的创新技术和多样化的产品系列,能够更好地满足女性运动人士的需求,这是其他品牌不能比拟的。"

看重女性运动市场的并不只是阿迪达斯一家。11月29日,中国首家耐克女子体验店在上海开业,除了近百款产品,还有众多服务项目,如"Nike+运动步态分析系统"、裤长微调服务、贴心的运动内衣选购体验、训练课程等。与之类似的是亚瑟士和美津浓的跑步概念店,除了有各个等级的跑步鞋及相关产品,还提供脚型测量、跑步知识讲座等,在业内人士看来,运动专卖店除了将产品集中展示外,更重要的是将某个属性的群体聚集起来,在这一过程中,服务是比产品更重要的内容。

心理因素细分比较复杂,而且多属于动态的,本部分仅讨论生活方式和性格特征两个细分变量,以进一步说明心理细分的作用和意义。

① 生活方式

生活方式指一个人或集团对于消费、工作和娱乐活动的特定习惯和倾向性方式。人们追求的生活方式不同,因而对产品的需求也不同。把追求某种生活方式的消费者群作为企业的经营目标市场,专项设计符合这些消费者需求的产品,对提高企业经济效益极为重要。一般生活方式与消费者的社会经济地位、文化程度等关系较密切。生活方式往往还与年龄、性别、居住地区及平时生活习惯等密切相关。通过按消费者生活方式细分市场,不仅可以使经营者较为充分地了解消费者信息,往往还可以有效地帮助经营者预测市场需求变化的趋势。

② 性格特征

性格是决定一个人生活方式的基础性因素,也是影响消费者购买动机的主要因素之一。例如,在研究性格与旅游需求关系模式中,较有代表性的是斯坦得·帕洛格的旅游者心理类型模式。此模式把性格特征划分为5种类型,即自我中心型、近自我中心型、中间型、近多中心型、多中心型。目的地开发的不同阶段对不同性格特征的团体产生吸引力。例如,作为一个新的奇特的旅游目的地时,吸引的是"多中心型"的旅游者。这些人是旅游市场的创新者,他们非

① 资料来源:邵蓝洁.开女性店,体育品牌角力细分市场.北京商报,2014-12-2.

常自信，酷爱旅游，喜欢新奇，好冒险，不愿随大流，追求游人少而独特的目的地，追求新感受。作为一个鼎盛时期的目的地时，吸引的是"中间型"性格特征的旅游者。这类旅游者不愿过多的冒险，但也不惧怕新的体验，只要能保证安全而不特别难以忍受即可。

(4) 行为细分

行为细分，就是根据消费者的消费或购买行为来细分市场，具体的细分变量包括消费者进入市场的程度、消费者所处购买过程的阶段、购买或使用产品的时机与方式、消费的数量规模、对品牌的忠诚程度、对产品的利益诉求等。

按消费者消费水平、购买频率及对品牌的信赖程度细分市场，就是要寻找那些忠诚于本企业产品、高消费并且购买频率和规模程度很高的顾客为本企业的目标市场。

采用消费者追求的利益作为细分市场标准的企业，企业的市场调研和产品研究工作必须与经营工作、产品和服务工作密切地联系起来，做到有的放矢。

以上对细分消费者市场的基本形式分别做了简要的介绍，但这并不意味着企业在细分市场时只能一一地单独使用它们。一般来说，对需求差异小的产品市场可以使用较少的因素和变量进行细分，对需求差异大的产品市场则需要使用较多的因素和变量进行细分，对某些产品的整体市场还要运用多种因素和变量逐级、逐层进行细分，这样才能从中筛选出适当的细分市场。

相对于消费者市场，组织市场尽管具有客户数量少、购买数额大、客户需求复杂等特点，组织市场本身的特点决定了对其进行细分的依据，主要是用户特点、经营特点、购买方式、形势因素、用户要求、用户规模和用户地点等方面。

2. 市场细分的基本方法

(1) 单一因素法

单一因素法，即企业仅依据影响需求倾向的某一个因素或变量对一产品的整体市场进行细分。该方法适用于市场对一产品需求的差异性主要是由单一因素或变量影响所致的情况。

(2) 多因素法

多因素法，即企业依据影响需求倾向的两个以上的因素或变量对一产品的整体市场进行综合细分。该方法适用于市场对一产品需求的差异性是由多个因素或变量综合影响所致的情况。

(3) 系列因素法

系列因素法，即企业依据影响需求倾向的多种因素或变量对一产品的整体市场由大到小、由粗到细地进行系统性的逐级细分。该方法适用于影响需求的因素或变量较多，企业需要逐层逐级辨析并寻找适宜的市场部分的情况。

企业在进行市场细分时，能否视具体情况和实际需要使用适当的因素、变量及方法，直接影响着市场细分工作的质量和效率，因此市场营销人员在对市场实施细分之前，必须对有关问题进行认真的考虑。

7.1.4　市场细分的程序

市场细分作为一个过程，一般要经过下列步骤：

1. 明确研究对象

企业首先要根据战略计划规定的任务、目标及选定的市场机会等决定将要分析的产品市场，进而确定是将这一产品的整体市场还是从中划分出来的局部市场作为细分和考察的对象。

2. 选择市场细分的方法、形式和具体变量

企业首先根据实际需要拟定采用哪一种市场细分的方法;而后要选择市场细分的形式,即决定从哪个或哪些方面对市场行细分;最后还要确定具体的细分变量,将其作为有关的细分形式的基本分析单位。

3. 组织调查

企业对将要细分的市场进行调查,以便取得与已选细分方法、细分形式及细分变量有关的数据和必要的资料。

4. 实施细分并进行分析评价

企业首先要沿着"市场需求—产品—消费者"的思路对市场进行细分,进而对各个细分市场的规模、竞争状况及变化趋势等方面加以分析、测量和评价。

5. 选择细分市场并确定目标市场

企业在前述工作的基础上,综合考虑各相关因素,选择适当的细分市场为目标市场,以便进一步进行市场定位,制定市场营销组合方案。

7.1.5 市场细分的原则

企业在依据上述程序对市场进行细分时,为了确保市场细分的实用性和有效性,所选择市场应具备一定的条件。

1. 可进入性

可进入性,指细分出的市场要能使产品有条件进入并占有一定市场份额,即企业将要细分的市场就是企业的营销活动能够通达的市场,市场细分的目的是为了找出可进入并能够占领某市场的机会。例如,市场的调查结果表明该细分市场竞争十分激烈,或虽然竞争不太激烈但本企业不具备占领该细分市场的能力和条件,一般来说这种细分是无效的。

2. 可测量性

可测量性,指通过市场细分后的各细分市场均需具有明显的差异性,对每一细分市场的规模、购买力等均可以做出明确的估计,从质和量两个方面为制定营销决策提供可靠依据,即企业应恰当地选择市场细分的变量,依有关变量细分出的各个市场部分要有易于识别的顾客群,市场范围比较清晰,能够较好地测量出各个市场部分的购买力及市场规模的大小,否则细分出的各个市场部分将因无法界定和度量而难以描述,这也会使市场细分失去实际价值。因此,确定划分市场特性时,必须考虑其可测量性。

3. 可盈利性

可盈利性,指细分市场的容量能够保证企业从中获得足够的经济效益。它一方面要求细分市场具有一定规模和稳定性,有足够的潜在购买者和有效的需求量,即他们有充足的货币支付能力,使企业能补偿成本,并获得利润,否则企业将难以靠其实现必要的利润量;另一方面还要求该细分市场应具有一定的销售潜力,企业不仅在短期内可以盈利,而且通过努力可以扩大市场,使其保持长久效益。

【小链接 7-3】[①]

2016 年 8 月 31 日，百盛集团重庆万象门店在当天营业结束后将宣布关闭。今年上半年百盛已关闭西安东大街和重庆大坪店两家门店。

衰退的百货业态

曾被誉为"外资第一店"的百盛集团，如今的"小目标"是减少亏损。2015 年百盛集团销售额 180.998 亿元，同比下降 6.9%；同店销售下降 8%；实现经营总收益 47.39 亿元，同比下降 5.5%；商品毛利率为 16.8%，下降 0.7%；2015 年经营亏损 9450 万元，整体亏损 1.83 亿元，同比下降 174.3%。

对于连续两年亏损，百盛表示主要由中国内地消费意欲疲弱所致。宏观层面，消费环境疲软也已有体现。

国家统计局网站显示，7 月份，社会消费品零售总额 26827 亿元，同比名义增长 10.2%（扣除价格因素实际增长 9.8%，以下除特殊说明外均为名义增长）。其中，限额以上单位消费品零售额 11806 亿元，增长 7.3%。

与此同时，网上消费增长速度却极为迅猛。2016 年 1～7 月份，全国网上零售额 26268 亿元，同比增长 27.5%。其中，实物商品网上零售额 21239 亿元，增长 26.1%，占社会消费品零售总额的比重为 11.6%；在实物商品网上零售额中，吃、穿和用类商品分别增长 30.8%、17.3%和 29.4%。

朱友军表示，"2015 年之后，大家发现整个商业地产在市场的空置率非常严重，很多购物中心都开不出来。"

朱友军称，"越是到下一级的城市，商业地产空置率越严重。比如，温州的商业项目很难做。这些城市家庭常年的状态是，家里只有一对老人和一条狗。而主力消费人群只有到过节才会回来。"

品牌迭代加快

百货业衰退的另一面是零售品牌的衰退。

以快时尚品牌为例。经过最初几年的迅速扩张期，这类品牌为市场带来的新鲜感已经在慢慢弱化。优衣库百大新天地店是优衣库在昆明布局的首家门店，该店于 2012 年 4 月 28 日开业。2016 年 8 月上旬，优衣库官网打出了"百大新天地店（临时闭店，敬请期待）"字样。各大快时尚品牌 2016 年在华开店计划也在集体放缓。优衣库计划在华开店数不到百家；Zara 依旧延续去年开店战略，在华开店增长速度在 6%～8%，低于前几年 10%的指标。有超 3 成快时尚品牌选择了保持个位数店铺增长速度。

受零售业态衰退影响，线上线下的内容开始发生较大调整。朱友军表示，"目前专业类、标准化类，如电器、超市开始快速向线上迁移。而体验类业态，如餐饮、休闲娱乐、儿童、体育等在购物中心内增加。"

商业地产品牌的迭代率也在加快。据汉博研究院数据显示，目前商业地产主流品牌约计 38 万个，连锁品牌达 8 万个。每年会出现 1.6 万个新兴品牌，以健康、儿童、娱乐、文创为主。

---

① 资料来源：王营. 百货衰退之困：体验类细分业态迅速成长. 21 世纪经济报道，2016-8-31.

朱友军表示,“这些新兴品牌在他们的大品类领域里迭代率超过50%。现在消费最大的趋势是以80、90后为主力。他们有几个特点:敢于冒险、喜欢消费,更喜欢场景、喜欢体验。所以,服务类、体验类等品牌会快速涌现。可以看到细分领域在快速增长并往购物中心迁移,如在健身会所里有体能训练、运动康复、餐饮、跑步服务;医美品牌有口腔、体检中心、中医调理等。”

4. 易反应性

易反应性,指细分出来的各个市场部分起码应对企业市场营销组合诸因素中的一个方面具有十分明显的不同反应,否则各细分市场就不能成立,企业也就没有必要针对各个市场部分分别制定不同的市场营销组合方案。

7.2 选择目标市场

公司的营销不可能取悦每一个人。公司的营销经理要确定自己的目标市场,并只为自己定义的目标市场中的客户提供合适的服务。

7.2.1 确定目标市场

目标市场,就是企业决定要进入的市场部分,即企业拟投其所好为之服务的群体。企业的整个营销活动都是围绕其目标市场进行的,因此正确地选择目标市场,明确企业具体的服务对象,关系着企业任务和目标的落实,是企业制定营销战略的首要内容和基本出发点。

市场细分是企业选择和确定目标市场的前提和基础,但这并不是说在任何情况下企业选择和确定目标市场之前都要实行市场细分策略。

企业确定目标市场的方式有两种:

① 在一种产品的整体市场为同质市场或企业认为可以将其视为同质市场时,企业无须进行市场细分,可以将该产品的整体市场作为自己的目标市场。

② 在一种产品的整体市场为异质市场时,企业通常要先进行市场细分,然后再选择其中的一个或数个细分市场作为自己的目标市场。

企业在以市场细分为基础选择目标市场时,可以借助“产品-市场矩阵图”进行。企业在对各个市场部分进行认真的分析评价后,便可以根据战略计划的要求、自身的生产经营条件、市场销售潜量、市场竞争状况及其他有关因素,选择和确定本企业要进入的细分市场。

7.2.2 评价细分市场

一般而言,企业考虑进入的目标市场应符合以下标准或条件:

1. 有一定的规模和发展潜力

企业进入某一市场是期望能够有利可图,如果市场规模狭小或者趋于萎缩状态,企业进入后难以获得发展,此时,企业应审慎考虑,不宜轻易进入。当然,过度竞争的细分市场也是需要慎重考虑的。

【小链接 7－4】[①]

餐饮前端外卖市场目前已是一片红海，美团外卖、饿了么、百度外卖等加大烧钱力度，积极抢占市场份额。要想再以平台思路切入外卖市场在各方面已经难占优势，于是不少餐饮 O2O 项目开始从更细化的垂直方向切入。

目前，尽管餐饮垂直 O2O 品牌众多，但真正做出自己的特色，占据一定的市场份额的品牌却并不多，所以餐饮 O2O 细分化市场可施展的空间很大。鹏德创投副总裁胡浪涛认为，在一些细分领域，比如特色餐饮或生鲜半成品等细分领域，由于还没有跑出大公司，对于风投和创业者而言，还有机会。

但有业内人士称，尽管目前餐饮垂直 O2O 项目面对的市场很广阔，且没有一个完全强大的竞争对手存在，但由于目前不少成长起来的餐饮垂直 O2O 品牌根基不稳又急于求成，且不少创业者所选择的领域运作难度大、行业壁垒低，导致不少项目中途夭折。“很多餐饮 O2O 品牌很难拿到 C 轮融资。”这位业内人士称，产品同质化、线下资源不足、资金链短缺等都是餐饮 O2O 品牌发展过程中所面临的重要问题，目前真正脱颖而出的餐饮 O2O 项目并不多。

2. 细分市场结构具有吸引力

细分市场可能具备理想的规模和发展特征，然而从赢利的观点来看，它未必有吸引力。波特的研究表明有 5 种力量决定整个市场或其中任何一个细分市场的长期的内在吸引力。这 5 个群体是同行业竞争者、潜在的新参加的竞争者、替代产品、购买者和供应商。

3. 符合企业目标和能力

某些细分市场虽然有较大吸引力，但不能推动企业实现发展的主要目标，并分散企业精力，这样的细分市场应考虑放弃。另外，企业的资源条件是否适合在某一细分市场经营也是重要的考虑因素，应选择企业有条件进入、能充分发挥其资源优势的细分市场作为目标市场，企业才会立于不败之地。

7.2.3　目标市场选择模式

选定最符合公司营销策略的一个（几个）细分市场作为公司的目标市场。选择公司的目标市场通常有 5 种市场覆盖模式，如图 7－2 所示。

1. 市场集中化

这种模式是指企业决定只生产一种类型的标准化产品，并且主要用于满足某产品整体市场中的某一个顾客群的一种特定的需要。较小的企业通常采用这种策略。

2. 选择专业化

这种模式是指企业决定有选择地同时进入某产品整体市场的几个不同的市场部分，并有针对性地向各个不同的顾客群提供不同类型的产品，以满足其特定的需要。这一般是生产经营能力较强的企业在几个市场部分均有较大吸引力时所采取的决策。

3. 市场专业化

这种模式是指企业决定生产多种不同类型的产品，并且主要用于满足其产品整体市场中

① 资料来源：贺陈慧，程诚. 餐饮 O2O：创业大军混战细分市场. 北京商报：美食周刊，2015－7－8.

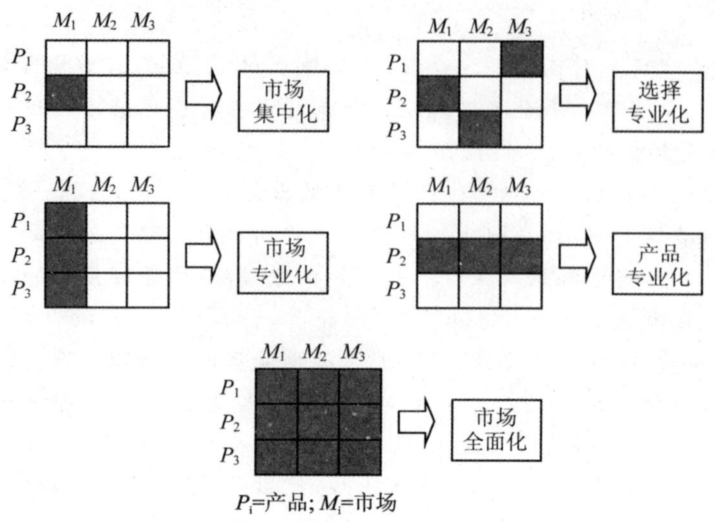

图 7-2 目标市场范围选择模式

的某一个顾客群多种特定的需要。这通常是经营能力较强的企业试图在某一细分市场上取得较好的适应性和较大的优势地位而采取的做法。

4. 产品专业化

这种模式是指企业决定生产一种类型的系列产品,并将其供应给某产品整体市场的各个顾客群,满足其对一种类型产品的各不相同的需要。在实践中,这种策略往往是实施市场集中化策略的企业实行产品开发、市场开发策略后形成的结果。

5. 市场全面化

这种模式是指企业决定全方位地进入某一产品整体市场的各个市场部分,并有针对性地向各个不同的顾客群提供不同类型的系列产品,以满足某一产品整体市场各个市场部分的各种各样的需要。这主要是大企业为在一种产品的整体市场上取得领导地位而采取的做法,它往往是第三或第四种模式演化的结果。

在运用上述模式时,企业一般是先进入最有吸引力且最有条件进入的市场部分,只是在机会和条件成熟时才酌情有计划地进入其他市场部分,逐步扩大目标市场范围。

7.2.4 目标市场营销战略

目标市场是企业营销活动所要满足的市场需求,是企业决定要进入的市场,或指目标顾客,也就是企业要为之提供产品和服务的顾客群。实行目标市场营销方式的企业,在市场细分、选择目标市场之后还要确定目标市场营销战略,即企业针对选定的目标市场确定有效地开展市场营销活动的基本方针。

企业确定目标市场的方式不同,选择的目标市场范围不同,其营销战略也就不一样。可供企业选择的目标市场营销战略主要有以下几种(见图 7-3),即无差异性目标市场营销战略、差异性目标市场营销战略和集中性目标市场营销战略。

1. 无差异性目标市场营销战略

无差异性目标市场营销战略又称整体化目标市场营销战略,指企业以市场整体为服务对

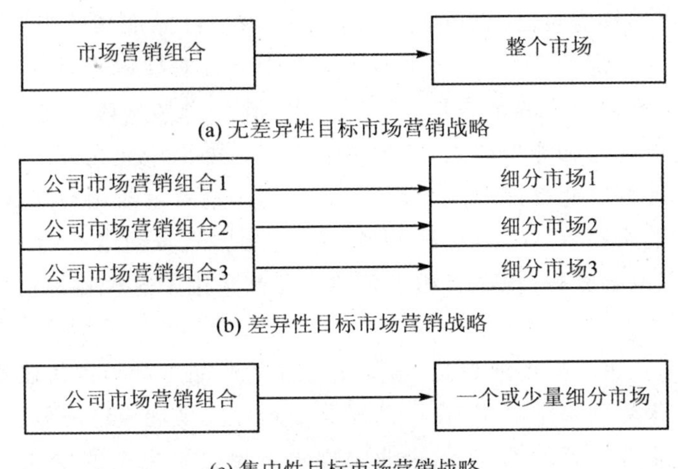

图 7-3　3 种可供企业选择的目标市场营销战略

象，采用单一的市场营销组合满足整个市场需求。当企业面对的是同质市场或同质性较强的异质市场时，便可以采用这一战略开展市场营销活动。从实际情况看，这一策略对拥有广泛需求，能够大量生产、大量销售的产品基本上都是适用的。因此，不仅是同质市场，即便是异质市场(现实或潜在的)，只要具备上述条件，实行这种战略也基本上是合理的。

这种战略的特点是企业不进行市场细分，将某一产品的整体市场作为自己的一个大的目标市场。营销活动只注意市场需求的共同点，而不顾及其存在着的差异性。企业只推出一种类型的标准化产品，设计和运用一种市场营销组合方案，试图以此吸引尽可能多的购买者，为整个市场服务。

需要指出的是，在某一产品的整体市场上常常会有若干个实行无差异性营销战略的相互竞争的企业，他们为了使自己的产品能够在市场上树立起特定的形象，取得竞争优势，扩大产品销售，往往在实行该种营销战略的同时实施产品差异化战略，力求使自己的产品与竞争者的产品有所区别，但这并不意味他们的目标市场不同，也不表明他们从根本上改变了实施的目标市场营销战略。

无差异性目标市场营销战略的优点是能够在消费者或用户的心目中树立起“超级产品”的形象。由于无差异的广告宣传、少搞市场细分而减少市场调研、产品开发和制定多种市场营销组合方案等所要耗费的人力、物力和财力资源，具有显著的经济性。因此，有利于简化分销渠道，形成规模效益。无差异性目标市场营销战略的最大的缺点是现代社会经济条件下这种战略的适用范围越来越小。不少过去长期实行无差异性目标市场营销战略的企业，都随着环境的变化转而采用了其他的目标市场营销战略。

2. 差异性目标市场营销战略

差异性目标市场营销战略又称为细分化市场战略，指在细分市场的基础上，企业针对不同细分市场的需求，设计不同的产品，采取不同的营销组合手段，分别满足各类消费者需求的市场营销战略。也就是说，企业把整体市场划分为若干细分市场，并针对这些细分市场分别开展市场营销活动。这是企业面对异质市场时可以选择的一种目标市场营销战略。

这种战略的特点是：企业在对异质市场进行细分的基础上，从某一产品的整体市场中选择多个乃至全部细分市场作为自己的目标市场,并根据每个目标市场的需要分别制定相应的市场营销组合方案,提供特定的产品,在多个市场部分上有针对性地开展营销活动。

差异性目标市场营销战略的优点是:可以较好地满足产品整体市场中不同消费者的不同需要,提高企业的适应能力和竞争能力,扩大产品销售。如果企业在数个细分市场上都取得了较好的营销效果,就能树立起良好的企业形象,大大提高消费者或用户对该企业及其产品的信赖程度、接受速度和购买频率,从而形成较大的优势。此外,营销组合的多样化可以有效降低企业经营风险。鉴于以上原因,现在有相当多的企业都采用了这种目标市场营销战略,并取得了成功。

差异性目标市场营销战略的缺点是:增加了企业的产品生产与销售成本。产品品种多,针对性较强,大批量销售受到一定限制,在产品经营中难以实现规模经济效益。投资大,品种多,经营范围广,增加了企业管理的难度,给企业管理水平提出了更高的要求。此外,受到企业资源能力的限制,因此实行该战略的多为资源雄厚、物质技术力量强、专业人才较多、经营管理基础好的大企业。

【小链接7-5】[①]

原则一:消费者最关心的

产品所提炼出的卖点一定是消费者最为关心和关注的那个点,而且那个点恰恰也是解决消费者痛点的唯一关键点。无论产品有多少个亮点,如果消费者不感兴趣,不关注,或者说对消费者解决痛点没有直接帮助,也是无济于事,亮点终究没有办法变成卖点。就保健品行业的补钙产品而言,钙的吸收率问题就是消费者最为关注的因素,因为钙的吸收率直接影响着消费者的补钙效果,吸收率越高,补钙效果就越好;反之,吸收率越低,补钙效果就越差。因此,解决钙吸收率低的问题,就是消费者急需解决的核心痛点,所以在保健品市场上,我看到有关钙产品的广告,多以易吸收作为产品的主打卖点。

原则二:自身产品具有的

消费者关心和关注的那个点,必须是自身产品实实在在具有的点,而这个点又必须具有真真切切的支撑点,而不是弄虚作假,诉求与实际不符,欺骗消费者。还拿钙产品说事儿,我们知道,钙产品的吸收性能是消费者最为关注的点,那么产品如果以吸收率高作为主打卖点,势必要有证明吸收率高的有力支撑点,比如,“分子小”,并且具体小到多少微米,这就是吸收率高的有力支撑点。

原则三:竞争对手没有或没提过的

所谓差异化卖点,就是指与竞争对手的卖点不同,这种不同可以是你有的点,而你的竞争对手不具有这一点,或者有,但从未提过这一点。那么,为什么要与竞争对手提炼不同的产品卖点呢?

我们知道,心理学当中有句话叫作“先入为主”,应用到市场竞争中就是说,同样的卖点,竞争对手要是先于你喊出,也就先于你完成了市场占位,已经率先在消费者心中建立了深刻烙印,如果这时你再以同样的卖点打入市场,已很难取而代之。

① 资料来源:刘叫板.为产品提炼差异化卖点.销售与市场(管理版),2016,08.

正如当年的乐百氏，之所以能在同质化的纯水大战中脱颖而出，全得益于先于对手提出的“27 层净化”的概念，在消费者心中建立了“值得信赖的纯净水”的印象烙印，不可磨灭，完成了市场占位。但是回头想一下，当时真的是只有乐百氏实现了 27 层净化吗？当然不是，只是它先于对手喊出，先入为主罢了。所以，无论是竞争对手有的还是没有的，只要你有、你先，就可以建立卖点的差异化，赢得消费者芳心。

3. 集中性目标市场营销战略

集中性目标市场营销战略又称密集性目标市场营销战略，指企业在市场细分的基础上，只选择某一个或少量细分市场作为其目标市场，集中企业的人、财、物实行专业化生产和经营的战略。这一战略所追求的不是在整体市场上分散地占有较小份额，而是力图在较小的细分市场上占有较大的市场份额。采用这种战略的多是资源能力有限的中小型企业，它很难在整体市场上与大企业竞争，因而寻求在较小的细分市场上争取拥有较高的市场占有率。这样做，比较容易在这一特定市场上取得有利地位，还可以节省市场营销费用，提高产品与企业知名度，并可能迅速扩大市场，获得较高的经济效益。如美国汽车旅馆主要接待乘小汽车旅游的游客，这种旅馆为汽车游客这一细分市场进行有针对性的服务，市场占有率较高。这也是企业面对异质市场时可以选择的一种目标市场营销战略。

这种战略与前两种战略相比，其特点在于：它不是面向某一产品的整体市场，也不是把力量分散地使用于若干个细分市场，而是集中力量进入一个细分市场或是对该细分市场进一步细分后同时进入其中几个更小的市场部分，为目标市场开发一种理想的产品，实行高度专业化的生产和营销，集中力量为之服务。实行这种战略的企业，希望的不是在某一产品的整体市场或较多的细分市场上拥有较小的份额，而是力求在一个较小或少数几个更小的细分市场上取得较高的甚至支配地位的市场占有率和竞争优势。

集中性目标市场营销战略的优点是：便于深入了解目标市场的需求情况，有针对性地开展营销工作，有利于迅速占领市场并取得优势，提高自己在目标市场上的知名度，从而增加企业营业收入和利润。这种战略主要适用于小企业。小企业受到资源力量的限制，无法在某一产品的整体市场或多个细分市场上与大企业抗衡，但在大企业未予注意或不愿顾及的某个细分市场上全力以赴，可以大大提高取得成功的概率。经营范围针对性强，容易形成产品与经营特色。

集中性目标市场营销战略的缺点是：实行这种战略的企业要承担较大的潜在风险。当市场需求发生较大的变化或遇到强有力的竞争对手侵入时，企业往往会因回旋余地小而陷入困境。因此，采用这种战略的企业必须密切注意目标市场的需求动向及其他营销环境因素的变化，制定适当的应急措施；自身力量一旦有了增强，就要寻找机会，适当地扩大目标市场的范围或实行多角化经营。

以上介绍了可供企业选择的 3 种目标市场营销战略。各有其优缺点，一个企业究竟采取哪一种战略，需要根据具体情况来决定。一个企业在决定采取何种战略时，应全面考虑企业的资源条件、经营管理能力、产品的性质、产品所处的市场生命周期阶段、市场的性质、市场的供求状况和发展趋势、竞争对手的实力及其采取的目标市场营销战略等多方面的主客观条件因素，然后权衡利弊方可做出抉择。此外，企业的目标市场营销战略应保持相对稳定，但随着上

述各种条件和影响因素的变化,企业也应适时地加以必要的调整。

7.2.5 影响目标市场营销战略选择的因素

1. 企业资源或实力

企业资源或实力是指企业的生产能力、技术能力、销售能力和资金条件等。当企业产品属于异质市场时,如果企业规模大,企业管理的软硬件水平较高,资金条件好,生产能力,技术、销售能力较强,可选择差异性目标市场营销战略;若企业资源有限,实力不足,则宜采取集中性目标市场营销战略。

2. 产品的同质性

产品的同质性是指在消费者眼里,不同企业生产的产品的相似程度。对性质相近差异性较小的产品和服务,如水力、电力等宜采用无差异性市场营销战略。若产品差异性很大,消费者的选择性强,如服装、饮食,可根据企业资源状况采用差异性或集中性目标市场营销战略。

3. 市场同质性

市场同质性是指各细分市场顾客需求、购买行为等方面的相似程度。当市场同质性很高时,可采用无差异性目标市场营销战略,也可采用集中性目标市场营销战略,以便集中力量吸引某一特定市场。

4. 产品所处生命周期的不同阶段

如果产品是处于投入期或成长前期的新产品,竞争者较少,品种较单一,企业有可能迅速扩大市场,宜采用无差异性目标市场营销战略,以便探测市场需求和潜在需求。当产品进入成长后期或成熟期时,市场竞争加剧,则宜采用差异性目标市场营销战略或集中性目标市场营销战略,以保持原有市场,扩大销售。当产品进入衰退期时,则一般采用集中性目标市场营销战略,集中力量于最有利的细分市场上,以延长产品生命周期。

5. 竞争者的市场营销战略

竞争者的营销战略以及营销活动的变化,会直接影响到企业的营销。企业一般应选择取能够与竞争者营销战略相抗衡的市场营销战略。

6. 竞争者的数目

如果企业产品在市场上的竞争者很少,并且企业相对于竞争者居于明显的优势地位,消费者或用户的选择性很低,企业可以选择采用无差异性目标市场营销战略;相反,则应选择采取差异性或集中性目标市场营销战略。

三种目标市场营销战略各有其优缺点,一个企业究竟采取哪一种战略,需要根据具体情况来决定。另一方面,企业自身条件和各种市场环境因素都会发生变化,企业不能够一成不变地只使用某一种战略,而应根据企业本身可控因素和环境因素的变化而变化。

7.3 市场定位

7.3.1 市场定位的含义和方式

市场定位又称产品定位或竞争性定位,指企业为自己进入目标市场的产品创立鲜明的特色或个性,从而在潜在消费者或用户中塑造出一定形象。

企业的市场定位,就是企业在综合考虑市场需要、竞争状况、营销环境等有关因素的基础上,结合本企业的任务、目标、经营管理能力等方面的要求与条件,确定本企业与竞争者相比较而在未来市场上所处的位置。

企业的市场定位本质上是一种市场竞争的目标性战略,为了实现企业的市场定位目标就必须采取一系列的营销措施。可供选择的企业市场定位方式有避强定位、迎头定位和重新定位。

1. 避强定位

避强定位即避开强有力的竞争对手的市场定位。这种策略的优点是能迅速在市场上站稳脚跟,并能在消费者心目中树立起一种形象。

2. 迎头定位

迎头定位又称对抗性定位,指与在市场上占据支配地位的最强有力的竞争对手相抗衡的定位方式,即企业选择与现有竞争者相同的市场位置,争夺同样的目标顾客,使用相同的市场营销组合策略,在战略上采取正面交锋的对抗性做法。这种定位有时会产生风险,但企业一旦成功就会取得较大的市场优势。实行这种定位必须知己知彼,充分估计企业的实力,不要试图占绝对优势,只要能和竞争对手平分秋色就是巨大成功。

3. 重新定位

重新定位即对销路少,市场反应差的产品进行二次定位,即企业改变产品特色,改变目标顾客对其原有的印象,使顾客对产品新形象有一个重新认识并认可的过程。

【小链接 7-6】[①]

2014 年 4 月 16 日,天猫总裁王煜磊在接受搜狐 IT 采访时称,今年,阿里巴巴重新给天猫定位,并区分了天猫与淘宝的用户群体。即,天猫是时尚的,面向一二线城市的,而淘宝则是无所不能的。

“天猫的改革进入了深水区,我们认为,天猫今年还要考新用户增长已经不太可能了,不要太去想新市场和增加新份额了,而是要服务好老用户。因此,我们今年重新调整了定位,与淘宝打配合仗。天猫要与品牌商深度合作,拿到独家的资源,而不是把价格压力转嫁给品牌商。”王煜磊称。

王煜磊也坦言,现在在阿里,有个赚钱的老大(淘宝),相对而言天猫的赚钱压力会小一些,这时就需要寻找其他的方法去赚钱。

而天猫的这一调整实际反映了其对过去一段时间定位的反思。在过去一段时间内,天猫是大而全的,主打的是正品,但是近几年来,B2C 上已经全都是正品了,天猫的优势和定位就显得有些模糊。同时,聚美优品、唯品会这样的 B2C 崛起、上市,并和品牌商深度绑定,这也给予了天猫一定的刺激。

① 资料来源:林丰蕾.阿里重新定位天猫:针对一二线城市.搜狐科技.[2014-4-16].http://it.sohu.com/20140416/n398301558.shtml.

7.3.2 市场定位步骤

1. 识别可能的竞争优势

消费者一般都选择那些给他们带来最大价值的产品和服务。因此,赢得和保持顾客的关键是比竞争者更好地理解顾客的需要和购买过程,以及向他们提供更多的价值。具体做法可以是:提供比竞争者较低的价格,或者是提供更多的价值以使较高的价格显得合理。企业可以把自己的市场定位为向目标市场提供优越的价值,赢得竞争优势。

【小链接7-7】①

初次进入英国农场,记者就发现每头成年牛耳朵上都带着一个特殊的"名牌"。询问农场主才得知,"名牌"实际上是每一头牛的"护照"。自20世纪90年代末期疯牛病事件之后,英国食品安全法律规定每头牛从出生就建立档案,档案将详细记录其出生信息、饲养信息以及买卖信息等,根据每头牛的"护照号"就能够对应找到相关的详细信息。

事实上,养牛场的护照系统是全英乃至全欧盟范围内食品溯源体系的一部分。建立食品溯源体系可以保障食品安全、公平贸易和消费者知情权,确保食品安全问题出现后能够迅速将问题产品清除出市场,避免更大的食品安全事故发生。英国从2000年开始在欧盟法律框架下设立了覆盖全国的食品溯源体系。在这一体系中,食品生产和供应链条上所有环节都要有详细记录,政府食品安全检查机构有权随时抽查和调阅相关记录。以肉类产品为例,走进英国的超市或者生鲜店铺,肉类产品价签边上大多会有基本的产品信息介绍,从家畜在农场养殖到出售、宰杀、分装、冷藏、运输和批发与零售各个环节都有详细记录,所有参与企业都必须按照英国食品安全法律强制标识。

根据英国的强制标识计划,这些企业需要记录产品的原产地信息、"护照"档案号、宰杀时间与地点,尤其必须记录的是每一批产品的进出货时间、从何处进货和销往何处。不同的地区和肉类产品会有不同的记录格式,但是其基本原则是每一批肉类成品都能够追溯到特定农场的具体个体家畜、家禽等。

与此同时,英国对上述溯源信息的保存时间长度也有着严格的规定。对于没有特定保质期的产品,一般要求厂商将上述记录信息和交易商业票据保留5年。如相关产品有保质期且保质期超过5年,相关信息和商业票据资料保存时长为保质期加6个月。对于保质期可能少于3个月或者更短时间的易腐农产品,相关资料应该在生产或者运送后保存6个月。

建立这一溯源机制之后,英国食品标准局委托地方政府负责执法检查,地方政府食品安全管理团队对不同企业实行食品安全和信用等级评估,针对高危公司实行高频、不定期检查。同时,食品标准局和地方政府还设立了非常便捷的消费者食品安全投诉渠道,形成了从田间到餐桌的食品安全监管环境。

英国的食品安全监管体系大规模发挥效用是在2013年爆发的"马肉风波"。2013年1月中旬,英国食品安全部门检查发现部分超市出售的牛肉汉堡包中掺杂了马肉和其他肉类,英国和欧盟其他国家立即利用产品溯源机制,从北爱尔兰、波兰等地溯源到罗马尼亚,并通过对罗马尼亚屠宰场的调查确定相关马肉对人体的健康影响。

① 资料来源:蒋华栋. 食品溯源体系成英国农产品竞争优势. 经济日报,2016-7-28.

虽然英国食品标准局推动设立食品溯源体系的初衷是为了避免恶性食品安全事故的发生，但是这一体系的建立同时也提升了英国本土食品产业的安全性。在这一体系中，英国的食品企业一旦出现了食品安全或者有意、无意隐瞒食品真实性问题，不仅面临直接召回产品的高昂成本，同时还将面临严重的信用危机和法律惩罚。

目前，食品溯源体系已成为英国本土农产品与海外农产品竞争的核心优势之一。据英国英佰瑞超市对超过5000名客户的调查显示，绝大多数顾客将产品可溯源视为其购买英国本土农产品的前五大考虑。英国国家农场主联盟2015年调查数据也显示，当前超过53%的民众偏好于英国本土产品的原因是农产品可溯源，产品质量有保证。

差别化优势就是创意设计出易识别的、比竞争者更具吸引力的服务特色及有形特征。差别化是市场定位的根本战略，具体表现在以下4方面：

① 产品差别化。企业可以使自己的产品区别于其他产品。这主要是从产品的物质属性方面看，包括高质量的硬件设施等。

② 服务差别化。除了靠实际产品区别外，企业还可以使其与产品有关的服务不同于其他企业。

③ 人员差别化。企业可通过雇用和训练比竞争对手好的人员取得很强的竞争优势。"在获得竞争优势的方法中，雇佣并培训比竞争者素质更佳的员工也是其中之一。"[①]人员差别化要求企业必须精心挑选工作人员，通过培训和竞争选拔出比竞争者更为优秀的人员，这些人员须有能力、有技能、有知识，礼貌、诚实、谦虚、友好、善于沟通，能准确地理解顾客的意图并对顾客的要求和问题做出敏锐迅速的反应，及时有效地满足顾客的需求。

④ 形象差别化。"即使竞争性产品及服务看上去都一样，顾客对企业及品牌形象也仍然存在着认知上的差别，尤其因为定位的差异化落点并不是企业本身，而是在潜在目标顾客的心中，这种顾客认知上的差异就显得异乎寻常的重要。"[②]企业可以通过品牌标志、象征图案、广告等多种途径来塑造其特有的形象，以便使自己区别于竞争者。同时在表达上还应使所传递的信息简洁而有特色，意在表达企业的主要利益和定位，更有效地吸引住目标消费者，激发顾客的注意与兴趣，并求得顾客的认同。

2. 选择作为定位依据的竞争优势

假定企业已很幸运地发现了若干个潜在的竞争优势，现在，企业必须选择其中几个竞争优势，据以建立起市场定位战略。选择作为定位依据的竞争优势应避免出现下述情况：

① 定位过低，即有些公司发现购买者对产品品牌只有一个模糊的印象，购买者根本没有真正意识到该品牌的独特之处。

② 过高定位，即购买者可能对该产品了解得有限，传递给购买者的公司形象太窄。

③ 混乱定位，即给购买者一个混乱的企业形象。

3. 有效地向目标市场传达选定的市场定位

一旦选择好市场定位，企业就必须采取切实步骤把理想的市场定位传达给目标消费者。企业应积极主动地与目标市场沟通，可以通过广告等宣传手段引起顾客的注意、激发其兴趣，并进而对企业的市场定位产生认同、喜欢和偏爱。同时，通过不断的沟通，向目标市场传递正

---

① 裴蓉. 市场营销学. 北京：民主与建设出版社，2001：86.

② 吴泗宗. 市场营销学. 2版. 北京：清华大学出版社，2005：127.

确的信息,以巩固和矫正市场形象。企业所有的市场营销组合必须支持这一市场定位战略,必须不时地密切监督并调整定位,以适应消费者需求和竞争对手战略的变化。企业定位要求有具体的行动而不是空谈。

【讨论题】

1. 什么是市场细分,市场细分的原则有哪些?
2. 细分消费者市场依据哪些主要变量?
3. 怎样选择目标市场,目标市场营销战略有哪几种?各有哪些特点?
4. 企业如何进行市场定位?市场定位有哪几种方式?
5. 案例题①

近年来,"亲子游"成为旅游市场的新宠,众多家庭进入了围绕孩子安排出游的旅游新时代。然而,吃、住、行、游各环节给带娃出游的父母留下的种种尴尬,暴露了国内旅游市场对"亲子游"的设计不足与服务缺失。怎样才能带娃玩起来,成为摆在越来越多家庭面前的难题,也考验着旅游从业者们。

不见亲子只有游

目前国内"亲子游"仍处于粗放式发展阶段,缺乏针对性服务,"亲子游"不见亲子只有游已经逐渐形成带娃出游人群最大的消费痛点。一趟出游,可谓尴尬环环相扣,麻烦层出不穷。

北京的李女士是3个孩子的母亲,她说,一家人出门旅游,租车租不到安全座椅,到了目的地打车又几乎遇不上可乘5人的出租车,景区里没有方便婴儿车上下的通道,酒店没有家庭房,而且通常不会提供小孩用品。

来自深圳的白领陆欣经常带两个孩子出门旅游,她说,国内旅游景区对小朋友的照顾很少,尤其在餐饮方面,小孩往往没得选择,只能跟大人吃一样的,餐厅一般也不会提供小朋友的餐椅。

相关调查显示,70%以上的"亲子游"选择动物园、主题游乐园等景区作为目的地。只要涉及主题公园、农场、艺术场所等等的景点,就能被贴上"亲子游"的标签。但"亲子游"产品缺乏统一标准,寓教于乐、重视亲子关系及体验的产品稀缺,大量同质化的产品让"亲子游"徒有其名。

品质不高的"亲子游"产品,反而降低了旅游的体验和质量。来自深圳的陈女士告诉记者:"我不太喜欢参加'亲子游',玩的时候小孩太多,组织过程效率不高,很耽误时间。"

需求旺盛　服务粗放

艾瑞咨询发布的《2015中国在线亲子游市场研究报告》显示,2015年中国在线"亲子游"市场同比增长76.2%,且未来3年都将保持增长。携程发布的数据显示,《爸爸去哪儿》第3季热播以来,国内参加"亲子游"的预订人数同比增加了50%以上。

越来越多的80后父母将旅游视为亲子互动中必备的元素。"一方面是旅游大环境向

① 资料来源:陈寂,黄浩苑."亲子游"的尴尬:不见亲子只有游 大量同质化产品.[2016-11-23]. http://article.cyol.com/edu/content/2016-11/23/content_14702525.htm.

好，旅游慢慢成为一些家庭的刚需，同时出境游门槛不断降低；另一方面边玩边成长的教育观念在逐步深入人心。”业内专家分析认为。

中山大学旅游学院副院长张朝枝说：“国内旅游细分市场的供给不完善也不专业，一方面是因为我国的旅游仍属于批量化的旅游模式，顾不上细化需求；另一方面改进服务需要额外增加成本，所以旅行机构积极性不高。”

北京的李女士说，带孩子出游一般会考虑马尔代夫、巴厘岛等旅游地，这些地方都执行住宿餐饮一站式全包，甚至贴心地设计了儿童托管服务，满足了家庭出游的各种需求。这也导致了国外游成为很多家庭出游的首选。

“私人定制”　除了高消费还应该有什么

张朝枝认为，国内旅游市场需要开拓新的游览模式、细分模式和盈利模式，升级精细化服务，推出拥有更多体验感和参与性的新产品，满足多元化的需求。

如今，部分旅游网站和旅行社已经推出了“私家团”，一单一团，最少两人也可成团，“专车＋专属导游”，专供家庭、亲子等私密出行，在景点、住宿、餐饮等方面做个性化安排。

然而业内人士提醒，如今许多旅游服务商总把“私人定制”等同于“高端消费”，其实这是一种错误的引导，不能一谈到享受优质服务就意味着大笔支出，相反，随着旅游环境越来越成熟，旅游市场竞争愈加激烈，消费应该更加透明、更加亲民。

以港澳游为例，近年来港澳地区不少新酒店推出家庭式公寓或家庭房，力求争夺更多客源。这类房源房间面积较大，配备微型厨房、微波炉、冰箱等，可供 3 至 4 人入住，非常适合“亲子游”。

广州广之旅市场部经理李晓健说，公司今年新开设了一个服务亲子旅游的品牌，在旅游团里安排早教机构老师跟团，针对 3 至 6 岁的小孩，设计游戏，老师观察不同孩子的活动后逐一和家长沟通反馈；7 至 12 岁的孩子，则通过结合户外观察讲解地理知识，这样的旅行受到家长欢迎。

“此外，随着更多的孩子参与到旅游活动中，风险责任和安全隐患增加，旅游公司方面需要严格做好安全防范工作。”张朝枝说。

问题 1：请问亲子游市场是用哪种细分变量划分的？

问题 2：面向亲子游市场设计产品时，应着重考虑哪些因素？

第8章　竞争性市场营销战略

【引导案例】[①]

随着智能手机广泛应用，中国手机游戏业成为全球发展重要一极，由于海外市场利润率高企、国内市场有望突破500亿元大关，众多游戏商进入了与海外厂商直面的国际化竞争时代。

去年，中国移动游戏市场的发行利润首次低于10%，而日韩、北美等海外市场却处于一个迅速增长的阶段，发行市场的平均利润率超过了20%，和中国本土发行形成巨大的反差。

全球移动游戏发行与运营服务商飞流九天总裁杨骁在接受记者专访时介绍说，中国手游厂商经历了三年的高速发展，在商业设计策划和运营生态建设方面积累了较多经验，"出海"布局拓展海外市场正当其时。"除了腾讯、网易等大型厂商的手游已经在海外布局、销售，并且效果不错。中国已经有越来越多优秀的游戏企业，将开发和运营的国际化精品手游带给了全球的玩家。"

杨骁指出，2016年，中国手游厂商在海外市场的布局将加速推进，不仅是为寻求利润，也希望通过海外竞争提升整体实力。而截至目前，公司已在韩国、泰国、日本、俄罗斯和欧美等国家和港澳台地区设立了本地化发行团队或通过战略合作伙伴开展发行业务。基于渐趋成熟的海外发行策略以及优秀的海外本地化发行能力，飞流九天将进一步助推2016年海外业务规模的稳步提升。

另据易观智库《2015中国移动市场年度综合报告》中分析预测，中国移动游戏市场规模2016年将达523.7亿元。巨大市场潜力同样也吸引着众多海外厂商的青睐。曾创造《愤怒小鸟》手游神话的芬兰人依然在该领域拥有优势，如创新能力和品质都是业界顶尖的芬兰游戏公司"超级细胞"，已经开始进入中国市场。

杨骁表示，"海外从业者进入中国市场，如果能提供高品质的手游作品，同时又能很好地迎合中国本土的玩家习惯、消费模式，应该说是市场的有益补充。对于国内厂商而言，也意味着潜在的合作机会和更多良性的互动。"

为了更深挖掘本土市场潜力，杨骁认为"海外本地化"也是国内厂商的竞争策略，飞流九天将文学、动漫、影视等在内的一系列海外文化资源积极纳入合作范畴，共同探索和实践IP价值的最大化。另外，结合目前中国手游的发展趋势，杨骁表示："中重度手游对玩家的吸引力非常大，而其出色的盈利能力也吸引更多的手游厂商关注这块市场。充分的竞争将有助于此领域题材和类型的进一步丰富和创新，并提升市场整体的营收规模。飞流九天将结合已有的经验和优势，进一步强化自身长线运营能力，并在未来不断扩大中重度领域发行力度及规模，直面海外市场的竞争与合作。"

激烈的竞争已成为当今时代商场上不可避免的急雨狂风，正所谓大浪淘沙，适者生存。为了在竞争中站稳脚跟，取得胜利，每个企业、甚至每个人都必须增强竞争意识，明确自己的竞争

① 资料来源：闫磊．中国手游业进入国际化竞争时代．经济参考报，2016-02-29.

战略。了解竞争对手的情况和战略,明确自己在竞争中的地位,知己知彼,方能百战百胜。因此,制定有针对性的竞争战略,是企业在激烈竞争中获取成功的重要保证。

8.1 竞争者分析

为了规划有效的竞争策略,公司必须尽可能寻找有关竞争对手的资料,经常与那些实力相当的竞争对手在产品、价格、渠道、促销方面进行比较。只有这样,公司才能对竞争对手采取正确的攻击,才能够准备较为坚强的防卫以防攻击。

8.1.1 识别竞争者

企业参与市场竞争,除了清晰了解自己的客户,还必须准确识别自己的竞争对手。通常采用的方法是将以类似的价格提供类似的产品和服务给相同的客户的其他企业视为竞争者。表面看来,似乎非常简单,但随着需求的复杂化、分层化,技术的快速发展、产业的不断变化,公司所面临的竞争对手的范围越来越广。企业必须密切关注竞争环境的变化,从中准确识别出自己的竞争对手,了解自己的竞争地位及彼此优劣势,才能在竞争中取胜。

【小链接 8-1】①

面世 5 年有余的小米手机第一次遭遇成长中的烦恼。国际数据公司(IDC)发布的最新报告称,今年一季度全球智能手机总出货量为 3.349 亿部,三星、苹果、华为占据前三,OPPO、VIVO 取代联想和小米进入市场前五。这是小米首次被挤出前五。

5 年前,苹果携着 iPhone4 撞开智能手机大门,彻底颠覆全球手机市场生态,将诺基亚、黑莓、摩托罗拉等传统手机巨头推入了“卖身求存”的绝境,手机人才也陆续涌入包括小米、华为在内的国产手机阵营,诸如 LG、索尼、高通等欧美手机巨头御用的高端元器件也随着诺基亚、摩托罗拉的没落而把目光投向小米等中国厂商。不过,小米的成功却远非外部力量的刺激与协助,小米倚重的是互联网思维这一最重要的商业砝码。

与其他智能手机采取线下地推方式不同,小米在国内首开网上销售先河。每款手机上市前,小米都会展开强大的推介攻势,以饥饿营销吸引粉丝的眼球,而且小米手机仅在小米网销售,借此倒逼粉丝抢购式下单,加之产品迭代迅速,很容易产生“为发烧而生”的超预期效果。公开资料显示,小米开售时,5 分钟之内 30 万台一抢而光,并且这种抢购场景几乎在每一次的新品发售都会重复,同时不断被刷新。而从第一年赢得 700 万用户,到去年递增到 8000 多万用户,小米仅仅用了 5 年。

小米熟谙发展中国家尤其中国人口多、潜力大且对价格敏感的市场状况,在国内对智能手机需求强烈,而苹果手机价格高得令人望而却步,以致供求产生显著错配的背景下,小米迅速推出 2000 元以下的国产智能手机,凭借超高的性价比优势收获了“让用户尖叫”的效果。不仅如此,小米还抓住和吃透了互联网条件下注意力是最稀缺的资源这一核心特征,实现了从饥饿营销到粉丝营销再到口碑营销的完美对接。可以说,快速形成屌丝般价格,迅速

① 资料来源:张锐.小米的互联网思维之惑:模式已被对手完全吃透.中国经济网.[2016-05-20].http://www.ce.cn/cysc/tech/gd2012/201605/20/t20160520_11804613.shtml.

启用屌丝式营销,及时满足屌丝们需求,小米借互联网思维划出了一道精彩的成功“逆袭”路线。

但IDC的统计数据显示,全球智能手机的增长步伐已然放缓,今年一季度同比仅增长0.2%,创下智能手机出货量历年来最小同比增幅。而在小米最为倚重的国内市场,移动互联网的人口红利逐渐见顶,一季度智能手机的出货量约1.049亿部,同比下降了5%。“风”停了下来,“猪”也就不可能飞起来。从去年第三季度起,小米的销量就出现了拐点,以致雷军当年确定的1亿部销量总目标未能兑现。

更为重要的是,基于“高性价比”的互联网营销模式已被小米的竞争对手完全吃透和轻松模仿,并普及到整个手机产业。如华为推出的手机品牌“荣耀”直接与小米叫板,就连广告语“为退烧而生”也是针对小米的“为发烧而生”而来,华为新推出的P9以徕卡双摄像头为创新点,OPPO提出了“充电五分钟通话两小时”的功能理念,这些强劲对手在性价比领域的深耕让小米的原有优势荡然无存。当然,线上玩法也不再是小米所独有,魅族、努比亚、华为等众多熟谙互联网营销的手机厂商都在不约而同地蚕食小米昔日最为得意的天下。

不仅如此,据市场调研公司Strategy Analytics调查数据显示,中国智能手机每年销量在5亿部,但线上渠道的销售只占18%左右,剩下的80%以上的空间都在传统的线下渠道。从去年Q2开始,中国线上渠道手机的销量以平均每月5%的速度递减,线下手机市场的销量平均每月上升6%至8%。相比较而言,一向以线上渠道销售见长的小米,自然就被拉下马来。

小米主要瞄准的是低端用户,但在目前国内智能手机渗透率接近90%的背景下,市场已从增量需求转变为升级需求,增量市场可靠价格吸引用户,而升级市场就须依赖品牌。而小米最主要的需求群体是屌丝,他们比起其他阶层更需要奢侈品来拯救自己。一旦有机会,“米粉”会毫不犹豫转换门庭。当然,小米也可以推出类似定价3299元的小米Note Pro来增加对用户的黏性,但这必与苹果、三星、华为等撞个正着,其在高端市场走量的脚步将异常艰难。

互联网思维是经过互联网几十年发展沉淀下来的价值观与方法论,这种价值观与方法论作用在任何一个行业都有可能产生点石成金的效果,而且国内“互联网+”刚刚起步,未来其对市场的深耕与拓展空间还会更大。以此观之,作为手机行业互联网思维的最先实践者,小米所要改变的,是前行的方法及补充必要的体外能量。据悉,拥有6000多个专利的小米确定了“探索黑科技”的品牌理念,今后将推出类似小米Note Pro的高端品牌。

在时下市场销量走低的趋势下,小米无疑最需要充分的资金血液补充。观察发现,在由腾讯、阿里巴巴、百度、雷军系和周鸿祎的360组成的“TABLE”席位上,只有小米没有上市。据悉,雷军两年前曾表示“五年之内没有IPO计划”,但前不久又改口称“小米不排斥上市”。也许,上市是情势反转与倒逼之下小米必须做出的选择。

从不同的角度分析自己的竞争对手是开展竞争的基础。可从以下不同角度划分竞争者类型:

1. 从行业的角度划分

行业是一组提供一种或一类密切替代产品的相互竞争的公司,生产和经营同规格、同品种、同类产品和服务,并以同一区域为市场的商家。

(1) 现有厂商

现有厂商是指本行业内现有的与企业生产同类产品的其他厂商。这是企业最容易找到的最直接的竞争对手。

(2) 潜在进入者

当行业盈利水平较高、发展前景乐观时，就会吸引更多的企业进入该行业，从而抢夺市场份额和主要资源。无论是进入该行业的全新企业，还是进行多元化经营后进入该行业的大型企业，都会使该行业生产能力增加，从而导致产品价格下降，若市场份额再被抢夺，必然使得利润下降。

(3) 替代品厂商

具有高度需求交叉弹性的产品厂商也属于企业应密切关注的竞争对手。一种产品价格升高会导致另一种产品需求增大。尤其是突破性技术创新产品，可能会取代以往的某种产品，导致行业的整体利润下滑。

2. 从市场的角度划分

(1) 品牌竞争者

品牌竞争者即指在同一行业中，以相似价格向相同客户提供类似产品或服务的企业。如手机市场中，诺基亚手机和三星手机等厂家之间。品牌竞争者之间产品的可替代性较高，企业可通过培养顾客忠诚度加强竞争优势。

(2) 产品形式竞争者

产品形式竞争者是指在同一行业中，依据不同产品类型向不同客户提供同类产品或服务的企业。如提供普通服装和定制服装的不同企业之间。产品竞争者之间因存在客户群体的差异，竞争不似品牌竞争者之间那么激烈，但由于依然是掌握同类产品的生产或服务，一旦一方改变市场策略，则可能成为强劲对手。

(3) 一般竞争者

一般竞争者是指在不同行业中，为满足客户同类需求而提供产品或服务的企业。例如铁路、长途客运和航空公司，都可以满足出行的需求。平行竞争者通过改进产品、完善服务、降低价格等手段增加客户消费，则必然会抢夺其他企业的市场。

(4) 愿望竞争者

愿望竞争者是指在不同行业中，满足消费者的不同需求，但目标客户群相同的企业。目标客户群消费能力提升后，可能会进行休闲娱乐消费(影视文化、旅游等)，也可能用于购置房产或汽车。如何与其他企业竞争，吸引消费者在消费结构发生变化时，更多选择自己的产品，也是愿望竞争者之间考虑的问题。

3. 从竞争地位的角度划分

(1) 市场领导者

在某行业的产品市场中占有最大市场份额的企业即为市场领导者。如碳酸饮料市场的可口可乐公司、日化用品市场的宝洁公司。市场领导者通常在产品开发、价格变动、分销渠道等方面处于绝对优势地位。

(2) 市场挑战者

市场挑战者是指在行业中居于次要地位(通常为第二或第三名)，并且不安于次要地位的企业。如碳酸饮料市场的百事可乐、日化用品市场的联合利华。市场挑战者往往采取主动竞

争的方式,挑战市场领导者,从而扩大自己的市场份额。

(3) 市场追随者

在行业中居于次要地位,并且安于次要地位的企业即市场追随者。这类企业通过观察、学习、借鉴、模仿市场领导者的行为,以较低的成本和几乎为零的风险提高企业能力。

(4) 市场利基者

行业中相对弱小的中小企业,专注于被大企业忽略的小市场,通过专业化经营获得最大收益的企业即市场利基者。市场利基者通过提供某种具有特色的产品或服务,成为小市场中的“领导者”。

8.1.2 确认竞争者的目标及自我认知

1. 确认竞争者的目标

对竞争者目标的了解将有助于推断每个竞争者是否对其目前的地位和经济效益感到满意,并由此推断该竞争者改变战略的可能性以及对于外部事件或其他厂商的行动所做出的反应的力量有多大。另外,了解某个竞争者的目标还将有助于推断其对战略变化的反应。

所有的竞争者都要为追求最大利润而选择适当的行动方案。但是,各个公司对短期利润和长期利润重视的程度各不相同,对利润满意水平的看法也不同。有的竞争对手可能只倾向于“满意的”利润而非“极大化”,目标不同,相应的策略也会不同。

营销者还必须考虑竞争对手在利润目标以外的目标。每一个竞争者均有自己的目标组合,其中每一个目标有不同的重要性。具体的战略目标多种多样,公司应当了解竞争对手对目前的获利能力、市场占有率的成长、现金流量、技术领先、服务领先以及其他目标的相对重视程度和其相应的市场扩展计划。了解竞争对手的目标组合就可以判断竞争对手是否满足其目前状况,以及对不同的竞争行动可能做出的反应。公司还必须关注竞争对手用于攻击不同产品/市场细分区域的目标。

对竞争者的未来目标的分析应包括以下问题:

① 竞争者的财务目标是什么?竞争者如何权衡长期经营活动与短期经营活动、利润与收益增长之间的关系?

② 竞争者是否拥有明确的经营理念?这些准则或信条是否大大影响其目标?竞争者是否想成为市场领导者、技术领导者?是否强烈地坚持有关产品设计或产品质量的观点?是否有地区上的偏爱?

③ 竞争者管理部门对有关未来的方向是否一致?各个派别是否正在支持不同的目标?

2. 确认竞争者的自我认知

每家企业都是在对自己所处的境况进行一系列认识的基础上经营业务的,例如,看作是一家有社会意识的企业,看作是低成本生产商,看作是拥有最佳销售能力的企业等。这类有关自己境况的认识将指导该企业的行为方式及其对事件做出反应的方式。例如,如果某一企业认为自己是低成本生产商,则可能用自己的削价去试图惩罚某个削价者。

竞争者认识可通过对以下问题的分析获得:

① 竞争者的公开陈述、管理部门和销售人员的主张及它是如何看待自己的强弱点的?这些看法是否精确?

② 是否有什么会影响竞争者对事件的觉察和重视程度?例如,德国的公司有时宁可在损

害单位成本和市场营销的情况下倾向于生产和产品质量。

③ 是否有什么严密制订的组织准则或法规会影响竞争者对事件的看法？有哪些公司创始人当初强烈信奉的政策至今仍在持续起作用？

④ 竞争者对其竞争对手的目标和潜在能力是怎么认识的？它是否将过高或过低地估计其中任何一位竞争对手？

8.1.3 分析竞争者的优势和劣势

竞争者的优劣势将影响并最终决定竞争者是否能实施其策略并完成其目标。评估竞争者可以分为 3 个步骤：

1. 收集信息

收集竞争者业务上最近几年的关键数据，包括销量、市场份额、毛利、投资报酬率、现金流量、新投资、设备能力利用等。

企业可以通过二手资料、个人经历、传闻来了解其竞争对手的强弱；也可以通过实施顾客价值分析来了解这方面的情况，即通过向顾客、供应商和中间商进行第一手营销调研来增加对竞争者的了解。

2. 分析评价

一般情况下，每个公司在分析它的竞争者时，必须关注 3 个变量：

① 市场份额，衡量竞争者在有关市场上所拥有的销售份额情况；

② 心理份额，在回答“举出这个行业中你首先想到的一家公司”这一问题时，提名竞争者的顾客在全部顾客中所占的百分比；

③ 情感份额，在回答“举出你喜欢购买其产品的公司”这一问题时，提名竞争者的顾客在全部顾客中所占的百分比。

在心理份额和情感份额方面稳步进取的公司最终将获得较大的市场份额和利润。

3. 定点赶超

定点赶超是寻找某些公司怎么样和为什么在执行任务时比其他公司做得更出色。一个普通的公司与世界级的公司相比，在质量、进度和成本绩效上有 10 倍的差距之多。执行定点赶超的公司的目标是模仿其他公司的最好的做法并改进它。

8.1.4 判断竞争者的反应模式

了解竞争者的目标、策略、强弱是为了解释其可能的行动，以及其对公司的减价、提价、促销、介绍新产品等的反应，也就是确定竞争者的反应模式。此外，竞争者特殊的经营哲学、内部文化、指导信念也会影响其反应模式。因此，如果营销经理想要预测竞争者的行动与反应，就必须深入了解竞争者的文化、思想和心理状态。常见的竞争反应类型如下：

1. 从容型竞争者

从容型竞争者是指竞争者对某一特定竞争者的行动没有迅速反应或反应不强烈。企业在发现竞争对手的行为后行动迟缓，可能是没有意识到市场竞争变化的信息，或者有足够自信自己的竞争力不会受到影响。还有可能是企业受自身的资金、技术、成本等因素制约，无法及时采取行动。

2. 选择型竞争者

选择型竞争者是指竞争者可能只对某些类型的攻击做出反应，而对其他类型的攻击无动于衷。例如,多数企业对于降价这种竞争措施反应敏锐,往往会第一时间做出反应,但对于改进产品、增加广告、改善服务等措施则不太在意。

3. 凶狠型竞争者

凶狠型竞争者是指竞争者对向其所拥有的领域发动的任何进攻都会做出迅速而强烈的反应。通常这种企业都属于市场领导者地位,采取"睚眦必报"的反馈方式,也可以起到很好的震慑作用,令一般企业不敢或不愿挑战其市场权威。

4. 随机型竞争者

随机型竞争者是指竞争者不表露可预知的反应模式。对市场竞争的变化,可能反应,也可能不反应;有时反应激烈,有时反应柔和。反应方式随机,令人无法捉摸。

8.2 市场地位与竞争战略

根据企业在目标市场上的地位,市场竞争战略可以分为4种类型:

表8-1 市场竞争战略及其所占的市场份额

类 型	市场领导者	市场挑战者	市场追随者	市场利基者
占有市场份额	40%	30%	20%	10%

8.2.1 市场领导者战略

市场领导者指占有最大的市场份额,并且在价格、新产品开发、分销覆盖和促销上有导向作用的企业。市场领导者为了维持自身优势,保住主导地位,可采取以下战略:

1. 扩大总体市场

(1) 发掘新的使用者

例如,星巴克采购并烘焙优质的全豆咖啡,连同新鲜的精选意式浓缩咖啡饮料、各式西式甜点和星巴克纪念商品、咖啡机等一起在门店出售。此外,星巴克也通过专业销售团队和超市销售其全豆咖啡。同时,星巴克还与合资伙伴联手推出咖啡饮料瓶装星冰乐和系列顶级冰激凌,并提供其全资子公司泰舒茶生产的全新优质茶饮系列①。具体方法如下:

① 转变未使用者。激发尚未使用过本行业产品的潜在顾客购买本行业的产品。

② 进入新的细分市场。新的细分市场指该细分市场的顾客以前使用本行业产品,但是没有使用其他细分市场的同类产品。

③ 开发新的地理市场。开发未使用本产品的地区,如由国内市场转向国际市场。

(2) 开辟产品新用途

设法找出产品的新用途和新功能以增加销售。例如,艾禾美Arm&Hammer在发现消费者把Arm&Hammer烘焙苏打粉用作冰箱除臭剂后,该公司特意为该用途大作宣传。在成功推动一半美国家庭将苏打粉盒开口置于冰箱之后,公司随即开发新的产品类别,如牙膏、止汗剂及衣物洗涤剂等②。

---

① 改编自:菲利普·科特勒,凯文·莱恩·凯勒.营销管理.十四版.上海:格致出版社,2012:291.

② 改编自:菲利普·科特勒,凯文·莱恩·凯勒.营销管理.十四版.上海:格致出版社,2012:291-292.

(3) 增加使用者的使用量

刺激现有顾客增加产品的使用频率、每次使用量和增加使用的机会与场合。有时可以通过改变包装增加顾客的产品用量,如增加单次产品容量客观上增加使用量,或者增加产品的保质期或使用期设计,促使消费者及时更换产品,如吉列剃须刀片架就会在反复使用后逐渐褪色,消费者则须更换其产品了。

2. 保持现有市场份额

占据市场领导地位的公司在力图扩大市场需求的同时,必须时刻注意保护自己现有的阵地,以免自己的业务被竞争者侵入,如波音需应对来自空客的强劲竞争。市场领导者如何实现保持现有市场份额?可采用主动营销和防御营销。

(1) 主动营销

主动营销包括积极响应现有的顾客需要并加以满足,提前预知顾客未来的可能需要,或者发现和产生顾客并没有提出、但能使他们产生热烈响应的解决方案。例如,IBM 及时预见到自己在硬件生产领域的危机,从而从硬件生产领域主动向服务业领域转移。

(2) 防御营销

作为市场领导者,即使不展开攻势,也必须谨防竞争者的攻击。防御营销的目的在于减少受到攻击的可能性,保护主要业务不受到攻击,或者减少攻击的强度。市场领导者采用的防御战略主要有以下六种:

① 阵地防御

企业围绕目前的主要产品和业务建立稳固的防线,根据竞争者在营销组合方面可能采取的进攻战略制定自己的相应防御战略,并在竞争者发起攻击时坚守自己原有的阵地,建立坚不可摧的品牌形象,确保消费者的心理份额。例如,宝洁将自己旗下产品中最重要的品牌缔造成:用于衣物清洗时首选汰渍洗衣粉,防蛀保健时首选佳洁士牙膏,健康干爽的首选是帮宝适尿片①。

② 侧翼防御

企业在自己主要阵地的侧翼建立辅助阵地用以保卫自己的周边和前沿,必要时作为反攻基地。例如,宝洁设有 Gain 和 Cheer 洗衣剂、Luvs 尿布作为补充。

③ 先发防御

在竞争对手尚未构成严重威胁或在向本企业采取进攻之前,可先发制人发起攻击以挫败竞争对手。

有时,先发防御只起到威慑的作用,并非真向竞争者发起攻击。例如,有些企业大范围铺设自己的销售网点,即形成大范围市场包围,向竞争对手发出不要进攻的信号。有些企业利用这种防御战略,在推出新产品前先进行“市场预告”,令小企业因可能出现的激烈竞争而主动放弃同类产品的研发,但新产品的发布却一拖再拖甚至不了了之。

④ 反攻防御

反攻防御是指企业在竞争对手发起攻击后采取反击措施。例如,在保持高利润产品的同时对易流失产品降价,或者及时进行产品升级换代。甚至可以采用政治手段,如游说立法者采取政治行动抵制竞争等。

---

① 改编自:菲利普·科特勒,凯文·莱恩·凯勒.营销管理.十四版.上海:格致出版社,2012:293.

⑤ 运动防御

运动防御是指市场领导者不仅要坚守原有阵地,还要将业务范围扩展到新的有潜力的领域,以作为将来防御和进攻的中心。例如,烟草公司在行业限制越来越明显时,开始涉足其他行业寻求新的突破点。

⑥ 收缩防御

企业主动从实力较弱的领域撤出,将力量集中于实力较强的领域。例如,诺基亚在早期曾涉足胶鞋、轮胎、电缆等诸多领域,后决定以手机作为自己的主要盈利项目后,就逐步撤出其他领域。

总的来说,防御型竞争战略是在市场上具有领导地位或较强实力的企业所应选择的战略。战略成功的关键是要集中力量于影响企业经营成败的关键因素进行防守。

3. 提高市场占有率

企业希望通过提高市场占有率盈利,往往会不惜代价进行扩张、并购等。但日益增长的市场份额并不一定意味着较高的利润,企业计划提高市场占有率时,还需要考虑以下因素:

(1) 经营成本

当有些产品的市场份额不断增加但未超出一定限度时,企业利润会随着市场份额的扩大而提高;当市场份额超过某一限度仍继续增加时,由于用于提高市场份额的费用增加较多,经营成本的增加速度会大于利润的增加速度,从而使企业利润随着市场份额的提高而降低,这时企业应将市场份额保持在该限度内。尤其在细分市场盈利能力不高、无法形成规模经济效益、客户独特需求多、退出壁垒高等情况下,市场领导者多会选择主动减少该领域的市场份额。

(2) 营销组合

如果企业实行了错误的营销组合,市场份额的提高反而会降低利润。例如,过分降低产品价格,过高支出广告促销费用等。

(3) 反垄断法规

许多国家为了保护自由竞争,防止出现垄断市场,制定了相应的法律,当某一公司的市场份额超出某一限度时,就要强行将其分解为若干个相互竞争的小公司。

【小链接 8-2】①

2016年,受并购市场快速增长的影响,商务部审查的案件数量显著增加,共收到经营者集中申报378件,立案360件,审结395件,同比分别增长7.4%、6.5%和19%,均创《反垄断法》实施以来新高。

从案件行业分布来看,制造业占比最大,占53%,其中半导体、通信、高端制造业增长较快;从案件类型来看,横向并购占比最高,占审结案件的40%;从参与集中经营者情况来看,境内企业并购案件占53%。

2016年以来,国家发改委和省级价格主管部门加大反垄断执法力度,依法查处各类价格垄断案件10余起,主要分布在医药、公用事业和消费品领域。

① 资料来源:万静. 2016年反垄断案件显著增加 六部反垄断指南有望近期出台. 人民网. [2017-02-07]. http://politics.people.com.cn/n1/2017/0207/c1001-29062533.html.

2016 年发改委共完成对 17 起行政垄断案件的调查，其中对新建居民小区供配电设施建设管理中存在的统一建设、统一收费问题进行调查，督促 12 个省级政府部门对照《反垄断法》和公平竞争审查制度调整相关政策，目前 12 起案件已经完成整改。根据不完全统计，地方政府依据法律的授权查处了 21 起行政垄断案件，并已经审结。

此外，2016 年工商机关共立案调查涉嫌垄断案件 14 件，结案 12 件。其中，针对利乐滥用市场支配地位案件的查处，罚款 6.68 亿元，受到社会广泛关注。

2016 年 4 月—10 月，工商部门组织开展了集中整治公用企业限制竞争和垄断行为的专项执法行动，严厉查处供水、供电、供气、公共交通、殡葬等行业滥收费用、强制交易等行为，立案 1267 件，案值 19 亿，结案 585 件，罚没金额 1.67 亿元，督导公用企业退赔多收费用及减少消费者经营者损失 4.7 亿元。

(4) 承载能力

短期内迅速增加市场份额，需要服务大量客户，必然占用企业更多的资源。一旦企业并未做好准备，无法承担激增客户的产品或服务需求，不但不能得到因市场份额提升的益处，反而会产生企业生存危机。例如，美国的 FairPoint Communications 在购买 Verizon 在英格兰地区的经营权后获得 130 万顾客，然而该公司在整合新客户的过程中出现转换滞后、服务不畅等问题，导致顾客满意度大大降低，最终以破产告终①。

8.2.2　市场挑战者战略

市场挑战者指在市场居于第二位或以后位次的企业，有能力对市场领导者和其他竞争者采取攻击行动，希望夺取市场领导者地位的企业。市场挑战者主要向市场领导者及其他竞争者挑战。挑战者首先要确定进攻对象，然后确定选择适当的进攻战略。

多数市场挑战者的目标是增加自己的市场份额和利润，减少竞争对手的市场份额。战略目标通常与所要进攻的竞争对象相关。其竞争对手主要有：市场领先者、问题公司和小公司。

市场挑战者的基本战略是进攻型战略，该战略是向竞争对手发动进攻的战略，要求企业强化和利用差异，在竞争对手没有达到或无法达到的方面捷足先登，从而建立自己的优势。

1. 正面进攻

以更优质的产品、更合理的价格和大规模的促销方式攻击竞争对手的强势产品。通常是拥有更多资源的一方取得最终胜利。如果对手不反击，或者市场挑战者令消费者认识到自己的产品或服务具有更高价值，则可为挑战者带来更高收益。

2. 侧翼攻击

不是针对竞争对手的强势产品，而是针对其弱点进行攻击。对于资源较少的市场挑战者多采用这种战略。侧翼攻击可以选择对方尚未进入的市场，或现有市场中尚未得到满足的需求。例如，联想电脑在早期进入电脑市场时，主要集中于中低端市场，避开高端市场中竞争力较强的国外电脑品牌。

3. 包围进攻

这种进攻方式是在多个领域同时向竞争对手进攻以夺取其市场。如果企业具有更高等级

---

① 改编自：菲利普·科特勒，凯文·莱恩·凯勒. 营销管理. 十四版. 上海：格致出版社，2012：294.

的资源，期望能牢牢掌控市场份额，就会利用自己的全部资源，对竞争对手主要是市场领导者发动全面进攻。

4. 绕道进攻

避开全部竞争对手现有的市场和业务领域，进攻其目前还没有涉足的市场和业务领域。采用这一战略的市场挑战者，可开发多样化产品，开拓新的市场领域，或者开创新的技术，从而在新的领域建立自己的优势。例如，百事可乐就曾经利用绕道进攻战略对抗可口可乐，在可口可乐推出 Dasani 品牌前，成功全面建立 Aquafina 瓶装水销售渠道①。而苹果手机相对于老牌手机制造商诺基亚、摩托罗拉的成功，也很大程度上归结于它的创新技术。

5. 游击进攻

向竞争对手的有关领域发动小规模、不连续性进攻，逐渐削弱对手，最终夺取其永久性市场。游击进攻花费会小于其他竞争战略，但通常是作为采用其他进攻战略的前奏，只有更强的进攻才能最终击败对手。

由于攻击对象通常具有较强的实力，发起攻击者并不具有绝对的优势，所以进攻型战略多以建立非正面竞争优势为目的，避其锋芒，通过攻击对方虚弱处取胜。这就要求攻击者以“你无、我有”为原则，把工作重点放在对手忽视或不屑于去努力的方面，寻找和分析差异，分析增强差异的可能性，在尽可能小的范围内进攻，以减少攻击成本，提高攻击的有效性。

8.2.3 市场追随者战略

市场追随者指那些在市场营销组合和技术等多数营销战略上模仿或跟随市场领导者的企业，它们积极展开业务但不会主动进攻。美国学者李维特指出：“产品模仿可能像产品创新一样有利”。市场创新者承担了开发新产品、开拓新渠道、培育新市场的巨大成本和风险，如果成功则成为市场领导者。而市场追随者紧随其后，对其新产品进行复制或改良，虽然不太可能超越领导者，但由于其并未承担创新成本，因而也能获得相当可观的收益。

市场追随者战略可以分为三类：

1. 紧密跟随

在各个细分市场和营销组合战略方面模仿或跟随市场领导者的公司，利用市场领导者的投资去开拓市场，自己坐享其成。

2. 有距离跟随

在基本方面模仿领导者，但在产品包装、广告促销和价格上又保持一定差异的公司。

3. 有选择的跟随

在某些方面跟随市场领导者，在某些方面按自己的意图行事。

在资本密集、产品同质化严重的行业，多数企业不愿承担创新的成本，更愿意成为市场追随者，复制领导者的做法，为客户提供类似的产品或服务，从而保有自己的市场份额。当然，能保持自己市场份额的前提是准确识别客户的需求，找到自己的独特优势，并保持较低的成本。

8.2.4 市场利基者战略

市场利基者战略又称市场补缺者战略。利基指对一个组织来说最有利的位置，在这个位

① 改编自：菲利普·科特勒，凯文·莱恩·凯勒. 营销管理. 十四版. 上海：格致出版社，2012：296.

置上可取得最大限度的利益。市场利基者指处于这种地位的企业，即专门为规模较小的或大公司不感兴趣的细分市场提供产品和服务的公司，或者说专门服务于某些补缺市场的公司。一个好的利基市场应具备以下特征：

① 具有一定的规模和购买力；

② 具备发展潜力；

③ 大公司对此市场不感兴趣；

④ 公司具备向这一市场进军的资源和能力；

⑤ 公司有能力在这一市场抵御竞争者的入侵。

许多小企业都关注市场上被大企业忽略的某些细小部分，在这些小市场上通过专业化经营来获取最大限度的收益，在大企业的夹缝中取得生存和发展。其战略方向不是在大市场中成为追随者，而是在小市场中成为领导者。

市场利基者通过市场、顾客、产品、服务和营销方式的专门化来实施补缺战略，如在特定市场区域销售产品，为特定顾客提供服务，生产和提供具有特色的产品和服务等。

【小链接 8－3】①

山东日照银行副行长兼济南分行行长焦自竺接受记者采访时介绍，日照银行本身是一家“小银行”，银行出生和发展在日照。随着自身的发展和进步，日照银行在做好本土业务的同时，为了适应市场的变化，内联外合，逐步尝试跨区域经营。一方面与南京银行展开战略合作，一方面银行在 2009 年完成更名，把日照市商业银行更名为日照银行，彰显了银行立足日照全面发展的决心，随即从开设青岛分行和济南分行开始，迈出跨区域经营的步伐。其中 2010 年 4 月 29 日，济南分行正式开门营业。成立 5 年来，济南分行一直把“立足济南、服务济南、建设济南”作为最根本的经营宗旨，坚持“质量、规模、效益协调发展”的经营思路，恪守“立足济南经济、支持中小企业、服务广大市民”的市场定位，截至 2015 年 3 月 31 日，各项存款余额 34.12 亿元，储蓄存款余额 5.15 亿元；累计发放贷款 199 亿元；累计实现各项收入 9.3 亿元，累计实现利润 2.67 亿元，累计纳税 0.9 亿元。

“小银行”其实有大格局、大梦想。焦行长介绍，济南分行是日照银行“立足日照、面向山东、走向全国”跨区域战略的重要一步，成立 5 年来，开辟了济南市和日照市之间经济社会交流的新途径，使日照银行在省内搭建起横跨济青日三地的跨区域金融服务架构，契合了区域经济发展的需要。日照银行济南分行充当了日照参与区域经济合作的金融使者，也为山东半岛城市群、半岛蓝色经济区、省会建设等区域经济发展提供优质的金融支持。

聚焦小微企业　创新战略产品

焦自竺行长表示，小银行应该多干适合自己发展的事情，本着“立足地方经济、支持中小企业、服务广大市民”的市场定位，近年来，在学习借鉴同业微贷业务发展的基础上，日照银行引进先进微贷技术，组建小微信贷业务团队，按照“标准化、流程化、时效化”的要求，满足小微企业“短、频、急”的贷款需求，为小微企业和个体工商户量身定做信贷产品，破解小微企

① 资料来源：周爱宝，程立龙．蓄势扬帆踏浪行，勇立潮头好放歌—探寻日照银行济南分行五周年特色发展路．齐鲁晚报．2015－4－29（C06）．

业的融资难题。

“3天贷”是日照银行引进国际先进个贷技术开发、为小微企业主和个体工商户提供5000元至100万元的经营性贷款,担保方式多样、还款方式灵活、利率定价低、行业支持范围广,深受市场欢迎,帮助不少小微企业解决了融资难题。

为了将小额贷款“3天贷”打造成精品业务、支柱业务,日照银行济南分行在培养专业员工队伍、制定标准流程、强化业务管理等方面加大力度,使得小微信贷业务走在同行业发展的前列。截至2015年3月底,日照银行济南分行“3天贷”业务累计放款782笔,金额20827万元。

为了使更多的小企业和小商户得到创业资金支持,日照银行济南分行还将“3天贷”进行了创新,批量营销,“商圈贷”业务就是他们创新的深受客户欢迎的产品。“商圈贷”是指在食品、服装、百货、进出口等专业市场的商圈内,日照银行与对应的行业协会或市场管理方签订批量业务合作协议,约定保证金比例、利率、担保方式等责任和义务,银行对批量申请客户逐个贷前调查、贷中审查,对符合银行贷款条件的客户发放贷款,定期贷后检查。

在推出“商圈贷”业务之后,日照银行率先同济南市纺织服装行业协会针纺织品服装市场专业委员会建立了战略合作关系。山东圣地龙帛服饰有限公司是一家专业设计、制造、销售工作服和T恤衫的自主品牌企业,也是济南纺织服装市场专业委员会理事长单位。去年3月,日照银行济南分行为山东圣地龙帛服饰有限公司提供了300万元“商圈贷”业务融资服务。据公司负责人介绍,经过公司的有效运营,该项融资为圣地龙帛当年上半年贡献了1000万元的营业额增幅,企业取得上半年营业额比去年同期翻一番的骄人业绩。公司发展这么快,日照银行的“商圈贷”功不可没!

1. 市场利基者的基本战略

(1) 缝隙型战略

缝隙型战略是市场利基者的主要战略,要求企业嗅觉灵敏,积极寻找空白市场。采用此种战略,企业要做好以下工作:

① 以灵活性作为企业的根本行动准则;

② 目标是占领一处小到足以能够守得住的细分市场;

③ 注意培养自己独特的形象;

④ 注重寻找市场边缘地带;

⑤ 从现有产品、技术或服务体系的不协调中寻找机会;

⑥ 从意外的成功、失败和外部变化中寻找机会;

⑦ 发展联盟壮大自己的竞争实力。

在中国饮料市场上,各种品牌的果茶、果汁饮料大多采取的是缝隙型战略。

(2) 侧攻型战略

侧攻型战略通过用“奇”改变现有市场的竞争内容、方式,打破现状,建立新的竞争规则来赢得竞争的战略。目标在于通过利用外部变化,发现产业中改变了的新的经营关键因素和环节。这种战略成功的关键在于创新:

① 从消费观念变化中寻找创新机会。例如,中国正在从数量型消费向质量型和个性化

转变。

② 从市场结构变化中寻找创新机会。例如，中国的家用小汽车市场就是这样的新市场。

③ 从人口结构变化中寻找创新机会。例如，中国独生子女一代长大后，奢侈品的消费就多了起来。

2. 市场利基者的多重利基战略

只有较少市场份额的企业可以通过市场利基战略获取高额利润。市场利基者可以深入了解目标顾客，从而更好地满足顾客需求，因而，能在成本之上收取更高的价格。相对于大市场的领先者通过高销售量获取高收益，市场利基者更多是通过高利润获取高收益。

但市场利基战略却蕴含巨大危机，如市场资源枯竭，或遭遇竞争对手攻击。一旦利基市场萎缩，而利基者拥有的高度专业化资源很难进入其他领域，则会带来经营危机。

因而，相对于单一利基战略，市场利基者应注意采取多重利基战略，在两个或多个利基市场形成实力，提高企业存活的几率。

【讨论题】

1. 分析竞争者的反应类型有什么意义？
2. 市场领导者可以采取哪些防御战略？
3. 市场挑战者可以采取哪些进攻战略？
4. 市场追随者战略可以分为哪几种？各有什么利弊？
5. 理想的利基市场应具备哪些特征？
6. 案例题[①]

ACB News《澳华财经在线》报道，澳洲 Coles 和 Woolworths 大型超市的货架上随处可见汉语标签提醒顾客严格限定购买婴儿配方奶粉罐数。Woolworths 艾尔利海滩（Airlie Beach）超市的一位高层管理者抱怨称，即使上前提醒中国消费者禁止一次性购买 40 罐奶粉，不过收银台处总会发生不愉快。在像艾尔利海滩这样的小镇，中国游客能将一些澳洲品牌的配方奶粉货架清空。

截至 6 月的一年内，贝拉米的收入增长了 153%，高达 1.31 亿澳元，净利增长了 617%，为 910 万澳元。据悉尼晨锋报援引董事劳拉·麦克贝恩（Laura McBain）的话称，澳洲每年新生儿数量为 30 万，从这种意义上讲，贝拉米必须认真思考奶粉销量的骤然攀升：澳洲婴儿出生率和奶粉喂养率均未出现突然飙升，因此，销售的快速增长主要源于中国市场的大量需求。

中国每年有 2000 万的新生儿，这对贝拉米而言是重大机遇。2014 年上市的贝拉米于 2007 年开始着手调查中国婴儿奶粉市场潜在的机遇，于 2012 年成立中国第一家分公司，随后成立网店。

---

① 资料来源：中国买家需求飙升 澳品牌奶粉稳守利基市场. 东方财富网.［2015－9－10］. http://finance.eastmoney.com/news/1351,20150910546385910.html.

由于减少了分销环节,成本降低,消费者从贝拉米网店购买的婴儿配方奶粉价格是从中国零售商处购买价格的一半。麦克贝恩女士称,贝拉米的在线跨国销量很是乐观。

尽管中国经济增速放缓,麦克贝恩女士仍预期中国公民对婴儿配方奶粉的需求不会下降,而且对有机奶粉、澳洲生产及进口的配方奶粉需求将继续攀升。

a2公司配方奶粉销量将增两倍

在中国市场大获成功的澳洲奶粉生产企业不只贝拉米一家。功能牛奶生产商a2 Milk公司于2013年8月份推出的铂金婴儿配方奶粉在中国市场的销量不断增长。据尼尔森(Nielsen)研究公司发布的Coles销售数据,a2 Milk公司已成为澳大利亚第二大婴儿配方奶粉生产商。

据a2 Milk公司8月20日公告,上财年婴儿配方奶粉带来的销售收入达4170万澳元,较此前一年增长445%。目前奶粉销售收入占到a2总运营收入的27%。

a2 Milk公司董事Geoff Babidge预计2016财年a2婴儿配方奶粉销量将增长两倍。原本预计a2 Milk公司在2016财年头两个月——7月和8月的奶粉销售额为1300万澳元,而事实上仅澳洲奶粉销售就已达到这一数字。

a2Milk公司澳大利亚董事Peter Nathan表示,与贝拉米公司相同,来澳购物者和中国消费者促使a2婴儿配方奶粉销量攀升。在线网站如阿里巴巴上a2婴儿配方奶粉销量增幅显著,同时,澳洲食品杂货店和药店的零售额也有大幅攀升,这主要得益于中国游客大量购入并带回国。

利基产品快速攻占中国市场

并非所有婴幼儿配方奶粉生产商都从中国对国外婴儿配方奶粉的巨大需求中获得销售额的巨幅攀升。据同一Coles销售数据显示,在a2和贝拉米两家公司销售额攀升的同时,全球巨擘法国达能集团(Danone)的市场份额从50%以上跌至38%;Aspen的市场份额从20%以上跌至14%。

摩根公司分析师Belinda Moore称,贝拉米公司的特点是有机;a2公司是高蛋白。这两家公司已建立了自己的利基市场,在这个市场内,两公司处于优势地位,与其他国际婴儿配方奶粉竞争者分离开来。未来几年,a2和贝拉米两家公司将取得更大成就。

澳洲企业酝酿下的奶粉出口风暴正席卷而来,在其努力推送之下,优质、安全的澳洲奶粉将会以更快的速度、更低的价格呈现在中国消费者面前。随着中澳FTA的最终实施,无论是出口方还是消费者都有理由期待更大的双赢结果。

问题1:为什么称澳品牌奶粉为利基市场?

问题2:作为市场利基者,澳品牌为了进一步稳固地位,可采取什么策略?

第 9 章　产品策略

【引导案例】[①]

“放假了，准备带孩子去哪儿玩？”几乎成了临近周末或节假日时家长们的口头语。一些酒店特别是一部分国际品牌酒店嗅到了这一商机，主动打出亲子牌。什么样的亲子活动最讨喜、酒店办好亲子活动有哪些诀窍？近日，记者走访了希尔顿酒店集团旗下的几家酒店。

一起参与更有趣味

“我和孩子到现在都记得暑假期间在云南西双版纳万达希尔顿逸林度假酒店学会的傣族语言。”陈先生说。2016 年 7 月，陈先生一家在希尔顿逸林度假酒店上了一堂“亲子学傣语”课，现在他们已经会用傣族语言问候、数数……陈先生表示，学习的过程十分轻松有趣。不仅如此，酒店还推出了“民族服装租借”服务，孩子们可以和家长一起穿着少数民族的服饰在酒店的热带雨林花园留影。

抚仙湖希尔顿酒店的特色亲子活动是跟节日紧密联系在一起的。比如，春节亲子活动有户外寻宝游戏和室内儿童电影；国庆亲子活动包含了 T 恤涂鸦、纸盘捏画、沙滩寻宝等；在万圣节的亲子活动——小小捣蛋“鬼”中，孩子们可以参加万圣市集、手工课和音乐课，还可以玩“不给糖就捣乱”的游戏。今年圣诞节，该酒店将推出“儿童圣诞嘉年华”活动，孩子们可以跟着外籍老师一起学习圣诞歌曲和舞蹈，制作圣诞帽等。

海口鲁能希尔顿酒店有延绵 5 公里的海岸线。在海边，该酒店专门设置了一个超过 1600 平方米的亲子水舞池，并配套了一片洁白的人造沙滩。小朋友既可以安全地在沙滩上戏耍、乘坐欢乐海盗船、荡秋千，也可以参加酒店定期举办的泳池篮球/排球赛、沙雕赛、风筝赛等。此外，在酒店参加夏令营的小朋友可以扮演“小小总经理”，在父母的陪同下，跟着酒店总经理一起巡视酒店，参与消防安全演习。

有效发挥口碑宣传

“自打开展了户外游戏、急救培训和用电安全培训等既有教育意义又富含趣味性的活动后，我们就打开了亲子市场，使更多客人了解到多元化的酒店产品和服务。”文昌鲁能希尔顿酒店相关负责人告诉记者，酒店举办的亲子活动让客人们倍感兴趣的同时，也会让他们愿意跟身边的朋友分享。比如，一位参加过酒店亲子活动的宾客，就介绍了 20 组家庭到酒店来体验。

在海口鲁能希尔顿酒店商务发展总监冯俊毅看来，分享经济盛行的当下，年轻的父母在各类社交媒体上的图文分享是提升酒店市场知名度的重要渠道。那么如何让家长自愿分享呢？冯俊毅跟记者分享了一个例子：有一回一位带着孩子参加完“小小总经理”活动的母亲特意向他表示了感谢。这位母亲说，一方面，来海口鲁能希尔顿酒店参加亲子活动不需要做太多的前期准备，很多细节酒店都替家长考虑到了，尤其是酒店特别为孩子精心准备的，包括儿童餐饮和洗衣服务在内的“小小希尔顿”福利非常贴心；另一方面，酒店设置的活动让孩

① 资料来源：王玮. 掘金亲子市场关键是投其所好. 中国旅游报，2016-12-8(05).

子在玩乐中增长了见识,学到了技能。

"我们在刚刚结束的万圣节'小小捣蛋鬼'活动中见到了许多熟悉的家庭,他们来酒店参加亲子活动已经不止一次,不少家长认为酒店的亲子活动有利于增进父母与孩子之间的情感交流,同时激发出孩子内在的潜能。"抚仙湖希尔顿酒店总经理刘佳源说,酒店推出的亲子活动及产品,使亲子度假的定位深入人心。同时通过口碑传播,该酒店的目标市场已从玉溪市、昆明市逐渐扩展至全国。

西双版纳万达希尔顿逸林度假酒店总经理刘宗敏坦言,亲子项目为酒店带来了可观的收入,在暑期平均每天至少有10组家庭参与酒店的亲子家庭套餐体验。

亲子产品要抓住孩子的心

在谈到如何让酒店的亲子活动越办越吸引人时,刘宗敏表示,增强客人的体验主动性很关键。他举例说:"酒店针对亲子产品专门定制了一本3天2晚的儿童趣味旅行护照,在护照中会设置10项亲子活动,只要参与一项就可以获得一枚印章,当集满6枚印章便能获得酒店水上乐园门票,如果全部集满则可获得酒店送出的神秘大奖。由此激发出了孩子们更高的参与兴趣。而在明年,西双版纳万达希尔顿逸林度假酒店将在酒店花园中种植一些本地中草药植物,在小客人了解它们功效的同时,设置一些带奖励性质的活动。"

在文昌鲁能希尔顿酒店相关负责人看来,亲子产品的设计,一是要投其所好,这就需要产品研发部门去了解孩子和家长们的需求,"比如,我们会收集家长和孩子们的建议,更好地优化产品,并结合时下的热点对产品进行打包。"二是要将亲子产品的教育功能与趣味性结合起来,让产品发挥寓教于乐的作用。

"如今的家长非常重视孩子的教育,在这方面舍得投资,且注重此类产品的品质。"冯俊毅补充道,因此酒店所设计的亲子产品在品质方面要多花心思,而且在产品的整个体验过程中要给家长和孩子不断创造惊喜。此外,针对不同年龄的孩子要推出符合相应年龄的产品和套餐。

产品策略是市场营销组合中最重要的因素。企业在制定营销组合策略时必须首先决定生产什么样的产品来满足顾客的需求,产品策略还会影响到营销组合中的价格、渠道和促销策略,因此可以说产品策略是营销组合策略的最重要的决策。

9.1 产品概述

对于顾客而言,所购买的不是产品本身,而是产品能提供的各种效用和利益。

9.1.1 产品的概念

产品的概念通常有狭义和广义之分。狭义的产品指生产者通过劳动生产出来的、用于满足消费者需要的有形实体。这一概念强调产品的实体形式,例如食品、服装等。广义的产品指任何可提供于市场上,引起消费者注意、购买,使用或消费,并满足他们的欲望或需求的一切有形或无形的东西。除了狭义的有形产品,还包括广义的服务、劳务、场所组织、思想、策划、主意、体验等无形产品。

9.1.2　产品的整体概念

市场营销学将产品看为一个整体的概念。传统的整体产品包括核心产品、形式产品和延伸产品三个层次。菲利普·科特勒扩大了产品概念，将其延伸为五个层次，加入了期望产品和潜在产品，更深刻准确地描述了产品的整体概念。图 9－1 所示为产品整体概念的五个层次。

1. 核心产品

核心产品指顾客真正需要的基本服务或利益。例如，人们购买冰箱不是为了买有电器零部件的大铁柜子，而是为了食品保鲜；人们住宾馆主要是为了食宿。任何产品都必须有满足顾客核心需求的基本利益或效用。

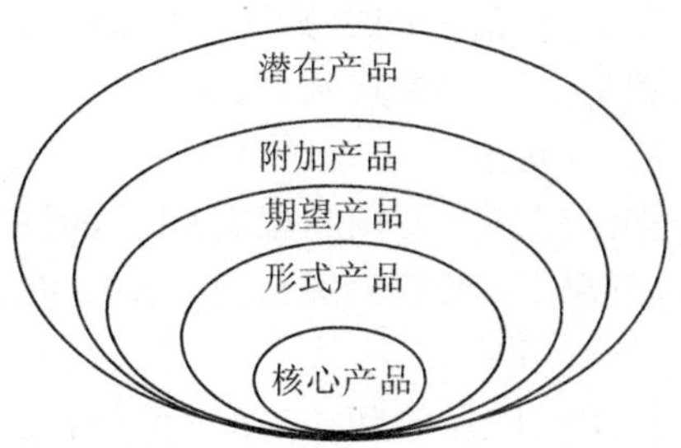

图 9－1　产品整体概念的五个层次

2. 形式产品

形式产品指产品向市场提供的实体和外观。形式产品是实现核心利益所必需的基础产品，即产品的基本形式，由品质、式样、特征、商标及包装等多个特征构成。例如，人们在理发时，不仅要求剪短头发，而且要求提供满意的发型，同一种发型也有质量高低之分。可见，形式产品向人们展示的是核心产品的外部特征，它能满足同类消费者的不同要求。

3. 期望产品

期望产品指购买者在购买产品时通常期望或默认得到的与产品密切相关的一组属性和条件。例如，宾馆的客人期望得到清洁的床单、洗浴香波、浴巾、相对安静的环境等。

4. 附加产品

附加产品或称延伸产品，指可超越顾客期望的服务和利益，即顾客购买产品时所得到的各种附加利益的总和。附加产品将企业的提供物与竞争者的提供物区别开来。例如，旅馆业可增加提供电视机(有线频道)、快速入住和退房服务等。随着消费需求日益多样化、消费水平的不断提升，顾客越来越重视产品的附加利益。

5. 潜在产品

潜在产品指产品在未来可发展的任何扩增和转型利益，即该产品在将来最终可能会实现的全部附加部分和转换部分(产品将来的发展方向)，如电视机增加上网功能、会话功能等。

9.1.3　产品的分类

营销人员以不同的产品特性为基础，将产品加以分类，每一产品种类各有其适当的营销组合策略。

1. 按产品的形式分类

(1) 有形产品

有形产品即狭义的产品，具有实物形态的产品。例如，食品、服装、电脑等。

(2) 无形产品

服务是无形产品，它包括一切可供销售的活动、利益或满足。服务是无形的、不可分离的、可变的和易消失的。作为结果，它们一般要求更多的质量控制、供应者信用能力和适用性，如咨询、法律服务、美容美发等。

2. 按有形产品的用途分类

(1) 工业品

工业品是由企业或组织购买后用于生产其他产品的产品。

(2) 消费品

消费品是直接用于满足最终消费者生活需要的产品。按消费品的使用周期分类如下:

① 非耐用品

非耐用品消费快,购买频率高,相对价格便宜,是一次性消费或使用时间很短的消费品,因此消费者需要经常购买,且希望能方便及时的购买,如啤酒、食品等。

② 半耐用品

半耐用品在使用一段时间后,消费者不需要经常购买,但购买时,对产品的适用性、样式、色彩、质量、价格等会进行有针对性的比较,如服装、纺织品、家具等。

③ 耐用品

耐用品使用时间长,相对价格较高或体积较大。消费者在购买时较为谨慎,对产品的附加利益要求较高,如汽车、电冰箱等。

3. 按消费品的消费者购买习惯分类

(1) 便利品

便利品指顾客经常购买或即刻购买,并几乎不做购买比较和购买努力的商品,如饮料、牙膏、香皂、烟草、报纸等。

(2) 选购品

选购品指消费者在购买过程中,对产品的适用性、质量、价格和式样等进行有针对性比较的产品,如家具、服装等。

(3) 特殊品

特殊品指具有独有特征和(或)品牌标记的产品,对这些独特性的产品,有相当多的购买者一般都愿意为此付出特别的购买努力,如特殊品牌的汽车、摄影器材等。

(4) 非渴求品

非渴求品指消费者未曾听说过或即便是听说过一般也不急于购买的产品,如墓地、百科全书等。

4. 按工业品的用途分类

(1) 材料和部件

材料和部件指完全转化为制造商产成品的一类产品,包括各种生产用原材料、半制成品和整体产品的零部件等。

(2) 资本品目

资本品目指部分进入产成品中的商品,包括装备、厂房、附属设备等。

(3) 供应品和业务服务

供应品和业务服务指不构成最终产品的那类项目,如打字纸、铅笔等。供应品相当于工业领域的方便品,顾客人数众多,产品单价低,一般通过中间商销售。业务服务包括维修、修理和商业咨询服务。

产品分类如表9-1所列。

表 9-1　产品分类

<table>
<tr><td rowspan="11">产　品</td><td rowspan="10">有形产品</td><td rowspan="7">消费品</td><td rowspan="3">按使用周期</td><td>非耐用品</td></tr>
<tr><td>半耐用品</td></tr>
<tr><td>耐用品</td></tr>
<tr><td rowspan="4">按消费者购买习惯</td><td>便利品</td></tr>
<tr><td>选购品</td></tr>
<tr><td>特殊品</td></tr>
<tr><td>非渴求品</td></tr>
<tr><td rowspan="3">工业品</td><td rowspan="3">按工业用途</td><td>材料和部件</td></tr>
<tr><td>资本品目</td></tr>
<tr><td>供应品和业务服务</td></tr>
<tr><td>无形产品</td><td colspan="3">服务</td></tr>
</table>

9.2　产品组合策略

9.2.1　产品组合的概念

产品组合指公司的业务经营范围,包括公司向市场提供的全部产品线和产品项目的组合和结构。其中,产品线也称为产品大类,是由一群相关的产品组成,它们的功能相似,卖给同一顾客群,且以相同形式的分销渠道销售,或者它们都在某一价格范围内,而组成一条产品线。而产品项目指产品大类中各种不同品种、价格、档次的特性产品。例如,宝洁的健康保健产品包括佳洁士、帮宝适等不同产品项目,它们构成健康保健品产品线。

产品组合一般由 4 个维度的指标来描述,包括:

① 产品组合的宽度:指一个企业产品组合中有多少产品线。

② 产品组合的长度:指一个企业产品组合中全部产品线的所有产品项目的总数。

③ 产品组合的深度:指各条产品线中的产品项目数。

④ 产品组合的关联度:指一个企业的各产品线在最终用途、生产条件、分销渠道或者其他方面相互关联的程度。

9.2.2　产品组合策略

1. 扩大产品组合策略

扩大产品组合策略包括开拓产品组合的宽度和加强产品组合的深度两个方面。

(1) 开拓产品组合的宽度

开拓产品组合的宽度是指在原有产品组合中增加一个或几个产品线,扩大产品经营范围。当某公司预测现有产品线的销售额负担和盈利率在未来几年要下降时,就应考虑在产品组合中增加新的产品线或加强其他有发展潜力的产品线,弥补原有产品线的不足。

(2) 加强产品组合的深度

加强产品组合的深度指在原有的产品线内增加新的产品项目。如果发展与竞争者相近的

品牌,企业营销组合战略就应具有一定特色,或者为用户提供更多的运输、信贷等便利条件,或者在价格上更具有竞争力。当然,扩大产品组合决策还可以不受产品之间关联性的制约,发展与原有产品线毫无关联的产品线或产品项目。例如,某服装公司历来专营牛仔裤,后来又增加了男帽生产线。

扩大产品组合,可以使企业充分地利用人财物资源。一个企业相对稳定的资源状况是同一定产品数量相适应的,随着企业技术水平的提高或原有市场的缩小,就形成了剩余的生产能力,开辟新的生产线就可以充分利用剩余生产能力。扩大产品组合还有助于企业避免风险,增强企业的竞争能力。由于市场需求的动态发展,每个产品项目都有失败的可能性,即使成功的产品项目也有一个由盛到衰的变化过程。开辟新的产品线、增加新的产品项目,可以分散风险,降低损失。

2. 缩减产品组合策略

市场繁荣时,全线型产品组合决策会为许多企业带来更多的盈利机会。但市场也有不景气的时候,特别是原料和能源供应紧张时,许多企业往往又会趋向于缩减产品线,即采用缩减产品组合策略,从产品组合中剔除那些获利小的产品线或产品项目,集中资源经营那些获利最多的产品线或产品项目。

缩减产品组合可以收到以下利益:

(1) 集中技术资源改造保留的产品线,降低成本,提高产品竞争能力;

(2) 减少资源占用,加快资金周转;

(3) 有利于生产经营的专业化,使企业向纵深开拓市场,在某一特定市场赢得利益和信誉;

(4) 使营销组合的配置更加完善等。

3. 产品线延伸决策

此为扩大产品组合策略中加深产品组合深度时可选用的具体决策类型。

(1) 向下延伸

向下延伸即在高档产品线上增加低档产品项目。企业产品向下延伸的主要原因有:

① 企业的高档产品市场受到竞争者的攻击,于是决定以拓展低档产品市场作为反击;

② 企业发觉其高档产品市场增长缓慢;

③ 企业最初进入高档产品市场是为了树立品质形象,再朝下扩展试图转进低档产品市场;

④ 企业增加一个低档的产品项目,填补市场空隙,防止竞争对手会乘虚而入。

采取向下扩展的策略时,企业会有一些风险。新的低档产品项目也许会蚕食掉较高档的产品项目,使公司的局面反而糟糕。

(2) 向上延伸

向上延伸指原来定位于低档产品市场的企业,在原有的产品线内增加高档产品项目,使企业进入高档产品的市场。实行这一策略的主要原因有:

① 高档产品市场具有较大的潜在成长率和较高利润率的吸引;

② 企业的技术设备和营销能力已具备加入高档产品市场的条件;

③ 企业需要重新进行产品线定位。

采用这一策略的企业也要承担一定的风险,因为改变产品在消费者心目中地位是相当困

难的，处理不当，不仅难以收回开发新产品项目成本，还会影响老产品的市场声誉。

(3) 双向延伸

双向延伸指原定位于中档产品市场的企业掌握了市场优势以后，决定向产品线的上下两个方向延伸，一方面增加高档产品，另一方面增加低档产品，扩大市场阵容。

【小链接 9-1】[①]

尽管距新年钟声敲响还有一个多月时间，但是对东风本田来说，2016 年已确定无疑地成为这家企业成立以来最辉煌的年份。2016 年前 10 个月，东风本田的终端销量与批售量分别达到 459544 辆和 443299 辆，远远超过了 2015 年全年的 40.6 万辆。

基于自身不断丰富的产品布局与过硬的品牌号召力，东风本田再次提升了全年销售目标，从年初提出的 45 万辆提高到年中的 50 万辆，又从年中拟定的 50 万辆提升至 56 万辆。这意味着，东风本田将连续两年实现同比 30%以上的增长；即便在 2016 年车市整体增速有望突破两位数的背景下，也算得上"现象级"表现。

东风本田在 2016 年的异军突起，不能简单地归因为量的积累，而是产品结构改善的结果。在此过程中发挥关键作用的，当属 4 月上市的第十代 CIVIC(思域)。

身处竞争最为惨烈的中级车市场，这款产品凭借在设计、动力、配置、空间以及行驶品质等各方面近乎无死角的实力，脱颖而出，成为细分市场中的头号爆款。仅半年时间，思域的订单数量就达到近 12 万；东风本田也迎来了史无前例的产能爬坡，"金九银十"两个月的交车数量已突破 5 位数。

思域的成功逆袭，彻底改变了东风本田长期以来靠 SUV 打天下的局面，并且为企业筑牢了销量基盘，特别是吸引了大批 85 后、90 后年轻一代用户。更重要的是，第十代 CIVIC(思域)到目前为止取得的成功，全部是由思域 220TURBO 车型(也就是 1.5T 车型)贡献的，考虑到其主要竞品的销量构成，思域事实上在高端中级车细分市场做到了 NO.1。

空前火爆的市场表现，促使东风本田乘胜追击，在前不久的广州车展上正式推出了第十代 CICIV(思域)180Turbo，即 1.0T 版车型，初期上市舒适版手动挡和舒适版自动挡两款产品，售价分别为 11.59 万元和 12.79 万元。

由此，第十代 CIVIC(思域)作为东风本田轿车产品线的销量担当，开始向 10 万～12 万元这一"红海中的红海"进攻，其假想敌也从之前的大众速腾 1.4T 车型，扩展到包括福克斯、轩逸、卡罗拉、英朗、朗逸/宝来等深耕这一区间多年的产品。

对东风本田来说，这显然是个难度系数更高的动作。

无论 1.5T 还是 1.0T 车型，第十代 CIVIC(思域)国产后迅速重回市场主流，证明了东风本田的品牌号召力，同时也要归功于厂家以中高配车型打先锋、随着产能释放逐渐向下拓展价格带的策略。

曾几何时，相对单一的动力规格，制约了前两代思域的市场表现；而现在，通过以动力性能细分出两条不同产品线，第十代 CIVIC(思域)终于可以做到"上下通吃"。这也意味着，今后，东风本田可以更灵活地调配新车产能，让消费者早日买到最适合自己的车款。

① 资料来源：充实产品线 第十代思域新增 1.0T 能否"上下通吃".[2016-12-4].搜狐汽车. http://mt.sohu.com/20161204/n474885945.shtml.

众所周知,东风本田一直给人以通过技术进步牵引产品销售的印象。现在,思域正式推出1.0T版车型,实际上只是它推动的发动机技术革命中的一步。到2020年,为了应对愈发严苛的CAFÉ(企业平均油耗限值)规则,东风本田还会为更多车型提供小排量涡轮增压发动机;同时,作为最强动力技术的载体,中大型车将拥抱油电混合动力。

本次广州车展的东风本田展台明确无误地印证了上述判断。除了推出思域180TURBO,搭载1.5T发动机的新杰德与新思铂睿锐·混动这两款预定明年年初投放的新车也联袂首发亮相。至于新思铂睿锐·混动,作为东风本田事实上的旗舰车型,它率先应用了本田引以为骄傲的i-MMD双电机混合动力系统,在确保百公里4.2L的综合油耗的同时,在驾驶乐趣、避震消音、后期使用成本上都有了质的飞跃。

而第十代CIVIC(思域)在新增1.0T车型后,一方面可以丰富消费者的选择、缩短提车时间,另一方面也可以为1.5T车型分担压力,让上游的产能分配趋于合理。随着产能问题逐步克服,作为东风本田业绩新支柱的思域必定将在中级车市场展示出更强的存在感;到2017年,单一车型月销1.5万辆、进而冲击两万辆大关,或将不再是奢望。

4. 革新产品组合策略

(1) 产品线现代化决策

这一决策强调把现代化科学技术应用到生产过程中去。在某种情况下,虽然产品组合的宽度、长度都非常适应,但产品线的生产形式却可能已经过时,这就必须对产品线实施现代化改造。例如,我国纺织行业有些机械设备还停留在较落后的水平上,因此要进行生产设备、技术、工艺的现代化改造和更新,同时必须选择改进产品的最佳时机,使之不至于过早(这会使现有产品线的销售受到不良影响),也不至于过迟(在竞争者为较先进的设备树立了强有力的声誉之后)。

(2) 产品线特色化决策

产品经理在产品线中有典型地选择一个或少数几个产品项目进行特色化销售。有时,经理们对产品线上低档产品型号进行特色化,使之充当“开拓销路的廉价品”;有时,经理们又会选择对高端产品项目进行特色化,借以提高产品线的等级。总之,产品线的特色化决策可以借助推出特色化产品项目、产品线来吸引更多的顾客。

(3) 产品线填补决策

产品线填补决策即指在现有产品线的范围内增加更多的产品项目使产品线延长。采取产品线填补决策有这样几个动机:

① 获取增量利润;

② 满足那些经常抱怨由于产品线不足而使销售额下降的经销商;

③ 充分利用剩余的生产能力;

④ 争取成为领先的产品线完整的公司,设法填补市场空隙,防止竞争者的侵入。

9.3 产品生命周期

美国胡佛大学教授雷蒙德·弗农(Raymond Vernon)在1966年《产品周期中的国际投资与国际贸易》一文中首次提出“产品生命周期”理论。该理论最初主要应用于国际贸易领域,随

后市场营销学中也将产品生命周期用于制定营销策略组合的背景理论。

9.3.1　产品生命周期的概念及阶段划分

1. 产品生命周期的含义

产品生命周期指某种产品从投放市场，经过成长、成熟到最后被淘汰的整个市场过程。典型的产品生命周期包括 4 个阶段：投入期、成长期、成熟期和衰退期。衡量产品生命周期各个阶段有两个关键要素：销售额和利润，以及在变化过程中两者之间的关系。

当然，产品生命周期是针对产品的经济寿命而非自然寿命而言。产品大类、产品品牌、特定产品都可以是产品生命周期的研究对象。

2. 产品生命周期的阶段划分

产品生命周期一般分为 4 个阶段（见图 9－2），分别是：

（1）投入期

投入期即产品引入市场时销售缓慢成长的时期。在这一阶段，因为产品引入市场所支付的巨额费用所致，利润几乎不存在。

（2）成长期

成长期即产品被市场迅速接受和利润大幅增加的时期。

（3）成熟期

因为产品已被大多数的潜在购买者所接受而造成的销售成长减慢的时期即为成熟期。为了对抗竞争，维持产品的地位，营销费用日益增加，利润稳定或下降。

（4）衰退期

由于竞争激烈，需求饱和或出现新产品，销售下降的趋势增强且利润不断下降的时期即为衰退期。

从产品生命周期的 4 个阶段可以看出产品有一个有限的生命。产品销售经过不同的阶段，每一阶段都给销售者提出了不同的挑战、机会和需要解决的问题。在产品生命周期的不同阶段，产品利润有高有低，企业需要制定不同的营销、财务、制造、购买和人事战略。

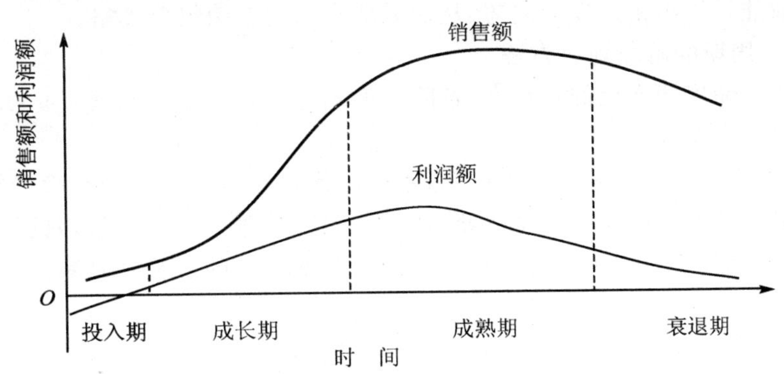

图 9－2　企业产品生命周期

3. 产品生命周期的形态

产品生命周期是一种理论抽象，在现实经济生活中，并不是所有产品的生命历程都完全符合这种理论形态。除图 9－2 所示的正态分布曲线外，产品的生命周期还有以下几种常见形态：

(1) 非连续型循环

大多数时尚型产品的生命周期很短，呈非连续型循环，只有两个阶段，一个是快速增长阶段，另一个是显著暴跌阶段。此类产品在短时间内为一部分消费者狂热追求，很快到达成熟期的最高峰，接着又很快过时了，销售量下降，快速进入衰退期，如图 9－3(a)所示。

(2) 循环-再循环型

这种产品在经历了一次完整的生命周期进入衰退期后，并未退出市场，而是企业通过大力促销，或者开发配套新产品、新功能，使产品又进入新的循环，出现新生机。但第二周期的规模和持续时间一般都小于第一周期，如图 9－3(b)所示。

(3) 扇型-多循环型

产品进入成熟期后，企业通过制定和实施正确的营销策略，使产品销量不断达到新的高峰，几乎看不出衰退期，如图 9－3(c)所示。

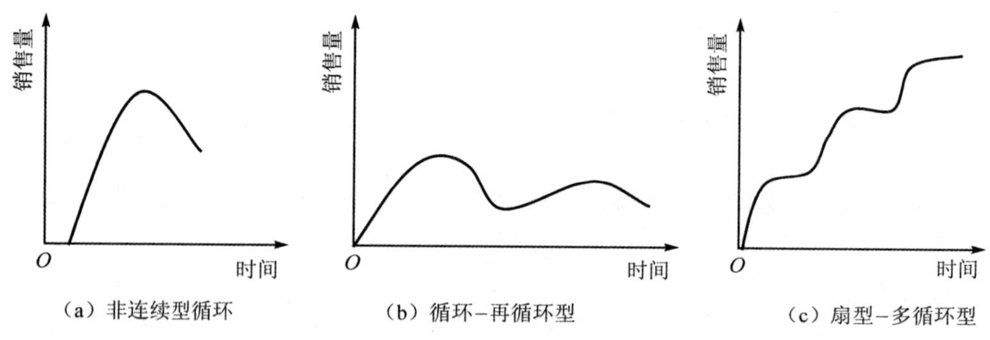

(a) 非连续型循环　(b) 循环-再循环型　(c) 扇型-多循环型

图 9－3　产品生命周期其他形态

通过对产品生命周期的分析可以看出，产品生命周期存在的 4 个阶段，是产品生命周期最一般、最典型的表现，但不同产品的生命周期会呈现不同的特点，并非一切产品都必须经历四个阶段。无论产品有什么样的市场周期，作为经营者必须认真研究产品各阶段的特点，在试制或推出新产品前能描绘出未来发展趋势，从而采取恰当的营销组合策略。

4. 产品生命周期的阶段划分方法

在产品市场生命周期变化的过程中，各阶段的划分并没一定的标准，基本属于定性判断，主观随意性较大。

理论上，只有当一个产品完全被淘汰后，才可以依据对历史资料的整理、统计和分析，完全准确地划分出产品生命周期在当时所处的阶段，但这时对市场营销策略的制定已无实用价值。因此，掌握预先判断的方法，减少随意性，就具有了现实的意义。判断产品市场生命周期阶段，一般采用如下两种方法：

(1) 类比法

类比法是比照市场上类似产品的发展情况进行推测、分析，判断某产品所处的生命周期阶段。

(2) 销售增长率法

销售增长率法是用上期销售增长率的实际或预测的数据作为依据，划分产品生命周期的各阶段。其公式为

$$增长率 = \Delta Y / \Delta X$$

式中：ΔY 表示销售量的增长率；ΔX 表示增加的时间（一般以年为单位）。

根据国外划分产品生命周期各阶段的经验：当 $\Delta Y/\Delta X$ 大于 10%时，属于成长期；当 0.10%≤$\Delta Y/\Delta X$<10%时，属于成熟期；当 $\Delta Y/\Delta X$ 小于 0 时，属于衰退期。

此外，企业还可以根据不同产品历年的销售统计资料，自行确定标准去划分各个产品所处的产品生命周期。

表 9-2 给出了采用销售增长率法判断产品生命周期的标准、所处阶段的特点以及企业所能采取的营销对策。

表 9-2　销售增长率法判断产品生命周期

阶段	判断标准（ΔY：销售增长率；ΔX：时间增量）	特　点	营销策略
投入期	$\Delta Y/\Delta X$ 的值不稳定	"试销"阶段 消费者了解少 产品不稳定 经销商不愿多进货 企业无利甚至亏本	迅速撇脂策略 缓慢撇脂策略 迅速渗透策略 缓慢渗透策略
成长期	$\Delta Y/\Delta X$≥10%	消费者接受了产品 中间者愿意经销 产品销量上升 产品成本下降 企业利润上升	改进产品 适时降价 广泛分销 加强促销
成熟期	0.1%≤ΔY/ΔX<10%	产品销量稳定 增长率缓慢下降 利润缓慢下降 新品不断出现 竞争非常激烈	市场改良策略 产品改良策略 营销组合改良策略
衰退期	$\Delta Y/\Delta X$<0	替代新品上市 销量急剧下降 客户发生转移 竞争者纷纷退去	维持策略 集中策略 榨取策略 放弃策略

9.3.2　产品生命周期各阶段的特征及营销策略

企业运用产品生命周期理论分析产品所处的阶段，主要是为了使自己的产品尽快为消费者所接受，缩短产品的市场投入阶段；同时尽可能使产品以较慢的速度被淘汰。在产品生命周期的不同阶段，产品的销售额单位利润水平，总利润水平及价格呈不同的变化趋势，具有不同的特点，这些变化特点正是企业制定营销战略的基点，即企业总体战略的制定和实施都需要准确地掌握不同阶段的特点。

1. 投入期的特点及营销策略

投入期时新产品刚刚进入市场，知名度较低。

(1) 投入期的特点

① 消费者对新产品尚不了解,产品的销售量小,相应地加大了单位产品成本;

② 尚未建立理想的营销渠道和高效率的分销模式;

③ 价格决策难以确定,可能限制了购买,也可能难以收回成本;

④ 广告费用和其他营销费用开支较大;

⑤ 产品技术性能尚不完善;

⑥ 企业利润较少,甚至出现经营亏损;

⑦ 市场中同行竞争者较少。

针对上述产品投入期的特征,企业若建立有效的营销系统,为每一个营销组合变量制定有效的营销对策,就可以推动新产品尽快地由市场投入阶段进入成长阶段。

(2) 投入期的营销策略

投入期可供选择的营销策略如图9-4所示。

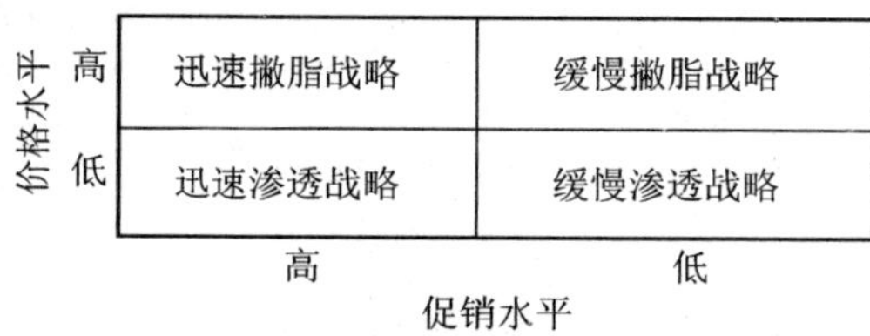

图9-4 投入期可供选择的营销策略

① 迅速撇脂策略

迅速撇脂策略指企业以高价格和高促销费用推出新产品,以求迅速扩大销售量,取得较高的市场占有率。

实行高价格是为了在每一单位销售额中获取最大利润。实行高促销费用是为了引起具有较高消费能力的目标市场的注意,加快市场渗透率,尽快地占领市场。

成功地实施这一策略,可以赚取较大利润,有利于尽快收回开发时的投资。实施这一策略须具备以下条件:

- 市场上有较大的需求潜力。在产品投放市场前,必须对市场进行可行性研究和必要的市场需求预测,了解消费者潜在需求是否很大;
- 目标顾客求新心理强,急于购买新产品并愿意为此付出高价;
- 企业面临潜在竞争者的威胁,需及早树立名牌。

② 缓慢撇脂策略

缓慢撇脂策略指企业以高价格和低促销费用将新产品引入市场。高价格和低促销水平二者结合,可以使企业获得更多利润。实施本策略的市场条件是:

- 产品的市场规模较小,这种产品只适应有限的目标顾客,竞争威胁不大;
- 市场上大多数用户对该项产品没有过多疑虑;
- 适当的高价格能为市场所接受。

③ 迅速渗透策略

迅速渗透策略指企业以低价格和高促销费用推出新产品(低价也可视为某种促销手段),目的在于先发制人,以最快的速度打入市场。本策略可以给企业带来最快的市场渗透率和最

高的市场占有率，减少潜在竞争者，加大促销力度。实施这一策略的市场条件是：

- 该产品市场容量相当大，即潜在顾客较多，低价可以扩大市场；
- 潜在消费者对产品不了解，且对价格十分敏感，价格一定比例的上升或下降可引起需求量更大比例的变化；
- 产品的单位制造成本可随生产规模和销售量的扩大迅速下降；
- 存在潜在竞争者的威胁。

④ 缓慢渗透策略

缓慢渗透策略指企业以低价格和低促销费用推出新产品。低价格是为了促使市场迅速地接受新产品，低促销费用则可以实现更多的净利润。采取这一策略是因为企业相信该产品市场需求价格弹性较高，而促销弹性较小，即促销费用低也不会对消费者需求引起较大比例的变化；同时，企业寻求的是逐步打入市场。实施这一策略的市场条件是：

- 产品市场容量较大；
- 潜在顾客易于或已经发现该项新产品且对价格十分敏感；
- 有相当多的潜在竞争者准备加入竞争行列。

产品投入阶段是产品成长的关键时期，能否顺利通过投入阶段，决定着产品的市场前途。

2. 成长期的特点及营销策略

经过投入期的努力，消费者逐渐接受产品，市场迅速扩大，企业制作工艺逐步完善，规模经济效益开始显现。同时，不断增长的市场需求吸引来越来越多的竞争者，市场上开始出现竞争产品，产品进入成长期。

(1) 成长期的特点

① 消费者对新产品已相当熟悉，销售量迅速增加。产品已定型，销售费用减少，成本降低，利润增加。

② 建立了比较理想的营销渠道。由于大规模的生产和丰厚的利润机会，吸引大批竞争者加入，模仿抄袭相当普遍，竞争日趋激烈。

③ 市场价格趋于下降。

(2) 成长期的营销策略

在产品的成长阶段，企业营销策略的核心是尽可能地延长产品的成长阶段，稳定或提高市场占有率。具体说来，可采取以下营销策略：

① 改进产品：根据用户需求和其他市场信息，组合和生产多品种、多规格、高质量的产品，并在产品特色和优质服务上狠下功夫，创造高声誉的名优产品。

② 广泛分销：重新评价渠道选择决策，巩固原有渠道，增加新的销售渠道，搞好渠道成员的协作，对中间商给予相应的优惠，扩大销售范围。

③ 加强促销：树立强有力的产品形象。促销决策应从建立产品知名度为中心转移到以树立产品形象为中心，主要目标是建立品牌偏好，宣传产品特色，增强消费者对产品和企业的信任感，提高知名度，争取新的顾客。

④ 适时降价：在分析发展趋势和竞争者价格策略的基础上，应选择适当的时机调整价格，可考虑保持原价或降低价格，以吸引对价格敏感的潜在购买者，同时有效抵挡新进入的竞争者。

以上策略均属于市场扩张型策略，会大大加强产品的竞争能力，但相应地也会加大营销成

本。因此,在成长阶段,企业面临着“高市场占有率”抑或“高利润率”的选择。一般来说,实施市场扩张策略会减少短期利润,但加强了企业的市场地位和竞争能力,有利于维持和扩大企业的市场占有率。从长期利润观点看,这样做有利于企业发展。在国际市场竞争中,许多大厂商通常都以市场占有率为此阶段的主要目标,就是因为他们期待并相信市场份额扩大,产品单位营销成本必然下降,从长远看,能赢得更多利润。

3. 成熟期的特点及营销策略

成熟期的市场机会逐渐减少,极少出现爆炸式的行业增长,竞争对手越来越强大,企业无法依靠简单的寻找机会或市场升级手段进行竞争。在产品成熟期阶段有三种基本策略可供选择:市场改良、产品改良和营销组合改良。

(1) 市场改良策略

市场改良策略也称市场多元化策略,即开发新市场,寻求新用户。市场改良可以通过以下方式实现:

① 开发产品的新用途,寻求新的细分市场。例如,美国杜邦公司生产的尼龙产品,最初只用于军用市场,如降落伞、绳索等。第二次世界大战后,产品转入民用市场,企业开始生产尼龙衣料、窗沙、蚊帐等日用消费品,以后又继续扩展到轮胎、地毯等市场。

② 刺激现有顾客,增加使用频率。采取广告宣传、优惠促销等手段,鼓励现有顾客重复购买产品。

③ 重新为产品定位,寻求新的买主。如婴儿系列的香皂、润肤露产品,因其无刺激、柔和,企业抓住机会,重新树立产品形象,进入女性市场,使销售量出现再循环。

(2) 产品改良策略

产品改良策略也称为“产品再推出”。对整体产品概念中的任何一个层次的改革都可视为产品再推出,包括提高产品质量、改变产品特性和款式、为顾客提供新的服务等。实现产品再推出策略有以下方式:

① 品质改进策略:主要侧重于增加产品的功能,如微软计算机操作系统不断升级换代,这种品质改进可以极大地提高产品的市场竞争地位。

② 特性改进:主要侧重于增加产品的新特性,尤其是扩大产品的高效性、安全性或方便性。

③ 式样改进:主要是基于人们美学欣赏观念或便利性而进行的款式外观改变。例如,很多旅游纪念品,改变包装,便于带回去馈赠亲友。

④ 服务改进:主要是客户服务内容、方式和服务质量的改变。对于许多消费品来说,良好的服务,例如为用户提供运输、开展技术咨询、上门维修等,会大大促进消费者的重复购买。因此企业要不断提高服务质量,向顾客提供新的利益,以提高产品形象,保名牌,创名牌。

(3) 营销组合改良策略

营销组合改良策略指通过改变定价、销售渠道及促销方式来延长产品的成熟期,一般是通过改变一个因素或几个因素的配套关系来刺激或扩大消费者的购买。如设计和组合新产品,改造现有产品,可从竞争者那里吸引一部分顾客。可采取的具体措施包括降低价格、扩大销售渠道、增加销售网点、采取多样化的促销策略、采用新颖的广告宣传方式和进行新的销售因素组合等。但这种改进一般很容易被竞争者所模仿。

4. 衰退期的特点及营销策略

面对进入衰退期的产品,企业需认真分析采取何种策略,何时退出市场。此时营销策略重点发生转移,重点应关注如何尽早将资本转移到新产品开发上去。

(1) 衰退期的特点

① 产品销售量由缓慢下降变为迅速下降,消费者的兴趣已完全转移或持币待购,期待着新产品上市;

② 经过成熟期的激烈竞争,价格也已下降到最低水平;

③ 多数企业无利可图,被迫退出市场;

④ 留在市场上的企业,被迫逐渐减少产品的附带服务,削减促销预算等,以维持最低水平的经营;

⑤ 产品老化,市场出现换代产品。

(2) 衰退期的营销策略

① 集中策略:指把企业能力和资源集中使用在最有利的细分市场,最有效的销售渠道和最易销售的品种款式上。即缩短战线,在最有利的市场赢得尽可能多的利润。

② 维持策略:指保持原有的细分市场,沿用过去的营销组合策略,把销售维持在一个低水平上。这种策略是在等待时机成熟,以便停止该产品的经营,退出市场。

③ 榨取策略:指大幅度降低销售费用,如广告费用削减为零、大幅度精减推销人员等,以最大限度增加近期利润的策略。这样做,销售量有可能迅速下降,因而通常作为停产前的过渡策略。

④ 放弃策略:指对于衰退比较迅速的产品,采取当机立断、放弃经营的策略。如果企业决定停止经营衰退期的产品,就应在立即停产,还是逐步停产问题上慎重决策。同时,处理好善后事宜,使企业有秩序地转向新产品经营。

9.4 新产品开发策略

产品生命周期理论给我们提供了一个重要启示,由于当代科学技术水平的迅速发展,产品生命周期迅速缩短,已成为当代企业所面临的现实。这种现实迫使每个企业不得不把开发新产品作为关系企业生死存亡的战略重点。

9.4.1 新产品的概念

市场营销学中的新产品是从企业经营角度认识和规定的,它与因科学技术在某一领域的重大发展所推出的新产品有所不同,前者比后者广泛,且包含了后者。

新产品指与原有产品在技术、功能、结构、形态和服务等方面都有显著差异的产品。新产品是相对于老产品和产品具有新的特色,并且能适应消费者新的文化精神需求及其他需求而言的产品。即本企业从未生产、销售过的产品,都可以认为是新产品。或者说只要是产品整体概念中任何一部分的创新或改革,都属于新产品的范畴。新产品按其创新程度可分为如下几种:①

①菲利普.科特勒等.营销管理.13版.中国版.中国人民大学出版社,2016:273.

1. 全新产品

全新产品指为满足消费者新的需求,运用现代科学技术或手段创造的整体更新的产品。为首次投放市场,开创全新市场。

2. 换代产品

换代产品指对原有产品进行较大改革后生成的产品。与原有产品相比,现有产品的改进或改变替代现行产品,提供更加优越的性能或更高的消费者感知价值。随着科技的飞速发展,产品更新换代速度越来越快。

3. 新产品线

使本企业首次得以进入已有市场的新产品。

4. 现有产品线的补充产品

补充公司现有产品线的新产品。

5. 市场再定位产品

定位于新市场或新的细分市场的现有产品。

6. 成本降低产品

以较低成本提供相似性能的新产品。

【小链接9-2】①

2015年,德国啤酒产量达95.62亿升,销售额达78亿欧元,其中15.85亿升啤酒出口国外,占总产量的16.6%。而出口到中国的德国啤酒近几年增长迅速,去年达2.1亿升,是2005年的近8倍。2015年,德国啤酒消费量达86亿升,进口啤酒仅占国内消费总量的6.8%。啤酒已经成为德国的文化符号之一,而德国啤酒之所以因高品质而备受欢迎,还要从500年前的一部法律说起。

早在1516年,巴伐利亚就出台了啤酒纯净法,明文规定酿造啤酒只能使用大麦、啤酒花和水,这是世界上目前仍在通行的最古老食品法规。虽然后来的纯净法几经修改,但严格限制酿酒原料的基本精神延续了下来。现在多达6000种的德国啤酒,都是由水、麦芽、啤酒花和酵母四种基本原料通过不同的搭配比例和酿造工艺制造出来的。

水乃“啤酒之躯”。啤酒的90%以上成分是水,因此水质对啤酒质量十分关键;麦芽乃“啤酒之魂”,啤酒的口味、成色以及酒精度都是拜麦芽所赐;啤酒花乃“啤酒之根”。德国南部巴伐利亚州的哈勒陶地区是世界上最大的啤酒花种植地。这种被啤酒商们称为“绿色黄金”的植物赋予啤酒以独特的香气、丰富的泡沫以及微苦的口感。

德国啤酒在酿造工艺上拥有数百年的历史,经过168小时以上发酵,产出的啤酒麦芽香味浓郁,口感细腻,泡沫丰富,持久度超过5分钟以上。目前德国已有两所顶尖大学开设了酿造技术课程,国际领先的酿造技术不仅吸引着众多国际啤酒大师来学艺,也为高品质的德国啤酒提供了技术保证。

无醇啤酒是目前德国增长最为快速的新啤酒种类。根据德国啤酒商联盟协会(DBB)的统计,2015年德国无醇啤酒的销量增长4%,达524万百升,占啤酒总产量的5.6%。

在啤酒中添加其他饮料和果汁的做法早已不新鲜,这种酒精饮料也一直在德国啤酒消

① 资料来源:王志远.消费习惯变化催生新产品.经济日报,2016-11-28(07).

费市场上占有一定地位。DBB 的数据显示，啤酒混合饮料去年的市场份额为 4.2%，且保持稳定增长。柏林啤酒厂推出的柏林白啤酒原始口感略酸，酒精度只有三度，搭配接骨木花和覆盆子等做成的糖浆，口味极佳，一经推出便成为柏林及周边地区的畅销品。

目前，越来越多的中小型啤酒商通过采用新啤酒花或新技术来酿造精酿啤酒。贝克斯(Beck's)等大啤酒商也面向市场推出了自己的精酿啤酒。“2005 年至 2015 年 10 年时间里，德国新建了近 100 家啤酒厂，其中大部分都是精酿啤酒厂，极大丰富了德国的啤酒种类”，DBB 新闻发言人胡恩霍尔茨(Marc—Oliver Huhnholz)说。

精酿啤酒的种类确实五花八门，但其销量就目前来看并没有大幅增长。据 DBB 估计，精酿啤酒最多只有德国啤酒总产量的 0.2%～0.5%。“未来几年，精酿啤酒会在市场中找到自己的空间，但其总量不会迅速膨胀。”胡恩霍尔茨说。

9.4.2　新产品开发程序

彼得·德鲁克提出创新是当代企业的特征之一，创新活动的成败直接关系企业的成败。新产品开发不但是产品进入衰退期后企业必须进行的活动，也是应对不断变化的消费需求、日新月异的科技发展以及日趋激烈的市场竞争的重要保证。

为提高新产品开发的成功率，必须建立科学的新产品开发管理程序。一般企业研制新产品的管理程序大致如下：

1. 调查分析

开发新产品的根本目的是为了满足市场的需求，即顾客的需求是新产品开发的主要依据。因此，新产品开发前，必须做好调查分析。调查分析主要是调查分析国内外有关产品的经营现状，了解国内外有关产品的品种、容量、数量、规模、价格、销售环节等。通过消费者的反映，预测市场的需求变化和新产品的发展前途，从而根据需要开发新产品。

2. 新产品构思

根据调查分析掌握的市场需求情况，消费者对老产品的意见和企业资源，提出开发新产品的初步设想和构思。再通过对有代表性的种种设想加以分析、综合，就逐渐形成了比较系统的新产品概念。

在新产品构思阶段，决策者应积极在不同环境中寻找好的产品构思，集思广益，鼓励职工、科技人员和消费者发展产品构思，收集创意方案，以便从中选择最佳的构思方案，并将所汇集的构思转送公司有关部门，征求修正意见，使其内容更加充实。

【小链接 9－3】[①]

寻找和搜集新产品构思的主要方法包括：

① 产品属性排列法

将现有产品的属性一一排列出来，然后探讨、尝试改良每一种属性的方法。新的产品创意往往在此基础上形成。

② 强行关系法

先列举若干不同的产品，然后把某一产品与另一产品或几种产品强行结合起来，产生一

① 资料来源：赵晓燕，市场营销管理-理论与应用，北京：北京航空航天大学出版社，2008 版，186－187 页.

种新的产品构思的方法。例如,市场上畅销的组合家具就是把大衣柜、写字台等不同特点及不同用途相结合,设计生产出的既美观又较实用的新型家具。

③ 多角分析法

首先将产品的重要因素抽象出来,然后具体地分析每一种特性再形成新的创意。

④ 聚会激励创新法

将若干各有见解的专业人员或发明家集合在一起(一般不超过10人为宜),开会讨论会前提出并给予时间准备的若干问题,参加人员畅所欲言,彼此激励,相互启发,提出种种设想和建议,经会后分析归纳,便可形成一种新产品的构思。

⑤ 征集意见法

产品设计人员通过问卷调查、召开座谈会等方式了解消费者的需求,征求科技人员意见,询问技术发明人、专利代理人、大学或企业的实验室、广告代理商等的意见。这种方法需要经常坚持,形成制度。

3. 构思筛选

根据是否符合企业发展目标和长远利益,对所搜集的方案进行筛选。筛选的主要目的是摒弃那些可行性小或获利较少的产品构思,将有效的资源集中于成功几率较高的创意上。筛选过程主要考虑市场成功条件。

(1) 市场成功的条件

市场成功的条件主要包括新产品市场潜力、市场竞争程度及前景估计,企业能否获得较高的经济效益。

(2) 企业内部条件

对企业内部资源进行总体评价。看企业的人财物资源、企业的技术条件及管理水平是否适合生产这种产品。

(3) 产品销售条件

企业现有的销售结构是否适合销售这种产品。

(4) 利润收益条件

利润收益条件包括产品是否符合企业的营销目标,获利水平及新产品对企业原有产品销售的影响。

对于通过初步筛选后保留下来的产品构思,还应当进一步进行更为系统的审查。一般通过新产品构思审核表进行评判,划分出等级,然后再决定取舍,表9-3是较典型的新产品构思评判表。

表9-3 新产品构思评判表

产品成功的必要条件	权数 A	公司能力水平/B											得分表 $A\times B$
		0.0	0.1	0.2	0.3	0.4	0.5	0.6	0.7	0.8	0.9	1.0	
公司信誉	0.20							√					0.120
市场营销	0.20										√		0.180
研究与开发	0.20								√				0.140

续表 9-3

产品成功的必要条件	权数 A	公司能力水平/B											得分表 $A\times B$
		0.0	0.1	0.2	0.3	0.4	0.5	0.6	0.7	0.8	0.9	1.0	
人员	0.15							√					0.090
财务	0.10										√		0.090
生产	0.50									√			0.040
销售地点	0.50				√								0.015
采购与供应	0.50										√		0.045
总计	1.00												0.720

说明：分数等级 0.00～0.40 为劣，0.41～0.75 为中，0.76～1.00 为良。目前可以接受的最低分数为 0.70。

表 9-3 中第一栏是某新产品成功的条件，第二栏是按照这些条件在进入市场中的不同重要程度分别给出的不同权数，第三栏是对某新产品成功打入市场是否符合本企业的目标和战略的综合评分。

在筛选阶段，应力求避免两种偏差：一种是误舍，即漏选良好的产品构思，对其潜在价值估计不足，草率剔除，失去发展机会；另一种是误用，即采纳了错误的产品构思，仓促投产，造成失败。

4. 形成产品概念

新产品构思经过上述筛选后，需进一步发展成为具体、明确的产品概念。产品概念是指已经成型的产品构思，要经过产品设计与设计鉴定两个步骤完成实现。

（1）产品设计

产品设计的基本任务是将产品构思发展成几种产品设计方案，以文字、图形、模型描述出比较明确的产品概念。

（2）设计鉴定

设计鉴定的基本任务是对每一个具体设计方案加以具体的评价。设计鉴定首先在企业开发部门进行，可以根据未来市场的潜在容量、投资盈利率、生产能力以及对企业设备、资源的充分利用等标准权衡，衡量出每个产品设计方案的潜在价值；然后将设计方案提交给未来目标市场上有代表性的顾客群体进行测试，听取他们的意见；最后，经过综合分析，选定一种最佳的设计方案。

5. 初拟营销规划

形成产品概念后，应制定营销策略，拟定新产品投放市场的营销规划。规划内容主要包括如下几点：

（1）描述目标市场的规模、结构及消费者的购买行为，新产品的市场位置，产品销售最初几年的销售量、利润、市场占有率等。

（2）规划新产品的预期价格、分销渠道以及第一年以促销（尤其是广告）为重点的营销预算费用。

（3）阐述较长期的销售额和利润目标，以及不同时期的营销组合策略等。

6. 商业分析

商业分析实际上是经济效益分析,任务是在初步拟定营销规划的基础上,从财务上进一步判断新产品是否符合企业目标。主要包括以下两个阶段:

(1) 预测销售额

可参照市场上类似产品的销售发展历史,并考虑各种竞争因素,分析新产品的市场地位、市场占有率,以此来推测可能的销售额。

(2) 推算成本和利润

成本预算主要通过市场营销部门和财务部门综合预测各个时期的营销费用及各项开支。如新产品研制开发费用、销售推广费用、市场调研费用等。

根据成本预测和销售额预测,企业即可以预测出各年度的销售额和净利润。审核分析该项产品的财务收益可以采用盈亏平衡分析法、投资回收率分析法、资金利润率分析法等。

7. 新产品研制

新产品研制是指将通过效益分析(即商业分析)后的新产品概念交送研究开发部门或技术工艺部门研制成为产品模型或样品,同时进行包装的研制和品牌的设计。

这是新产品开发的一个重要步骤。只有通过产品研制,投入资金、设备和劳力才能使产品概念实体化,才能发现产品概念的不足与问题,继续改进设计,也才能证明这种产品概念在技术、商业上的可行性如何。如果因技术上不过关或成本过高等遭否定,这项产品的开发过程即会终止。

8. 市场试销

市场试销是指把根据选定的产品概念制成的产品,投放到经过挑选的有代表性的小范围市场上进行试销,旨在检查这种新产品的市场效应,然后再决定是否大批量生产。

不过,并非所有新产品都必须经过试销,是否试销主要取决于企业对新产品成功率的把握。如果企业已经通过各种方式收集了用户对该产品的反映意见,并已进行了改进,了解到产品具有相当的市场潜量,就可以在市场上直接正式销售,但如果对新产品成功率没有把握,付出一定的试销费是必要的。

新产品试销前所要做出的决策主要包括:

① 确定试销的地区范围和地点。试销市场应是企业目标市场的缩影。

② 确定试销时间。试销时间的长短一般应根据该产品的平均重复购买程度决定,再购率指在试销期内重复购买该项产品的人数对顾客总数的百分比。

③ 明确试销中所要取得的资料。一般应了解首次购买情况,重复购买情况(即再购率),市场普及率,试销的推广费用,用户对产品质量、性能、规格、款式、包装等方面的意见等。

④ 试销所需用的费用开支。

⑤ 试销的营销战略及试销成功后应进一步采取的战略行动等。

试销结果,如果试用率和再购率都高,便停止试销,立即正式投放市场;如果试用率高,再购率低,则说明顾客对产品尚不满意,应研究改进,不断完善;如果试用率低,再购率高,则说明产品尚受欢迎,但消费者尚不够了解产品,需要加强宣传;如果试用率和再购率都低,则说明产品无发展前途,应立即停止开发。

9. 商业投放

新产品试销成功后,即可正式投放市场。这时,企业就要动用大量资金,支付大量费用,而

新产品投放市场的初期往往利润微小，甚至亏损，因此企业在此阶段应在以下诸方面慎重决策：

(1) 投放时机

如果新产品是用来代替本企业其他产品的，那么投入市场的时机应是在原有产品库存较少的情况下上市；如果新产品的需求具有较强的季节性，应在最恰当的季节投放，以争取最大销量；如果新产品需要改进，应等到产品进一步完善后再投放，切忌仓促上市。

(2) 投放地区

公司必须决定新产品投放地区是在城市还是在乡村，是在国内市场还是在国际市场。一般情况下，应集中在某一地区市场上开展广告和促销活动，取得一定的市场份额，再向全国各地市场扩展。但是，资金雄厚并拥有完备、顺畅的国内、国际销售网络的大企业，有时也可以直接将新产品推向全国或国际市场。

(3) 目标市场

目标市场的选择可以依据试销或产品开发以来所收集的资料。最理想的目标市场应是最有潜力的消费者(用户)群，理想的新产品消费的主要潜在购买者通常具备以下特征：最早采用的新产品市场；大量购买新产品的市场；该市场的购买者具有一定的传播影响力；该市场的购买者对价格比较敏感。

(4) 营销组合

要在新产品投放前制订尽可能完备的营销组合方案，新产品营销预算要合理分配到各营销组合因素，要根据主次轻重有计划地安排各种营销活动。

10. 新产品投放市场后的评价

新产品投放市场后，还要进行最终评价。其目的是搜集消费者的反映，检查产品的使用效果，掌握市场动态，为进一步改进产品设计和市场营销策略提供依据，或据以决定对现有企业的发展规模加以扩大，缩小或维持现状，抑或停止经营。评价项目包括市场销售情况、新产品预测、市场竞争情况、经济效益情况、社会环境和产品构成分析。在这六个方面因素评价的基础上，进行系统分析，综合评价；同时还要同原定目标进行比较。

9.4.3 新产品开发策略

在激烈的市场竞争中，新产品开发策略是竞争的重要领域。新产品开发策略主要有以下几种：

1. 先发制人策略

先发制人策略指企业率先推出新产品，利用产品的独特优势，占据市场的有利地位。

对于广大消费者而言，往往容易形成“先入为主”的品牌认知，即认为第一个上市的产品才是正宗产品，其他产品都应以此为参照标准。因而可以采用先入为主的措施快速建立品牌偏好，从而获得丰厚的利润。

采用此种新产品开发策略的企业，多采用独立研发或联合研发的方式进行产品开发。

【小链接9-4】①

记者走访广交会展馆发现,自主研发的新产品、新技术已普遍成为参展企业向采购商展示的“杀手锏”。不少企业告诉记者,尽管近年国际需求下降,但通过技术创新提升产品附加值,尤其是行业龙头企业推出的智能产品促使出口订单不降反升,利润也得到较大幅度提高。

刚刚拿下了巴西里约奥运会标的志高空调集团董事局主席李兴浩亲自到本届广交会展位站台。他告诉记者,新产品带来了可观的增量订单,尽管当前国际需求今年家电外贸大环境依然十分恶劣,但志高今年出口有信心保持10%的增长。

据悉,目前志高空调主打“智能云+生态系统”,预计未来三年,志高空调的中高端产品占比将逐步提升至80%左右。李兴浩介绍,志高空调新推出的产品中,远程调控已经是低配,高端产品能感应到你的需要而自动调节,从而实现透明服务、精确服务、即时服务功能。

以智能机器人Ubot“站台”的海尔集团展位科技感十足,吸引了大量采购商驻足观看。该智能机器人采用了语音、图像识别等自然交互技术,能够像人一样与用户对话,帮助用户操控家电。不仅如此,它能听、能看、会说、能思考、有情感等特点,为海尔集团的展位吸引了大量采购商。

事实上,为提高产品竞争力,吸引更多客户,不仅是智能机器人,本届广交会海尔还推出了一系列智能家电产品。海尔集团工作人员向记者展示一款新上市的互联网冰箱,不仅利用了新型风冷、智能杀菌等先进技术保证食材新鲜,还能直接点击冰箱屏幕下单购买蔬菜、水果等,并具有人脸识别、全语音交互、食物识别等功能。

海尔海外电器产业有限公司副总裁张庆福介绍,广交会首日该公司已拿到了来自以色列、德国等采购商的多笔订单。“在多种因素倒逼下,我们已不能再停留在以低价取胜的阶段。”张庆福说,目前海尔产品正逐步向高端、智能化转型升级,并在当前严峻出口形势下打开了突破口,去年海尔智能家电出口实现逆势增长。

2. 模仿策略

模仿策略指企业待别的企业推出新产品后,对新产品进行仿制和改进,然后才推出自己的新产品。

此种策略绕过新产品开发的高风险、高成本环节,而是对市场上的优势产品进行模仿后的改进创新。模仿策略如果能对市场领先者的创新产品进行满足客户需求的创新改进,则有可能后来居上。

采用此种新产品开发策略的企业,多采用技术引进、技术仿制或二者融合的方式进行新产品开发。

3. 系列产品开发策略

系列产品开发策略指围绕产品开发出一系列类似但又各不相同的产品,形成不同类型、不同规格、不同档次的产品系列。

采用该策略进行新产品开发,企业可充分利用已有的资源,快速开发更多相关产品。

① 资料来源:黄颖川,苏力,胡新科. 广交会迎来“开门红” 自主研发新产品成出口企业“杀手锏”. 南方日报,2016-4-17.

9.5　新产品推广

相对于一般产品推广，新产品推广更注重实效性，必须尽可能快速地将自己的新产品传播到消费者心中，令消费者充分认识、了解并接受新产品，促使其试用，形成口碑后吸引更多消费者试用并最终购买。

9.5.1　新产品推广的方式

新产品的推广方式主要有网络推广和线下推广两种方式。

1. 网络推广

(1) 引擎优化及竞价排名

搜索引擎优化指通过优化网站结构、网页代码和内容，使全文搜索引擎的蜘蛛程序能迅速找到网页内容，从而提高网站在搜索结果中的自然排名。

竞价排名则是按效果付费的网络推广方式。企业购买该项服务后，通过注册一定数量的关键词，其推广信息率先出现在用户相应的搜索结果中。

(2) 专业类网站宣传推广

研究表明，在垂直化或细分化后的网站广告效果更精准。在与自己产品相关的垂直网站，用尽可能精美的图片进行宣传，能很好地接触到目标客户，快速形成新产品认知。

(3) 博客及微博推广

企业利用自己的博客或微博，及时推出新产品的相关介绍，可以令对产品感兴趣的客户及时掌握新产品的具体情况。

(4) 网络软文

在用户较大的论坛、网络社区中以试用客户的身份写有关新产品的小文章，吸引更多人去尝试使用新产品。

2. 线下推广

(1) 新产品发布会

新产品上市时采用电视宣传、报纸杂志、网络媒体等各种渠道进行宣传，令新产品发布会形成新闻关注热点。

(2) 展览会

在与产品相关的展览会上展销，令消费者了解新产品的同时，还能免费利用媒体进行了产品宣传。

(3) 现有客户

向现有客户发送新产品，不仅可以节省筛选客户的成本，而且能有效获得新产品使用后的反馈信息，帮助企业进一步改进新产品。

(4) 活动宣传

针对新产品的推广时期，在重点客户群中开展特定的活动进行产品宣传。

【小链接9-5】[1]

“苹果来了,没想到用快钱钱包只要3246元就可以买到心仪的SE,比官网价格还低。”年轻小白领王小姐是资深果粉一枚,“互联网金融时代,钱包也成了一个新的产品推广渠道”。

火热的苹果又要上新品了,众果粉早就开始沸腾了起来。创新走在行业前列的互联网金融公司快钱又玩出了新花样,在钱包上开通了苹果新品预售平台。在快钱钱包上,iPhone SE16G仅售3246元,64G仅4028元,iPad Pro产品的价格也比市面上的便宜将近200元,不过数量有限,先到先得。

为了让众果粉们在第一时间抢购到iPhone SE,快钱钱包发起了“享便宜,购SE你就来”的预售活动,用户只需在应用商店或者快钱官网下载快钱钱包,便可进行iPhone SE预约购买。广大果粉们只需要下载“快钱钱包APP”简简单单几步,就可轻松将iPhone SE和iPad Pro带回家。

9.5.2 新产品推广方案

新产品的推广过程涉及诸多方面的内容,例如推广措施、渠道商的配合等,必须制定完备的新产品推广方案才能有效推出新产品。新产品推广方案至少包括以下内容:

1. 推广背景及目的

在什么情况和条件下推广新产品,如市场竞争程度、产品发展趋势、已有的或潜在的威胁等。

新产品推广希望实现哪些目标,如对现有产品的补充、对现有消费群体的稳固、对新市场的开拓、对竞争对手的打击等。

2. 推广策略

明确在新产品推广中采取什么样的策略组合。例如,采用何种包装突出产品特点,采用返利还是折扣的价格策略,采用何种销售渠道,采用何种促销方式等。

尤其是对于销售渠道(即经销商)的策略选择是新产品推广成败的关键。消费者在首次接触新产品时,对于购买环境、销售服务等因素的感知会直接影响其对新产品的心理定位。因而,与经销商密切合作,选择适合的经销商是推广策略中的重点。

3. 推广实施的组织保障

新产品推广无异于一个新项目的诞生,需要有效的组织实施作为基础,主要包括对销售和渠道人员进行良好的培训,并制定准确的考核方案;预估新产品推广过程中可能出现的突发事件、偏差等情况,事先提出预防及改善措施等。

【讨论题】

1. 什么是产品整体概念?它包括哪些内容?
2. 什么是产品生命周期?它包括哪几个阶段?
3. 什么是新产品?它包括哪几类?

---

① 资料来源:刘松. iPhone新品来了 手机钱包成新的推广渠道,北京晨报,2016-4-1:B003.

4. 什么是产品组合？产品组合的宽度、长度、关联度的含义是什么？
5. 产品组合策略有哪些？
6. 新产品开发策略是什么？
7. 案例题[①]

2016 年 3 月 26 日至 4 月 1 日，2016 海南国际旅游贸易博览会（以下简称“海博会”）在三亚美丽之冠举行，在海博会展览板块，新华网 VR、数字影视技术产品（“口袋售楼处”、AR“数字沙盘”）、智慧旅游产品等一大批高新技术产品首次登上海南展会，以展品的形式带领各界来宾参观、走进新闻生产过程，体验新闻元素、内容通过“高大上”技术传播给受众的独特感受。

2016 年被称为“VR 元年”，新华网今年两会首次组建 VR 报道团队，推出《直击首场政协新闻发布会》《部长通道迎来首批“贵宾”》《测测你能不能当好两会记者》等 VR 视频作品，内容丰富、生动活泼，让网友身临其境参与两会现场。扎实的新闻功底、娴熟的操作技能、创意的表达方式，VR 报道使严肃课题变得立体、多元，媒体界权威人士称，这是一次新闻全媒融合理念的成功实践。

从全国两会现场和刚刚闭幕的博鳌亚洲论坛 2016 年年会上走出来，来到海博会展台，新华网 VR 受到了各界来宾的极大追捧。如何把 VR 运用到新闻生产中？在场的工作人员向各界来宾展示了新华网“VR 视觉”视频的生产过程。在新华网展台，候鸟老人吴程辉是一个摄影爱好者，他对新华网 VR 呈现出来的新闻产品很有兴趣，面对工作人员的介绍，他还不断地提问。

新华网数字影视技术是今年力推的一项专业技能业务，在展会现场，海南不少楼盘展销人员对新华网数字影视制作中心研发的“口袋售楼处”产品很感兴趣。据了解，“口袋售楼处”可以让购房者无须付款，就能体验到入住后的感受，现场有关楼盘营销负责人在体验了“口袋售楼处”后表示，在互联网时代，体验式营销胜过千言万语，“口袋售楼处”让购房者通过一款手机应用软件就能直观感受到入住后的体验，这才是最有效的营销方式。

展会现场，新华网工作人员还向受众展示了 AR“数字沙盘”，据了解，AR 是增强现实技术，AR“数字沙盘”可以替代传统的机电沙盘和数字沙盘，从而形成造价低廉、维护简单、占地面积少、信息可互动、应用可关联等优势。

问题 1：请列举本案例有哪些新产品？
问题 2：请为其中两种新产品设计推广策略。

① 资料来源：张瑜．新华网 VR、数字影视、智慧旅游产品登陆“海博会”．新华网．[2016－3－30]．http://www.js.xinhuanet.com/2016－03/30/c_1118488520.htm.

第10章 品牌和包装策略

【引导案例】[①]

2016年11月17日，因为商标纠纷，两家稻香村再次闹上法庭。北京稻香村食品有限责任公司(下称北稻)将苏州稻香村食品有限公司(下称苏稻、稻香村集团前身)旗下三个公司以侵害商标权纠纷和不正当竞争为由起诉至法院，要求苏稻变更企业名称，变更后的企业名称必须在“稻香村”前面添加“苏州”二字。在业界看来，北稻与苏稻十年来的商标纠纷，实际是原有地域格局随着市场的变化而逐渐被打破，也逐渐引发了南北稻香村商标之争。南北稻香村十年商标之争的背后，更折射出传统老字号在传承与振兴过程中的焦虑与无奈。

十年商标之争

2016年11月17日上午9点，北稻与苏稻商标纠纷案在朝阳区人民法院开庭。在开庭后，北稻提出了6点诉讼请求，分别是：要求苏稻变更其企业名称，并且在变更后加上“苏州”二字；停止在其旗下和平东桥店、王府井旗舰店、王府井体验店和前门体验店使用“稻香村加扇形边框”和“稻香村”商标；赔偿经济损失及合理维权费用350万等。

北稻认为，尽管北京高院和最高人民法院在2014年就已做出二审判决和再审裁定，明确指出苏稻使用的商标与北稻使用的商标会造成市场混淆，不予核准注册和使用，并指出苏稻应当划清彼此商标标识，避免双方标识之间存在混淆误认。但至北稻起诉之日，苏稻仍在持续大量使用相似商标，并且在北京地区加速扩张开店，且均以“稻香村”为店面招牌，造成越来越严重的市场混淆的后果。

对此，苏稻代理律师罗铭君在法庭上回应称，该扇形稻香村商标在此前最高法院已经被查明证实，印证了苏稻创立于乾隆年间的说法，而且苏州稻香村就稻香村有充分的在先权利，并且不认可赔偿数额。“1997年，北京稻香村之所以能成功注册‘稻香村’商标，原因在于其主张3007类‘饺子、粽子、元宵’与3006类‘糕点’不是类似商品。但2006年苏州稻香村注册商标时，北京稻香村却又认为其是近似商品，前后说法互相矛盾。苏州稻香村是糕点类‘稻香村’商标的唯一权利人，并就 稻香村 享有绝对的在先字号权、在先著作权、在先注册商标权、在先中国驰名商标称号，在糕点类食品上的使用具有绝对的排他权利。”罗铭君表示。

上述负责人向记者指出，苏稻将继续坚持不更改企业名称，“苏稻作为一个全国性的老字号，将不会在字号加上苏州二字，将一个全国品牌‘降级’成一个地方品牌。”

据了解，苏州稻香村曾经两次授权北京稻香村公司使用“稻香村”商标。在2008年1月22日，苏稻与北稻签订了《商标许可合同》并于商标局备案，许可使用期限从2008年1月22日至2008年12月30日，约定许可使用费为北京稻香村公司销售额的3%。与此同时，北

① 资料来源：王晓易(责任编辑). 稻香村十年“商标之争”背后. 网易新闻. [2016-11-23]. http://news.163.com/16/1123/14/C6IHADND00014Q4P.html.

京稻香村公司在被许可期间申请注册了“北京稻香村”商标。

就此，北稻表示，苏稻授权北稻使用商标是针对“稻香村”和“DXC”组合成的图形商标，而非“稻香村”文字商标，且苏州稻香村也并不拥有“稻香村”文字商标，同时这份授权从未被执行。“北稻称没有使用‘稻香村’商标，但实际上他们一直在使用‘稻香村’商标主体的三个字，而且在当时的许可费明确由北京稻香村用于‘稻香村’品牌的推广，实际上我们没有收取一分钱，现在对方有‘三禾’商标不用，却注册‘北京稻香村’‘稻香村’等商标，有违诚信原则。”上述负责人表示。

双方各执一词，结果如何需等待法院裁决。

市场博弈

苏州稻香村集团提供的资料显示，苏稻始创于乾隆三十八年(1773 年)的苏州观前街，持续经营至今已经 243 年，完整传承了南派糕点的传统手法技艺，是 1999 年国家在糕点类首批命名的中华老字号。

而北京稻香村提供的资料显示，北稻始建于 1895 年，由金陵人郭玉生带着稻香村的伙计来京，在前门大栅栏观音寺外大街开设了“稻香村南货店”。但由于军阀混战、社会动荡，稻香村南货店在 1926 年关闭，直到 1984 年，由刘振英重建稻香村，并且重新得到了京城百姓的认可。

两家稻香村都是有着较长的历史传承，但据记者了解，他们并不是最早注册“稻香村”的厂家。

1983 年，保定稻香村注册了糕点类别的“稻香村”，最早注册了“稻香村”商标。该厂和北京新亚食品技术开发公司进行整合，成立了“保定稻香村新亚食品有限公司”。

2004 年 4 月，整合后的公司和北京新亚趣香食品有限公司、苏州稻香村食品厂共同成立了“苏州稻香村食品工业有限公司”。此时“稻香村”文字及图商标几经转让后，归到了“苏州稻香村食品工业有限公司”名下。

其间，保定稻香村曾与北京稻香村签订协议，许可后者在糕点品类上使用“稻香村”商标。

在 2005 年之前，两家稻香村彼此的市场之间并无太多交叉，苏州稻香村主要在南方市场，而北京稻香村则深耕北京。但是这种地域格局随着市场的变化而逐渐被打破，也逐渐引发了南北稻香村商标之争。

资料显示，目前北京稻香村拥有 270 余家连锁店，600 余个经销专柜，年销售额达 50 多亿元，除了经营糕点，其门下连锁店如同小超市还经营各类其他品牌食品，在北京当地颇受欢迎。

但近年原本在南方的苏稻快速拓展北方市场，在北京、苏州、江苏、山东等地建有六个大型的食品加工中心。除保定稻香村之外，苏稻还与沈阳等地的稻香村分支保持合作关系，或成立合资公司，并成立了稻香村集团。目前稻香村集团旗下拥有九家分公司。

记者发现，在此次诉讼中，北稻还特意提到电商、微信的问题。据介绍，苏稻实体店面没有北稻多，但 2009 年即开始涉足电商，近几年电商发展很迅速，目前占苏稻营收 30%～40%，今年中秋月饼网络平台销售两亿元。

整合发展

不过,对于双方的发展问题,苏稻方面多次表示希望双方能共同发展"稻香村"的品牌。

苏州稻香村食品集团有限公司董事长沈根富表示,苏州稻香村和北京稻香村作为行业的龙头企业,不该以这种方式解决争端,以前两家关系不错,北京稻香村还曾到苏州稻香村拜访取经,代理过苏州稻香村产品,双方都有来往交流。但现在双方商标之争,对品牌的长远发展极为不利。要妥善解决老字号商标争议,还需要格局与心胸。

事实上,如何在目前消费结构升级、消费者口味变化等多重挑战中实现传承和创新,培养市场竞争优势,是老字号都必须思考的现实问题。

据了解,两家稻香村都在进行相关的整合、发展以适应市场发展。

近年来,苏稻在整合资源,并于2014年成立"稻香村集团",实施集团化发展战略,观前街老门店仍保持运营。目前稻香村集团已在苏州工业园、北京通州、辽宁沈阳、江苏张家港和山东等地建有六个大型的现代化食品加工中心,共占地600余亩,建筑面积40万平方米,并在江苏、山东、湖南、云南等地联合建有原料基地。生产车间按照GMP认证要求,生产过程全程监控,实施全方位透明化无菌生产,确保产品安全高品质。

苏稻执行董事长周广军向记者指出,苏稻单一模式发展已经不能适应当代生产规模与市场变化,取而代之的是以苏稻技术、人员为主的稻香村集团式运营模式。

而北稻亦同样意识到这个传承发展的问题。

北京稻香村食品有限责任公司董事长兼总经理毕国才认为,北京稻香村是传统的食品老字号,最基本的销售方式是实体店、面对面销售,但为了满足消费者多元化需求,企业也应跟上趋势,探索网络销售渠道。

据了解,北稻也在尝试触网。北京稻香村从2014年首次在天猫、京东开设旗舰店,去年5月,联手百度外卖和京东到家探索老字号糕点零售O2O模式。去年4—6月,仅北京稻香村天猫旗舰店销售额就达到246万元;截至去年底,北京稻香村在85家专卖店开通了京东到家和百度外卖业务。去年网络销售渠道整体取得了30%左右的增长。

北京稻香村在坚守自己特色产品和特色服务的同时,也在推进企业的经营转型和管理升级,培养新的市场优势。

10.1 品牌概述

10.1.1 品牌的含义

或许专业营销人员最独特的技巧就是他们创建、维护、增强并保护品牌的能力。苹果、谷歌、IBM、麦当劳等品牌拥有溢价和较高的顾客忠诚。

品牌是一种名称、术语、标记、符号或设计,或是它们的组合使用,其目的是借以辨识某个销售者或某群销售者的产品或服务,并使之同竞争对手的产品和服务区别开来。欧洲早期的品牌化萌芽是中世纪行会要求手工艺人将标志贴在商品上,用以保护自己和他们的顾客免受劣质产品影响。

品牌包括品牌名称和品牌标志。品牌名称指品牌中可以用语言称呼的部分,也称品名,如

Audi;品牌标志指品牌中可以被认出、易于记忆但不能用言语称呼的部分,通常用图案、符号或特殊颜色等构成。

好的品牌应能体现以下六层含义:

1. 属　性

品牌首先带给人们某些特定的属性。这是品牌的基本属性。例如,梅塞德斯(Mercedes)汽车意味着昂贵,制造精良,耐用,快速,高的声誉,高的再售价值等。

2. 利　益

品牌反映消费者的利益。消费者购买的是产品所带来的利益。这就需要把品牌的属性转化为功能型或情感型利益。例如,购买奔驰车,其耐用性属性可转化为经久耐用、少量的维修等功能性利益,而其昂贵的属性则可给买主带来自我满足和令人羡慕等情感型利益。

3. 价　值

品牌也反映了该制造商的某些价值观。例如,梅塞德斯车包含的价值有高绩效、安全和名声。

4. 文　化

品牌可能代表了一定的文化内涵。例如,梅塞德斯车包含德国文化中的组织性、效率和高质量。

5. 个　性

品牌可能代表一种个性。例如,把品牌联想为一个特定的个人、动物或物体。

6. 使用者

使用者是品牌建议购买或使用该产品的消费者类型,反映出品牌的用户形象。例如,使用梅塞德斯车的消费者往往是成功的人士,它从另一个角度张扬了品牌的影响力。

由品牌六个层次的含义可知,企业品牌的决策不应当局限于建立品牌、使用品牌,更应着重于深层次开发品牌。如此,才能使品牌给企业带来巨大的效益。

10.1.2　品牌的作用

1. 从产品规划看品牌的作用

品牌是构成产品的一部分,有助于创造产品印象,譬如青春、华贵、健康、权威等,使顾客在获得实质满足之外,还可获得心理上的满足。

2. 从产品分配看品牌的作用

品牌具有辨认作用,借以和其他厂商的产品有所区分。

(1) 自行鉴别作用:产品有了品牌,可以简化厂商实体分配的管理,便于产品运销、存货盘点、退货与售后服务的处理。

(2) 顾客鉴别作用:品牌可以暗示一些产品特性,使顾客易于辨认,更利于满意者的重复购买,这一点在自助式陈列销售中尤显必需。

3. 从产品定位看品牌的作用

利用品牌所建立的知名度与所赋予的产品特色,可以在顾客心目中产生“产品差异化”的效果,创造了差别定价的机会,避免价格竞争。

4. 从产品推广看品牌的作用

品牌是广告的基础,透过品牌,可以使产品推广和广告宣传中带给消费者的印象凝结为实在而活生生的标志。

【小链接10-1】[①]

各省、自治区、直辖市人民政府,国务院各部委、各直属机构:

品牌是企业乃至国家竞争力的综合体现,代表着供给结构和需求结构的升级方向。当前,我国品牌发展严重滞后于经济发展,产品质量不高、创新能力不强、企业诚信意识淡薄等问题比较突出。为更好发挥品牌引领作用、推动供给结构和需求结构升级,经国务院同意,现提出以下意见:

一、重要意义

随着我国经济发展,居民收入快速增加,中等收入群体持续扩大,消费结构不断升级,消费者对产品和服务的消费提出更高要求,更加注重品质,讲究品牌消费,呈现出个性化、多样化、高端化、体验式消费特点。发挥品牌引领作用,推动供给结构和需求结构升级,是深入贯彻落实创新、协调、绿色、开放、共享发展理念的必然要求,是今后一段时期加快经济发展方式由外延扩张型向内涵集约型转变、由规模速度型向质量效率型转变的重要举措。发挥品牌引领作用,推动供给结构和需求结构升级,有利于激发企业创新创造活力,促进生产要素合理配置,提高全要素生产率,提升产品品质,实现价值链升级,增加有效供给,提高供给体系的质量和效率;有利于引领消费,创造新需求,树立自主品牌消费信心,挖掘消费潜力,更好发挥需求对经济增长的拉动作用,满足人们更高层次的物质文化需求;有利于促进企业诚实守信,强化企业环境保护、资源节约、公益慈善等社会责任,实现更加和谐、更加公平、更可持续的发展。

二、基本思路

按照党中央、国务院关于推进供给侧结构性改革的总体要求,积极探索有效路径和方法,更好发挥品牌引领作用,加快推动供给结构优化升级,适应引领需求结构优化升级,为经济发展提供持续动力。以发挥品牌引领作用为切入点,充分发挥市场决定性作用、企业主体作用、政府推动作用和社会参与作用,围绕优化政策法规环境、提高企业综合竞争力、营造良好社会氛围,大力实施品牌基础建设工程、供给结构升级工程、需求结构升级工程,增品种、提品质、创品牌,提高供给体系的质量和效率,满足居民消费升级需求,扩大国内消费需求,引导境外消费回流,推动供给总量、供给结构更好地适应需求总量、需求结构的发展变化。

三、主要任务

发挥好政府、企业、社会作用,立足当前,着眼长远,持之以恒,攻坚克难,着力解决制约品牌发展和供需结构升级的突出问题。

①进一步优化政策法规环境。加快政府职能转变,创新管理和服务方式,为发挥品牌引领作用推动供给结构和需求结构升级保驾护航。完善标准体系,提高计量能力、检验检测能力、认证认可服务能力、质量控制和技术评价能力,不断夯实质量技术基础。增强科技创新支撑,为品牌发展提供持续动力。健全品牌发展法律法规,完善扶持政策,净化市场环境。加强自主品牌宣传和展示,倡导自主品牌消费。

②切实提高企业综合竞争力。发挥企业主体作用,切实增强品牌意识,苦练内功,改善供给,适应需求,做大做强品牌。支持企业加大品牌建设投入,增强自主创新能力,追求卓越质量,不断丰富产品品种,提升产品品质,建立品牌管理体系,提高品牌培育能力。引导企业诚实经营,信守承诺,积极履行社会责任,不断提升品牌形象。加强人才队伍建设,发挥企业家领军作用,培养引进品牌管理专业人才,造就一大批技艺精湛、技术高超的技能人才。

① 资料来源:国务院办公厅关于发挥品牌引领作用,推动供需结构升级的意见.中华人民共和国中央人民政府网. http://www.gov.cn/gongbao/content/2016/content_5086351.htm.

③大力营造良好社会氛围。凝聚社会共识，积极支持自主品牌发展，助力供给结构和需求结构升级。培养消费者自主品牌情感，树立消费信心，扩大自主品牌消费。发挥好行业协会桥梁作用，加强中介机构能力建设，为品牌建设和产业升级提供专业有效的服务。坚持正确舆论导向，关注自主品牌成长，讲好中国品牌故事。

10.1.3　品牌与商标的联系与区别

1. 品牌与商标的联系

品牌与商标都是用以识别不同生产经营者的不同种类、不同品质的商业名称及其标志。

2. 品牌与商标的区别

品牌是市场概念，是产品和服务在市场上通行的牌子，它强调与产品及其相关的质量、服务等之间的关系。品牌实质上是品牌使用者对顾客在产品特征、服务和利益等方面的承诺。

商标是法律概念，它是已获得专利权并受法律保护的品牌，是品牌的一部分。商标无论其是否标在商品上被使用，也不论所标定的商品是否有市场，只要采用成本法对其评估，它就必然有商标价值。而品牌则不同，不使用的品牌自然没有价值，品牌的价值是其使用中通过品牌标定的产品或服务在市场上的表现来进行评估的。商标是经过注册获得商标专用权从而受到法律保护的品牌。

商标注册流程参见【小链接 10－2】。

10.1.4　品牌名称的设计要求

命名在亚洲和西方都须考虑语言、文化与法令限制及与产品有关因素等。

(1) 命名应使人们联想到产品的利益，如让头发飞扬柔顺的飘柔。

(2) 命名应使人们联想到产品的作用和颜色等品质，如声宝轰天雷电视机的听觉效果。

(3) 命名应使该易读、易认和易记，如鲜艳的金黄色拱门 M 是麦当劳的标记，现已出现在世界上不同国家和地区的数百个城市中，成为孩子和大人喜爱的快餐标志。

(4) 命名应与众不同。例如，方正的英文是 Founder，有奠基者、创立者的含义，表明北大方正是中文电子排版系统的开创者，其音译为“方的”，与汉字方正实现了有机结合。

(5) 命名不应该用在其他国家有不良意思。例如，中国白象牌电池译为英文为累赘之意。中国的 Fang Fang lipstick(芳芳口红)销往美国，商品长期在美国打不开销路，原因是英语 Fang 有狼的大齿和青蛇毒牙之意，在美国市场上使人望而生畏。这些让人听而生厌的品牌译名使这些高质量产品销售受到阻碍。

【小链接 10－2】[①]

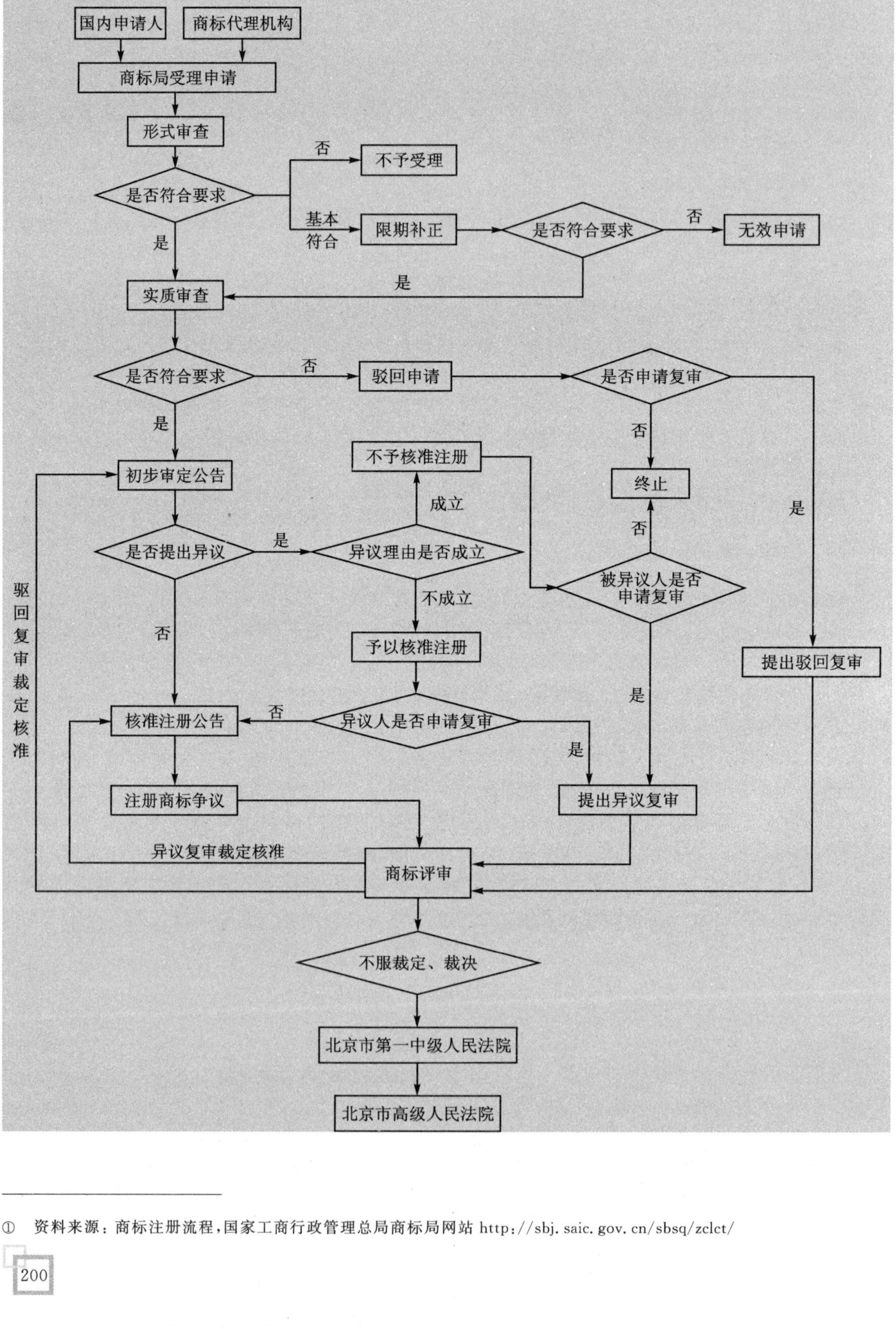

国内申请人
商标代理机构
商标局受理申请
形式审查
是否符合要求
否
不予受理
基本符合
限期补正
是否符合要求
否
无效申请
是
是
实质审查
是否符合要求
否
驳回申请
是否申请复审
否
终止
是
是
初步审定公告
不予核准注册
成立
是否提出异议
是
异议理由是否成立
否
被异议人是否申请复审
不成立
予以核准注册
否
是
提出驳回复审
核准注册公告
否
异议人是否申请复审
是
注册商标争议
提出异议复审
驳回复审裁定核准
异议复审裁定核准
商标评审
不服裁定、裁决
北京市第一中级人民法院
北京市高级人民法院

① 资料来源：商标注册流程，国家工商行政管理总局商标局网站 http://sbj.saic.gov.cn/sbsq/zclct/

10.2　品牌资产

近年来，发生的大规模兼并和收购案例，收购价格往往是被收购企业净资产的数倍。很明显，收购过程中，不仅收购有形资产，还有无形资产。因此，“品牌资产”在全球营销界引起重视，企业实践中越来越重视建立强势的品牌资产。

10.2.1　品牌资产的含义

菲利普·科特勒认为，品牌资产是赋予产品或服务的附加价值，能反映消费者如何思考、感受某一品牌并做出购买行为，以及该品牌对公司的价值、市场份额和盈利能力的影响。通常从三个角度理解品牌资产的价值：

1. 财务角度

为品牌资产提供财务指标，使其可衡量。品牌在赋予货币价值后，企业就能更准确地了解该品牌的价值。

2. 市场角度

关注品牌的成长和扩张能力，着眼于品牌的未来成长和发展。

3. 消费者角度

关注如何为消费者建立品牌，从而反映消费者根据自身需要对某一品牌的偏爱、态度和忠诚程度，并赋予品牌超越产品功能价值之外的附加利益。可以说，品牌资产是与公司的心理价值和财务价值有关的重要无形资产。

10.2.2　品牌资产的作用

品牌资产包括无形资产和长期资产。根据 Aaker(1991)的观点，品牌资产与下列因素有关：忠诚顾客的数量，品牌名字的知晓度，认知的品牌质量，强烈的精神和感情联系，其他资产，如专利、商标和渠道关系。具体说，品牌资产主要具有以下作用：

1. 降低企业营销成本

良好的品牌资产可使企业具有高水平的品牌知晓和忠诚度，有利于传播产品，大大降低了企业的营销成本。

2. 提高对渠道商的讨价还价能力

被消费者高度认可的具有良好品牌资产的产品，消费者往往希望渠道商销售这些商品，渠道商为了获利就要满足消费者需求，这就提升了企业对渠道商的讨价还价能力。

3. 制定更高的售价

良好的品牌资产为企业带来差异化的竞争优势，产生较高的品牌附加值，因而企业可以制定比竞争者更高的价格。

4. 容易进行品牌拓展

品牌资产可以提高企业的品牌延伸能力。对企业而言，品牌延伸要比创立一个全新品牌的启动成本低、风险小，因此，多数企业更愿意利用良好的品牌价值进行品牌拓展。

5. 给予企业其他保护

品牌资产的获利能力明显高于其他形态的资产，其价值也远高于其他资产，这大大增强了企业抵御风险和竞争的能力。

【小链接10-3】[①]

全球知名传播服务集团WPP旗下市场调研机构华通明略公司2016年3月21日推出2016年BrandZ最具价值中国品牌100强榜单,榜单显示中国百强品牌在经济放缓之际仍具韧性和增长活力。

榜单显示,2016年中国百强品牌总价值为5256亿美元,比去年增长13%。市场导向型企业的品牌价值为2681亿美元,占比51%,首次过半,这印证了中国经济正向市场驱动转型的趋势。

榜单还显示,科技类的腾讯以821.07亿美元蝉联中国最具价值品牌;位居第二的是电信服务类的中国移动,品牌价值为571.57亿美元;位列第三的是零售业的阿里巴巴,品牌价值为476.05亿美元。

从榜单看,科技创新仍在中国品牌建设中发挥着重要作用,腾讯蝉联榜首主要得益于成功实施连接战略,把用户与提升其生活品质的内容、服务和硬件相连,以及拓展与电商合作、提供金融服务。

在2016年新晋榜单的企业中,排名最高的是第七位的华为,品牌价值为185.01亿美元。此外,京东排名第15位,品牌价值为94.11亿美元。

10.2.3 品牌资产模型

尽管营销人员对基本的品牌化原理已经有了共识,但还是有一些品牌资产模型提供了不同的视角。

1. 品牌资产评估工具BAV

扬雅广告公司(Young & Rubicam)开发了称为品牌资产评估工具(brand asset valuator, BAV)的品牌资产模型。通过对51个国家大约80万消费者的调查,BAV为成百上千的不同品类中的成千上万的品牌提供了一个可以比较的品牌资产测量方法[②]。根据BAV,品牌资产中有4个关键性成分(支柱):

(1) 有活力的差异度(energized differentiation,D),测量该品牌与其他品牌不同的程度,及其被感知到的发展势头和领先性。

(2) 覆盖度(relevance,R),测量品牌吸引力的适宜度和宽度;

(3) 尊崇度(esteem,E),测量消费者对质量和忠诚的感知,或品牌被关注及受尊重的程度。

(4) 认知度(knowledge,K),测量消费者对品牌的了解和熟悉程度。

其中,有活力的差异度和覆盖度共同构成了品牌实力或品牌强度(brand strength)。这两项指标更注重于反映品牌未来的价值,而不是仅仅反映过去。尊崇度和认知度则构成品牌水平或品牌高度(brand stature),比较像一种对过去业绩的"报告卡"和一个当前价值的指示器。

---

① 资料来源:何瑛.2016最具价值中国品牌百强出炉,腾讯蝉联榜首.新华网.[2016-3-22].http://news.xinhuanet.com/tech/2016-03/22/c_128821139.htm.

② 改编自:菲利普·科特勒,凯文·莱恩·凯勒.营销管理.十四版.上海:格致出版社,2012:240.

观察这四项指标之间的关系，可以揭示关于品牌现在以及将来的许多信息。把品牌实力和品牌水平相结合可以构建一个方格图，用以描述品牌发展周期的不同阶段，如图 10－1 所示。

新品牌刚刚建立时，这 4 项指标都很低。具有发展潜力的新品牌的品牌实力方面，有活力的差异度明显高于覆盖度，而品牌水平方面都较低。领导品牌的四项指标都较高。而处于衰退阶段的品牌，有活力的差异度和覆盖度较低，反映过去表现的认知度较高，而尊崇度较低。

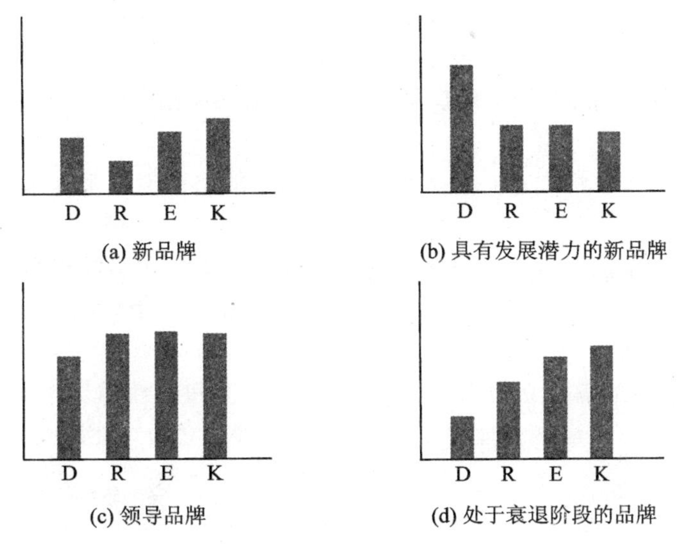

图 10－1 BAV 方格图

2. 品牌动力模型 BRANDZ

营销调研咨询公司尔伍德 · 布朗（Millward Brown）和 WPP 共同开发了品牌强度模型 BRANDZ，它的核心是品牌动力（brand dynamics）金字塔。根据这个模型，品牌建立遵循一系列逐级发展的步骤，而每一个步骤的完成都依赖于前一步骤的成功实现，如图 10－2 所示。

对于任何一个品牌，都根据每个受访者对一系列问题的回答将其归到某个层次，从而显示了达到金字塔各层次的消费者数量。

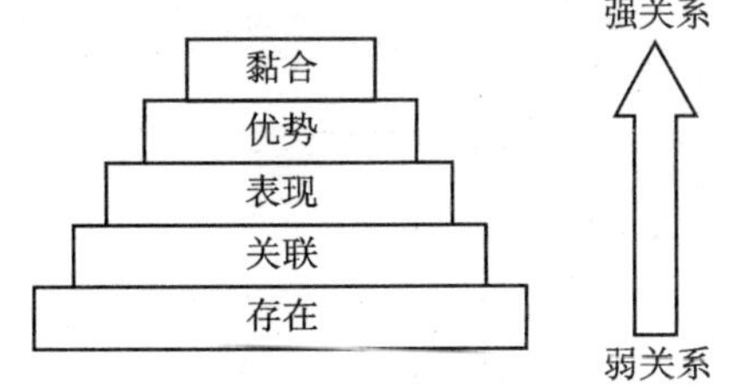

图 10－2 品牌动力金字塔

（1）存在（presence）："我了解它吗？"建立在过去试用经验、引人注意的特征，或者对品牌承诺的了解之上的一种熟悉，可能会导致进一步的行动。

（2）关联（relevance）："它能给我提供某些东西吗？"与消费者需求相关联、价格范围适合，或进入了其考虑范围内。

（3）表现（performance）："它能实现吗？"相信该品牌能提供可接受的产品性能，且通过了消费者的进一步选择。

（4）优势（advantage）："它能提供比其他产品更好的东西吗？"相信该品牌相比同类中的其

他品牌而言具有感性或理性优势。

(5) 黏合(bonding):"它是我唯一的选择。"对该品牌具有感性和理性的依赖,排斥其他大多数品牌。

模型研究表明,处于较高层次的消费者与品牌建立了牢固的关系,比处于低层次的消费者会在该品牌上花费更多的时间和支出,对其品牌具有更强的忠诚度。市场营销者的工作就是通过营销活动和方案,将低层次的顾客不断推向更高层次。

3. 品牌共鸣模型

品牌共鸣模型(brand resonance model)也认为品牌建设是由一系列逐级发展的步骤组成,自下往上分别是:

(1) 辨别:你是谁? 保证品牌的差异,在顾客头脑中将顾客的需求与特定品牌特征相联系。

(2) 意义:你有什么? 将大量有形无形的品牌联想战略性地联系起来,在消费者心中稳固地建立品牌的全部意义。

(3) 反应:你怎么样? 根据与品牌相关的判断和感受引出顾客的正面反应。

(4) 关系:你我关系如何? 将对品牌的反应转化成建立在消费者和品牌之间的紧密而活跃的忠诚关系。

品牌共鸣模型强调品牌建立的双路径,即从理性角度和感性角度两条路径分析品牌。如图 10-3 所示,一侧为品牌建立的理性路线,一侧为品牌建立的感性路线。

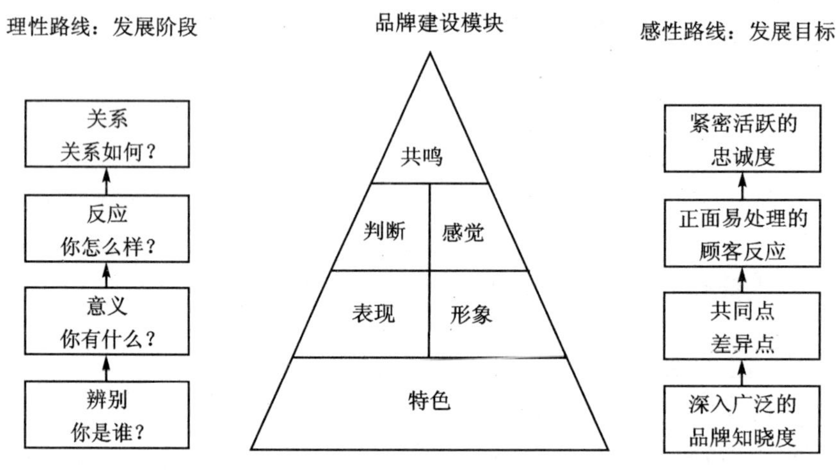

图 10-3 品牌共鸣金字塔

要创建有效的品牌资产就必须达到品牌金字塔的顶端或塔尖,只有把恰当的品牌创建模块放在金字塔模型的合适位置才能实现。

- 品牌特色:在各种购买和消费情境中,顾客如何经常和轻易地想到该品牌。
- 品牌表现:产品或服务是如何满足顾客的功能性需求的。
- 品牌形象:描述的是产品或服务的外在特性。
- 品牌判断:聚焦于顾客自己的个人观点和评价。
- 品牌感觉:顾客对品牌的感性响应和反应。
- 品牌共鸣:顾客与品牌关系的性质,反映他们感觉双方"同步"的程度。

共鸣是顾客与品牌之间的心理纽带的强度或深度，同时也反映了这种忠诚造成的活跃水平。

10.3　品牌策略

品牌策略涉及一系列决策过程，包括品牌化决策、品牌归属决策、品牌名称决策、品牌战略决策和品牌重新定位决策。

10.3.1　品牌化决策

品牌给销售者带来的好处有：有了品牌名称可以使销售者比较容易地处理订单并发现问题。销售者的品牌名称和商标对产品独特的特性提供法律保护。品牌化给了销售者这样一个机会，即吸引忠实的和有利可图的顾客。品牌忠诚使销售者在竞争中得到某些保护，并使他们在规划市场营销企划时具有较大的控制能力。品牌化有助于销售者细分市场，不同的品牌对应不同的细分市场。强有力的品牌有助于建立公司形象，使它更容易地推出新品牌并获得分销商与消费者的信任和接受。

尽管品牌能带来以上好处，但并不是所有的产品都必须有品牌，这要依据品牌运营的投入产出测算而定。

10.3.2　品牌归属决策

1. 品　牌

制造商品牌也称为全国品牌，即使用属于自己的品牌。例如，海尔产品。如果制造商品牌够响亮，会帮助新产品的销售。如当统一企业以公司名称推出新口味的食品时，相当轻易地获得了市场的认知。

2. 分销商品牌

分销商品牌也称为私人品牌，即将产品售给中间商，由中间商使用自己的品牌将产品转卖出去。例如，家乐福超市、屈臣氏超市、京客隆超市等都销售带有自己品牌的商品，而这些商品并非由自己生产。

3. 特许品牌

绝大多数制造商耗费了大量的时间和金钱来创建他们自己的品牌。但是一些企业则申请许可，采用其他企业已经创立的品牌名称或符号，以及一些流行电影和书本中的著名人物或角色的名字，只要支付一笔费用，这些名称就立即成为合法的品牌。例如，麦当劳、肯德基等连锁店。

10.3.3　品牌名称决策

1. 个别品牌名称

每种产品有一个品牌，即企业对各种不同产品分别使用不同品牌，多品牌是指企业同时为一种产品设计两种或两种以上相互竞争的品牌。例如，宝洁公司洗发香波分为海飞丝、飘柔、潘婷三个品牌。

企业的新产品采用个别品牌而不用家族品牌，一个原因是目标消费对象的缘故，另一个原

因主要是着眼于制造厂商原有品牌的既有信誉,不想让它受到新产品是否被顾客接受的影响。如果不幸该产品失败,"家族品牌"不易被牵连,制造厂商的损失也就被控制在了最小;同时在产品定位、广告与促销等营销作业上,可以不受旧有品牌的牵制而较能有发挥的余地。总之,采用个别品牌的主要优点是公司的整体信誉和新产品接受度最小关联,如果产品失败或品质较低,也不会严重损伤公司信誉。另外,个别品牌决策可让厂商针对每一个新产品取最好的名字,充分展现新产品个性,激起消费者的兴趣并购买。

采用个别品牌战术会带来产品多品牌所导致的销售结果,因而在总体上,应该能够保证利大于弊。

2. 共同的家族品牌名称

共同的家庭品牌名称即所有各类产品共同使用一个品牌。采用家族品牌要考虑的因素有:

(1) 产品是否属于同一类别

产品是否属于同一类别即指这些产品是否具有相同的用途、满足相同需要或诉之于相同动机;各种食品大致上都可以利用相同品牌,卫生纸、面纸、纸巾也可用同一品牌,如舒洁的系列产品。反之,化妆品与地砖、洗衣粉和洗发精不属于同类产品,就不适合用相同的品牌,因为同样是洗涤品,洗衣物与洗头发的消费心理是完全不同的。

(2) 产品是否属于同一等级

产品是否属于同一等级即指这些产品在顾客心目中是否具有类似的品质印象或产品定位(如高档品与低档产品之分)。同一品牌内如果兼有高档品和低档品,将使消费者发生混淆而不能确定他所应购买的产品,所以应采用不同的品牌为宜。

(3) 产品是否销售给相同的细分市场

如果这些产品是销售给相同的对象——性别、年龄、社会阶层等,目标市场相同,使用相同品牌可产生连带提携的作用。反之,如果产品属于不同的细分市场,由于消费者的需求互异,所利用的营销手段组合不同,则应以不同品牌为宜。

(4) 产品是否经由相同的零售店销售

如果是利用相同的零售通路,为壮大声势,吸引顾客的注意,可考虑运用家族品牌。反之,如果产品是经由不同类的零售出口,则使用家族品牌的正面影响并不明显。

3. 分类的家族品牌名称

每类产品宜使用一个家族品牌。例如,黑松公司给果汁类产品取名为绿洲,碳酸饮料命名为黑松,运动饮料命为天力。

4. 公司的商号名称和单个产品名称相结合

有些公司的新产品命名是将公司名称和个别品牌名称连用。公司名称证明新产品是系出名门,而个别品牌让新产品个性化。例如,金松爱妻号洗衣机,金松是金鱼和松下两个公司,可以借取两家公司在家电的名声,爱妻号洗衣机是单个产品名称。

10.3.4 品牌战略决策

企业进行品牌战略决策时,通常有以下5种选择:

1. 产品线扩展

产品线扩展是指公司在同样的品牌名称下面,在相同的产品种类中增加一个新的产品品种或品目。该新产品品种常常具有新的特性,如新的口味、形状、颜色、成份、包装尺寸等。

产品线延伸是受到激烈的竞争所致，最佳结果是从竞争品牌处夺取业绩，而不是自相残杀，相互竞争。

产品线的拓展所带来的销售量增加能弥补由于内部竞争而引起的原有品种销售的下降，即大于自相残杀的损失。

2. 品牌延伸

品牌延伸指公司决定利用现有品牌名称来推出一个新的产品品目。该战略有许多优点：

(1) 一个受人注意的好品牌名称能给予新产品即刻的认知并较容易被接受。它使企业更容易进入一个新的产品领域。

(2) 品牌延伸节约了大量广告费，而在正常情况下使消费者熟悉一个新品牌名称花费较大。

品牌延伸战略也要面对如下风险：

(1) 新产品可能使购买者失望从而损坏对公司其他产品的信任。

(2) 原有品牌名称可能不适用于新产品。

(3) 过度延伸会使品牌失去在消费者心中的特定定位，出现品牌稀释现象(消费者不再把品牌与一个特定的产品或类似的产品相联系)。

3. 多品牌

多品牌即指在相同产品种类中采用多个品牌，如宝洁在清洁剂领域有多个品牌。

采用多品牌的动机和可能带来的优势如下：

(1) 公司看到这是一种为不同消费者提供不同性能和/或诉求的方法。

(2) 能使公司占领更多的分销商货架。

(3) 通过建立侧翼品牌来保护公司的主要品牌。

(4) 公司通过获取竞争公司的品牌，从而继承不同的品牌名称。

采用多品牌的陷阱是：

(1) 每个品牌可能仅仅只占领了很小的市场份额，也可能毫无利润或利润下降。

(2) 资源分散，不能集中于高绩效的品牌。

(3) 可能是自相残杀而不是蚕食竞争者。

【小链接 10-4】[①]

2016 年 7 月 29 日，美克股份旗下的家居用品品牌 Rehome 北京首店正式落户金融街购物中心，以“Rehome，重新定义你的家(Redefine Your Home)”为品牌主张的 Rehome，延续美克美家“高品位、经典、浪漫、时尚”的品牌特性，为热爱生活、富有创造力、品位高雅的人群全球采购创意的家居产品，满足日常家居的变换需求。

多品牌战略成型

自 2013 年以来，美克家居就启动了多品牌战略规划设计，建立了品牌统一识别系统；2014 年美克又提出大家居发展战略，拓展一体化的家居综合消费品市场，揭开其二次战略转型的序幕。

---

① 资料来源：刘朗．发力软装 美克家居多品牌战略成型．新京报，2015-7-30：家居版

美克家居副董事长陈江在接受新京报记者采访时表示,美克家居近两年通过多品牌战略加速渗透家居市场,以美克美家为主,陆续推出A.R.T、Zest、YvvY、Rehome等新品牌,适应不同年龄消费群体,为实现持续稳定的增长提供了业绩保障。

据悉,美克家居2014年还将中文名称由“美克国际家具股份有限公司”变更为“美克国际家居用品股份有限公司”,相关人士透露,从“家具”到“家居用品”的转变正是基于美克全新的品牌发展战略,寄望美克股份由此实现从零售商向品牌商的转型。

发力“软装”市场

业内人士表示,此次全新开幕的Rehome北京首店也标志着美克家居发力软装市场的野心。据悉,Rehome主要布局高端购物中心,与国际一线珠宝、服装、化妆品、奢侈品品牌同在,便于服务追求高品位的消费者。延续美克美家“高品位、经典、浪漫、时尚”的品牌特性,Rehome店面以设计感、时尚感和丰富的产品为标志,提供从家居饰品到家具的一站式综合家居服务。

美克家居新闻发言人刘春杰介绍,Rehome的核心理念是“温馨、雅致、愉悦、便捷”,瞄准的是拥有高品位生活态度,追求无拘无束生活方式的爱家人士。产品包括床品、抱枕、仿真植物、软卫浴、餐盘、香氛、摆件以及少量装饰家具等,把世界各地的家居臻品汇聚到店里,让每个家都拥有不同的可能。

4. 新品牌

新品牌指当公司在推出新产品种类的产品时采用一个全新的品牌,采用的条件是:在推出一个新产品种类时,发现现有的品牌名称不适合于新产品,或现有的品牌形象不能帮助新产品时,最好创建新的品牌。此时需要考虑的问题包括:

(1) 引入新品牌的风险是否足够大?

(2) 产品将持续多久?

(3) 避免使用现有品牌是最好的选择吗?

(4) 新产品所带来的收益能补偿建立新品牌的费用吗?

5. 合作品牌或双重品牌

合作品牌或双重品牌指两个或多个有名的品牌结合在一起在同一个提供物或产品中出现。现在有越来越多厂商间以共同品牌(或称双品牌)的方式出现,也就是一产品有两个以上注明品牌共列,每个品牌拥有者都期待一个品牌会强化产品的品牌偏好或购买意愿,期望与其他品牌联系来吸引新的顾客。合作品牌的形式有多种:

(1) 零部件合作品牌:例如:Fujitsu+Intel+Microsoft;

(2) 同一公司合作品牌,合资企业品牌(Joint-venture cobranding),例如:金松=金鱼+松下;

(3) 多发起人合作品牌,例如:WILL=松下+索尼+NEC+其他3家企业。

10.3.5 品牌再定位决策

无论品牌在市场中定位多好,公司随后都可能会采取品牌再定位决策,也许一种品牌在市场上最初定位是适宜的,但是到后来公司可能不得不重新定位。尤其是竞争者可能在公司品牌之后推出他自己的品牌,来削减公司的市场份额。此外,顾客偏好或许转移,使对公司品牌的需求减少。

10.4　包装策略

包装是产品策略的重要组成部分，不仅保证产品的使用价值，而且还能增加产品的附加价值。良好的包装也能成为有效的市场竞争手段。

10.4.1　包装的定义及作用

包装通常具有两层含义，一层指包装器材，即产品的容器和外部包扎；另一层指包装活动，即包装产品的操作过程。此处的包装着重指第一层含义，即包装器材。

对于绝大多数有形产品而言，产品包装是运输、储存、销售不可缺少的必要条件。包装的作用主要包括如下几点：

1. 保护产品

包装的基本功能和首要目的就是保护产品。产品在销售过程中必然经过运输、储存等步骤，存在震动、碰撞、风吹、雨淋、虫蛀、受潮、污染等损害，而包装则能在流通过程中保护产品实体不受损坏、散失、变质和变形等。

2. 自　助

越来越多的产品在超级市场上和折扣商店里以自助的形式出售。在自助式销售过程中，包装承担并执行了许多推销任务。包装必须能吸引注意力，说明产品的特色，建立消费者信心和营造一个有利的总体印象。

3. 方便使用

包装上的使用说明、注意事项等可以起到便于使用和指导消费的作用，对于消费者使用、保存产品具有重要指导意义。

4. 增加产品价值

消费者愿意为良好包装带来的方便、外观、可靠性和声望付出较多钱。而且，设计良好的包装有助于消费者迅速辨认出是哪家公司或哪一品牌，使公司或品牌获得被立即认知的影响力。

5. 保护智能财产权

许多大公司在包装上力求不易被模仿，不寻常的包装外形与复杂的印制技术有助于不易被模仿。

10.4.2　包装的种类

1. 运输包装

运输包装又称外包装或大包装，主要用于保护产品品质安全和数量完整。运输包装还可分为单件运输包装和集合运输包装。

2. 销售包装

销售包装又称内包装或小包装，随同产品进入零售环节，与消费者直接接触。

10.4.3　包装标签和包装标示

1. 包装标签

包装标签是指附着或系挂在商品销售包装上的文字、图形、雕刻及印制的说明。通常标签包括:制造者或销售者的名称、地址、商品名称、商标、成分、品质特点、包装内商品、使用方法、用量、编号、贮藏注意事项、质检号、生产日期和有效期等内容。印有彩色图案或实物照片的标签有明显的促销功能。

2. 包装标示

包装标示是包装的一部分,是在运输包装的外部印刷的图形、文字和数字以及他们的组合。卖方须在产品上标示有关产品的说明,例如生产厂家、产地、制造日期、内容物、使用时机和安全使用方法等。另外,标示可借由吸引人的图案来促销该产品。

一般而言,欧美国家对标示的规定较亚洲国家严格,然而随着国际竞争与亚洲国家的进步,较严格的标示有其必要性。

10.4.4 包装策略

1. 类似包装策略

类似包装策略也称为产品线包装策略,指企业对于生产的各种产品采用相同的图案、近似的色彩或其他共同特征的包装。运用此种包装策略,企业可获得的好处有:

(1) 有利于节约设计和印刷成本;

(2) 有利于树立企业的统一形象;

(3) 有利于利用原有市场影响推动新产品的市场开拓。

但需注意,类似包装策略仅适用于档次相当的产品。若不同档次产品采用类似包装,则会影响优质产品的形象。

2. 等级包装策略

等级包装策略指按照产品的不同档次,分成若干等级采用不同的包装。对于高档产品,采用精美包装彰显其高品质;对于低档次产品,采用简易包装体现其物美价廉。

3. 配套包装策略

配套包装策略也称为多种包装策略,指按消费者的使用习惯,将互有关联的产品配套装入包装内,同时出售。例如,雷达在销售电蚊香片时多将蚊香片加热器放入其中一同销售。这种包装策略可以方便顾客使用,以主产品携带副产品,或以老产品带动新产品销售。注意如果将联系不强或档次不同的产品组合一起硬性搭售,则会引起顾客反感,损害企业声誉,甚至造成主产品滞销。

4. 附赠品包装策略

与配套包装策略类似的是附赠品包装策略,指在包装物内附上可能吸引消费者的其他赠品,以推广赠品为目标。附赠品也应与主产品密切相关,激发客户求新、求奇的心理,唤起消费者的购买欲。

5. 再使用包装策略

再使用包装策略也称为双重用途包装策略,指要求包装设计成具有使用产品完毕后还可作其他用途的功能。这样,既能激发消费者的实用或新奇的购买欲望,还能再重复使用中发挥广告宣传作用。但此种包装成本较高,可能会丧失对价格敏感的顾客,因而多在中高档产品中使用。

6. 改变包装策略

改变包装策略指改变原有包装,采用新包装。改变包装可以改变包装设计、包装材料,或者包装技术。推出升级换代产品时,企业往往采用能突出产品新特征的新包装。有时,企业如果出现信任危机、质量问题等,也可以通过改变包装来减少消费者的不信任感。

【小链接 10－5】[①]

记者从上海质监局官网获悉，在该局近期开展的商品包装监督抽查中，百雀羚、相宜本草、韩束等品牌的产品因包装不合格登上黑榜。早在今年 2 月，百雀羚和相宜本草的产品就曾因为包装空隙率不合格而被上海质监局点名。

据上海质监局信息，本次抽查的 37 批次商品中，商标为“百雀羚”的一批次焕肤透亮美白霜、商标为“相宜本草”的一批次悦颜焕新礼盒、商标为“韩束”的一批次美白特润呵护套组存在包装空隙率项目不合格的问题。根据《上海市商品包装物减量若干规定》，企业不得生产、销售违反国家限制商品过度包装的强制性规定的商品。目前，上海质监局已将不合格商品移交受检企业所在地产品质量监管部门依法处理，生产企业由其所在地的产品质量监管部门依法责令改正，并将外省市企业生产的不合格商品，通报生产企业所在地的省级质量技术监督部门处理。

业内人士表示，商品包装空隙率相对于包装层数更具有隐蔽性和欺骗性，消费者从外观更难判断。部分企业为吸引顾客购买，诱导非理性消费，故意将商品包装盒做大，从而造成包装空隙率指标不符合国家强制性标准的要求。

【讨论题】

1. 你认为商标能称为品牌最重要的因素有哪些？
2. 结合 2013 年世界品牌 100 强中排名前 10 位的品牌，请说说品牌对于企业的重要意义。
3. 请针对不同的品牌名称决策类型，列举现实生活中熟知的品牌属于哪种类型。
4. 请结合产品定位的相关章节内容，谈谈你认为品牌再定位策略与产品定位之间的关系。
5. 案例题[②]

最近，互联网上流传着一组神奇的照片：北京天文馆馆长朱进在新疆地区拍到了罕见的极光，照片上绚丽多姿的色彩、神秘悠远的光影、璀璨浩渺的星迹，映衬着壮美的北疆。令人称奇的是，这组照片竟然是用手机拍摄的！

朱馆长随身携带的手机，就是努比亚 Z7 智能手机。努比亚是中兴通讯旗下的一个高端手机品牌，品牌创立两年多来不断出新，几天前刚刚发布了两款最新全网机型——Z9mini 和 Z9max。人们都知道，这是一款“手机中的单反相机”，精准的品牌定位让其在国内外市场上有了不俗的表现。

创新思路

说起努比亚品牌与中兴通讯的关系，也是蛮奇特的。它是中兴通讯旗下的品牌，却又是独立团队运作的独立品牌，有自己的渠道、推广方式和海外目标市场。两年多以前，中兴通讯旗下推出这个独立运作的品牌，也是一次创新尝试。创新，是中兴通讯创立 30 年来的发展动力，更是“ZTE”这个全球著名品牌的灵魂。

记者在国内外采访时曾经问过很多人，你是怎么知道中兴通讯这个“名字”的？回答通

① 资料来源：方彬楠、王潇立．百雀羚、相宜本草过度包装登黑榜．北京商报，2016－8－18：产经版．

② 资料来源：徐涵．中兴通讯：中国品牌兴全球．经济日报，2015－4－1(001)

常是“我的第一个上网卡就是中兴通讯的”“我家最早电话拨号上网用的‘猫’上面就印有ZTE”“柏林手机店里很多手机上都有ZTE”……,中兴通讯的各种终端产品已广为人知。不过,这只是中兴产品线的一部分,手机、无线、承载、传输、政企网、云计算等几大产品,构成了中兴通讯品牌的完整产品线。

1985年中兴通讯在深圳刚刚起家时,还只是一个普通的加工企业,和通讯设备相关的产品只有电话机。今天,“三十而立”的中兴通讯已经发展成一家全球化的高科技企业,通过为全球160多个国家和地区的电信运营商和企业网客户提供创新技术与产品解决方案,让全世界用户享有语音、数据、多媒体、无线宽带等全方位沟通。中兴通讯也因此而成为全球领先的综合通信解决方案提供商。

要做一个受全球尊敬的全球品牌,海外市场是关键。在中兴通讯看来,真正在北美立足的品牌,才能称之为国际品牌。中兴手机充分利用北美市场对于品牌的“明星示范效应”,通过增强在北美的影响力,反哺中国市场和其他国际市场。他们强化了在北美的品牌推广和营销活动:赞助3支NBA球队、在纽约麦迪逊广场刊登巨幅户外产品广告,等等。不久前,中兴通讯还和一支美国职业篮球队在当地联合开展了“回馈社区,造福患癌儿童”的慈善活动,并专门发起了为期一周的线上互动活动,旨在为患儿提供更多帮助。

如今,ZTE已经成为美国市场份额最高的中国手机厂商。第三方数据显示,中兴目前占据美国手机市场前4名,2014年三季度市场份额达到7.8%,出货量年同比增长40%。同时,中兴在美国预付费手机市场的销量排名第二,占据了19.4%的市场份额。成功进入北美市场,意味着中兴通讯在全球化品牌推广进程中迈出了最为重要的一步。

创新服务

当前,面对极度注重体验的客户,强推硬塞的销售模式早已不适用,品牌的维系需要真诚的服务。

德国主流电信运营商、中兴通讯的合作伙伴E—PLUS首席执行官告诉《经济日报》记者,中兴通讯不是单纯的供应商,而是运营商的合作伙伴,它与E-PLUS是合作共赢的关系。这一评价表明了挑剔的欧洲客户对中兴通信产品与服务的认可,而正是基于大多数用户的认可,中兴通讯才有了今天的成就。

2014年,中兴终端全球出货量约为1亿台,其中智能手机为4800万台,占移动设备总销售收入的70%左右;中兴终端设备在北美、拉丁美洲、亚太地区和独联体国家及中东和非洲等多个市场出货量保持快速增长。目前,中兴通讯的产品已销往全球160多个国家和地区,在全球范围内与230个运营商、300家渠道商有着紧密的合作,并与全球50家顶级运营商中的47家达成战略合作关系,拥有6000万活跃用户,中兴通讯的品牌在全球越来越响亮。

品牌推广成功的背后,是中兴通讯独到的服务。《经济日报》记者曾经在中兴总部的培训中心旁听过一堂客户培训课,学员来自尼日利亚电信公司和警方。他们告诉记者,接受培训非常有用,这样的服务只有中国公司才会提供。伦敦的一位中兴通讯的客户告诉记者,他们选择这家中国公司是因为他们有着良好的服务信誉,效率高、反应快,这是以前提供产品的欧美公司不可能做到的。

产品与服务,是中兴通讯让ZTE品牌走向全球、打造全球化企业的载体。中兴通讯一

直与全球最大、最有影响力的两个 4G 市场——美国和中国的运营商保持着密切的合作关系，并且与 AT&T、Verizon、Sprint、T－Mobile、US Cellular 和 TracFone 等全球主流电信运营商建立了密切的合作关系，为用户提供高品质的电信服务。

在海外，中兴通讯还创新市场拓展、进入电商渠道，通过与沃尔玛、百思买、RadioShack 等全国性连锁店和大型商场合作，满足多渠道用户的需求。从中兴通讯打造品牌的路径可以看出，与时俱进是他们长期不懈的追求与坚守，这也正是中国品牌走向全球的成功要诀。

创新战略

推自己的品牌，讲自己的故事，靠的是实力。中兴通讯总裁史立荣近日在博鳌亚洲论坛上发言时表示，中国企业要在全球市场立足，表面看是靠产品、品牌，深层次看还是得有背后的底气，也就是科技创新凝结成的专利。最新数据显示，中兴通讯凭借 2179 件专利位居 2014 年全球国际专利(PCT)专利申请第三。这是中兴通讯连续第五年稳居 PCT 专利申请全球前 3，也是中国唯一连续 5 年获此荣誉的企业。这就是 ZTE 品牌背后的实力。

30 年来，技术创新被中兴通讯视为生命。董事长侯为贵非常注重产品技术研发，也是公司首件专利的发明人，他表示，“巨额的研发投入，是中兴通讯超越国际通信巨头的基础。”中兴通讯每年在科研开发上的投入均保持在销售收入的 10％左右，2014 年第三季度研发占比更是达到 11.54％的历史高点。中兴通讯现有研发人员约 2.6 万名，占公司总人数的 37.5％，并在中国、美国、瑞典及法国等地设立了 18 个研发中心。正是靠着这样的努力，中兴通讯成功锻造为一个全球著名品牌。

据了解，中兴通讯持有的专利 90％以上是具有高度权利稳定性和技术品质的发明专利，全面覆盖英、法、德、美等主要发达国家及新兴发展中国家。在智能终端方面，中兴专利超过 8000 件；在 4G LTE 的基本专利方面，中兴专利数量占全球的 13％。

发展的动力来自体制创新。中兴通讯历经 3 次产权改革，形成了国有法人控股、多元经济成分并存的所有制结构。这种综合吸纳国有和民营优点的“国有民营”模式，最大限度地避免了国企和民企各自的缺点，对中兴通讯实现整体战略部署具有重大的意义。

刚刚公布的 2014 年年报显示，去年公司实现营业收入 814.7 亿元，同比增长 8.3％。公司去年在国内市场实现营业收入 405.8 亿元，国际市场则达到 408.9 亿元。史立荣在很多场合都会谈到中兴通讯的转型发展战略，就是 M－ICT(万物移动互联)战略，并据此提出“重塑酷公司”的倡议。中兴的管理层一直在思考，能否创造企业的下一个新时代，需要每一个中兴人发挥创新思维。尽管中兴通讯已经成为全球化的企业，但真正实现全球化的民族品牌还有更长的路要走，必须深耕和涵养“中兴”这个品牌。在史立荣看来，“重塑酷公司”，就是未来要敢于引领趋势，应时代和客户而变——面向客户必须变得更 Cool(酷)、技术上更加追求 Green(绿色)，组织和心态上更 Open(开放)。

根据新的战略，2015 年，中兴通讯将聚焦“运营商、政企、消费者”3 大主流市场，并围绕“新兴领域”布局，如智慧语音、智慧无线充电、分布式并网发电、大数据平台及应用、互联金融、移动支付等，通过技术与商业模式创新，实现盈利模式突破。

问题 1：中兴手机面临新的市场环境采用的是哪些品牌策略？

问题 2：如果你是中兴手机的品牌管理人员，你会针对中国市场的哪类人群或哪些细分市场进行品牌改进？

第 11 章 定价策略

【引导案例】[①]

2016 年 10 月 16 日，中国内地 Gucci 门店部分商品正式提价，涨幅在 5%～10%，这是继 2016 年 4 月以来，内地 Gucci 门店再一次调高价格。这次提价并非全线商品。据了解，Gucci 在欧洲市场已于本月初对全线产品进行调价，调价范围仅在 10～30 欧元之间。

对此，Gucci 店员表示，此次提价主要是受原材料涨价、全球货币汇率变化等因素影响。

然而，财富品质研究院院长周婷对于 Gucci 给出的涨价理由并不认同，周婷表示，Gucci 提出的涨价因素不能忽视，但从近两年品牌价格波动情况分析不难发现，Gucci 年内两次涨价更多来自于销售情况乐观所致。

相较于今年的高调涨价，Gucci 去年降价促销也是轰轰烈烈。去年夏季，Gucci 在上海、北京等市场进行史无前例打折促销季，大部分商品直接 5 折。夏季促销季的余温尚存，Gucci 的冬季促销季再次来袭。一年内多次打折促销去库存，让许多消费者捞到便宜货的同时也对品牌产生了深深的质疑。

业内人士指出，打折促销对于奢侈品而言是把双刃剑，品牌一味追求短期利益，选择打折促销的方式去库存，最终会对品牌价值产生负面影响。

业绩报表成品牌价格风向标

对于一年内两次调价，Gucci 方面称，提价是每年调整惯例，即品牌每年价格都会有不同程度的涨幅，主要是受到原材料、汇率等方面的影响。除此之外，消费心理战术也是一部分原因，品牌希望通过提价营造品牌升值印象。

记者翻阅 Gucci 财报发现，品牌的定价策略与财报销售数据直接挂钩，从业绩曲线图和定价策略不难看出，品牌基本遵循卖不好就打折，卖得好就涨价原则。

据悉，今年一季度，Gucci 业绩涨幅为 3.1%，远高于行业平均的 1%。与此同时，Gucci 最新财报中显示，其上半年利润增长 7%，且二季度正价商品收入增长 70%。

Gucci 首席执行官 Marco Bizzarri 则公开向媒体表示，Gucci 未来的目标是完成 60 亿欧元的年销售目标，品牌未来会以两倍于行业的平均增速前进。

业内人士指出，今年 Gucci 的业绩不仅领跑开云集团，更是好于市场上很多奢侈品牌。或许正是业绩的突飞猛进，让 Gucci 可以有足够的底气在奢侈品一片唱衰论调时候高调提价。

涨价是因为业绩突飞猛进，那么打折促销是不是因为业绩下跌造成的呢？据了解，2014 年开始，Gucci 业绩一路狂跌。2014 财年，Gucci 品牌来自持续经营业务的营业利润大跌 6.7%，从上年同期的 11.318 亿欧元跌至 10.56 亿欧元。不仅如此，Gucci 业绩下滑延续到 2015 年一季度，Gucci 净利润暴跌 5.7%，除美国和西欧市场外，中国和日本在内的亚太市场

① 资料来源：刘一博. 从 5 折到提价 Gucci 定价策略陷“短期逐利”困局. 北京商报，时尚周刊，2016-10-18.

表现均不尽如人意。由于 Gucci 业绩一路下挫，其母公司开云集团一季度业绩也出现了 2.6%的负增长，为近年来最差表现。

对此，周婷则指出，Gucci 涨价和打折的原因更多是受到业绩影响，前年 Gucci 业绩一路狂跌，导致去年品牌 5 折甩库存。而今年业绩有所好转，品牌则开始进行调价。无论是打折促销还是提价维护品牌，Gucci 都只看到了短期眼前利润，而忽略了奢侈品安身立命的品牌价值。

定价策略恐损伤品牌价值

面对其他奢侈品牌纷纷在华实施降价策略，以求可以实现全球价格一体化。Gucci 任性涨价除了带来消费者对品牌的质疑之外，还有可能造成国内消费的进一步流失。

虽然 Gucci 两次涨价都涉及欧洲市场，但 10～30 欧元的涨价幅度远低于国内 10%的水平。普遍而言，海外奢侈品价格比国内要低 40%左右，Gucci 国内外涨价差则会进一步加大国内外价格差。

业内人士分析指出，去年海外代购给奢侈品厂商带来的销售额高达 340 亿～500 亿元人民币。中国市场逐渐沦为品牌的展示厅，越来越多的消费者通过海外途径购买奢侈品。而国内市场租金、人力成本等不断上涨，许多品牌开始采取全球价格一体化，希望可以留住国内消费者，Gucci 显然还没有意识到这个问题的严重性。

周婷对此补充道："如今越来越多年轻一代的消费者，已经越来越轻品牌、重产品设计和品质，Gucci 盲目的打折和提价让会让消费者产生逆反心理。品牌不能只是简单的涨价或降价，需不断创新产品，树立良好品牌形象，改善经营和拓展策略。"

由于任何企业都处在不断变化的内部、外部环境中，为了实现预期的企业定价目标，就需要在一定的条件下，针对不同商品、不同目标市场和不同竞争情形寻找实现企业营销目标的最佳途径，制定相应的定价策略。价格决策对营销的成败所产生的作用往往是决定性的。

对于大多数产品来说，价格是顾客反应最敏锐的营销变量，是营销组合中唯一可以产生收入的变量，最容易执行、也最容易遭到竞争者的反击。

11.1　影响定价的因素

11.1.1　影响定价决策的内部因素

影响定价决策的内部因素包括公司的定价目标、市场营销组合策略、成本和组织情况等。

1. 定价目标

定价目标是指企业通过制定特定水平的价格，凭借价格产生的效用所达到的预期目的。定价目标是企业市场营销目标体系中的具体目标之一，但它必须服从于企业营销总目标，也要与其他营销目标相协调。从价格方面看，企业总目标并不会只是对应于一种定价目标，在不同条件下，它可以通过不同的定价目标得到实现。概括起来定价目标主要有以下几种：

（1）利润目标

获取利润是每个企业的主要目标之一。利润目标有以下 3 种：

① 以追求利润最大化为目标

利润最大化指企业在一定时期内所可能获得的最高利润额。不断获取更多的利润是每个企业生存发展的前提条件,利润最大化是企业在经营过程中追求的最高目的。但是企业追求利润最大化,并不等于制定最高售价,最大的利润往往更多地取决于合理价格所推动产生的需求量和销售规模。从根本上说,价格制定的目标应该是长期利润最大化,它需要通过企业经营组合的优化来取得。

② 以满意利润为目标

满意利润指少于当前最大利润但能够为企业的股东和管理者接受的利润水平。在企业的实际运营中,由于各种因素的影响,理论上的最大利润是难以实现的。因此,企业可以满意利润为目标进行定价。这种定价目标往往可以兼顾企业各方面的利益,又可以兼顾企业中长期的利益。

③ 以实现预期的投资收益率为目标

企业都期望在预期时间内分批收回所投入资金,为此,定价时一般在总成本费用之外加上一定比例的预期盈利。在产品成本费用不变的条件下,价格高低往往取决于企业确定的投资收益率大小。因此,在这种定价目标下,投资收益率的确定与价格水平直接相关。选择这种定价目标的企业,一般都具有一些优越条件,即具备较强的实力。选择这种定价目标,可使企业在价格上掌握主动权,根据市场竞争的需要随时调整价格。

(2) 营销目标

① 以提高市场占有率为目标

市场占有率指企业产品在同类产品市场销售总量中所占的比重,是企业经营状况和产品竞争力状况的综合反映。较高的市场占有率可以保证企业产品的销路,便于企业掌握消费需求变化,易于形成企业长期控制市场和价格的垄断能力,为提高企业盈利率提供可靠保证。事实证明,紧随着高市场占有率的往往是高盈利率。因而,提高市场占有率通常是企业普遍采用的定价目标。

② 以销售量最大化为目标

销售量的提高意味着目标市场购买频率的提高,或是市场占有率的提高。目标市场对产品消费频率的提高意味着该产品已被消费者接受,达到了吸引和保持顾客的目的,要使销售额在现有程度上继续扩大,就有必要对价格进行调整。

③ 以保持与分销渠道良好关系为目标

有些企业有很大一部分销售工作是由中间商来完成的,企业的中间商从该企业产品销售额中收取一定比例的佣金。因此,不同的价格水平会对中间商的利益产生不同影响。要保证中间商为本企业销售产品的积极性,定价目标确定的价格就要能保证中间商的利益。

(3) 竞争目标

① 以维持企业生存为目标

当企业受到原材料价格上涨、过剩的生产能力、强烈的竞争或变化了的消费者需要、需求严重不足等方面的猛烈冲击时,产品难以按正常价格出售,为避免倒闭,企业往往推行大幅度折扣,以保本价格,甚至亏本价格出售产品,以求收回资金、维持营业、等待市场因素发生变化,并争取到研制新产品的时间。这种定价目标只能作为特定时期内的过渡性目标,一旦企业出现转机,它将很快被其他目标所代替。

② 以适应价格竞争为目标

价格竞争是市场竞争的重要方面,因此,处在激烈市场竞争环境中的企业经常把适应价格

方面的竞争作为定价目标。实力雄厚的大企业利用价格竞争排挤竞争者，借以提高其市场占有率；实力较弱的企业则会追随主导的竞争者价格或以此为基础进行抉择。在低价冲击下，有些企业会被迫退避三舍，另辟蹊径开拓市场。

③ 以维护企业形象为目标

以维护企业形象为定价目标是指企业定价时，首先要考虑其价格水平是否与目标顾客的需求相符，是否有利于企业整体策略的稳定实施。其次，要考虑协作企业或中间商的利益，依靠他们的合作求得生存和发展。最后，要遵守社会和职业的道德规范，不能贪图厚利侵害消费者的利益。最后，还要服从国家宏观经济发展目标，遵守政策指导和法律约束。

④ 以争取产品质量领先为目标

为了在同行业中保持产品质量领先，企业的产品定价需高一些，补偿高质量服务所耗费的成本以及大量的市场开发费用，否则保持质量领先是不可设想的。在产品刚刚推出时，企业一般可以制定较高的价格来弥补高质量服务的成本；当企业长期经营时，高质量的产品和服务往往会由于企业经营管理经验的积累给企业带来长期平均成本的降低，从而使其有足够的实力降低价格，形成更为突出的竞争优势。

2. 市场营销组合策略

在多数情况下，公司制定市场营销规划时，在考虑价格的同时，也会同时考虑其他市场营销组合因素。价格只是公司实现市场营销目标时所使用的市场营销组合策略 4P 中的一个 P，价格必须与产品设计、分销和促销协调一致，形成有力的市场营销计划。一些公司不强调价格，而使用其他营销组合策略形成一种非价格定位。

3. 成　本

产品成本是定价的基础。价格＝成本＋税金＋盈利。成本规定了产品定价的下限。公司降低成本就能降低价格，就会有更多的销售和更大的利润。产品的销售价格应该高于成本，只有这样，才能以销售收入来抵偿生产成本和经营费用，因此，公司制定价格时必须估算成本。成本主要包括固定成本、变动成本、总成本、平均固定成本、平均变动成本以及平均成本等。

4. 组织情况

管理部门必须决定组织内部由谁来决定价格。公司定价的方式有多种。小公司里，定价通常是由公司经理来做；大公司里，定价工作一般是由生产经理或生产线经理来做的。一般来说，对定价工作有影响的人是销售经理、生产经理、财务经理和会计等。在工业领域，定价是一个关键因素，公司常有一个定价部门制定价格。

11.1.2　影响定价决策的外部因素

影响公司定价的外部因素包括市场和需求状况、竞争以及环境因素等。

1. 市场与需求状况

当成本决定价格的下限时，市场和需求决定了价格的上限。因此，在制定价格前，营销人员必须懂得价格与产品需求间的关系。在这部分里，我们要说明不同市场里价格和需求的变化关系。

（1）不同市场结构中的定价

① 完全竞争市场：在完全竞争条件下，公司只能按照市场价格出售其产品；没有哪一个卖主或买主对现行市场能有很大的影响。

② 垄断竞争市场:介于完全竞争和纯粹垄断之间,既有垄断倾向,同时又有竞争成份,因而,垄断竞争是一种不完全竞争。

③ 寡头垄断竞争市场:竞争和寡头的混合物,也是一种不完全竞争。在一个行业中只有一个或几家大公司,形成寡头,影响和控制着市场价格。有完全寡头竞争(钢铁、石油)和不完全寡头竞争(汽车、电脑)。

各个寡头之间是相互依存、相互影响的,对其他寡头的定价非常敏感,并密切注意。

④ 纯粹垄断市场(或称完全垄断市场):即在一个行业只有一个卖主(政府或私人公司),完全控制了市场价格。在法律允许的范围内随意定价。

【小链接11-1】[①]

昨天,国家发展改革委官网发布对美敦力(上海)管理有限公司的反垄断处罚,金额高达1.185亿元人民币。国家发展改革委昨天称,美敦力的行为阻碍了市场价格机制正常发挥作用,增加了患者负担,损害了消费者利益。这是我国查处的医疗器械价格垄断第一大单。

美敦力存在价格垄断行为

国家发展改革委员会昨天在其官网发布,现查明,至少自2014年起,美敦力利用自身在心脏血管、恢复性疗法和糖尿病相关医疗器械领域的市场领先地位,通过经销协议、邮件通知、口头协商等方式,与其交易相对人达成垄断协议,限定相关医疗器械产品的转售价格、投标价格和到医院的最低销售价格,并通过制定下发各经销环节的产品价格表、内部考核、撤销经销商低价中标产品等措施,实施价格垄断协议。此外还采取纵向限制销售对象和销售区域、限制经销竞争品牌产品的措施,进一步强化纵向价格垄断协议的实施效果。

据了解,纵向垄断是指在上下游不具有直接竞争关系的经营者与交易相对人之间达成排除、限制竞争协议。据介绍,美敦力在中国境内市场采用转售的方式销售医疗器械产品,其交易相对人包括平台商和一级经销商。

涉案产品销售总额近30亿元

发展改革委称,美敦力与其交易相对人达成并实施固定向第三人转售涉案产品价格、限定向第三人转售涉案产品最低价格的垄断协议,依法责令美敦力立即停止实施价格垄断行为,并处2015年度涉案产品销售额4%的罚款,计1.1852亿元。有业内人士由此推算,此次涉案产品销售总额近30亿元。

更劲爆的消息来自于央视,国家发改委反垄断局处长徐新宇在接受央视记者采访时表示:"一开始突袭并不顺利,我们40多人被美敦力中国总部困了6个多小时,9点半进去到下午4点钟,一直就是对抗,后来我们就依据法律,进入它的相关场所和营业场所进行搜查,发现它的负责人就躲在办公室里喝咖啡。"徐新宇表示,我们不针对外国任何一个企业,更不针对美敦力。

医疗器械进入医院至少经过四个环节

据业内人士介绍,医疗器械走出厂门首先要给自己找独家代理商,经过各级代理商才能进入医院,这中间至少经过四个环节。以心脏支架为例,一个进口的心脏支架到岸价不过

① 资料来源:赵新培.美敦力价格垄断被罚1.2亿.北京青年报,2016-12-8(A14).

6000 元,到了医院患者身上便成了 3.8 万元,最便宜的也要 3 万元左右一个。

国家卫计委 2015 年的统计数字显示,我国心血管疾病介入诊疗技术应用近来逐年增加。其中,作为最主要的技术之一的冠心病介入诊疗全年超过 45 万例,使用支架约 68 万个。这其中的原因除了我国国民心脑血管病逐年高发之外,还有一个重要原因就是暴利使得心脏支架等高值耗材被滥用。

国家发改委表示,目前国内高值耗材和可植入的医用设备领域市场竞争整体并不充分,包括美敦力在内的生产厂商主要采用转售的方式销售医疗器械产品。但美敦力严格限制转售价格的行为,排除、限制了经销商之间的竞争,阻碍了市场价格机制正常发挥作用,还通过维持相关医疗器械产品的高价增加了患者负担。

美敦力已制定整改措施

据了解,美敦力已主动制定整改措施,全面取消转售价格限制,允许平台商直接向终端销售,不再限制经销商向跨区购买者进行销售,在具有市场力量的产品经销中取消排他销售限制,修订经销协议、招投标管理制度、经销商管理政策有关规定,加强员工反垄断培训,完善公司反垄断合规体系。

国家发展改革委表示,下一步将继续加强医疗器械行业的反垄断监管,制止生产、销售等环节中的各种限制竞争措施,严肃查处垄断协议、滥用市场支配地位等违法行为,切实维护公平的竞争秩序,保护广大消费者的合法权益。

(2) 消费者对价格和价值的看法

公司制定价格时,必须考虑消费者对价格的看法,以及这些看法对消费者购买的影响。消费者会衡量产品的价格是否合适。当消费者购买了一个产品,就完成了产品价格(价值)和产品使用价值(使用时所获得的利益)的交换。消费者赋予不同产品特性的价值不同,使销售者必须经常地改变定价策略。

(3) 需求的价格弹性

营销人员必须知道需求对于价格的变动将如何反应。在价格与需求的关系方面,营销者还要了解需求的价格弹性,即产品价格变动对市场需求量的影响。也就是说,需求量的变化对价格变化有多敏感。如果价格变化时需求量变化很小,则是需求是缺乏弹性的;如果需求量变化很大,则是需求有很大的弹性。不同产品的市场需求量对价格变动的反应程度不同,也就是弹性大小不同。

定价时需要考虑需求价格弹性的意义就在于:不同产品具有不同的需求价格弹性。产品需求价格弹性的强弱直接影响着企业的价格决策,它主要分为以下情况:

① 需求价格弹性 EP=1,反映需求量与价格等比例变化。对于这类商品,价格的上升(下降)会引起需求量等比例的减少(增加),因此,价格变化对销售收入影响不大,可依据预期盈利率为产品定价或选择通行的市场价格,同时将其他市场营销措施作为提高盈利率的主要手段。

② 需求价格弹性 EP>1,反映需求量的相应变化大于价格自身变化。对于这类商品,价格的上升或下降会引起需求量较大幅度的减少或增加,定价策略应侧重于通过降低价格,薄利多销来达到增加盈利的目的。

③ 需求价格弹性 EP<1,反映需求量的相应变化小于价格自身变化。对于这类商品,价

格的上升或下降仅会引起需求量较小程度的减少或增加,定价策略应倾向于较高的价格水平,因为较高水平的价格往往会增加盈利,低价对需求量刺激效果不强,薄利并不能多销反而会降低收入水平。

2. 竞争者的成本和价格

在由市场需求和成本所决定的可能价格的范围内,竞争者的成本、价格和可能的价格反应也在帮助公司制定它的价格。公司需要对自己的成本和竞争者的成本进行比较,以了解自己有没有竞争优势。公司还要了解竞争者的价格和产品的质量。一旦公司知道了竞争者产品的价格和质量,就能够利用它们作为制定自己价格的一个起点。

同类产品竞争体现在产品的开发、设计、生产直至市场销售的全过程,包括产品功能、质量、品种、成本费用、价格水平、营销渠道、促销措施等各个方面,对于定价来说,竞争的影响主要表现为价格竞争对产品价格水平的约束。

3. 其他外部因素

公司制定价格策略时,还必须考虑其他外部环境因素。经济形势是企业需要考虑的外部因素之一。国内外的宏微观经济形势、经济景气程度、通货膨胀或紧缩等都会导致市场对公司价格策略的不同反应。此外,政府政策法令的影响也需要考虑。当国家的政策法令对某些产品价格有所限制时,公司必须严格遵守执行。

11.2 产品定价程序及基本方法

11.2.1 产品定价程序

一般企业的定价程序可以分为6个步骤,即确定企业定价目标、测定市场需求、估算产品成本、分析竞争状况、选择定价方法、确定最后价格。

1. 确定企业定价目标

定价目标主要有投资收益率目标、市场占有率目标、利润最大化目标、渠道关系目标、生存目标、塑造形象目标等。

2. 测定市场需求

企业产品的价格会影响需求,需求的变化又会影响企业的产品销售以至企业营销目标的实现。因此,测定市场需求状况是制定价格的重要工作。在对需求的测定中,首要是了解市场需求对价格变动的反应,即需求的价格弹性。

影响需求弹性大小的因素主要有三个:产品替代品的数目和相近程度、产品在消费者收入中的重要性以及产品有多少用途。

3. 估算产品成本

企业在制定产品价格时要进行成本估算。企业产品价格的最高限度取决于市场需求及有关限制因素,而最低价格不能低于产品的经营成本费用,这是企业价格的下限。

企业产品的成本包括两种:一种是固定成本,另一种是变动成本,或称可变成本、直接成本。固定成本与变动成本之和即为某产品的总成本。

在成本估算中,离不开对"产量—成本—利润"关系的分析,而其中一个重要的概念是分析产品的边际成本。所谓边际成本是指企业每增加(减少)生产一个单位的产品所需增加(减少)

的成本。边际成本是差异成本(差异成本是成本在两种可选择行为下的差异,也称为增量成本)的一个特例。这一成本概念的引进,直接导致了企业决策中的最小成本法则和替代法则。边际成本直接影响到企业的边际收益,企业应予以高度的关注。

4. 分析竞争状况

对竞争状况的分析包括三个方面的内容:分析企业竞争地位;协调企业的定价方向,估计竞争企业的反应。

5. 选择定价方法

详细内容参见 11.2.2 产品定价的基本方法。

6. 确定最后价格

在最后确定价格时,应遵循如下四项原则:

① 与企业预期的定价目标的一致性,有利于企业总的战略目标的实现;

② 符合国家政策法令的有关规定;

③ 符合消费者整体及长远利益;

④ 与企业市场营销组合中的非价格因素协调一致、互相配合,能够为达到企业营销目标服务。

11.2.2　产品定价的基本方法

1. 成本导向定价法

成本导向定价法是以产品成本为主要依据,综合考虑其他因素而制定价格。这一类方法有以下几种形式:

(1) 成本加成定价法

成本加成定价法指将产品单位成本加上预期的利润得出产品售价。售价与成本之间的差额就是利润,利润是以成本为基础按一定比例加成计算的。其公式为

$$单位产品价格=单位成本\times(1+加成率)$$

此方法计算简便,在需求及竞争状况相对稳定的市场环境下可保证企业获得适当利润,加成率可随产品、企业财务状况及市场环境不同有所差别。但这种方法只注重产品成本预期利润,而忽视竞争及需求状况,因而在市场环境以及成本变动幅度较大的情况下难以适用。

(2) 目标收益定价法

目标收益定价法指供给者根据企业在预定时期内期望得到的经营目标收益率而制定价格。这种方法首先需确定目标收益率,再预测总成本和销售量,最后确定产品的价格。其公式为

$$产品价格=\frac{总成本+目标利润}{预期销售量}$$

2. 需求导向定价法

需求导向定价法是指经营者依据消费者对产品价值的理解和需求强度来定价,而不是单纯以产品成本来定价。具体定价方法如下:

(1) 理解价值定价法

理解价值定价法指根据消费者在观念上对产品所理解的价值和认识程度来制定价格的方法。消费者对每一种产品都会有一种认识和理解,当企业制定的价格与消费者所理解的价值相一致时,他们才有可能接受这一价格,因此,采用这一方法的关键在于对消费者所理解的价值做出正确的判断,并以此为依据确定产品的价格。该方法意味着在价格、质量、特色之间找

到一个平衡点,使产品能够给消费者带去他们要的价值。一个公司使用理解价值定价法,必须找到购买者所认定的竞争者中的产品和服务的价值。

(2) 区分需求定价法

区分需求定价法又称差别定价法,是指企业针对不同的消费对象,或根据不同时间、不同地点消费者不同的心理需求欲望,对同种产品分别制定不同价格。常见的定价方法有如下几种:

① 同一产品对于不同消费者的差别定价。例如,对新客人和老客人实行不同的价格。

② 同一产品在不同地点的差别定价。在不同地点销售相同的产品和服务,由于地理位置和销售环境发生变化,消费者的认知和接受程度不同,因而需要采取不同的价格。

③ 同一产品在不同时间的差别定价。例如,淡季、旺季采用不同的价格等。

3. 竞争导向定价法

竞争导向定价法是指企业根据市场供求状况和竞争者的价格来定价的方法。这种定价方法有以下两种:

(1) 随行就市定价法

随行就市定价法是指以市场上同类产品一般通行的价格作为定价依据制定价格的方法。即以本行业的平均价格水平或习惯价格水平来制定产品价格,而不考虑产品的成本和市场需求。公司定的价格可以比竞争者高或低,或者和它一样。

这种方法适用于产品成本难以精确估算,竞争对手价格变动难以预测的企业。这种定价方法既可以应付竞争,减少企业风险,又可以保证企业获得适当的收益。

【小链接 11-2】①

"机票定价权掌握在航空公司手里,机票价格肯定要上涨。"近日《关于深化民航国内航空旅客运输票价改革有关问题的通知》(以下简称通知)下发后,有许多人都像北京化工大学一位经常出差的王老师一样表达了这样的忧虑。

通知明确,进一步扩大市场调节航线范围,从11月1日起,800公里以下航线、800公里以上与高铁动车组列车形成竞争航线的旅客运输票价由航空公司依法自主制定。

据了解,本次航空运价市场化改革是对之前相关部门下发的运价改革的一次完善。纵观本次民用航空票价市场化改革中较2014年改革中新增市场调节价国内航空线3公里之间航线375条,是历次价格改革新增数量最多的一次改革。航线的增多,就意味着航空公司有了更多的自主权。

那么,放开定价权后,机票价格是否真的会"看涨"?

业界不少专家表示,把价格交给市场,机票价格难言上涨或是下跌。在淡季就有可能出现更多"超低价"机票,然而遇上节假日等高峰时期,机票将按全价,毫无折扣。换而言之,航企在旺季将提价增加利润,淡季则可以给出更低折扣吸引顾客。

事实上,此次民航价格改革在机票定价权方面还是有一定限制的。记者注意到,目前,机票价格大多数由监管机构制定。航空公司制定、调整市场调节价航线的具体票价种类、水平、适用条件,至少提前7日向社会公布,在票价基础上,航空公司各航线票价上调幅度累计不得超过10%,每航季不得超过10条票价上调航线。

① 资料来源:梁文艳. 定价权放开,机票将随行就市. 中国产经新闻. [2016-10-25]. http://www.cien.com.cn/content-143708.html.

在中国社会科学院财经战略研究院副研究员何代欣看来，这次机票定价权限的规定，事实上是政府进一步放开机票价格管制的举措，而区域航线价格调整，符合市场基本规律。

“航空公司可以对机票在不同时段、不同季节灵活定价，这将有助于合理配置资源。”深圳市思格洛投资发展有限公司总经理罗高瞻在接受《中国产经新闻》记者采访时说。

“虽然在春运、国庆期间，机票价格都会上涨，而去一些短途的城市，机票不会涨反而在价格方面会有优惠。”中国社会科学院工业经济研究所副研究员徐希燕在接受《中国产经新闻》记者采访时指出。

据记者采访中了解到，事实上，目前大多数区域航线都面临高铁甚至高速公路竞争，而竞争的核心是价格。

徐希燕举例道，新政实施后，预计从短途的航线机票价格会降低，因为高铁也会参与其中。在短途方面，高铁存在价格低、不受天气变化等优势，预计从北京到石家庄、济南、郑州等地机票价格可能会下降。而像远途例如香港、广州、深圳等地，高铁的优势在时间方面相对飞机来说偏弱，此时的机票价格会上涨。

但需要指出的是，“在一些航线中，机票一票难求时有发生，而把定价权交给航空公司难免还是会引发机票大幅度的上涨。”接受《中国产经新闻》记者随机采访的几位“空中飞”的旅客认为。

这也意味着，有竞争才会推动价格下降，而一家独大也会造成价格上涨。“市场化定价航线增多与价格涨跌之间不存在必然联系。”何代欣认为，一些商品与服务是有政府指导价，而机票价格位列其中，现在航空业最主要的问题是竞争不够，导致票价不降反升。就目前来看，机票价格改革还应延续，机票定价完全透明的市场化才是终极目标。

(2) 投标定价法

该法通常采用公开招标的办法，即采购方(买方)在报纸上登广告或发出函件，说明拟采购商品的品种、规格、数量等具体要求，邀请供应方(卖方)在规定的期限内投标。公司在考虑竞争者所有可能的定价的基础上，进行自己定价，而不考虑自己的成本和需求。公司希望得到项目，这就要求公司投标的价格要低于对手。这是一种典型的竞争导向定价方法。企业的定价是以预期竞争者价格为基础。企业一方面必须制定比竞争者更低的价格才可能中标，但价格又不能低于企业的总成本。

11.3　产品定价策略

定价策略是企业在特定的经营环境中，为实现其定价目标所采取的价格对策。在激烈的市场竞争中，定价策略是公司争夺市场的一个重要武器，是公司营销组合策略的重要组成部分。在现代市场营销进程中，尽管非价格因素的作用在增长，但价格仍是营销组合中的一个重要因素。不同的定价目标，需选择不同的价格策略。下面就常见的定价策略做一简单介绍。

11.3.1　新产品定价策略

新产品定价策略指为新产品制定基本价格的定价策略，是产品处于投入期的价格策略。在为新产品制定价格时，企业可以考虑弥补开发成本和限制竞争等因素。新产品定价策略可

以分为市场渗透定价策略、市场撇脂定价策略。

1. 市场渗透定价策略

市场渗透定价策略是指将新产品以较低价格投放市场，以求薄利多销吸引消费者，打开销路，达到市场渗透的作用。其目的是用低价迅速占领市场，取得较高的市场份额。同时，较低的价格还能有效地排斥竞争者进入市场，从而能够使企业较长时间占领市场。采用市场渗透价格策略的条件如下：

(1) 产品潜在市场较大，低价可以扩大市场占有率，即企业必须能够保证有足够的消费需求，以使平均成本下降，达到规模效益。

(2) 市场对价格高度敏感，低价有利于市场扩展，可以带来更多的需求从而达到增加销售，薄利多销的效果。

(3) 产品销售渠道畅通，即销售的中间环节少。如果中间环节过多，企业所需支付的佣金比例就大，会导致产品在市场上的最终价格难以有效降低，故不适合采用这种价格策略。

(4) 随着产品销量增加和经验积累，企业能降低单位成本，阻止竞争者进入市场。

渗透定价策略的优点主要是有利于迅速打开新产品的销路、能够有效地排斥竞争者进入市场，有利于企业销售量不断提高，企业能达到规模效益，从而保证获得长远利润。渗透定价策略也有其缺点，比如回收期较长，价格变动余地较小，难以应付在短期内骤然出现的竞争或需求的较大变化。

【小链接 11-3】①

"搅局"为提高行业效率

自从两年前开始布局"生态链"后，小米的战略就常引来一些争议。

在13日峰会上，雷军再次说起一些外界对他和小米的误解。外界有声音认为，雷军一直强调"专注"，然而却把摊子铺得太大，小米的"生态链"涉足领域，从空气净化器到电饭煲，从血压计到飞行器、灯泡等数十个行业，这与小米的手机主业"格格不入"。

实际上，小米系介入一些行业，挤压行业原来老牌企业的利润，也令小米树敌不少。

"正因为我们在手机行业搅和，今天整个国产手机的水平、质量、品质、设计得以大幅度地提升，价钱得以大幅度降低，移动互联网和智能手机也得到了更大的普及。"雷军回应道，小米涉足多个领域"去搅和"，其实各行各业的效率都会提升，最终受益的是普通消费者。

雷军称，小米的商业模式就是"拉仇恨"的。

他举例称，一年前的插线板行业，很多产品质量非常差，整个工艺都是30年前的。"人家企业赚钱赚得舒舒服服，你非进去搅和，你一搅和人家能不骂你吗?"雷军说，"当小米的插线板产品发布了6个月以后，国内所有插线板的水平都提高了。"

据《每日经济新闻》记者了解，小米布局了多个领域，且在部分行业成为领军者。

"现在小米的充电宝世界第一，手环世界第二，平衡车世界第一，空气净化器中国第一，我现在这样数，世界第一或中国第一的品类里，小米里有10多个。"雷军表示。

在雷军看来，小米的定位绝不仅是一家手机公司，而是要在中国社会掀起一场"效率的

---

① 资料来源：谢振宇，陈耀霖. 别劝我卖贵 心甘情愿把小米卖得便宜点. 腾讯科技. [2016-10-14]. http://tech.qq.com/a/20161014/010372.htm.

革命”。他表示，中国企业以往花在营销、渠道、店面等环节的钱太多，而在生产效率和质量上则严重欠缺，小米是反过来做，也正因此才赢得了市场。

当谈到小米低价策略引起的争议时，雷军说，“你们不要劝我卖得贵，我就是心甘情愿地把小米卖得便宜一点。”自己 40 岁时办小米的时候，就是想干一件惊天动地的事——用改善效率的方式，让消费者买到超值产品是小米的初衷，赚钱则不是自己考虑的事情。

2. 市场撇脂定价策略

市场撇脂定价策略指新产品投放市场时的高价策略。目的在于力求短期内补偿全部固定成本，并迅速获取很大盈利。新产品投放市场初期，竞争性的替代产品很少，需求的价格弹性也就较小，制定高价格，可在市场上一部分求新欲强又有支付能力的顾客中树立独特、高价值和高质量的产品形象，以达到开发特定市场的目的。采用市场撇脂定价策略的条件如下：

（1）市场需求较大，但竞争者不多。

（2）制定高价，不会刺激太多竞争者进入市场，有助于形成新产品优势，树立品牌。

（3）虽有可能销量不大并且成本较高，但企业仍能获得高额利润。

（4）企业知名度和产品质量较高，并且企业具有较强的宣传促销能力。

（5）新产品需求弹性小，具有独特的技术，不易被仿制，生产能力难以迅速扩大等特点，同时市场上存在高档消费或时尚性的要求。

市场撇脂定价策略的优点主要是有利于企业迅速实现预期盈利目标，掌握市场竞争及新产品开发的主动权。新产品最初的高定价符合消费者对待价格从高到低的客观心理反应。可以用高价控制一定需求量，以避免产品新投入市场时由于供给能力不足而带来的困难。

市场撇脂定价策略的缺点是不易扩大销路，不利于开拓市场，高价厚利信号极易诱发竞争，企业新产品的高额利润时期较短。

11.3.2　心理定价策略

心理定价策略指利用消费者对价格的心理反应作为企业定价的依据，制定出合乎其心理的价格，以引导消费。常用的心理定价策略有以下几种：

1. 尾数定价策略

尾数定价策略指给产品定一个零头数结尾的非整数价格。许多零售商认为消费者从习惯上乐于接受尾数价格，不喜欢整数价格。很多零售企业在销售活动中发现消费者往往比较喜欢带尾数的商品标价。比如，同一种商品标价 29.99 元或标价 30.17 元，比标价 30.00 元销路要好。因为在大多数消费者看来，带有尾数的价格比较精确地反映了商品的价格，给人以货真价实的感觉，这种购买心理成为尾数定价的主要依据。

2. 整数定价策略

整数定价策略指企业在定价时，采用合零凑整的方法制定整数价格。如租金 500 美元一天的豪华套房，改为 495 美元，反而难以满足一部分宾客的消费心理。

3. 声望定价策略

声望定价策略是指针对消费者价高质必优的心理，对在消费者心目中有信誉的产品制定较高价格。即企业有意识地把价格定得较高，以便使本企业或本企业的产品给消费者留下优质形象，或使消费者感到购买这种产品可提高自己的声望。这种策略适用于那些经营时间长，在行业中居于领导地位并且名声极好的企业。

4. 习惯定价策略

习惯定价策略是指根据消费者传统习惯制定价格。有些产品的价格在市场上已被消费者所习惯,价格变化,就会引起顾客不满,因而宁可在内容、包装、数量、档次上进行调整而不宜大幅度调价。需要充分考虑消费者的习惯性的心理倾向,不可随意变动价格。否则,一旦破坏消费者长期形成的消费习惯,就会使之产生不满情绪,导致购买的转移。

5. 价格数字偏好定价策略

该策略指企业定价时要针对消费者对价格数字的偏好心理,采取适当的销售价格以促使消费者购买的定价策略。例如,对欧美的消费者来说,商品价格应避免出现"13";对新加坡及中国香港特别行政区和中国台湾的消费者来说,商品价格应避免出现"4",而有些价格数字如"8""6"则会较普遍地迎合消费者价格数字的偏好。

11.3.3 折扣价格策略

折扣价格策略是指在产品的交换过程中,企业的基本标价不变,而通过对实际价格的调整,把一部分价格折扣转让给购买者,鼓励消费者大量购买自己的产品和服务,促使消费者改变购买时间或鼓励消费者及时付款的价格策略。

1. 数量折扣

数量折扣是指企业经营者为了鼓励顾客多购买其产品,在顾客购买数量超过一定数额时,按购买数量对产品价格给予一定的折扣,购买数量越多,折扣越大。数量折扣分为非累进折扣和累进折扣两种。

2. 季节折扣

季节折扣是指企业在淡季时给予产品购买者的折扣优惠。一般在有明显的淡、旺季的行业中实行。主要是鼓励购买者淡季购买,以减少供应企业的压力和负担,增加销售量,降低经营成本。这种方式常用于农产品、水产品和旅游产品中。

3. 现金折扣

现金折扣也称付款期折扣,是指对在约定付款期以现金付款或提前付款的产品购买者,卖主可以给予他们一定的价格折扣。许多西方企业采用赊销方式,卖主通常在交易条款中注明:①"净价10",即顾客必须在成交后10天内付清全部货款;②"1/10净价30",即顾客在成交后10天内付款的话,就可得到1%的现金折扣,但最迟也必须在30天内付清全部货款。在这种形式下,企业为了尽快收回货款或把期票兑换成现金,对能以现金支付货款或提前支付货款的顾客,要根据具体情况,给予一定比例的现金回扣,其目的在于提高资金利用率,并减少坏账风险。采用这种价格策略的目的是鼓励购买者迅速付款。

4. 同业折扣

同业折扣也称功能性折扣,是指产品生产企业根据各类中间商在市场中所担负的不同职责,给予不同的折扣。生产商对批发商和零售商经常采取这种折扣。折扣的大小根据中间商企业在商品流通中的不同功能与作用而确定。

5. 折　让

折让是给予顾客价格折扣的另一种类型。旧货折价在汽车行业和一些其他耐用消费品的交易中最为普遍。促销折让是卖方为了报答经销商参加广告和支持销售活动而支付的款项或

给予的价格折让。

11.3.4　产品组合定价策略

产品组合定价策略是指寻求在整个产品组合方面制定一整套能获得最大利润的共同价格的价格策略。

1. 产品系列定价

在产品系列的产品间设立系列价格差别，如柯达公司生产的胶卷系列。

2. 备选产品定价

备选产品定价指为与主体产品一起出售的备选产品和附加产品定价，如与汽车一起出售汽车音响、汽车卫星导航设备等。

3. 附属产品定价

附属产品定价即指为必须与主体产品一起使用的产品定价，如照相机与胶卷、剃须刀架与刀片、打印机与墨盒等。

4. 副产品定价

副产品定价指为在主产品生产过程中产生的副产品定价。如在生产加工食用肉类、石油产品和其他化学产品的过程中，常常可以产生具有市场价值的副产品。副产品的收入多，有利于公司为其主要产品制定较低价格，提升其市场竞争力。

5. 两段定价法

服务性公司常常收取固定费用，另加一笔可变的使用费，如电话月租费和通话费。

6. 捆绑定价法

捆绑定价法指把若干个商品组合在一起定价。销售商常常把一组产品组合在一起降价销售。顾客本来可能无意购买全部产品，但由于在这个价格束上节约的金额可观，吸引了顾客购买。

11.3.5　促销定价策略

促销定价策略指经营者为产品制定价格时考虑到企业促销活动的需要，使价格的确定与促销活动相互协调而采用的定价策略。常用的促销策略有以下几种。

1. 牺牲品定价

店家以少数商品作为牺牲品将其价格定价，以招揽顾客，吸引他们来到商店，并期望他们购买正常标价的其他商品。

2. 专门事件定价策略

在某季节里，卖主也利用特别事件定价来吸引更多的顾客购买。当企业进行专门的促销活动或逢重要的节假日或纪念日时，可借机进行低价促销。进行专门事件定价促销时，应保证有充足的服务设备、设施和服务人员。

3. 现金回扣券

制造厂商有时会在特定时间内向进行购买的顾客提供现金回扣，刺激他们购买产品。回扣可使制造商在不必降低目录价格的情况下达到清仓的目的。

4. 较长的付款条款

销售者，特别是贷款银行和汽车公司，延长购买者的贷款时间，从而减少了他们每月的付款金额。由于顾客一般对贷款利率不太敏感，他们担心的是自己每月的实际还贷能力，因此这种做法通常可以起到促进销售的作用。

5. 保证和服务合同

公司可以增加免费保证或服务合同来促销。顾客既可选择免费保证或服务,也可选择减少价格的方法。

11.3.6 地区定价策略

地区定价策略指企业调整价格,以便适应不同地理区域的消费者的价格策略。

1. 原产地定价

原产地定价指顾客按照厂价购买某种产品,卖方负责将产品装运到产地的某种运输工具上交货,交货后的一切风险和费用(包括运费)由买方承担。

2. 统一交货定价

统一交货定价指公司对于卖给不同地区顾客的某种产品,一律按照相同的厂价加相同的运费(按平均运费计算)定价。

3. 分区定价

分区定价指公司把销售市场分为若干价格区,对于卖给不同价格区顾客的产品,分别制定不同的地区价格。

4. 基点定价

基点定价指公司选定某些城市作为基点,然后按一定的厂价加从基点城市到顾客所在地的运费来定价,而不管货物实际上是从哪里起运的。

5. 运费免收定价

运费免收定价指公司负责全部或部分实际运费。

11.4 价格调整和价格变动反应

11.4.1 企业价格调整

1. 企业降价的原因

- 企业的生产能力过剩,库存积压严重,而通过增加销售、改进产品或其他方式都不能达到促进销售的目的时,降价就成为最后的选择。
- 在强大的竞争压力下,企业的市场占有率下降,企业寻求通过降价来提高或维持市场占有率。
- 当企业具有足够的生产能力,降价可以有效扩大销量,提高市场占有率,有利于形成规模效益,从而进一步降低成本。

2. 企业提价的原因

- 产品成本膨胀;
- 产品供不应求;
- 产品性能提高;
- 市场竞争减少。

3. 常用调价方法

① 延缓报价。公司决定到产品制成或者交货时才制定最终价格。生产周期长的产业，如工业建筑和重型设备制造业等采用延缓报价定价法相当普遍。

② 使用价格自动调整条款。公司要求顾客按当前价格付款，并且支付交货前由于通货膨胀引起增长的全部或部分费用。

③ 分别处理产品与服务的价目。公司为了保持其产品价格，把先前供应的免费送货与安装的产品分解为各个零部件，并分别为单一或多个构件定价。

④ 减少折扣。公司减少常用的现金和数量折扣，指示其销售人员不可为了争取生意不按目录价格报价。

任何价格变化无疑将会影响顾客、竞争者、相关企业的利益，也会引起政府的注意。因此企业在调整价格时必须考虑这些因素。

11.4.2　顾客对企业变价的反应

1. 顾客对企业降价的反应

- 产品物超所值，企业薄利多销；
- 产品质量低于售价高的竞争者产品的质量；
- 产品过剩，价格还会进一步下跌；
- 产品老化，将被新产品替代；
- 企业财务困难，经营出现问题。

2. 顾客对企业提价的反应

- 产品很畅销，不赶快买就买不到了；
- 产品很有价值，价格还会继续上涨；
- 卖主太“黑”，只想着挣钱。

11.4.3　竞争者对企业变价的反应

假设竞争对手有一组适应价格变化的政策来应对本企业的价格变动。在这种情况下，竞争对手的反应是能够预测的。

假设竞争者把每一次价格变动都看作是新的挑战，并根据当时自身利益做出相应的反应。在这种情况下，必须确定竞争对手想要获得的利益是什么。即对竞争对手目前的财务状况、近来的销售状况、生产能力、企业目标和顾客忠诚度进行调查。如果竞争者的企业目标是提高市场占有率，它就可能随着调价企业的产品价格变动而调整价格。如果竞争者的企业目标是获取最大利润，它就可能采取加强广告促销或提高产品质量的办法来应对。总之，企业在实施价格变动时，要善于利用企业内外部信息判断竞争对手可能做出的反应，以便采取相应对策。

当然，在实际市场上运作会相当复杂，因为不同竞争对手对企业降价会有不同理解，而且竞争对手的规模、市场占有率大小也不一样，他们的反应也会有所不同。

【小链接11-4】[①]

早在“平京战役”还未打响之际,苏宁的低价策略就已经让京东坐不住了。

10月26日,微博名为“杂货铺李先生”贴出的一张京东的“投诉”截图被疯狂转发,主要内容就是京东向西门子等厂家投诉“苏宁价格低到离谱”,要求厂家约束苏宁的低价行为。从泄露出来的“投诉”截图看,该事件发生在苏宁“平京战役”前,西门子一款型号为WM10P1601的洗衣机,苏宁价格为2990元,京东售价为3924元。

京东向西门子投诉的内容显示,“9月份以及十一期间上账率一直不是很理想,很大一部分来自苏宁的乱价,苏宁易购的价格如此离谱,还请各位大佬们及时约束制止,不要再次出现。”

不过有网友评论称,电商价格战受惠的是消费者,价格当然越低越好。可见,“平京战役”前,苏宁价格战尚且如此凶悍,未来一段时间,苏宁的降价行动将愈演愈烈。

苏宁发起的“平京战役”近来除了吸引了众多消费者,也让诸多家电业内供应商连连惊叹。

10月26日晚间,苏宁南京总部迎来了一位神秘的客人:LG集团会长具本茂。对于具本茂亲赴南京密会苏宁董事长张近东的原因,有苏宁内部人士对记者透露,“就在上个月,LG在苏宁新上市的一款电视一个月内居然卖断了货,令LG韩国总部大吃一惊,他们急切地想知道苏宁O2O到底是什么样的渠道模式。”

LG和苏宁多年来都视对方为重要的合作伙伴,尤其当LG选择一款高端电视在苏宁双线首发试水后,化学反应随即而来。今年国庆节黄金周,LG一款OLED高端电视在苏宁双线首发上市,短短的一个国庆黄金周就卖出了数千台,甚至一度断货。

彼时,正在韩国三星访问的苏宁COO侯恩龙被请到了LG总部,并与LG签订了2016年全年5.5万台的大单,LG主动为苏宁O2O购物节追加了货源,仅彩电品类就追加了30%。不仅如此,LG数款畅销爆款彩电双十一期间独家供货苏宁,足以看出LG对苏宁O2O商业模式的信心。同时,LG美妆洗护产品也有望近期在苏宁易购上线。

同侯恩龙一起出访韩国的一名苏宁内部人士透露,“LG之所以将资源如此倾向苏宁,就是看中苏宁线上线下的O2O优势。”

苏宁副董事长孙为民也在公开场合表示,真正的价格战是建立在强大的供应链基础上的,价格战的本质是零售能力价值战,苏宁拥有包括供应链、物流、服务在内的零售CPU能力,可以持续地把价格战打下去。

11.4.4 企业对竞争者变价的反应

1. 不同环境下的企业反应

(1) 同质市场反应

在同质的产品市场上,如果竞争者降价,企业往往被迫随之降价。这是因为在同质性的产品间差异性很小或没有差异,消费者一般都会选择优先购买价格较低的产品。如果企业在价格上不做出反应,会直接导致其产品市场占有率的快速下降。如果某一个企业提价,并且提价

---

① 资料来源:陈一平.苏宁低价惹京东“投诉”价格战打的究竟是什么.华夏时报,2015-10-28.

会对整个行业有利，其他企业也会随之提价，但只要有一个重要竞争者不随之提价，最先发动提价的企业和其他企业往往也不得不取消提价。

（2）异质市场反应

在异质的产品市场上，由于消费者选择卖主不仅要考虑价格因素，还要考虑产品的质量、性能、外观等，产品的差异性决定了消费者对较小的价格差异并不在意，所以在这种市场上，企业对竞争者价格变化的敏感度较小，反应的自由度较大。

2. 企业在对竞争对手做出反应前必须考虑的问题

（1）竞争者变动产品价格的原因：它是想悄悄地夺取市场、适应成本的变动状况，抑或是利用过剩的生产能力，还是要领导一个行业范围内的价格变动？

（2）竞争者计划做这个价格变动是临时的还是长期的措施？

（3）如果本公司对此不做出反应，自身产品的市场份额和利润将会发生怎样的变化？其他公司是否将对此做出反应？

（4）对于每一种可能做出的反应，竞争者与其他企业的回答可能是什么？

3. 市场领先者反应

市场领先者面对那些较小的企业为努力取得市场份额而进行的，降价可以有多种反应供选择。

（1）维持原价格

当市场领先者认为降价会使它损失过多的利润，或者他认为不降价也不会失去过多的市场份额，抑或他认为当必要时，他完全能够以较低的成本重新获得市场份额，即领先者感到他能够抓住好的顾客，而只是放弃一些较差的顾客给竞争者时，市场领先者可以采取维持原来价格和利润幅度的策略。

（2）提高被认知的质量

市场领先者可以采用维持原来价格不变，但却增加提供的产品的价值的方法来应对竞争者的降价。他可以改进他的产品、服务和信息沟通以便使顾客能看到更多价值，提高被认知的质量。企业可以发现，维持原价并花钱去改进它所提供的产品，比降低产品价格，以较低毛利来经营要便宜得多。

（3）降　价

当市场领先者认为他的产品成本会随着数量的增加而有较大的下降，或者他认为市场对产品价格敏感，不降价会使他失去过多的市场份额，抑或他认为一旦他失去市场份额，他要重新获得市场份额的成本过大时，他可以选择降低自己产品的价格，以达到竞争者的价格水平。当公司选择降价时应努力去维持它所提供的产品的价值。

（4）提高价格同时改进质量

市场领先者可以选择提价，并引入一些新品牌商品去包围竞争者进行攻击的品牌商品。

（5）推出廉价产品线反击

推出廉价产品线是在经营产品中增加廉价品种，或者另外创立一个廉价品牌。如果某个正在丧失的细分市场对价格很敏感，这种做法就有必要，因为这样做不必对要求提高质量的呼声做出反应。在这时，推出廉价产品线就是一种最佳的有效反击。

当竞争对手发动价格进攻时，企业减少价格反应的唯一途径是对竞争对手可能采取的价格变动做出预测，并制定相应的对策。

【讨论题】

1. 价格影响因素中的内部因素和外部因素有哪些？请举例说明，如果对某产品定价，你最关注哪些价格影响因素？

2. 请结合实例说明如何综合使用3种基本定价方法。

3. 请举例说明具体定价策略的应用。

4. 请举例说明价格变动对企业市场竞争实力的影响。

5. 案例题[①]

"一部手机售价19999元，你会买吗?"近日，某手机厂商联合北京故宫文化传播有限公司推出的一款手机火了，不仅因为其装饰繁复、华丽的机身，也因为其19999的价格，有人称之为"故宫版豪华手机"。同时，这款手机也引发了人们的思考：文创产品究竟应该如何更好跨界?

在该手机厂商的官方微博上，展示并介绍了故宫版手机的设计灵感及复杂工艺：故宫版手机设计融合了"团龙纹饰"等各种传统宫廷元素。机身背部以镂空浮雕技术呈现了一条栩栩如生的鎏金正团龙。

此外，该手机厂商官微还介绍，手机系统内置了"掌上故宫APP""每日故宫APP"，用户可随时随地可以欣赏与了解故宫文化。每一款手机的屏保和壁纸源自故宫的五福捧寿、祥云无尽等吉祥图案，以及二十四节气摄影作品等。

这则消息传开后，很快有网友质疑是作秀、噱头，在营销故宫文化。相关争论随之而起。也有人为该款手机的设计点赞，认为其售价与附带的加工工艺与传统内涵是成正比的。网友"路过13号"表示，这和有钱人几千万买一幅画一样，"不同消费理念和消费能力而已"。

故宫相关工作人员则对中新网记者表示，确实推出了这款手机，但她对如何定价等一些细节了解得并不是很清楚，"具体的是故宫文创那边负责"。

近年来，文创产业发展迅速，故宫也走在前列。虽然此次推出的"故宫版手机"遭受了诸多争论，但这并不是故宫首次"跨界"推广文创产品。从朝珠耳机、故宫福筒，到"戒急用忍"系列文化创意产品，甚至"故宫淘宝"与内联升联合推出的"探花"主题布鞋，都曾受到消费者的好评和欢迎。

文创产品究竟应如何走向跨界与融合？这是不少业内人士在思考的问题。此前据《新华日报》报道，南京博物院副院长王奇志提出，研发出来的博物馆展品的衍生品要让观众有想把博物馆带回家的欲望，"文创产品的研发应着重发挥观众的创意与想象力"。

对于推出"故宫版手机"的合作，故宫博物院常务副院长王亚民本月19日曾表示，这是一次新型尝试，是传播故宫文化的另一种方式，"衷心希望这次合作，搭建起传统文化与'中国智造'的新媒介，为故宫文化注入科技产业起到典范带动效应"。

问题1：请问故宫这款手机定价的影响因素是什么？

问题2：请分析故宫这款手机的定价方法。

① 资料来源：上官云，故宫证实"19999元手机"确有其事 文创产品如何跨界？中青在线.[2016-12-22]. http://article.cyol.com/news/content/2016-12/22/content_15034535.htm.

第12章　分销策略

【引导案例】[①]

国庆长假结束后，对应黄金周家电传统促销季的京东家电“躺购节”也顺利落下了帷幕，高达70%的同比增长率成为新成立的京东家电事业部亮眼的第一份成绩单。相对于销售全面下降的线下卖场，今年上半年已经占据家电网购市场60%份额的京东以如此高的基数还能保持高增长，一方面得益于京东家电高品质、快物流、好体验持续影响消费者购物习惯带来的改变，另一方面也说明家电销售渠道的变革在进一步加速，消费者购物习惯变迁和线上渠道的飞速发展所导致线上线下渠道的实力反转或许很快就会到来。

在2015年9月21日到10月12日的促销期内，京东家电整体的销售额相比去年同期增长了70%，各大品类的销售齐头并进，其中高端智能产品占据了越来越重的比例，而超过1100家京东帮服务店所覆盖的广大县乡级市场则成为最大的增量市场。

电视机一直是十一长假期间的明星产品，今年的京东家电“躺购节”期间，高端大屏电视持续热销，8000元以上价位段的高端电视机的销量接近去年同期的4倍，家电网购向中高端发展在电视机这个品类上表现得非常明显。55英寸大屏幕电视同比增长接近300%，65英寸超大电视的同比增长更是达到惊人的700%以上。智能电视继续保持高速增长态势，“躺购节”期间占到电视整体销量的80%，其中919“乐迷节”乐视超级电视开卖10分钟销售额即破亿元，全天销量创纪录。4K超高清电视也开始得到网购消费者的青睐，十一长假期间同比增长高达400%多。

以冰箱洗衣机为代表的大家电产品在本次京东家电“躺购节”期间的销售增幅相当惊人，一现主流品牌均取得了翻倍以上的增幅，其中海尔冰洗产品销量增长达130%，美的冰箱销量同比增长接近200%，而合资品牌的代表西门子冰洗产品同比增长也超过了100%。格力、美的和海尔三大品牌的空调销量均大幅增长，一线品牌销售占比接近60%，而合资品牌空调产品的增速同样迅猛，销售额接近去年同期的两倍。

在环境问题日益突出和人们日益关注健康生活的背景下，空气净化器和净水设备这“双净”成为消费者的关注焦点。本次“躺购节”期间，京东净水设备的销售额同比增长超过200%，其中3m品牌的同比增长达到去年的4倍，A. O. 史密斯的增长也突破了100%。空气净化器的整体销售额同比增长100%，“躺购节”期间累计销售的空气净化器可以同时净化的房间面积差不多等于中国国土的面积。

另外，厨房家电在“躺购节”期间也大放异彩。方太联合京东推出的智能微联云魔方烟灶套装仅在十一假期销量就突破了1万套，智能烟灶产品开始爆发。同样主打高端的另一个烟灶领导品牌老板也不遑多让，其高端大吸力油烟机在十一假期内也卖出了2万套。西门子原装进口洗碗机的销量同比增长竟达300%，呈现井喷式爆发增长。

---

① 资料来源：魏京婷（责任编辑）. 京东家电十一销量同比大增70% 渠道变革加速. 中国经济网.（2015-10-13）. http://finance.ce.cn/rolling/201510/13/t20151013_6690007.shtml.

自去年与腾讯战略合作之后,京东在移动端有了京东微信购物、京东手机QQ购物和手机客户端这三驾马车,在移动互联时代有了竞争对手难以企及的优势,经过一年多的消费习惯培养,京东微信购物入口和手机QQ购物入口为家电销售所带来的提升也在本次家电“躺购节”期间得到了有力的体现。仅仅在10月1日当天,京东微信购物入口的家电销售额便是去年“十一”大促期间10天的销售额总和。

能够在家电行业冷风频吹的环境下取得如此骄人的增长业绩,京东在家电网购领域的领先优势越来越大,对传统家电销售旺季的全面发力使更多消费者能够体验到自营式电商给他们带来的极佳的家电网购体验。“躺购节”作为京东家电的“十一”促销项目,指向性非常明确,随着更多消费者认可“足不出户购买家电,把假期还给旅游和休息”这样的理念,以京东为代表的电商企业将推动家电销售渠道更快地变革,线上渠道取代线下卖场成为家电销售主流渠道为时不远了。

分销策略是市场营销组合策略之一。它是企业能否成功地将产品打入市场,扩大销售,实现企业经营目标的重要手段。分销渠道策略主要涉及分销渠道及其结构、分销渠道策略的选择与管理、批发商与零售商及物流等内容。

12.1 分销渠道及其类型

12.1.1 分销渠道的概念与职能

1. 分销渠道的概念

分销渠道也叫销售渠道或通路,指促使产品或服务顺利地被使用或消费的一整套相互依存的组织,即分销渠道是由参与了商品所有权转移或商品买卖交易活动的中间商组成的流通渠道。分销渠道成员包括产品从生产者向消费者转移过程中,取得这种产品和服务的所有权或帮助所有权转移的所有企业和个人。分销渠道的起点是生产者,终点是消费者或用户,中间环节包括各参与商品交易活动的批发商、零售商、代理商和经纪人。严格地说,后两类中间商并不对商品拥有所有权,但他们帮助达成了商品的买卖交易活动,因此,也可作为分销渠道的一个环节。所以,只要是从生产者到最终用户或消费者之间,任何一组与商品交易活动有关并相互依存、相互关联的营销中介机构均可称为一条分销渠道。

2. 分销渠道的职能

分销渠道由5种流程构成,即实体流程、所有权流程、付款流程、信息流程及促销流程。

在以上流程中分销渠道发挥着以下几项职能:

(1) 调研:即收集制订计划和进行交换时所必需的信息。

(2) 促销:即进行关于所供应货物的说服性沟通。

(3) 接洽:即寻找可能的购买者并与其进行沟通。

(4) 匹配:即使所供应的货物符合购买者需要,包括制造、装配、包装等活动。

(5) 物流:即从事商品的运输、储存等。

(6) 谈判:即为了转移所供货物的所有权,就其价格及有关条件达成最后协议。

(7) 融资:即为补偿渠道工作的成本费用而取得与使用资金。

(8) 风险承担:即承担与从事渠道工作有关的全部风险。

(9) 所有权转移:即所有权从一个组织或个人转移到其他组织或个人的实际转移。

【小链接 12-1】[①]

在移动互联网时代,传统渠道商会发现,单一渠道容易沦为"过道"。

美国电信运营商美国电话电报公司(AT&T)日前宣布,将以 854 亿美元的价格收购美国电视传媒巨头——时代华纳公司。据悉,后者旗下拥有 HBO、CNN、华纳兄弟等众多知名媒体内容品牌。

AT&T 如此豪购并非无因,这源于竞争对手不断蚕食其市场份额,更源于移动互联网时代的新一代用户崛起。他们更加注重企业所能提供的人格化、带有丰富信息、内容等更多附加值服务的产品和服务,而企业则需要通过抢占用户的时间和心智,并在竞争中获得跑道优势。

在美国,FACEBOOK、TWITTER、Netflix、亚马逊对于包括 AT&T 在内的传统渠道商也造成了巨大威胁。

同样的情形在中国互联网领域演绎。尤其是年青一代越来越热衷于使用社交和内容为主导的微博、微信,后者还可以衍生出大量新业务,比如金融支付、日常通讯等,这是对传统渠道的空前威胁。所以传统渠道都在面临转型,打造"综合服务提供商"。

中国的电信运营商不是没有过内容建设的探索。比如中国移动就在移动梦网上,试图构建短信、彩信、手机上网(WAP)、百宝箱(手机游戏)等各种多元化信息服务的信息"超市"。遗憾的是,由于移动的身份所限,以及传统业务的利润空间犹在,缺乏转型的紧迫感和行动力,造成梦网内容建设始终与期望相去甚远。

AT&T 收购时代华纳,就是通过横向的产业价值链整合,从传统的网络运营向上游内容创编与整合端延伸,来实现客户深度运营耦合,基于客户需求把握创新商业模式,比如手机广告(第三方收费)、电子支付(佣金)、位置服务(搜索+广告收费)等。而这一案例也应成为国内电信运营商所借鉴和参考。

诚然,限于政策所限,国内电信运营商不太可能短期内完成类似的跨行业收购。但目前内容供给正呈现多元化趋势,UGC+PGC 的双端生产,自媒体的大量出现,让电信运营商可以通过与传统互联网资讯平台,如门户网站、垂直类资讯网站的联合,以及对于自媒体生态的构建,向内容聚合的最后一公里推进。

对国内运营商而言,如果不加快转型步伐,建立包括内容在内的多样化产品和服务,其将难以持续激发用户需求,无法掌握更多的用户消费行为数据和时间份额,而这需要电信运营商未雨绸缪,探索更为积极的转型战略,从内容消费的旁观者变身为参与者。

12.1.2　分销渠道的层次及类型

1. 分销渠道的层次

(1) 分销渠道的长度

在产品从生产者转移到消费者的过程中,任何一个对产品拥有所有权或负有营销责任的

① 资料来源:远山. AT&T 收购是传统渠道商转型必需. 新京报,2016-10-25:财经版.

机构,均称为一个渠道层次。渠道层次的数目决定分销渠道的长度。

分销渠道的长短一般是按通过流通环节的多少来划分,具体包括以下4层:

① 零级渠道:即由制造商→消费者。

② 一级渠道:即由制造商→零售商→消费者。

③ 二级渠道:即由制造商→批发商→零售商→消费者,或者是制造商→代理商→零售商→消费者。多见于消费品分销。

④ 三级渠道:制造商→代理商→批发商→零售商→消费者。

从生产者观点看,随着渠道层次的增多,控制渠道所需解决的问题也会增多;从消费者观点看,渠道层次的增多,在提供方便和及时服务的同时,也将增加消费支出。企业要权衡利弊得失,适当选择分销渠道的长度。

(2) 分销渠道的宽度

分销渠道的宽度指渠道的每个层次使用同种类型中间商数目的多少,它与企业的分销战略密切相关,通常有3种情况:

① 密集分销:指制造商尽可能地通过许多负责任的、适当的批发商、零售商经销产品。消费品中的食品、日常用品和产业用品中的供应品,通常采取密集分销,使广大消费者和用户能够随时随地买到这些产品。

② 选择分销:指制造商在某一地区仅仅通过少数几个精心挑选的,最合适的中间商经销其产品,相对而言,消费品中的选购品和药品、保健品等特殊品较适宜于采取选择分销。

③ 独家分销:指制造商在某一地区仅选择一家实力较强、客户资源丰富、营销有方的中间商或代理商作为总经销、总代理经销推销其产品。通常双方需签订独家经营代理合同,规定经销商不得经销、代理竞争者的产品,以便管理和控制经销商的业务经营,调动其经营的积极性,提高制造商产品的市场占有率。

2. 分销渠道的类型

按流通环节的多少,可将分销渠道划分为直接分销渠道与间接分销渠道。其区别在于有无中间商。

(1) 直接分销渠道

直接分销渠道指生产企业不通过中间商,直接把产品销售给消费者的营销渠道。直接分销渠道是工业品分销的主要类型,例如大型设备、专用工具及技术复杂需要提供专门服务的产品,都采用直接分销渠道,有部分消费品也采用直接分销渠道,诸如鲜活商品等。直接分销渠道便于控制价格、及时了解市场。同时,由于减少了付出的佣金,还可获得更多利润。但是,产品供给者承担了营销的全部职能及有关费用,在销售量小和不稳定的情况下,直接销售会使销售成本增加,生产者风险也大。

(2) 间接分销渠道

间接分销渠道指生产企业通过中间商环节把产品传送到消费者手中。间接分销渠道是消费品分销的主要类型,工业品中有许多产品(如化妆品)采用间接分销类型。间接式分销渠道有助于消费者对产品的选择和购买。采用间接分销,消费者便可从中间商那里获得各种可供选择的信息,并得到中间商的指导和帮助,从而有助于消费者选择和购买产品。此外,间接分销渠道可简化交易过程,便于交换。但是,由于中间商介入,使产品的生产者难于控制产品的最终售价。

【小链接 12－2】[①]

转型第一步:打开线上销售渠道

传统行业互联网转型的第一步是打开线上销售渠道。传统行业介入网络销售渠道的方式主要有以下两种：一是采取建立官网商城、平台建店等直销的形式，二是通过渠道商等分销渠道开展互联网＋业务。

通过平台建旗舰店的方式是最常用的方法，它可以让中小微企业在成熟的平台上，迅速增加自己的网络销售渠道，利用网络销售平台的资源优势，在短期内弥补自己的“互联网缺口”，在运作的过程中，中小微企业可以逐步培养自己的网上零售团队，制定营销思路和未来的互联网＋策略，积累互联网＋运营经验，这时再推进自己的直销网络建设将事半功倍。

除了直销和分销，很多传统企业也在寻求更多形式的销售渠道，如百丽通过开通呼叫中心和售后中心与自己的 B2C 商城对接，联想和多家银行的网上商城有良好合作，同时涉足电视购物。中小微企业可以充分发挥自身的优势资源，逐步摸索出适合自己的道路来。

转型第二步:找到自身优势与互联网的嫁接点

传统行业互联网转型的第二步是找到自身优势与互联网的嫁接点，实现转型升级。在这点上，以生产食品饮料为主的娃哈哈已经率先迈出了一步。近年来，娃哈哈先后研发了码垛机器人、放吸管机器人、铅酸电池装配机器人、炸药包装机器人等。同时，开发了低惯量永磁同步伺服电机、永磁伺服直线电机、高效力矩电机、高效异步电机，并准备收购 1～2 家欧洲、日本的有机器人关键部件的生产厂家，在原有机械厂的基础上发展装备制造业，进入高新技术产业。

工业机器人的大量应用，保证娃哈哈在将来能实现定制生产模式。经销商下完订单后，可以随时跟踪订单的动向。机器人在生产上的应用，会让从营销到生产的过程更为便捷与流畅。娃哈哈通过互联网信息技术改造，将生产计划、物资供应、销售发货，包括对经销商、批发商的管理，以及设备远程监控、财务结算、车间管理、科研开发，全部嵌入信息化系统管理，极大地提高了工作效率。

在董事长宗庆后的规划中，娃哈哈充分发挥了生产环节的优势，并逐步向高科技装备制造业迈进，娃哈哈将来不只是饮食加工生产企业，还是机器人等高端设备生产企业，会向同行业乃至其他企业输出机器人等生产设备，这一步转型可谓足够大，可这种过渡又是非常自然的。

转型第三步:破旧立新

互联网转型的第三步是破旧立新，果断摒弃被互联网时代淘汰的东西。

某金融企业李总做了 15 年的传统金融，旗下有几个营业部，随着互联网金融的发展，他意识到，未来的金融会更多地转移到线上，会变得越来越简单，越来越平民化，越来越低成本，金融将回归成为一个基础设施，就像水和电为大家服务一样。

在这种背景下，网点营业部的存在价值越来越低，要知道，营业部的很多业务通过一部手机、一张卡就能轻松完成，而营业部却要承担房租、人员、水电等成本，多方权衡之后，他果断关掉了手中的营业部，转而向互联网金融发展。

① 资料来源：赵强. 如何打开线上“销售渠道”. 搜狐财经. [2016－10－24]. http://business.sohu.com/20161024/n471169072.shtml.

如何用全新的互联网思维,重新审视市场、用户、产品、企业价值链乃至整个商业生态,是互联网时代所有企业“一把手”应该思考的核心问题。浪潮汹涌,暗藏杀机,面对互联网发展的最后一波红利期,传统企业将何去何从?

12.1.3 分销渠道系统的发展

分销渠道不是一成不变的,新型的批发机构和零售机构不断涌现,全新的渠道系统正在逐渐形成。20世纪80年代以来,分销渠道系统突破了由生产者、批发商、零售商和消费者组成的传统模式和类型,有了新的发展,如垂直营销系统、水平营销系统、多渠道营销系统等。

1. 垂直营销系统

垂直营销系统是作为传统营销渠道的挑战而出现的。传统营销渠道由独立的生产者、批发商和零售商组成。每个成员都是作为一个独立的企业实体追求自己利润的最大化,即使它是以损害系统整体利益为代价也在所不惜。没有一个渠道成员对于其他成员拥有全部的或者足够的控制权。垂直营销系统是由生产企业、批发商和零售商组成的统一系统。垂直营销渠道的特点是专业化管理、集中计划,销售系统中的各成员为共同的利益目标,都采用不同程度的一体化经营或联合经营。联合体的形式有:或者拥有其他成员的产权,或者是一种特约代营关系,或者某个渠道成员拥有相当实力使得其他成员与之合作。垂直营销系统可以由生产商支配,也可以由批发商或者零售商支配。

2. 水平式营销系统

水平式营销系统是由两个或两个以上非关联的公司把它们的资源或计划整合起来开发一个营销机会,即由两家以上的公司联合起来的渠道系统。这种系统可发挥群体作用,共担风险,获取最佳效益。这些公司缺乏资本、技能、生产或营销资源来独自进行商业冒险,或都不想单独承担风险,或者它发现与其他公司联合可以产生巨大的协同作用。公司间的联合行动可以是暂时性的,也可以是永久性的,也可以创立一个专门公司。

3. 多渠道营销系统

多渠道营销系统指对同一或不同的分市场采用多条渠道营销系统,即企业建立两个或更多的营销渠道以到达一个或多个目标市场的做法。这种系统一般分为两种形式:一种是生产企业通过多种渠道销售同一商标的产品,这种形式易引起不同渠道间激烈的竞争;另一种是生产企业通过多渠道销售不同商标的产品。

通过增加多渠道营销,企业可以获得三个重要的好处:增加了市场覆盖面——公司不断增加渠道是为了获得顾客细分市场;降低渠道成本——公司可以增加能降低销售成本的新渠道(如采用电话销售而不是销售人员访问小客户);顾客定制化销售——公司可以增加其销售特征更适合顾客要求的渠道(如利用技术型推销员销售较复杂的设备)。

12.2 批发与零售

12.2.1 批发与批发商

批发指将产品和服务出售给把它们再次出售或用于商业用途的对象的全部活动。那些主要从事批发活动的企业就是批发商。

批发商通常直接从厂商进货并将产品转售给以下对象：零售商、消费者、其他批发商。

1. 批发商

批发商是指供转售、进一步加工或变化商业用途而销售商品的各种公司。批发商处于商品流通的起点和中间阶段，交易对象是生产企业和零售商，一方面它向生产企业收购商品，另一方面它又向零售商批销商品，并且是按批发价格经营大宗商品。其业务活动结束后，商品仍处于流通领域中，并不直接服务于最终消费者。批发商是商品流通的大动脉，是关键性的环节，它是连接生产企业和商业零售企业的枢纽，是调节商品供求的蓄水池，是沟通产需的重要桥梁，对企业改善经营管理及提高经济效益、满足市场需求、稳定市场具有重要作用。

2. 批发商分类

(1) 商人批发商(或商业批发商)

商人批发商是指对经营的商品拥有所有权的独立存在的企业，即它是独立企业，对其所经营的商品拥有所有权，可以进一步细分为完全服务批发商和有限服务批发商。

① 完全服务批发商：这类批发商执行批发业务的全部职能，提供的服务包括保持存货、雇用固定的销售人员，提供信贷、送货和协调管理等工作。

② 有限服务批发商：这类批发商为了减少成本，降低批发价格，只执行一部分服务。

(2) 经纪人和代理商

经济人和代理商不拥有商品所有权，主要功能就是促进买卖，获得销售佣金。其主要作用是为买卖双方牵线搭桥，由委托方付给他们佣金。他们不存货，不卷入财务，不承担风险。经济人和代理商多见于食品、不动产、保险和证券经纪人。代理商有以下几种类型：

【小链接 12-3】[①]

美国旅行代理商协会是世界上最大的旅游专业化协会。该协会成立于 1931 年，现有分布在 140 多个国家的 20000 多个成员，它一直以旅游业和旅游大众的最佳利益为服务宗旨。美国旅行代理商协会的主要目标有：

- 促进和鼓励全民旅游活动的开展。
- 提升旅行代理商的形象，在全世界范围内鼓励大众使用专业旅行代理商。
- 在面对各级政府和产业部门时宣传并代表旅行代理商的看法和利益。
- 倡导全球旅行代理行业的专业性和符合伦理道德的行为。
- 提供全球旅行代理行业的信息资源服务。
- 促进消费者权益的保护和旅游大众的安全。
- 为成员提供与旅游业相关的主题教育项目。
- 在世界范围内鼓励发展不破坏环境的旅游。

只有经过航空报告公司授权或者被国际航空公司旅行代理商网(IATAN)批准的旅行代理商，才能成为美国旅行代理商协会的正式成员。所有的美国旅行代理商协会成员都要遵守协会的职业行为和道德公约。美国旅行代理商协会的网址是 www.astanet.com。

① 资料来源：查尔斯. R. 格德纳，J. R. 布伦特. 旅游学. 十二版. 中国人民大学出版社，2014：160-161.

① 制造代理商:比其他代理批发商人数多,代表两个或若干个互补的产品线制造商,分别和每个制造商签订有关定价政策、销售区域、订单、送货服务和各种佣金比例等方面的正式合同。他们了解制造商的各个产品线,并利用广泛的关系销售制造商的产品。

② 销售代理商:他们在签订合同的基础上,为委托人销售某些特定产品或全部产品,对价格、条款及其他交易条件可全权处理。

③采购代理商:一般与顾客有长期关系,代他们采购,负责为其收货、验货、储运,并将货物品运交买主。

④ 佣金商(或称商行):它是取得商品实体所有权,并处理商品销售的代理商,一般与委托人没有长期关系。

(3) 制造商和零售商的分部和营业所

他们不拥有商品的所有权,仅承担一部分职能。这种批发业务有两种形式:一是销售分部和营业所,即制造商开设自己的销售分部和营业所。销售分部备有存货,常见于木材、汽车设备和配件等行业。营业所不存货,主要用于织物和小商品行业。另一个是采购办事处,作用与采购经纪人和代理商的作用相似,但前者是买方组织的组成部分。

(4) 其他批发商

其他批发商如农产品集货商、散装石油厂和油站、拍卖公司等。

12.2.2 零售与零售商

零售指直接向最终消费者销售产品或服务以满足其个人及非商业目的的相关的所有活动。

1. 零售商

零售商是指将商品直接销售给最终消费者的中间商,处于商品流通的最终阶段。零售商的基本任务是直接为最终消费者服务,它的职能包括购、销、调、存、加工、拆零、分包、传递信息、提供销售服务等。在地点、时间与服务方面,方便消费者购买。零售商是联系生产企业、批发商与消费者的桥梁,在分销途径中具有重要作用。

2. 零售商类型

零售商可按不同标准分类如下。

(1) 商店零售商

① 专业商店:专门经营一类商品或某一类商品中的某种商品,如盛锡福、亨达利。经营特点是品种、规格齐全。

② 百货商店:指经营的商品类别多样,每一类别的商品品种齐全,经营部门是按商品的大类进行设立,是多个专业店集中在一个屋檐下。经营特点是类别多、品种规格全,服务程度高。

③ 超级市场:是规模巨大、成本低廉、薄利多销的经营机构。主要经营各种食品和家庭日常用品等。

④ 折扣商店:这类商店一般经常以低价销售产品,突出销售一些名牌产品,商店在自助式、设备极少的情况下销售。

⑤ 折扣零售店:从生产商和其他零售商那里以低价买入残次产品、等外品等,并以低于零售价的价格销售。

⑥ 目录商店:顾客根据产品样品陈列室的产品目录订购商品,然后在商店提取货物。

⑦ 便利店:店铺面积较小,一般位于住宅区附近。营业时间较长,有的24小时营业,主要

售卖日用类的方便商品，但种类不多。

（2）非商店零售商

① 直复营销：指为了在任何地方产生可衡量的反应和达成交易而使用一种或多种广告媒体的互相作用的营销系统。直复营销者利用广告介绍产品，顾客可写信或电话订购。订购的物品一般通过邮寄交货，用信用卡付款。

② 直接销售：即挨门挨户访问推销。

③ 购买服务公司：是一种专门为特定顾客（如学校、医院、工会、政府机关等大型机构的雇员）提供服务的无店铺零售业。

④ 自动售货：使用硬币控制的机器自动售货。售卖的商品包括糖果、饮料、香烟、袜子、食品快餐等。

【小链接 12-4】①

在便利店行业的诸多讨论中，北京常常是以"不便利"的身份出现，2014 年北京便利指数排名倒数第二。不过，最新发布的 2016 年中国城市便利店指数显示，北京已经跃居第五，门店增速达到了 23.5%，成为便利店发展的明星区域。过去三年中，北京便利店的成长有目共睹，但从饱和度即人均便利店拥有数量上看，北京每 7185 人拥有一家便利店，与第一名 1096 人拥有一家还有不小的差距。这个差距除了门店数量和密度，还有便利服务项目以及政策支持力度。

市场炒热

中国连锁经营协会刚刚发布的 2016 年中国城市便利店指数显示，在调查的 36 个城市中，北京出现了有统计以来排名最高的一次，第五名。在城市便利指数上，2015 年北京排名第十；2014 年、2013 年北京均排名倒数第二。

三年时间，北京一跃成为便利店的热土。北京不适合发展便利店的论调近两年越来越少被提及，取而代之的是，北京便利店进入巷战。在北京东五环常营商圈，两家 7-11 占据了两个地铁出口，罗森开在一栋住宅楼的底商，全家最早开店，位置在住宅区和写字楼相邻的一个拐角，"快捷健"以售卖饮料为主，两个新创业的品牌"欧克莱"和"邻家"并排开店而且两者距离不到 5 米。

从统计结果来看，2015 年的便利店品牌已达到 262 个，如上海、深圳、南京的便利店品牌均超过了 10 个。北京便利店市场火热的一个侧面便是新晋连锁品牌不断增多。靠模仿 7-11 的北京本土品牌全时，四五年间已经在北京布局了 200 家左右的门店，而更晚进入市场的邻家便利店在过去一年多的时间内稳步推进了将近 30 家门店，正大优鲜去年 10 月进入北京市场，华冠商业上个月刚刚在房山开出第一家便利店华冠 EXPRESS。此时，站在北京便利店市场外张望的还有 EASY 家乐福、麦德龙旗下的合麦家。

便利转移线上

便利店提供便利的一个前提条件是有尽可能多的门店，覆盖范围和密度尽可能大，但是北京对便利店租赁的房屋用途上有一定限制，选址并不是一件容易的事情，尤其是在多品牌集中涌现并扩张的时候，合适的门店可能会受到多家便利店开发人员的追逐，从而价格一升

① 资料来源：邵蓝洁. 北京便利店走向便利. 北京商报，商业周刊：2016-5-10.

再升。尽管北京便利店门店增速达到了23.5%,但是从整体上看,从便利店饱和度,也就是人均便利店拥有数量上看,北京每7185人才拥有一家便利店,与第一名深圳市每1096人拥有一家店还有不小的差距。

在门店覆盖及开拓速度上不及上海、深圳等其他一线城市,但北京便利店在线上探索方面更早也更普及。据北京商报记者了解,好邻居便利店开发了自己的系统,可以实现手机下单,一些未在便利店展示的商品通过线上渠道销售,最终在门店自提或者送货上门,同时将会员线上化,以此研究消费趋势。而全时便利店、邻家便利店打造了基于手机端的移动便利店,店内商品可以在线上下单,由工作人员在指定时间范围送达。全家便利店虽然进入北京时间较晚,但是已经开始尝试与百度外卖等第三方平台合作,扩大店内商品销售覆盖区域。

12.3 分销渠道的设计及管理

分销渠道设计是分销渠道决策的重要内容,包括选择最佳的渠道模式,确定每一层次所需中间商的数目及中间商的类型,确定渠道成员的权利与责任。

分销渠道设计大体分为4个步骤:

(1) 分析消费者的服务需求:购买批量、等候时间、出行距离、选择范围和售后服务。

(2) 分析各种影响因素并确立分销渠道目标:要考虑产品因素、企业因素、中间商因素、营销环境因素等。明确分销渠道目标即购买便利性、较大利润性、成员支持度、售后服务。

(3) 设计可选择的渠道方案:确定分销渠道目标之后,考虑设计并选择哪些渠道有可能实现这一目标。

(4) 对方案进行评估与选择:经济性标准、控制性标准、适应性标准。

12.3.1 影响分销渠道选择的因素

影响分销渠道选择的因素很多。生产企业在选择分销渠道时,必须对下列几方面的因素进行系统的分析和判断,才能做出合理的选择。

1. 产品因素

(1) 产品价格

一般来说,产品单价越高,越应注意减少流通环节,否则会造成销售价格的提高,从而影响销路,这对生产企业和消费者都不利。而单价较低、市场较广的产品,则通常采用多环节的间接分销渠道。

(2) 产品的体积和重量

产品的体积大小和轻重,直接影响运输和储存等销售费用,过重的或体积大的产品,应尽可能选择最短的分销渠道。对于那些超过运输部门规定的运输限制(超高、超宽、超长、集重)的产品,尤应组织直达供应。小而轻且数量大的产品,则可考虑采取间接分销渠道。

(3) 产品的易毁性或易腐性

产品有效期短,储存条件要求高或不易多次搬运者,应采取较短的分销途径,尽快送到消费者手中,如鲜活产品、危险品。

(4) 产品的技术性

有些产品具有很高的技术性，或需要经常的技术服务与维修，生产企业应直接销售给用户为好，这样可以保证向用户提供及时良好的销售技术服务。

(5) 定制品和标准品

定制品一般由产需双方直接商讨规格、质量、式样等技术条件，不宜经由中间商销售。标准品具有明确的质量标准、规格和式样，分销渠道可长可短，有的用户分散，宜由中间商间接销售；有的则可按样本或产品目录直接销售。

(6) 新产品

为尽快地把新产品投入市场，扩大销路，生产企业一般重视组织自己的推销队伍，直接与消费者见面，推介新产品和收集用户意见。如能取得中间商的良好合作，也可考虑采用间接销售形式。

2. 市场因素

(1) 购买批量大小

购买批量大，多采用直接销售；购买批量小，除通过自设门市部出售外，多采用间接销售。

(2) 消费者的分布

某些商品消费地区分布比较集中，适合直接销售。反之，适合间接销售。工业品销售中，本地用户产需联系方便，因而适合直接销售。外地用户较为分散，通过间接销售较为合适。

(3) 潜在顾客的数量

若消费者的潜在需求多，市场范围大，需要中间商提供服务来满足消费者的需求，宜选择间接分销渠道。若潜在需求少，市场范围小，生产企业可直接销售。

(4) 消费者的购买习惯

有的消费者喜欢到企业买商品，有的消费者喜欢到商店买商品。所以，生产企业应既直接销售，也间接销售，满足不同消费者的需求，也增加了产品的销售量。

(5) 消费者的购买数量

如果消费者购买数量小、次数多，可采用长渠道；反之，购买数量大，次数少，则可采用短渠道。

3. 生产企业本身的因素

(1) 资金能力

企业本身资金雄厚，则可自由选择分销渠道，可建立自己的销售网点，采用产销合一的经营方式，也可以选择间接分销渠道。企业资金薄弱则必须依赖中间商进行销售和提供服务，只能选择间接分销渠道。

(2) 销售能力

生产企业在销售力量、储存能力和销售经验等方面具备较好的条件，则应选择直接分销渠道；反之，则必须借助中间商，选择间接分销渠道。另外，企业如能和中间商进行良好的合作，或对中间商能进行有效地控制，则可选择间接分销渠道。若中间商不能很好地合作或不可靠，将影响产品的市场开拓和经济效益，则不如进行直接销售。

(3) 可能提供的服务水平

中间商通常希望生产企业能尽量多地提供广告、展览、修理、培训等服务项目，为销售产品创造条件。若生产企业无意或无力满足这方面的要求，就难以达成协议，迫使生产企业自行销售。反之，提供的服务水平高，中间商则乐于销售该产品，生产企业则可选择间接

分销渠道。

(4) 发货限额

生产企业为了合理安排生产,会对某些产品规定发货限额。发货限额高,有利于直接销售;发货限额低,则有利于间接销售。

(5) 产品供给者的营销管理能力与经验

生产企业具有市场营销管理方面的经验和拥有一支精干的销售队伍,则可少用或不用中间商;反之,则需要依靠中间商来推销产品。

(6) 生产者对批发商的支援

产品生产者能对其产品承担更多的广告宣传工作,并对批发商培训人员给予资助,就能增强批发商推销其产品的积极性;反之,则无法取得他们的积极合作。

(7) 生产者控制渠道的愿望

产品生产者有较强的控制渠道的愿望,又有较强的销售能力,可采用直接销售渠道或选择较短的营销渠道。如果产品生产者采取间接销售渠道,则要与中间商协调配合,要适当兼顾中间商的经济利益。如果处理不当,也会影响产品生产者对市场情况的了解与控制。

4. 政策规定

企业选择分销渠道必须符合国家有关政策和法令的规定。某些按国家政策应严格管理的商品或计划分配的商品,企业无权自销和自行委托销售;某些商品在完成国家指令性计划任务后,企业可按规定比例自销,如专控商品(控制社会集团购买力的少数商品)。另外,如税收政策、价格政策、出口法、商品检验规定等,也都影响分销途径的选择。

5. 中间商特性

由于各类中间商实力、特点不同,诸如广告、运输、储存、信用、训练人员、送货频率方面具有不同的特点,从而影响生产企业对分销渠道的选择。

根据中间商数目多少的不同的情况,企业可选择密集分销、选择分销、独家分销。一般来说,日用品多采用密集分销形式。工业品中的一般原材料、小工具、标准件等也可用此分销形式。消费品中的选购品和特殊品、工业品中的零配件宜采用选择分销。独家分销适用于消费品中的家用电器、工业品中专用机械设备,这种形式有利于企业与中间商之间的协作,以便企业更好地控制市场。

6. 竞争者状况

当市场竞争不激烈时,企业可采用同竞争者类似的分销渠道;反之,则采用与竞争者不同的分销渠道。某些行业的生产者希望在与竞争者相同或相近的经销处与竞争者的产品相抗衡。

7. 环境因素

当经济萧条时,生产者一般会选择短渠道策略,并减少会提高产品最终售价的不必要服务。

12.3.2 选择分销渠道模式的原则

分销渠道管理人员在选择具体的分销渠道模式时,无论出于何种考虑,从何处着手,一般都要遵循以下原则:

1. 畅通高效的原则

这是渠道选择的首要原则。任何正确的渠道决策都应符合物畅其流、经济高效的要求。

商品的流通时间、流通速度、流通费用是衡量分销效率的重要标志。畅通的分销渠道应以消费者需求为导向，将产品尽快、尽好、尽早地通过最短的路线，以尽可能优惠的价格送达消费者方便购买的地点。畅通高效的分销渠道模式，不仅要让消费者在适当的地点、时间以合理的价格买到满意的商品，而且应努力提高企业的分销效率，争取降低分销费用，以尽可能低的分销成本，获得最大的经济效益，赢得竞争的时间和价格优势。

2. 覆盖适度的原则

企业在选择分销渠道模式时，仅仅考虑加快速度、降低费用是不够的。还应考虑送达的商品能不能销售出去，是否有较高的市场占有率足以覆盖目标市场。因此，不能一味强调降低分销成本，这样可能导致销售量下降、市场覆盖率不足的后果。成本的降低应是规模效应和速度效应的结果。在分销渠道模式的选择中，也应避免扩张过度、分布范围过宽过广，以免造成沟通和服务的困难，导致无法控制和管理目标市场。

3. 稳定可控的原则

企业的分销渠道模式一经确定，便需花费相当大的人力、物力、财力去建立和巩固，整个过程往往是复杂而缓慢的。所以，企业一般不会轻易更换渠道成员，更不会随意转换渠道模式。只有保持渠道的相对稳定，才能进一步提高渠道的效益。畅通有序、覆盖适度是分销渠道稳固的基础。

由于影响分销渠道的各个因素总是在不断变化，一些原来固有的分销渠道难免会出现某些不合理的问题，这时就需要分销渠道具有一定的调整功能，以适应市场的新情况、新变化，保持渠道的适应力和生命力。调整时应综合考虑各个因素的协调，使渠道始终都在可控制的范围内保持基本的稳定状态。

4. 协调平衡的原则

企业在选择、管理分销渠道时，不能只追求自身的效益最大化而忽略其他渠道成员的局部利益，应合理分配各个成员间的利益。渠道成员之间的合作、冲突、竞争的关系，要求渠道的领导者对此有一定的控制能力。统一、协调、有效地引导渠道成员充分合作，鼓励渠道成员之间的有益竞争，减少冲突发生的可能性，解决矛盾，确保总体目标的实现。

5. 发挥优势的原则

企业在选择分销渠道模式时为了争取在竞争中处于优势地位，要注意发挥自己各个方面的优势，将分销渠道模式的设计与企业的产品策略、价格策略、促销策略结合起来，增强营销组合的整体优势。

12.3.3　分销渠道设计决策

设计一个渠道系统要求建立渠道目标和限制因素，识别主要的渠道选择方案并对它们做出评价。

1. 分析顾客需要的服务产出水平

设计营销渠道的第一步是了解在其所选择的目标市场中消费者购买什么商品、在什么地方购买、为何购买、何时买和如何买，营销人员必须了解目标顾客需要的服务产出水平，即人们在购买一个产品时想要和所期望的服务的类型和水平。

分销渠道可提供 5 种服务产出：

(1) 批量大小：批量是营销渠道在购买过程中提供给顾客的单位数量。

(2) 等候时间:渠道的顾客等待收到货物的平均时间,顾客一般喜欢快速交货渠道,快速服务要求一个高的服务产出水平。

(3) 空间便利:空间便利是营销渠道为顾客购买产品所提供的方便程度。

(4) 产品品种:产品品种是营销渠道提供的商品花色品种的宽度。一般来说,顾客喜欢较宽的花式品种,因为这使得实际上满足顾客需要的机会更多。

(5) 服务支持:服务支持是渠道提供的附加的服务(信贷、交货、安装、修理)、服务支持越强,渠道提供的服务工作越多。

2. 建立设计渠道的目标

有效的渠道计划工作首先要决定达到什么目标,进入哪个市场,目标包括预期要达到的顾客服务水平以及中间机构应该发挥的功能等。

渠道目标因产品特性不同而不同。易腐商品要求较直接的营销,因为拖延和重复搬运会造成损失。体积庞大的产品,要求采用运输距离最短,在产品从生产者向消费者移动的过程中搬运次数最少的渠道布局。非标准化产品则由公司销售代表直接销售,因为中间商缺乏必要的知识。需要安装或长期服务的产品通常也由公司或者独家代理商经销。单位价值高的产品一般由公司推销员销售,很少通过中间机构。

3. 识别渠道选择方案

渠道方案的选择由3方面的要素确定:商业中间机构的类型、商业中间机构的数目、每个渠道成员的条件及其相互责任。使用中间机构的何种类型取决于目标市场的服务产出要求和渠道交易成本。公司必须挑选出能促进其长期利润的渠道类型。

4. 对渠道方案进行评估

企业必须对各个可能的渠道方案进行评估,其评估标准有以下3个:

(1) 经济准则

经济准则主要是比较每个方案可能达到的销售额及费用水平。在3项标准中,经济标准最重要,因为企业所追求的是获得最大利润。这里需要比较下面两方面内容。

① 比较由本企业推销人员直接推销与使用销售代理商哪种方式销售额水平更高。

② 比较由本企业设立销售网点直接销售所花费用与使用销售代理商所花费用,看哪种方式支出的费用大,企业对上述情况进行权衡,从中选择最佳的分销方式。

(2) 控制准则

评价必须要考虑渠道的控制问题。如使用销售代理商意味着会产生更多有关控制的问题。一般来说,采用中间商可控性小些,企业直接销售可控性大,分销渠道长可控性难度大,渠道短可控性较容易些,企业必须进行全面比较、权衡,选择最优方案。

(3) 适应性准则

虽然渠道成员互相之间在一个特定的时期内有某种程度的承诺,但这种承诺往往会影响制造商的应变能力。因此,在迅速变化的市场上,生产商需要寻求能获得最大控制的渠道结构和政策,以适应不断变化的营销战略。如果生产企业同所选择的中间商的合约时间长,而在此期间其他销售方法(如直接邮购)更有效,但生产企业不能随便解除合同,这样企业选择分销渠道便缺乏灵活性。因此,生产企业必须考虑选择策略的灵活性,不签订时间过长的合约,除非在经济或控制方面具有十分优越的条件。

12.3.4　渠道管理决策

企业在进行渠道设计之后就需要对中间商进行选择，在分销渠道投入运行后还涉及对中间商的激励、评估以及对渠道系统进行调整等问题。

1. 选择渠道成员

生产者在招募中间商时经常出现两种情况：一是毫不费力地找到愿意加入渠道系统的中间商；二是必须费尽心思才能找到期望数量的中间商。不论遇到哪一种情况，生产者都必须在明确有关中间商的优劣特性的基础上，根据分销渠道的设计要求对中间商做出选择。一般来讲，生产者在选择渠道成员的过程中，要了解中间商的历史长短、中间商的财力、信誉和管理能力、中间商经营范围及销售和获利能力、中间商的营销愿望和协作精神、业务人员的素质、中间商营销场所的地理位置、未来的销售增长潜力和中间商所联系的顾客等情况。

如果中间商是销售代理商，生产者还要考虑其所经销的其他产品的数量和特征及其推销力量的规模和素质。如果中间商是要独家经销的百货商店，生产者就要考虑该商店的店址，未来成长的潜量和顾客类型。

2. 激励渠道成员

尽管促使中间商加入渠道的因素和条件已构成部分激励因素，但在分销渠道的运行过程中生产者仍需通过不断地监督、指导与鼓励以使中间商尽职尽责。由于进入分销渠道的中间商类型多种多样、运营方式各异、与生产者之间的经销关系不完全相同，因而监督、指导与激励中间商的工作非常复杂。

在生产企业激励渠道成员以及试图与经销商建立长期、稳定、协调的合作关系时，应注意以下问题：

（1）中间商的心理状态与行为特征是激励的基础

中间商时常会发生不重视某些特定品牌的销售、缺乏有关产品的知识、不认真使用供应商的广告资料、忽略了生产者认为重要的顾客和不能准确地保存销售记录等问题。生产企业激励渠道成员的首要问题就是站在他人立场上了解现状，设身处地地为他人着想，而不应仅从自己的观点出发看待问题，这样无助于问题的解决。

（2）激励过分与激励不足

当生产者给予中间商的优惠条件超过取得合作与努力水平所需条件时，就会出现激励过分的情况，其结果是销售量提高而利润下降。当生产者给予中间商的条件过于苛刻以致不能激励中间商努力工作时，则会出现激励不足的情况，其结果是销售量降低、利润减少。所以生产者必须确定采用何种方式以及花费多少力量来鼓励中间商。一般来讲，生产者对中间商的基本激励水平应以现有交易关系组合为基础。

（3）生产者可以依靠某些权力来赢得中间商的合作

这里所说的权力涉及以下几个方面：

① 胁迫权：指生产者在中间商没有很好合作时威胁撤回某种资源或中止关系。如果中间商对生产者依赖程度较高，这种权力的影响是相当大的。但使用这种权力将导致中间商的不满并要求赔偿。从短期来看胁迫权可能十分有用，但从长期来看胁迫权的影响力量是最弱的。

② 付酬权：指生产者在中间商遵照其要求执行特殊任务而给以额外报酬的权力。虽然使

用付酬权比使用胁迫权的效果好,但其本身也存在着潜在的副作用。由于中间商遵照生产者的希望做事,并不是出于固有的信念,而是能够得到额外的报酬。因而,每当生产者再次要求中间商执行某项任务时,中间商往往提出更高的报酬要求,如果报酬被撤销或报酬不能满足中间商的要求便会产生消极后果。

③ 法定权:指生产者凭借上下级关系或合同条款要求中间商执行某项任务。只有中间商把生产者看做法定的领导者或者当中间商认为生产者有权要求自己承担某项义务时法定权才会产生。

④ 专家权:当中间商认为生产者具有自己不具备的某种专业知识时专家权才会产生。专家权是一种有效的权力,因为中间商如果不从生产者那里得到这方面的帮助他的经营就很难成功。

⑤ 声誉权:如果中间商对生产者有很高的敬意,并希望成为其中的一员,声誉权就生产了。

一般情况下,生产者应注意使用声誉权、专家权、法定权以及付酬权,避免使用胁迫权,这样会收到较好的效果。

3. 评估渠道成员

生产者除了选择和激励渠道成员外还必须定期评估他们的绩效,如果某一渠道成员的绩效低于既定标准就要找出原因并考虑可能的补救方法。即生产商必须定期按一定标准衡量中间商的表现,如销售配额完成情况,平均存货水平,向顾客交货的时间,对损坏和遗失商品的处理,与公司促销和培训计划的合作情况。

测量中间商绩效的方法主要有以下两种:

(1) 将每一个中间商的销售绩效与上期销售绩效进行比较,同时将每一个中间商的本期销售绩效与整个群体的平均销售绩效进行比较。

(2) 将各中间商的绩效与根据对该地区销售潜量分析而设立的销售定额相比较,然后将各中间商按先后名次进行排列。

中间商的销售绩效低于群体平均水平或未达既定比率而排名偏后,可能是主观原因所致,也可能是一些客观原因造成的,如当地经济衰退、某些顾客不可避免地流失、主力推销员的丧失或退休等。因此,制造商应根据具体情况采取有针对性的措施来加以扭转。

4. 调整渠道系统

生产者在设计了一个良好的分销渠道系统后,不能放任其自由运行而不采取任何纠正措施。事实上,为了适应市场需要的变化,整个渠道系统或部分渠道成员必须随时加以调整,以适应市场新的动态。当消费者的购买方式发生变化、市场扩大、新的竞争者兴起和创新的分销战略出现以及产品进入产品生命周期的后一阶段时,便有必要对渠道进行改进。

分销渠道的调整可以从3个层次上来考虑:从经营的具体层次看,可能涉及增减某些渠道成员;从特定市场规划的层次看,可能涉及增减某些特定分销渠道;在企业系统计划阶段,可能涉及整个分销系统构建的新思路。

【小链接 12－5】[①]

数字化浪潮下,"互联网+"应运而生,各行业发生了巨大变化。从传统门店零售模式到渠道 O2O 双线联合的创新,一切常见的商业形态都在变革,电子商务迅速腾飞。老板电器自 2007 年发展电子商务业务以来,成效显著。

电商渠道的迅速发展,给企业持续发展提供动力。据悉,老板电器电商份额已占整个公司主业务的 30%左右,双 11、618 等购物节期间销售额均超过 2 亿元,年销售规模超 15 亿。线上渠道已经成为企业发展不可或缺的渠道之一。为更好地实现企业成长,线上线下渠道融合,需要企业在商业新秩序下,重新定义与消费者的关系。

作为国内厨电行业领跑企业,老板电器重新定义与消费者的关系:创新与消费者的互动模式、为消费者创造需求与价值体验、创造新的沟通渠道。

O2O 商业模式渠道地进化,老板电器秉持着"齐头并进"的态势,重视现下体验的同时,敢于进军线上渠道。在线下实体店渠道方面,老板电器保持三四线城市渠道下沉,以及专营店、经销商、大商场、KA、工程渠道等多渠道共同协力发展。在线上方面,老板电器拥有老板天猫旗舰店、老板电器官方商城、苏宁易购以及京东电商旗舰店的电商渠道等。今年老板电器"厨源"体验馆也将陆续开业,厨源体验馆为更好地实现线上线下商业渠道的融合提供场地。

更值得一提的是,老板电器电子商务经过八年的发展获得了社会各界的高度认可,在 2015 年荣膺 2015 年度中国数字营销·品牌成就奖、2015 年中国电子商务百强称号、有"电商奥斯卡"之称的金麦奖全场大奖等重要奖项。同时。老板电器获得由国家认监委信息中心牵头 6 家国内知名认证机构共同发起成立的"中国电子商务认证联盟"颁发国内首张电子商务认证证书,这一殊荣也是对老板电器品牌和产品质量的认可与肯定。

互联网背景下,如若要探究老板电器跨界营销成绩斐然的方法论,提升效率、体验极致以及创造出更多赋有内涵的高端产品等都是其经过不断实践摸索总结出的真理。

12.4　物流策略

12.4.1　物流的范围与目标

物流指对原料和最终产品从原点向使用点转移,以满足顾客需要,并从中获利的实物流通的计划、实施和控制,也称为实体流或实体分配,即产品通过从生产者手中运到消费者手中的空间移动,在需要的地点,需要的时间,达到消费者手中。

物流范围很广,涉及多方面的工作。第一项工作是销售预测,以便公司在预测的基础上制订生产计划和存货水平。生产计划应明确采购部门必须订购的原料。这些原料通过内部运输运到工厂,进入接受部门,并被作为原材料存入仓库。原材料被转变为制成品,制成品存货是顾客订购和公司制造活动之间的桥梁。顾客的订货减少了制成品的库存,而制造活动则充实了库存商品。制成品离开装配线,经过包装、厂内储存、运输事务所的处理、厂外运输、地区储

① 资料来源:老板电器渠道变革 电子商务增长迅猛.北京晨报,2016－03－07.

存,最后送达顾客,并提供服务。

物流总成本的主要构成部分是运输、仓储、存货管理、接受和运送、包装、管理费以及订单处理。

物流必须解决如下问题:如何处理订货单;商品储存地点应该设在何处;手头应该有多少储备商品;如何运送商品。

(1) 订单处理

物流开始于顾客的订货。订货部门备有各种多联单,分发给各部门。仓库中缺货的商品应向生产部门下订单,发运的商品要附上发运和开单凭证并将单据副本送至各部门。

(2) 仓　储

仓库数目多就意味着能够较快地将货送达顾客处,但是仓储成本也将增加,因此数目必须在顾客服务水平和分销成本之间取得平衡。可选择的仓库包括:私人仓库、公共仓库、储备仓库、中转仓库、旧式的多层建筑仓库,新式的单层的自动化仓库。

(3) 存　货

存货水平代表了另一个影响顾客满意程度的物流决策。存货决策的制定包括何时进货和进多少货,其主要指标是最佳订货量。

最佳订货量可以通过观察在不同的可能订货水平上订货处理成本与存货维持成本之和的情况来决定。单位订货处理成本随着订货量增加而下降,这是因为订货成本被分摊到更多的单位上去。单位存货维持成本则随订货量增加而上升,这是因为单位的储存时间相对地长了。

(4) 运　输

可以选择的运输方式包括:铁路、公路、水路、管道、航空运输、集装箱联运。在为某一项特定产品选择运输方式时,托运人应该考虑这样一些标准,如速度、次数、安全、容量、有效性和费用。如果托运人追求速度,空运和卡车就是主要的竞争对手;如果以费用低为目标,那么水路运输和管道运输就成为最重要的选择对象。卡车在大多数标准上都是名列前茅的,它占运输量的比重日益上升。

运输决策还必须考虑运输方式和其他分销要素,如仓库、存货等要素。当不同的运输方式所伴随的成本随时间的推移而发生变化时,公司应该重新分析其选择,以便找到最佳实体分配安排。

12.4.2　物流的战略方案

在设计物流分配系统时,常常要在几种不同的战略中进行选择,一般来讲,可供选择的战略主要有以下几种:

1. 单一工厂,单一市场

这些单一工厂通常设在所服务的市场中央,这样可以节省运费,但是设在离市场较远的地方,也可能获得低廉的工地、劳动力、能源和原料成本。企业在选择两个设厂地点时,不仅应审慎地估计目前各战略的成本,更须考虑未来各战略的成本。

2. 单一工厂,多个市场

当一个工厂在几个市场进行销售时,企业有几种物流战略可供选择。

(1) 直接运送产品至顾客处

这必须考虑该产品的特性,如单位、易腐性和季节性、所需运费与成本、顾客订货多少与重量、地理位置与方向等。

（2）大批整车运送到靠近市场的仓库

企业发现，与直运相比，将成品大批运送到靠近市场的仓库，再从那里根据每一个订单的要求将货物运送给顾客，要比直接运送给顾客的费用少。因为整车运送与零单运送的费用率不同，前者小于后者。除了节省运费，在市场地点设立仓库还可以及时向顾客提供送货服务，提高顾客的惠顾率。但建立地区仓库，企业必须承担从仓库送达顾客的费用及仓储本身费用。一般来说，增加新地区仓储所节约的运费与所能增加的顾客惠顾利益如大于建立仓储所增加的成本，那么就应在这一地区增设仓储[①]。如果考虑用仓库，就应对租赁仓库还是自建仓库进行比较。租赁弹性较大，风险较小，在多数情况下比较有利，只有在市场规模很大而且市场需求稳定时，自建仓库才有意义。

（3）将零件运到靠近市场的装配厂

建立装配分厂的最大好处是运费较低，有利于增加销售额；不利之处是要增加资金成本和固定的维持费用。建厂必须考虑该地区未来销售量是否稳定，以及数量是否会多到足以保证投下这些固定成本后仍有利可图。

（4）建立地区性制造厂

建立一个制造厂需要大量的当地资料以供分析。这时需要考虑的因素很多，在诸多因素中，最重要的是该行业必须具有大规模生产的经济性，在需要大量投资的行业中，工厂规模必须较大才能得到经济的生产成本。如果行业的单位生产成本能随工厂规模的扩大而降低，则应设立一个能供应整个地区销售的制造厂，其单位生产成本应最低。

3. 多个工厂，多个市场

企业可通过由多个工厂及仓库组成的分销系统，而不是大规模的工厂来节省生产成本。企业有两种选择目标：一是短期最佳化，即在既定的工厂和仓库位置上制定一系列由工厂到仓库的运输方案，使运输成本最低；二是长期最佳化，即决定设备的数量与区位，使总分配成本最低。短期最佳化的有效工具是线性规划技术；而长期最佳化的有效工具是系统模拟技术。

【小链接 12-6】[②]

随着经济快速发展，贸易往来增多，尤其是电子商务的兴起，快递业从一种边缘产业脱颖而出，推动消费模式从排浪式向个性化消费转变，为经济社会发展提供了有力的支撑。

国务院日前印发《关于促进快递业发展的若干意见》，这是国务院出台的第一部全面指导快递业发展的纲领性文件。《意见》提出，到 2020 年，基本建成普惠城乡、覆盖全国、联通国际的服务网络，基本实现乡乡有网点、村村通快递，快递年业务量达到 500 亿件，年业务收入达到 8000 亿元。

此次国务院出台新政策对我国快递业未来几年的发展，有着重要的指导性作用。新政策针对快递业近年来遇到的若干瓶颈问题，提出了比较具体的指导意见。比如，在城市内的车辆通行问题，是行业近期关注的热点和难点问题。《意见》对此提出，“给予快递专用车辆城市通行和作业便利”，快递业内对这样的指导思想受到鼓舞，对整个行业的进一步快速发展也有了更多期待。

---

① 吴建安. 市场营销学. 2 版. 北京：高等教育出版社，2004：310.

② 资料来源：樊大彧. 快递何以改变中国. 北京青年报，2015-10-27.（A02）.

几年前,快递业还是在邮政垄断打压下艰难成长的市场配角,但目前快递业已是我国现代服务业的重要组成部分,成为推动流通方式转型、促进消费升级的先导性产业。快递业已两度载入中国政府工作报告,一年多来,国务院常务会议也多次就快递业发展作出部署。李克强总理在去年9月的国务院常务会议上,提出进一步开放国内快递市场、推动内外资公平有序竞争。去年10月国务院出台的有关规划,明确提出到2020年建成现代物流服务体系的发展目标。今年8月,发改委出台了推动物流加快发展的多项配套政策。同时,快递业也成为地方政府青睐的“香饽饽”,国内已有过半省区市出台了支持快递业发展的地方政策。

曾经不起眼的快递业,何以迅速成长为新常态下中国经济的一部发动机?近年来,随着我国经济快速发展,贸易往来增多,尤其是电子商务的兴起,快递业从一种边缘产业脱颖而出,为经济社会发展提供了有力的支撑。据统计,2014年,我国快递业务量首次突破100亿件,超越美国成为世界第一快递大国。在经济增速放缓的大环境下,我国快递业务量已连续4年同比增速超过50%,去年全行业收入超过2040亿元。

快递业正改变着中国经济的发展方式。如果没有过去十多年里发展起来的8000多家快递公司,阿里、京东等著名电商绝不可能达到今天的规模。截至去年,渗透至各行各业的我国电子商务市场交易规模已达12.3万亿元,快递业对此做出的贡献举足轻重。在工业制造领域,快递企业正在深度嵌入,成为供应链不可分割的一部分,为产业结构升级带来了机遇。在消费领域,快递业在便利群众生活的同时,通过多对多的网络销售,打破了原来一对多的销售模式,推动消费模式从排浪式向个性化消费转变。在就业方面,低投入、低成本的快递业,是典型的劳动密集型行业,该行业年均新增就业岗位约20万个,对缓解就业压力作用巨大。

快递业正在让整个城乡社会成为统一而高效的市场,并帮助市场在资源配置中逐步起到决定性作用。快递业推动了我国经济社会的发展,改变了中国人的生活方式。其实,快递业还可以做得更多、更好,快递创新就是大有可为的主要方向。目前快递业在创新方面还是非常滞后的,未来快递产业创新的空间是全方位的,包括技术、流程、组织结构、业务模式等等。

我国快递业在推动中国经济转型的同时,也必须快速让自身获得转型升级,才能在未来全球快递产业国际化分工中立于不败之地。

【讨论题】

1. 什么是市场营销渠道和分销渠道?二者有何区别?
2. 影响分销渠道选择的因素有哪些?
3. 宽度不同的渠道策略有哪几种?
4. 渠道方案评估的标准有哪些?
5. 企业的渠道管理存在哪些问题?
6. 物流的战略方案有哪几种?

7. 案例题[①]

美的厨电凭什么实现上述目标？用孙命阳的话说，就是美的厨电具有“三大两新”的优势。

如今手机市场出现需求饱和、产能过剩、增速放缓，加上硬件高度同质化、低价竞争白热化，互联网手机单纯的线上销售可能面临“天花板”。近期多个互联网手机品牌，似乎有意加快回归传统实体店，实现线上线下平衡。

从去年开始，智能手机市场开始进入“瓶颈期”，三星呈负增长，苹果、小米增速趋缓。进入 2016 年，各家手机厂商纷纷调低预期，小米甚至打出了“2016 开心就好”的关键词。言下之意，不再过分强调销量。

而销售渠道方面，互联网手机品牌转入线下的趋势已经非常明显。努比亚总经理倪飞透露，2015 年线上线下销量比例约为 6:4，而 2016 年将实现 5:5，开设千家以上专卖店和 3000 个销售网点。

几乎与此同时，乐视控股高级副总裁、乐视移动总裁冯幸宣布，去年乐视超级手机总销量超过 500 万台，2016 年销量目标锁定在 1500 万台。他强调渠道方面“全渠道、多兵种”的立体模式，全渠道包含自有商城，京东、天猫等线上第三方，LePar 和线下运营商渠道，四大渠道协同并进。乐视新辟的实体 LePar 体验店，将会增加多渠道互动。

对于互联网手机的新动向，手机中国联盟秘书长王艳辉认为：“也不能说互联网手机遇到天花板，而是互联网手机的玩法太强调性价比，现在到了需要线下渠道相结合的时候。或者进军海外，或者与线下结合，简单依靠电商已经很难生存。”

同样的观点也为艾媒咨询 CEO 张毅所认同：“互联网的玩法本来就有点拔苗助长，有点虚高。”他还认为，中低端用户集中在三四线城市和农村，这个是智能手机下一个“红利市场”。

可见，不再单纯倚重线上，而是线上线下紧密结合，将是互联网手机的大趋势。乐视移动冯幸判断，2016 年将是一个“分水岭”，会有手机厂商快速萎缩，甚至退出市场。

问题 1：请结合实际情况，分析手机的销售渠道。

问题 2：手机销售如何实现线上线下渠道相结合？

① 资料来源：黄启兵. 互联网手机或遇“天花板”？销售渠道有意倚重实体店. 羊城晚报，2016－1－28：B07.

第13章 促销策略

【引导案例】①

最近,不少网友调侃:今年暑假莫名地伤感,CCTV没放《西游记》,少儿频道没放《家有儿女》,湖南卫视没放《还珠格格》,安徽卫视没放《放羊的星星》,浙江卫视没放《喜羊羊与灰太狼》《仙剑奇侠传》,四川卫视没放《新白娘子传奇》,山东卫视没放《武林外传》,江西卫视没放《爱情公寓》,各大卫视没放《甄嬛传》,这怎么能叫放暑假!

好了,言归正传,那么今年暑假,各大卫视热播神马(什么)?仔细看,你会发现,各类明星真人秀节目占据荧屏,《奔跑吧,兄弟》《爸爸去哪儿》……这让不少嗅觉灵敏的旅游企业看到新商机。大家蜂拥上线真人秀节目营销节目同款旅游产品。

从原本被动的因为综艺节目热播而顺势推出相关旅游线路,到如今主动跨界营销,大手笔赞助综艺节目,在线旅游商今夏纷纷试水T2O(TV to Online,即"电视+电商")商业模式。

真人秀节目暑假扎堆荧屏 在线旅游商纷纷上电视营销同款产品

眼下,旅游真人秀节目扎堆荧屏,各大卫视轮番上新,让人看得眼花缭乱的同时,想出去看看的心也是蠢蠢欲动。

比如,不久前刚刚落幕的江苏卫视《前往世界的尽头》,就有网友表示:"节目中,去北极寻找北极熊;在澳大利亚捕鳄鱼,徒步穿越撒哈拉沙漠……光看着这些就眼热啊!这些参观活火山、捕鳄鱼的项目,要是自己也能去玩一下,就更过瘾了。"

果不其然,今年不少在线旅游商深知被节目中极致刺激的体验所吸引,想马上下单定制同款旅游线路的观众的需求,纷纷抓住了这一商机,如途牛网与深圳卫视《极速前进2》合作,同程网与湖南卫视《爸爸去哪儿3》合作,"去啊旅行"选择和江苏卫视《前往世界的尽头》合作等。

途牛网相关负责人透露,《极速前进2》播出后,澳大利亚悉尼、凯恩斯等的旅游咨询量上升明显。"澳大利亚近期利好不断,在开放了十年多次往返签证后,中国游客今年赴澳的旅游热情就高于往年同期。随着节目的推进,比如国航直飞、体验'海洋世界直升飞机+菲利普企鹅岛+玛塔玛塔小镇+华纳电影世界+天堂农庄+皇后号游轮'的澳新凯墨12日游,即《极速前进》同款旅游产品的搜索量大幅增加。"

同样开放了十年多次往返签证的加拿大,在《前往世界的尽头》播出张杰在加拿大白马市那一期后,人气也是不断上蹿。"整体来说,较为主流的目的地热度明显更高,例如韩国、泰国、日本、迪拜等。全平台的旅游商家都受惠于此,根据我们的监测,在节目播出每个目的地的三周内,全平台内这些主流目的地的交易普遍比去年同期有20%～50%的增长。但是,对那些非常规的旅游目的地,如古巴、斯里兰卡等,搜索热度和实际成交的差距还是比较

① 资料来源:王枫林.在线旅游纷纷试水"节目+电商"促销模式.今日早报,2015-7-23:A0013.

大的。”“去啊旅行”相关负责人解释。

“旅游电商+电视”跨界营销 让在线旅游商实现品牌与销售双赢

边看节目边在网上下单，在业内被称为 T2O(TV to Online)商业模式。

事实上，这种模式在欧美、日韩已经很流行了。例如，美国电视剧《混乱之子》作为 T2O 模式的典范，就受到了众多行业的推崇。2013 年开始，国内的《舌尖上的中国》《女神的新衣》《何以笙箫默》等热播综艺栏目、影视剧等均和电商合作，T2O 模式走进大众视线。

今年，T2O 这股热风开始吹向了在线旅游企业，几家 OTA(在线旅游)不约而同与综艺栏目合作，寻求跨界营销。

“以往 OTA 的营销行为都比较被动，一档旅游真人秀节目热度持续发酵后，OTA 才看到了商机，顺势推出节目中同款旅游线路，但这种做法很容易跟风复制，线下企业也能做到。随着 OTA 背后资本力量越来越大，开始向电视节目抛出橄榄枝，以合作的方式大手笔冠名赞助。这不仅能主动设计出有自己特色和品牌定位的产品线路，同时，在节目播出过程中，明星的真实体验、场面拍摄效果等都给同款线路产品起到了‘微代言’的作用。”中国电子商务研究中心助理分析师沈云云说。

消费者被节目里某个旅游目的地吸引，并且能马上上网下单购买同款旅游产品，能达到“所见即所得、边看边买”的闭环体验效果。沈云云认为，使用 T2O 模式最大的优势在于，旅游企业可以更精准定位用户，可以在第一时间吸收流量和增加用户的即兴购买力。避免节目热度过后用户放弃了购买意愿或是流向了其他平台。

“通过综艺节目与旅游电商的跨界营销，会让消费者觉得销售产品更加可靠，毕竟有明星切实的体验，这样的表达比网上看图片更加直观、立体。对于 OTA 来说，能实现品牌与销售双赢。”沈云云说。

旅游业内人士认为，旅游产品的“消费冲动”这一步是最难捕捉的，电视媒体声画同步、效果唯美，是最能让消费者对旅游胜地有真切感受的媒介，随着多屏互动链条的无缝对接，T2O 模式有着非常广阔的发展空间。

不过，业内人士同时提醒，“旅游的本质还是服务，营销很重要，产品本身更加重要。旅游企业的眼光更应该放在线下的服务上，避免游客在实际体验中有着过多与节目中呈现的旅游体验太大反差的感受。”

参与综艺营销盛宴 在线旅游能否终结价格战上升到品牌竞争？

同程网相关负责人表示，《爸爸去哪儿 3》开播以后，进入大陕北剥玉米、学剪纸、扭秧歌、做花馍等节目同款亲子产品的销售增长迅猛。“‘粉丝效应’不仅能刺激相关产品的销售，也带动了其他产品的销售。节目开播后一周内，我们 6 月份刚刚推出的全新亲子游品牌‘快乐童心’旗下的亲子游产品订单量整体超过 100% 增长。这样的结果让我们非常欣慰。”相关负责人介绍。

“旅游电商+电视”跨界营销的另一个趋势则是，在综艺营销的基础上，用户还可以参与在线旅游商的品牌互动活动，利用微信、微博、官方 App 等社交媒体，赢取旅游红包或旅游代金券等。

如上周五开播的东方卫视《报告！教练》是由驴妈妈独家冠名的。据悉，在每周节目播出时间，用户登录驴妈妈官方 APP 就能为“教练”明星投票，获得 1000 元大红包。这一营销行为可以使部分观众培养边看节目边网购的习惯,消费需求转移到OTA的平台上去,增强用户的黏性。

同程旅游CEO吴志祥此前曾说过,只有建立在用户口碑基础上的增长才是有价值和有意义的增长,没有用户口碑的增长,烧钱不仅是"慢性自杀",更是"自焚"。

那么在线旅游参与到这场移动时代的综艺营销盛宴中,我们能否看到旅游电商结束一场场血腥的价格战,从而拉开一场真正意义上的品牌营销之战,进入口碑竞争时代呢?这个暑期开始,我们拭目以待吧。

促进销售策略是产品销售活动中重要的一环,是市场营销组合的重要组成部分。市场营销只有通过促销活动,沟通信息才能顺利进行。也就是说,有了具有竞争力的产品、价格以及合理的销售渠道,还需要采取恰当的促销方式进行促销。促销策略就像在一个化学实验中为了加快反应过程而使用的相应的催化剂。因此,企业应熟练掌握人员推销、广告、销售促进和公共关系等多种工具的特点和优势,并在应用中进行合理配合和协调。

13.1 促销与促销策略

13.1.1 促销的概念

促销指企业通过人员和非人员的方式,沟通企业与消费者之间的信息,把产品或服务向目标消费者及其对目标消费者的消费行为具有影响的群体进行宣传、说服、诱导,唤起需求并最终促使其采取购买行为的活动。对于促销的概念可以从以下几个方面理解:促销的实质是一种沟通活动,是信息提供者发出作为刺激的信息,并把信息传递到一个或更多的目标对象,以影响其态度和行为。促销的对象是目标消费者及其对目标消费者的消费行为具有影响的群体。促销的主要任务是传递有关组织(如企业)的行为、理念、形象以及组织提供的产品和服务的信息。促销的目的是引起消费者的注意与兴趣,激发其购买欲望,促成其购买行为。促销的手段是宣传与说服,即宣传自己的产品和服务,说服消费者购买。促销的方式分为人员推销和非人员推销两大类。

13.1.2 促销的作用

现代市场营销的实质在于买卖双方之间的信息沟通,而不是单纯地等客上门,所以促销更具有重要作用。

1. 传递信息,沟通供需联系

信息传递是产品顺利销售的重要保证。在促销过程中,一方面卖方为消费者或用户提供产品和服务信息,来吸引其对产品和服务的购买欲望并促使其最终采取购买行为;另一方面,消费者向卖方反馈对产品价格、质量和服务是否满意的信息,促使生产者和经营者改进产品质量,更好地满足消费者的需求。可见,通过促销活动,可以更好地提供商业信息,沟通产销,使市场供求矛盾得以解决。

2. 突出产品特点,诱导需求

通过促销,可以将产品的特色功能、属性介绍给潜在消费者。科学的促销活动不但能引导

消费，而且能增加消费，创造消费，如宣传能使一个默默无闻的地方为世人所了解、所喜爱、所向往。美国得克萨斯州有一个 8000 人的小镇，本来是默默无闻的，但由于通过特有的促销方式，即在电台、电视、报刊上大做广告："此地没有发生过重大事件，此地没有任何奇特景致，但这是一个美国末端的小城镇，谁要想到一个毫无特色、微不足道的小城市，那就请你光临。"结果，旅游者络绎不绝，成为旅游胜地。可见，只要促销得法，特别是突出产品的特色，就能激发消费者的欲望，促进销售，创造需求。

3. 提高企业声誉，提高竞争能力

竞争是伴随商品经济而客观存在的，在市场营销活动中竞争表现得尤为激烈。商品质量的好坏、价格的高低、服务的优劣都会在市场竞争中表现出来，促销活动将有利于企业宣传自己的产品和服务，提高企业的竞争力。

4. 影响消费，刺激需求，开拓市场

企业运用适当的促销方式可使较多的消费者对产品产生偏爱，进而稳定市场，达到扩大销售的目的。

13.1.3　促销组合

促销组合就是企业根据产品的特点和营销目标，综合各种影响因素，对各种促销方式的选择、编配和运用，即有计划有目的地对促销要素的综合运用。促销组合是一种组织促销活动的策略思路，体现了现代市场营销理论的核心思想——整合营销，它主张企业应把基本促销方式组合为一个策略系统，使企业的全部促销活动互相配合、协调一致，最大限度地发挥整体效果，从而顺利实现促销目标。促销组合的内容主要包括以下几点：

1. 人员推销

人员推销是销售人员与一个或多个可能的购买者面对面接触，介绍产品，回答问题，以鼓励其购买，促成交易的活动。具体的形式有：销售发布会、销售员会议、现场演示、上门推销等。

2. 广　告

广告是企业以付款方式进行的创意、商品和服务的非人员展示和促销活动，即由特定厂商以付费方式将他们的观念、产品、服务经由各种传播媒介传给社会大众。采用的主要形式有：平面广告、广播、邮寄信函、产品目录、电影、杂志、小册子、海报与传单、布告牌、展示招牌、电视、网络等。

3. 销售促进

销售促进是企业提供各种短期诱因以鼓励消费者购买本企业的产品或服务的促销活动，即各种鼓励购买或销售商品和劳务的短期刺激。销售促进的主要形式有：竞赛、大额奖金、彩券、奖品、赠送样品、展示、操作示范、优待券、折扣、低利贷款、博览会、商展、旧品抵价、赠券等。

4. 公共关系

公共关系是企业设计各种计划方案以促进和保护企业形象或它的个别产品形象。其主要形式有：向报社发稿、演讲、研究会、年度报告、资助慈善事业、捐献、参加公益活动等。

【小链接 13-1】[①]

2015 年“双 11”购物节来临前夕，国家发改委价格监督检查与反垄断局公开发布《关于规范网络零售价格行为的提醒书》，督促、引导企业自觉遵守价格法律法规，共同维护好市场价格秩序。提醒书要求，标价内容要真实明确、清晰醒目，价格变动要及时调整；禁止利用虚假或使人误解的标价形式或价格手段，不得欺骗、诱导消费者进行交易；不得使用“仅限今日”“今日特惠”“明天涨价”等不实语言。

“双 11”狂欢节就要来临，各大电商网站已然在广告宣传方面使出浑身解数，无论是打开手机还是电脑，各种弹幕广告往外跳个不停，拦也拦不住；各网店更是绞尽脑汁搞促销，短信、QQ、邮箱、微信上的广告也几乎铺天盖地。这预示着 2015 年的“双 11”将更加疯狂，刷新最高交易额应该不在话下。

但前几年的经验告诉我们，“双 11”狂欢过后往往留下一片狼藉：投诉和维权数量会出现井喷之势，无论价格、物流还是商品质量，都有可能出现这样那样的问题。在此语境下，为规范电商服务行为及更好地维护消费者权益，相关部门发出提醒书，是在打预防针，相信也能在一定程度上约束电商的不合理促销行为。

无论是“双 11”，还是“双 12”，都是各大电商网站“炒”起来的。没人否认在这样的购物节中，能买到物美价廉的商品，但在全民开网店的时代里，绝大部分商品的价格在平时已经被压到了最低，即便不是“双 11”，消费者仍能买到不少平价商品。如果过于追求在某个特定日子里买到实惠商品，很可能会导致店主亏本经营，而这绝非商家所愿意的。经营压力下，过于炒作“双 11”等购物节，就不可避免地出现“先涨价后打折”“天天清仓大甩卖”“天天今日特惠”等虚假打折促销现象，消费者的权益最终更容易受损。

在“互联网+”时代里，电子商务等新兴业态的快速发展实际上为政府管理提出了许多挑战。前瞻产业研究院发布的《2015—2020 年中国电子商务市场竞争及企业竞争策略分析报告》显示，近几年电子商务的发展速度均超过了 20%，还有年份甚至接近 30%。而在去年“双 11”，仅天猫成交总额就达到 571.12 亿元，创造了网上零售交易的新纪录。当数据一次又一次被刷屏，政府的管理必须跟上时代步伐。

2015 年 5 月，国务院印发《关于大力发展电子商务加快培育经济新动力的意见》，意见要求，各政府部门要在营造宽松发展环境的基础上，不断健全法律法规和标准体系，加强信用体系建设，以此来全面推动电子商务的发展，并更好地适应经济发展新常态。显然，这给各相关政府部门提出了许多新的课题与任务。

13.1.4 促销策略

促销策略可分为推式策略和拉式策略。企业采取“推”或“拉”的方法去促进销售在很大程度上决定和影响着促销组合。

1. 推式策略

侧重运用人员推销的方式，把产品推向市场，即从生产企业推向中间商，再由中间商推给消费者。它适于单位价值较高、性能复杂、需要作示范的产品，根据用户需求特点设计的产品。

---

① 资料来源：王传涛. 提前规范“双 11”营销行为值得点赞. 中国青年报，2015-11-05.(02).

推式策略一般使用人员推销，以中间商为主要促销对象，把产品推进分销渠道，进而推向最终市场。

推式策略的主要方法有：举办产品技术应用讲座与实物展销，通过售前、售中、售后服务来促进销售，带样品或产品目录走访用户。

2. 拉式策略

企业主要运用非人员推销方式把顾客拉过来，使消费者对本企业的产品产生需求，以扩大销售。对单位价值较低的日常用品，市场范围大、市场需求较大的产品经常采用拉式策略。拉式策略主要使用广告，以最终消费者为主要促销对象，刺激消费者的需求欲望。各公司对推拉策略有着不同的偏好，有些偏重于推的策略，有些偏重于拉的策略。

拉式策略的主要方法有：通过广告进行宣传，同时配合向目标市场的中间商发函联系，介绍产品的性能、特点、价格和征订办法，为产品打开销路；组织产品展销会、订货会，邀请目标市场客户前来订货；通过代销、试销促进销售。

推式策略和拉式策略如图 13－1 所示。

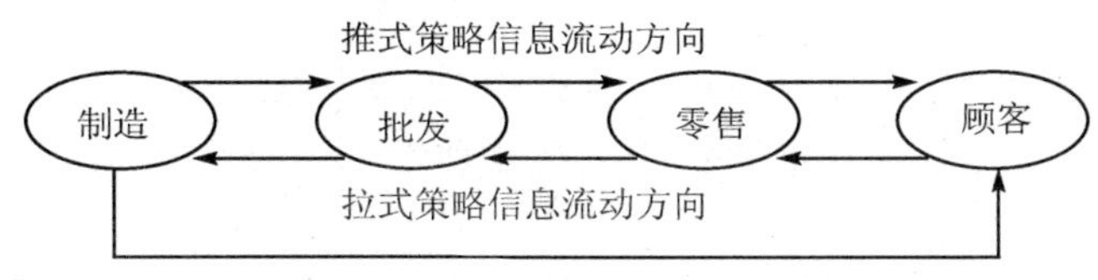

图 13－1　推式策略和拉式策略

13.1.5　企业进行促销组合决策时应考虑的因素

促销组合决策就是对上述几种促销方式的选择、运用和搭配组合的决策，即企业总的促销预算在各种促销方式之间如何分配使用的问题。

企业在决定促销组合时受许多因素的影响和制约，一般包括以下几个方面：

1. 产品类型与特点

工业品（生产资料）与消费品（生活资料）对各类促销工具的效果有着明显的差别。

2. 现实和潜在顾客的状况

购买者的准备阶段包括认识、理解、信任、订货、再次订货等几个阶段。在认识阶段，广告、公共关系比起销售人员的突然拜访、销售促销所起的作用要大得多；而顾客的理解主要受广告和公共关系的影响；顾客的信任主要受人员推销的影响，广告和销售促销对他们的影响则相对较少；销售成交主要受人员推销和强大的促销的影响，并且在某种程度上广告的提醒也起了一定的作用。很明显，广告和公共关系在购买者决策过程的最初阶段是最具成效的，而人员推销和营业推广在最后的阶段则最具效力。企业常按照购买商品的时间把顾客分为最早采用者、早期采用者、中期采用者、晚期采用者和最晚采用者，并对不同类型的顾客采用不同的促销方式。

3. 产品的市场生命周期阶段

产品在其生命周期所处的不同阶段，其促销的重点目标不同，所采用的促销方式也有所区别。在导入期，广告与公共关系的配合使用能促进消费者认识、了解企业产品；在成长期，社交媒体沟通方式开始产生明显效果，因此，所有的促销手段的成本效应都降低了；在成熟期，运用

赠品等促销工具比单纯的广告活动更为有效,因为这时的顾客只需提示式广告即可;在衰退期,销售促进的成本效益继续保持较强的势头。

总之,将各种促销方式适当搭配,形成一定的促销组合,才能取得最佳的促销效果。

13.2 人员推销

13.2.1 人员推销的概念及其特点

人员推销是指企业运用推销人员直接向顾客推销商品和劳务的一种促销活动。人员推销的任务主要有寻找客户,传递信息,销售产品,提供服务。人员推销有以下特点:

1. 针对性强

通过推销人员与消费者的直接接触,将目标顾客从消费者中分离出来,能可靠地发掘推销对象,把推销努力集中于目标顾客身上,避免了许多无效劳动。

2. 灵活性强

推销人员在接近顾客前后,以及在推销过程中,根据特定对象的态度和特点,可随时调整自己的推销策略与技巧,充分发挥推销者的主观能动性,保证推销效率。

3. 双向沟通

销售人员在与顾客的直接接触中,一方面能将企业和产品的有关信息及时、准确地传递给顾客,另一方面又可以听取到顾客的意见和要求,并迅速反馈给企业,以指导企业经营,使产品更符合消费者的需要。

4. 消费指导

人员推销可以给消费者提供现场的消费指导。

5. 亲和力强

人员推销通过面对面的人际交往,易于联络与顾客的感情,建立友谊,争取长期买主。

13.2.2 人员推销的组织结构

1. 区域结构式

区域结构式即将企业的目标市场分为若干个区域,每个推销人员负责一个特定区域内各种商品的推销业务。

2. 产品结构式

产品结构式即每个推销人员专门负责一种或一类产品的推销工作。

3. 顾客结构式

顾客结构式即按照顾客的类型分派推销人员,每个推销人员负责一个或几个顾客群体的推销工作。

4. 综合式结构

当企业在一个较大的区域内存在许多不同类型的顾客并推销多种产品时,要将上述方法结合起来使用,该方法称综合式结构。

13.2.3 人员推销的基本形式

1. 上门推销

上门推销是最常见的人员推销形式。它是由推销人员携带产品的样品、说明书和订单等走访顾客,推销产品。这种推销形式是一种“正宗”的推销形式。

2. 柜台推销

柜台推销又称门市推销,是指企业在适当的地点设置固定的门市,或派出人员进驻经销商的网点,接待进入门市的顾客,介绍和推销产品。这是一种等客上门的推销方式。

3. 会议推销

会议推销即利用各种会议向与会人员介绍产品,开展推销。

13.2.4 人员推销策略

1. 试探性策略

试探性策略也称为“刺激-反应”策略,即在不了解顾客的情况下,推销人员运用刺激性手段引发顾客产生购买行为的策略。

2. 针对性策略

针对性策略是指推销人员在基本了解顾客某些情况的前提下,有针对性地对顾客进行宣传、介绍,以引起顾客的兴趣和好感,从而达到成交的目的。因推销人员常常在事先已根据顾客的有关情况设计好推销语言,故针对性策略也称为“配方-成交”策略。

3. 诱导性策略

诱导性策略也可称为“诱发-满足”策略,是指推销人员运用能激起顾客某种需求的说服方法,诱发、引导顾客产生购买行为。

13.2.5 推销人员的管理

1. 推销人员的甄选

推销人员可以从企业内部选择,或从外部聘请。经过一定的考核,择优录用,其选择标准如下:

(1) 热爱推销工作,有成功的推销经验;

(2) 在语言方面能善于表达企业和自己的思想,口齿清楚,善于应变,有社交组织能力;

(3) 有进取心,不怕困难;

(4) 仪表、态度、修养大方得体,有广泛的社会联系;

(5) 善于收集、分析情报,具备一定的业务知识能力;

(6) 人品忠厚、公正、廉洁,遵纪守法。

2. 推销人员的培训

对推销人员应进行有计划的培训,推销人员素质高低,胜任与否,直接关系到企业是否能完成预定的销售额。培训内容如下:

(1) 企业知识

了解本企业并熟悉企业各方面的详细情况,如企业的历史、经营方针、组织结构、财务结构、设施设备、商品销售方向和各项规章制度等。

(2) 商品知识

了解企业经营和所要推销的商品知识。

(3) 市场知识

了解企业主要客源市场的分布与划分,各市场的重点推销区域和既定目标层;分析为什么现有的顾客购买本企业产品,为什么一些过去的主顾现在购买竞争对手的产品,为什么大量有潜力的顾客仍然仅仅是有潜力的顾客而未转变成现实的顾客。

(4) 推销技巧

学习推销原理、推销过程、推销员职责,如何支出推销费,怎样发现、接近和接待顾客,如何克服心理和技术障碍,如何针对顾客的购买动机和习惯进行推销等。

(5) 业务技能

掌握洽谈、签订和结算等业务技能是推销人员开展业务活动的基本技能。培训的方式有:课堂训练,模拟训练,现场实践训练等。例如:请有经验的推销员传授推销的基本知识和技巧,还可进行录音、录像等有关销售和公司产品等视听方面的训练。推销员每隔一段时间应轮流接受培训,更新知识,提高业务水平。

3. 对推销人员的激励

用于激励推销人员的方法可分为物质激励和精神激励两类。企业对于推销人员的激励应当将物质激励和精神激励有机结合,在重视物质激励的同时切不可忽视精神激励的作用。

企业对推销人员的激励,通常是通过推销系列指标和竞赛等激励工具来进行的。推销系列指标主要包括:产品推销量(额)、一年内访问顾客的次数、每月访问新顾客的次数、订货单平均比重的增加额、旅途时间减少的百分比等。

4. 对推销人员的考核

对推销人员的考核,一方面是对上述定额指标进行量的考核,另一方面是从质的方面进行考核。具体方法如下:

(1) 横向比较:企业在所有推销人员之间进行考核结果比较。

(2) 纵向比较:将同一推销人员现在和过去的销售业绩进行比较。

(3) 推销人员品质评价法:对推销人员的品质素质进行考评。

5. 推销人员的报酬

(1) 固定薪金制

在一定时间内给予推销人员固定的收入报酬。

固定薪金制的优点如下:

① 销售管理者可以在财政上控制推销人员的活动。

② 推销员收入有保障,从而有安全感。

③ 正在受训的推销员以及那些专门从事指导购买者使用产品和开辟新销售区域的推销人员愿意接受固定薪金制。

固定薪金制的缺点如下:

① 不利于最大限度地调动推销人员增加销售的积极性,较难刺激他们开展创造性推销活动,容易形成大锅饭的局面。

② 企业难以吸引和留住较有进取心的推销员,推销员外流现象严重,企业还需要花钱招聘和培训新的推销员。

(2) 佣金制

按照推销人员在一定时间内完成销售数量和利润的大小支付一定比例的佣金。

佣金制的优点如下：

① 可以最大限度地调动推销人员的积极性,使他们主动地争取一切可能的机会去推销产品,体现多劳多得的原则。

② 把推销开支与目前的收入更加密切地联系在一起。

③ 企业可对不同的产品规定不同的佣金率,以鼓励推销人员既推销利润大的产品,也推销已滞销的产品。

④ 可为企业创造更多的利润。

佣金制的缺点如下：

① 对推销员来说报酬的稳定感较低,基础推销队伍流动性很强。

② 造成企业不能有效地控制推销员的活动。

(3) 混合制

混合制是兼顾固定薪金制和佣金制两种报酬制度的安全性和激励性的特点而形成的一种混和报酬制度,它包括如下几种形式:薪金+佣金、薪金+分红奖励、薪金+佣金+分红奖励、薪金+佣金+分红奖励+期权等。混合制的关键在于合理确定薪金、佣金和分红的比例。

混合制的优点如下：

① 推销人员有了固定收入的保证,使推销队伍整体上处于相对稳定的状态,也使纯佣金制下对推销员难以控制的局面得到改善。

② 佣金制等其他报酬制度的混合则有效保护了推销人员的工作积极性和主动创新精神。

混合制的缺点如下：

实行起来较为复杂,增加了管理部门的难度。

13.2.6　人员推销的基本技巧

1. 推销技巧

推销技巧是推销员用以解决实际推销过程中各种具体问题的一些比较实用的方法。推销活动过程包括许多具体工作环节,如寻找潜在顾客,评估潜在顾客的推销价值,为访问顾客做准备,面谈、讲解与示范、处理顾客的异议、成交、后续工作等。

2. 谈判艺术

谈判艺术是推销员处理推销过程某些特定问题所使用的方法。在实际工作中,谈判艺术往往是推动困难的谈判达成交易的重要因素,因此它是一个优秀推销人员必须具备的条件。掌握与提高谈判艺术,要求推销人员努力学习,不断提高自身素质,并善于积累和总结销售经验。

3. 关系管理

当推销员最终说服顾客采取购买行动后,即面临如何使其继续购买的问题。关系管理就是用来指导推销员与顾客建立长期、稳固的业务联系和人际关系,以便获得更多销售机会的一门艺术。

【小链接 13-2】[①]

“黑龙江水稻一年种一季,生产时间长,矿物质积累多,营养又好吃!”黑龙江省副省长吕维峰一亮相,就如数家珍、热情洋溢,进入了“推销员”角色。2016年11月4日晚上,在云南昆明市,作为第十四届中国国际农产品交易会的预热活动,一场别开生面的“省部长推介品牌农产品专场”举行,农业部及各省(区、市)主管农业的20位省部长登台,讲述中国农业品牌故事,为品牌农产品代言。

此次专场活动以推介区域品牌为核心,产品涉及大米、马铃薯、茶叶、水果等传统优势农产品,涵盖了种植、畜牧、水产、“互联网+”、精准扶贫等重点领域和当前工作重点。

“中国是一个农业大国,也是一个优质农产品大国,今天的活动开了一个好头,就是要为中国农民智慧和勤劳结出的丰硕果实鼓与呼。让中国的优质农产品提升中国人的生活,丰富世界人的餐桌!”农业部部长韩长赋说。

为了推荐马铃薯,河北和宁夏的领导现场“PK(比拼)”起来。河北省副省长沈小平说:“重要的事情说三遍,河北马铃薯有三品,第一品是品质,第二品是品种,第三品是品牌!”宁夏回族自治区党委常委、副主席李锐毫不示弱,笑道:“宁夏是我国的马铃薯重要产区,我们要发展它的优势,要把特色农业做强做实,非常欢迎在座的各位企业家、各位来宾,到我们宁夏吃土豆!”

各位“推销员”的代言金句迭出。“砀山酥梨皮儿薄,掉到地上找不着”,安徽省副省长方春明拎了一篮砀山酥梨自豪地说;重庆市副市长刘强夹起一筷子三峡库区生态鱼用地道的家乡话说:“品过都说好”;东道主云南省委书记、省长陈豪在发言时幽默地说:“推介云南的品牌农产品,真给我出了一道难题,因为云南的优质农产品非常丰富,三天三夜也说不完。”

有的“推销员”还现场请大家试吃。山东省副省长赵润田拎了一篮烟台苹果,湖北省副省长任振鹤带来了煮好的“麻辣小龙虾”,云南省副省长张祖林和福建省副省长黄琪玉同品普洱茶和岩茶。

面对火爆的现场,韩长赋说:“品牌就是信誉,就是信用,就是信任。发展现代农业,一定要打造一批又一批优质的农产品品牌,通过增品种、提品质、创品牌,让消费者买得更放心,让我们的农民卖得更开心!”

“推销员”的辛苦很见成效:淘宝网、永辉超市、苏宁易购等30家采购商团队现场订购优质农产品,共订购马铃薯和果品975.8万吨、茶叶547.9吨。大屏幕上不时打出各家采购商的采购数量,赢得阵阵欢呼。

13.3 广告策略

13.3.1 广告的含义与作用

1. 广告的含义

广告一词源于拉丁文,是吸引人心或注意与诱导的意思。广告是由明确的发起者以付费

① 资料来源:王浩,李茂颖. 二十位省部长变身“推销员”. 人民日报,2016-11-07:11版.

的方式通过各种媒体向现有和潜在的消费者传播观念、产品或服务的信息、并促进销售的非人员形式的促销。可以从下面三个方面加以理解：

（1）有明确的广告主。广告不同于一般的文字宣传，广告必定要给出一个重要而清晰的信息，使人们了解介绍人和推广人，即做广告的人是谁，是什么企业。

（2）广告宣传是一种公开付费的促销方式，即做广告必须支付一定费用，其目的是宣传与促销。

（3）广告必须通过一定的传播媒体。广告可以用任何丰富而多样的表现形式来传递信息，一般常见的广告宣传媒体有报纸、杂志、电视、广播、街头广告牌等。

【小链接 13-3】①

不出所料，以朋友圈广告、公众号广告为主题的微信商业化继续拉动腾讯网络广告收入创新高。昨日，腾讯公布今年一季度收入 319.95 亿元，同比增长 43%；净利润 91.83 亿元，同比增长 33%。

其中最亮眼也是腾讯体系内增速最快的是效果广告业务，该业务收入同比增长 90% 至 25.32 亿元，高速增长主要受 QQ 空间手机版、腾讯新闻、微信朋友圈及微信公众账号的广告收入增加所推动。

此外，腾讯品牌展示广告收入同比增长 56% 至 21.69 亿元，主要反映来自腾讯新闻及腾讯视频收入的增长。效果广告和品牌展示广告构成的腾讯网络广告今年一季度总收入同比增长 73% 至 47.01 亿元。

腾讯方面解释，网络广告业务保持同比快速增长，主要受广告主数量扩大、移动平台流量提高以及广告资源商业化程度提高所推动。今年一季度，腾讯的广告总收入中约 80% 来自移动平台。

腾讯表示，根据腾讯与 NBA 新的独家合作协议，NBA 赛事在中国的网络视频播放量显著增加，越来越能够吸引高预算的广告主。而推出自助广告投放工具，将三四线城市产生的微信朋友圈流量商业化，特别是满足了长尾广告主的需求。展望未来，腾讯将继续扩大在媒体及社交平台上的广告资源并进行商业化，并对网络广告业务的长期增长潜力保持乐观。

2. 广告的作用

从企业市场营销的角度看，广告具有下述重要作用：

（1）介绍产品，指导消费

企业通过实事求是的广告宣传，能增进消费者对有关产品的存在、优点、用途及使用方法等多种信息的了解，协助消费者通过所接受的信息，去选择适合自己的产品，并产生购买欲望，采取购买行为。

（2）扩大销售，促进生产

广告能激起人们的购买欲望，使现实消费者和潜在的消费者对广告宣传的产品发生兴趣，促使他们决定购买。

（3）树立形象，有利竞争

① 资料来源：张绪旺．微信拉动腾讯广告收入创新高．北京商报，2016-05-19：产经版．

通过精心设计的广告宣传企业的产品、企业的价值观与企业文化,能使企业形象深入到消费者心中,有利于提高企业及企业产品的社会知名度,保持企业在市场竞争中的优势地位。

13.3.2 广告设计的原则

1. 真实性

广告内容必须实事求是,不夸大其词。不诚实的广告是不能取得公众信任的。只有以对消费者负责的态度如实地传递产品信息,才能指导消费,促进销售。言过其实、弄虚作假的广告不仅会严重损害企业的声誉,也是国家有关法规所不允许的。

2. 针对性

广告宣传必须目标明确,有的放矢,在设计广告作品和它的风格时应针对消费者的心理爱好和习惯分别采取不同的宣传内容和方式,不可千篇一律地开展对外宣传,只有经过对消费者的深入调查研究,针对不同对象进行不同内容的广告宣传,才会收到预期的效果。

3. 思想性

广告是一种信息传递。它是通过各种媒体以不同形式将产品有关知识与思想内容融合一体,因此必然会潜移默化地影响社会文化和社会风气。所以,广告必须符合社会文化和思想道德的客观要求,其主题、思想、语言文字、音乐、图像应达到良好的社会效果,杜绝暴力、色情、颓废、诽谤等不良内容。

4. 简练性

广告宣传不同于产品说明,要语言、文字、标题精炼,使消费者容易接受并能产生明确的印象。消费者接触广告信息具有很大的随意性,短时间内能够有效接受的信息又是有限的,因此,广告设计要注意简明性。

5. 艺术性

广告既是一门科学又是一门艺术,广告要把真实性、针对性、思想性、简练性寓于艺术性之中,使人们得到美的享受。艺术性可以大大提高广告对受众的吸引力,放大广告效果,这就要求广告设计要构思新颖,语言生动,色彩协调,形式不断创新。

13.3.3 广告决策

广告决策包括以下步骤。

1. 确立广告目标

广告目标是在特定的时期内对特定的广告对象所要完成的特定的沟通任务和所要达到的沟通程度。广告目标必须服从有关目标市场、市场定位和营销组合各项既定决策,广告目标的设定应该非常明确具体。

如果把广告要解决的问题作为广告的目标,广告目标可以分为提供信息、说服购买和提醒使用3种:

(1) 通知性广告,主要用于产品的市场开拓阶段,目标是建立初步的市场需求。

(2) 说服性广告,常用于产品竞争趋于激烈的阶段,目标是影响消费者心理,为品牌培植

选择性需求。

(3) 提醒性广告，主要在产品的市场成熟期使用，目标是保持顾客对其产品的注意和忠诚，使消费者一直记住该产品，如可口可乐所做的反复性广告宣传。

2. 广告预算

确定广告目标之后，接下来就要进行广告预算，确定广告支出。为了达到广告预算的合理化，要分析影响广告预算的各种因素。这些因素主要包括产品生命周期、市场竞争状况、采取的竞争战略、产品的差异性。

在实践中，广告预算通常采用量力而行法、销售百分比法、竞争对等法、目标任务法和销售单位法。

3. 广告信息决策

广告信息包括广告主题、文案和画面。广告主题即广告的中心思想，企业应在众多可以反映企业和产品特点以及可以激发消费者购买欲望的因素中，选择某些足以实现广告目的的因素来予以表现。

(1) 信息设计模式

信息设计要能博取消费者注意，引起其兴趣，激发欲望，诱发购买行动。

(2) 信息内容

传达给消费者的信息要在诉求、主题、观念、独特销售主题上下功夫。

(3) 信息的决策

信息的产生在于创意。要多与消费者沟通，与市场接触，以便收集到好的创意。广告文案是在确定的广告目的和主题下，对如何表达广告主题的形式、语气、用词及版式等具体方面所进行的文字描述，是对广告信息的具体表现方式。广告文案一般至少包括以下内容：

① 广告标题：即出现在广告开头，用以对广告的内容加以提示并吸引消费者注目的醒目语句。

② 广告正文：即具体表现广告内容的各种文字材料。

③ 广告口号：即对企业或产品特征进行高度概括的标志性短语，也称广告语。

④ 画面设计：即用图画、影像、色彩以及版面布局等形象化的视觉语言来对广告的主题和内容进行形象化的表现。

将好的创意转换成赢得目标市场注意和兴趣的广告制作，需要考虑4种因素：方式、语调、用字、形态。

典型的创意类型包括：生活片断、生活方式、梦幻的遐想、意境或形象、音乐、人格象征、专业技术、科学证据、名流的证言等。

4. 广告媒体的选择

(1) 广告媒体的类型和特点

媒体是把信息传输给社会大众的工具。广告媒体是运载广告信息，达到广告目标的一种物质手段，是传播广告信息的载体。广告媒体可分为大众传播媒体和企业自办媒体两大类。

大众传播媒体包括报纸、杂志、电视广播和网络，是广告信息传递的主要工具，被称为四大广告媒体。

企业自办媒体是企业自己制作的广告媒体,主要有户外广告、交通流动广告、招贴广告、邮递广告、灯光广告等。

① 报纸:具有传播及时,传播范围广、覆盖率高、读者面宽而且稳定和版面伸缩余地大等优点。但其时效短、注目率低(庞杂的内容易分散读者注意力),表现能力有限。

② 杂志:具有读者群稳定、针对性较强、有相当固定的读者群、时效较长并有辗转传播的作用。制作精美、具有欣赏性也是其优点。但其注目率较低、传播范围较小、适时性差和灵活性较差。

③ 电视:具有覆盖面广、收视率高等优势,并能综合利用各种艺术形式,表现力丰富,形象生动,感染力强。但其费用昂贵、时效较短。

④ 广播:具有迅速及时、听众广泛、收听率高、制作简便和费用较低廉等优点。但其时效短,传递的信息量有限,遗忘率高。

⑤ 网络:网络媒体具有明显的优势,即地域的无限性、传播的即时性、互动性和经济性等。但是也存在着受众范围受限、受众分散等问题。

⑥ 户外广告:具有灵活、重复曝光高、成本低和竞争相对少等特点。但是受众选择性低,缺乏创新。

⑦ 广告小册子:灵活、易控制,但过量制作会导致成本过高。

(2) 广告媒体的选择

由于不同的广告媒体有不同的特点,因此企业在选择广告媒体时需考虑以下因素:

① 产品特点。不同性质的产品应选择不同的广告媒体进行宣传。广告媒体只有适合产品的性质,才能取得较好的广告效果。例如:对高科技产品进行广告宣传,面向专业人士,多选用专业性杂志。

② 消费者选择媒体的习惯。要考虑广告信息传播的目标受众的媒体消费习惯。例如:对儿童用品做广告,宜选用电视做媒体。

③ 媒体费用。不同媒体的广告成本不同,企业应根据产品特点、目标受众的特点计算在不同媒体上达到一定广告效果的成本。

【小链接 13-4】[①]

为了推广旗下 Apple Muisc 业务,苹果日前首次在微博上投放广告,这也是该公司首次在中国社交媒体上投放广告,再次证明了微博的营销价值。

最新财报显示,微博月活跃用户达到 2.22 亿,来自移动端的微博月活跃用户占比 85%,已成为国内移动互联网市场首屈一指的社会化营销平台。从手机市场来看,小米、魅族、乐视、oppo 等新兴品牌在微博上的营销做得风生水起,类似于“微首发”这样的营销模式已经成为越来越多手机厂商的标配;此外,联想等传统势力也摸清了方向,开始积极拥抱微

① 资料来源:苹果首投中国社交媒体广告.新华网.[2015-12-07].http://news.xinhuanet.com/tech/2015-12/07/c_128506976.htm.

博，在上半年新财年誓师大会上，联想集团董事长兼 CEO 杨元庆更是感叹，"以前没早用微博真的是亏了，让竞争对手钻了空子"。

IDC 最新报告显示，2015 年全球智能手机出货量约 14.3 亿台，比去年增长 9.8%，最近几个季度，中国一直是智能手机市场关注的焦点。作为全球最有影响力的手机品牌，苹果也开始逐渐重视与微博在多层面的合作，从早期系统账号的互通到 CEO 库克开通个人微博，在到此番首次在中国社交媒体上投放品牌广告，微博对于苹果掘金中国市场的价值不言而喻。而苹果此举，也势必会进一步刺激各家手机厂商对微博营销价值的重视。

5. 广告效果的测定

评价广告效果的标准有两个：一是产品销售效果，一是信息沟通传递效果。产品销售效果是指广告发出后一定时间内销售额的变动与广告费的比例；信息沟通传递效果是指广告的收听、收看者对商品信息的注意、兴趣、理解程度及目标顾客对广告的印象。

（1）销售效果的测试

一般来说，广告的销售效果由于受到其他因素影响（如价格），变得很难测定。这里介绍两种不同的评价观点。

① 即效性效果：广告效果的好坏，是以销售额、市场占有率和消费者对企业及其产品的了解程度的增加来确定的。

② 迟效性效果：衡量广告效果不以销售情况好坏作为直接评价的依据，而是以广告的收听收视率、产品及企业的知名度、记忆度来衡量广告的效果。

广告效果的好坏，最终要反映在产品的销售上，看它能否促进销售和开拓新市场。因此对广告效果的评价应由对销售额的影响程度和对消费者的沟通程度两方面来评价。

（2）沟通效果测定

① 事前测定：主要方法有直接评分法和组合测试法。直接评分法由消费者小组或广告专家小组观看广告后一起对广告的吸引力、感受、记忆性和接受性进行评价，此法有助于筛选不良广告。组合测试法是请消费者看一组广告，然后加以自由回忆，主要测试广告的突出点和易懂易记处。

② 事后测试：主要是要求接触过某媒体广告的人，回忆最近一次广告中所展露的广告产品，以表明广告为人注意和容易记忆的程度。

③ 实验测定：主要是请自愿接受实验测定的人员观看广告或收听广告，然后对比观看或收听广告前后测定的血压、心跳、瞳孔变化等，借以评价广告对消费者的影响程度。

6. 广告计划的制订

制订广告计划涉及的因素及制订过程如图 13-2 所示。

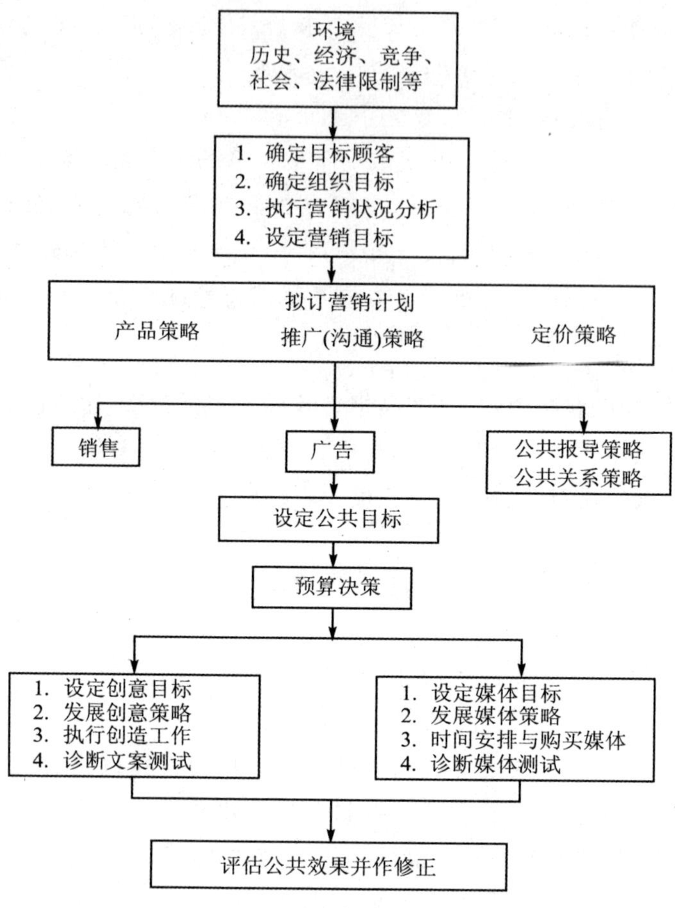

图 13-2 总体广告计划示意图

13.4 销售促进

13.4.1 销售促进的概念

销售促进又称营业推广，是指企业运用各种短期诱因鼓励消费者和中间商购买、经销或代理企业产品或服务的促销活动，即销售促进是除广告、人员推销和公共关系与宣传之外，企业在特定的目标市场上，为迅速刺激需求而采取的促销措施的总称。销售促进对在短时间内争取顾客、扩大购买具有特殊的作用。

13.4.2 销售促进的方式

销售促进方式可分为三类，以消费者或用户为对象的推广方式，以中间商为对象的推广方式，以本企业推销人员为对象的推广方式。

1. 以消费者或用户为对象的推广方式

该方式的目的是增加需求，促使现有使用者大量、重复购买，争取潜在消费者，吸引竞争者

的顾客等。主要促销方式如下：

（1）赠品促销

赠品促销即赠送样品、纪念品、试销品及各种小物品等。

（2）有奖销售

有奖销售即企业销售某种产品时设立若干奖励，并印有奖券，规定购买数量，顾客达到购买数量后可获奖券，然后由销售者按期宣布中奖号码，中奖者持券兑奖。

（3）展览和展销

展览和展销即通过举办展览会、展销会及其他形式的展览，进行现场表演、示范操作、招徕顾客。

（4）商品陈列

商品陈列即在橱窗内或货柜前集中陈列商品，突出特色，吸引顾客的注意力。

（5）特价包装

特价包装即在商品包装或招贴上注明，特价包装比一般包装减价若干。

（6）折价购货券

折价购货券即由销售者向购买者赠送或散发折价购货券，持券者可凭券享受价格优惠待遇。

（7）捆绑销售促销

两个或以上的品牌或公司合作发放优惠券、退款，开展竞赛来增加合力。

（8）优惠券

持有人在购买指定产品时可以获得预先设定的优惠额度的一种凭证。

【小链接 13－5】①

双十二电商大战的余温未降，2016 年 12 月 13 日，不少人又都被一条朋友圈广告惊到了，内容是首汽约车的“0 元起步，单单返 13 元”如此大的促销力度在网约车领域早已很难见到。一向低调的“网约车正规军”首汽约车却突然造出如此大声势，看来，势必要提前掀起 2017 年网约车大战的序幕了。

据了解，首汽约车的新一轮优惠活动已在太原、石家庄、天津、南宁、福州、珠海六座城市同时启动，该活动将持续一周的时间，到 2016 年 12 月 19 日截止。这六座城市的新老用户在享受 0 元起步的同时，服务结束之后还可以再获得 12 元或 13 元（以所在城市起步价为准）首汽约车专享优惠券大礼，该优惠券在下次用车时即可使用。

首汽约车此次杀入网约车营销大战，看似简单，实则并不简单。我国十三五规划纲要提出，到 2020 年，内地常住人口城镇化率要达到 60%，户籍人口城镇化率要达到 45% 左右。在 2016 年 6 月 21 日移动互联网大会上，滴滴总裁柳青曾公开称，2015 年中国城镇网约车

① 资料来源：柠檬．“国家队”入场 首汽约车“猛砸”朋友圈广告的背后．前瞻网财经．[2016－12－15]．https://www.qianzhan.com/indynews/detail/282/161215－23115880.html.

渗透率估值仅1%,而在旧金山是15%。在城镇化率不断提高、政策在大多数地方相对宽松的情况下,网约车行业在出行市场显然还有很大的发展空间,各大网约车平台还有很多机会跑马圈地。

"首汽约车"APP及官网上线一年多的时间里,赢得了众多消费者的高度认可,并在全国范围内不断扩张。截至目前,平台已经覆盖北京、上海等33个重要城市。专家分析,此次首汽约车选择在太原、石家庄、天津、南宁、福州、珠海这六座城市举办大型促销活动,而没有选择在北京、上海,正是看中了这些城市的用户需求和潜在市场增长点,为后续的全国扩张奠定了基础。由此可见首汽约车的野心和信心十足。

2. 以中间商为对象的推广方式

(1) 开展销售竞赛

企业确定推销奖励的办法,刺激、鼓励中间商努力推销商品,展开竞赛,成绩优异者给予奖励。

(2) 提供广告和陈列津贴以及合作广告

生产者为中间商提供陈列商品、支付部分广告费和部分运费补贴或津贴。

(3) 实行购买折扣或价格优惠

为刺激中间商购买大批量本企业产品,对购买数量较多的中间商给予一定比例的折扣优惠,购买数量越大,折扣比例越大。

3. 以本企业推销人员为对象的推广方式

该方式主要包括下列促销方式:发奖金、分红利、发放必要的办公用品、开展销售竞赛、组织成绩突出者外出旅行(即奖励旅游)。

13.4.3 销售促进方案的制定

销售促进方案应包括以下主要内容:确定营业推广的对象与目标;制定营业推广的措施;选择营业推广的时机、规模与时间;确定营业推广的范围和途径、参加者的条件、费用预算以及其他有关问题等内容;在实施过程中销售促进必须和其他营销沟通工具结合在一起才能创造强有力的协同作用。把各种具体的销售促进工具结合起来,达到时间和内容相一致。

13.5 公共关系

13.5.1 公共关系的概念及作用

公共关系指企业运用各种传播沟通手段协调组织内外关系,增进内部及社会公众的信任与支持,营造良好的组织生存与发展环境的管理活动。

公共关系策略的作用主要包括以下几点:

1. 为企业进行环境监测

企业面临的环境是一个复杂的系统,组织环境动荡不定,为了能够适应这种变化,企业除

了要了解国内外政治、经济形势，文化、科技动态之外，还必须掌握以下对组织构成有直接影响的信息，即政府决策信息、法律法规信息、客户对产品的需求信息、公众对组织的评价信息、竞争对手的动态信息等。

2. 站在公众立场上参与决策

由于组织与社会存在着千丝万缕、错综复杂的关系，因而若只把目光盯在经济的角度，企业可能会因单纯追求经济效益而忽视其他，从而导致组织与公众利益和社会的矛盾，因而得不到公众和社会认可，很难在市场上立足。因此，当企业进行决策时，公共关系部门应帮助组织反映公众的意愿，拟订和寻找既体现经济效益又体现社会效益的方案。方案确定之后，还要在向公众传达目标精神，解释方案要点以获得公众对决策方案认可、理解和支持的同时，收集各方面对方案的反映，观察实施效果，并将意见反馈给决策部门，以便对方案进行追踪决策以保证目标的实现。

3. 协调企业与各类公众的关系

任何一个社会组织的生存与发展都离不开天时、地利、人和，公共关系的运用就是在为组织创造人和环境。组织内外关系的协调是人和环境的基础，它依赖于双向的信息沟通。

协调组织内部关系可以增加经营管理的透明度，形成员工的主人翁责任感，提高忠诚度，进而达到“内求团结”的良好的公关状态。搞好组织外部的协调，可以通过了解公众的意愿和要求，投公众所好，获得公众的好感与支持，还可以得到公众的监督，扩大自身的影响力，从而达到“外求发展”的目的。

4. 开展宣传教育为社会服务

良好的公关状态是企业发展的适宜土壤，但是这种状态不是自然形成的，它需要组织相关部门的长期共同的努力。

在企业内部要不断宣传组织使命和目标，向员工渗透企业文化，让员工增强公关意识，珍惜组织的良好声誉，用实际行动感染和教育周围公众。在企业的外部要充分运用各种形式的传播沟通工具，对外部公众进行宣传教育引导工作。

【小链接 13－6】[①]

通过传播花生油本身的最大属性“香”，鲁花迅速成为花生油品类的领导者。但是到2007 年，鲁花发展遇到瓶颈，销量停滞在 40 亿上下。

2008 年，作为花生油品类的领导者，鲁花针对最大的竞争对手——调和油品类领导者金龙鱼，在战略上做出调整，重新定位为“纯物理压榨、非化学浸出”。在媒体上，很快出现了关于什么才是“健康油”的讨论：对物理压榨工艺和化学浸出工艺做了详尽介绍，在这一过程中，很多消费者逐渐从购买金龙鱼转而购买鲁花。

2010 年曝光的金浩茶油致癌物超标事件，又一次引发了消费者对于浸出油安全问题的关注。鲁花在这一轮公关事件中凭借“非化学浸出”的定位胜出，销售再一次取得了爆发式增长。

① 资料来源：肖瑶. 战略是最好的公关传播点[J]. 销售与市场(管理版)，2013，01：50－53.

5. 化解危机

企业发展不会一帆风顺,企业要树立居安思危的意识。为了避免危机的出现,组织应加强信息观和预测观,建立预警系统,搜集信息,积累数据,随时观察,一旦出现危机苗头,迅速将其解决在萌芽状态。

当危机来临时,企业相关部门要迅速调查事件真相,并向公众做出解释和答复,同时还要将解决问题的措施及避免类似问题重复出现的办法告知公众。在处理危机的过程中,组织要始终自觉地站在公众的立场上,客观地看待和分析组织所面临的局面,争取公众的理解和谅解,使危机得以圆满、迅速地解决。

13.5.2 公共关系策略

要提高企业公共关系工作的有效性,必须讲求恰当运用公共关系策略。公共关系策略的选择要以组织一定时期的公共关系目标和任务为核心,并针对特定公众的不同特点。公共关系策略可以分为两大类,一类突出的是公共关系功能,另一类则是依据组织发展的不同阶段。

1. 突出公关功能的公共关系策略

(1) 宣传型公共关系策略

这种策略就是运用各种传播沟通媒介,将需要公众知道和熟悉的信息广泛、迅速地传达到组织内外公众中去,以形成对企业有利的公众舆论和社会环境。这种策略具有较强的主导性和时效性、传播面广、容易操作等特点。选择这种策略时,必须强调应坚持双向沟通和真实客观的原则。应用这种策略的常见做法是:公关广告、新闻宣传和专题公关活动。

(2) 交际型公共关系策略

这种策略就是运用人际交往,通过人与人的直接接触,深化交往层次,巩固传播效果,实际上是运用感情投资的方式,与公众互利互惠,建立广泛的社会关系网络。这种策略的特点是直接、灵活、富于人情味。常见的做法有:招待会、座谈会、茶话会、宴会、交谈、拜访、信函、送礼等。应用这一策略时一定要注意不能把一切私人交际活动都作为公共关系活动。

(3) 服务型公共关系策略

这种策略就是以向公众提供优质服务为传播途径,通过实际行动获得公众的了解和好评。它的突出特点是用实际行动说话,因而极具说服力。常见的做法有:增加服务种类,扩大服务范围,完善服务态度,扩展服务深度,提高服务效率等。应用这一策略时要注意:言必信,行必果,承诺一定要兑现。

(4) 社会型公共关系策略

这是一种以各种社会性、文化性、公益性、赞助性活动为主要内容的公共关系策略。目的是塑造组织良好的社会形象、模范的公民形象,提高组织知名度和美誉度。这一策略的特点是:文化性强、影响力大,但活动成本较高,因此,运用时要注意量力而行。常见做法如为灾区捐款;赞助文化、体育活动;利用组织重要机会搞一些大型活动,邀请嘉宾,渲染气氛等。

(5) 征询型公共关系策略

该策略就是围绕搜集信息、征求意见来开展公共关系活动。目的是通过掌握公众信息和舆论,为组织的经营决策提供依据。其特点是长期、复杂,且需要耐力、诚意和持之以恒。常见的做法如热线电话、有奖征询、问卷调查、民意测验等。

2. 以组织发展阶段为依据的公关策略

(1) 建设型公共关系策略

这一策略适用于企业初创阶段和开创企业新局面的阶段，如有新产品或新服务面世时，这种策略也适用。其主要做法是高姿态、高频率的宣传和交际，向公众做自我介绍，其目的在于在公众中形成良好且深刻的第一印象，提高知名度，扩大影响力，为日后发展奠定基础。

(2) 维系型公共关系策略

该策略适用于企业的稳定发展阶段。具体做法是通过各种传播媒介，以较低的姿态持续不断地向公众传达各种信息，使组织的有关形象潜移默化在公众的长期记忆当中。其主要目的在于对已经形成的良好的公关状态进行加固。

(3) 防御型公共关系策略

该策略适用于企业与外部环境发生整合上的困难，与公众的关系发生一些摩擦时。其主要功能是防患于未然，防止公共关系失调。具体做法是，发挥内部职能，及时向决策层和各业务部门提供外部信息，特别是反映批评的信息，并提出改进的参考意见，进行全员公关教育，使全体员工从思想到行动自觉维护组织形象，避免出现漏洞。

(4) 矫正型公共关系策略

这一策略适用于公共关系严重失调，企业形象受损时。具体做法是迅速与相关公众取得联系，如上级机关、媒体机构等，采取一系列有效措施做好传播沟通与善后工作，其目的是尽快平息风波，恢复公众对组织的信任，挽回组织声誉，改善被损坏的形象。

(5) 进攻型公共关系策略

该策略适用于企业与周围环境发生不协调甚至形成某种冲突时。具体做法是，采取以攻为守的方式，抓住有利时机和条件，主动调整组织政策和相应措施，以改变对原有环境的过分依赖。其主要功能在于摆脱被动局面，开创新局面。

在选择运用以上公共关系策略时，企业一定要准确分析自身发展和所处环境特点，分析自身的公关状况、公众的基本情况及相关因素，避免因选择不当而劳民伤财，甚至出现适得其反的结果。

13.5.3　公共关系活动的主要手段

1. 新闻宣传

企业可通过新闻报道、人物专访、报告文学、记事、特写等形式，利用各种新闻媒介对企业进行宣传。新闻宣传无须付费，而且具有客观性，能取得比广告更好的宣传效果。公共关系的新闻宣传活动还包括对不良舆论的处理。

2. 公共关系广告

企业的公共关系活动也包括利用广告进行宣传，这就是公共关系广告。公共关系广告与商业性广告的区别在于：它是以宣传介绍企业的整体形象为内容，而不仅仅是宣传介绍企业的产品或劳务；它是以提高企业的知名度和美誉度为目的，而不仅仅是为了扩大销售；它是追求一种久远的、战略性的宣传效果，而不是像一般商业广告那样要求取得直接的、可度量的传播效果。

3. 企业自我宣传

这是企业运用所有自己能够控制的传播媒介进行宣传的形式。例如，企业通过各种印刷品举办展览会，用实物、图片、录像等向公众介绍企业的发展历程，展示企业的经营成果，以此扩大企业的影响，精心设计或选择一些有象征意义、有收藏价值的公关纪念品，加深公众对企业的记忆。

4. 人际交往

人际交往是指企业不借助传播媒介,在人与人之间直接进行交流和沟通的公共关系传播形式。在公共关系活动中,它是一种应用最广泛、最常见的传播手段。通过人际交往,企业可以同社会各界广泛接触、加强合作、改善企业的营销环境。人际交往的主要形式有定期走访、经常性的情况通报、演讲、咨询、调查、游说、各种联谊会,甚至可以组建或参与一些社团组织。

5. 制造新闻事件

制造新闻事件对于企业而言,就是在实事求是的基础上,按照新闻报道工作的规律,发掘公众关注热点,开展组织活动,使二者有机结合。企业所开展的活动一定要具有很强的吸引力,一方面要能够吸引公众的参与和关注,另一方面要吸引媒体的目光和兴趣,使之成为很好的新闻素材,予以报道,从而形成较为轰动和具有影响力的事件。随着人们对事件的关注、参与、议论、评价,活动的主体——企业的知名度、美誉度也将得到大大提升。

6. 庆典活动

庆典活动就是指为重大节日、纪念日或组织自身的重大事件而举行的庆祝或纪念形式的一种公共关系专题活动,是组织向公众亮相的绝好机会。常见的企业庆典活动有四种类型:开业庆典,即在开业之际针对不同对象并结合当时的形势举行或隆重或热烈且有一定声势并能形成一定影响力的庆祝活动;周年庆典,即在企业诞辰日举办的庆祝生日的活动;庆功典礼,即在企业取得生产经营上的重大突破、取得重大成绩、获得国家或上级主管单位颁发的重大奖励等时举办的庆祝活动;节日庆典,即在传统或重要节日,如春节、五一、中秋、国庆以及西方的圣诞节举办的庆祝活动。

7. 赞助活动

赞助作为一种公关活动是指组织通过对社会有目的、有选择地进行物资的赠予和捐助,获得良好的社会效益和经济效益的形式与过程。任何一个组织在其成长与发展中都离不开社会的支持与帮助,因此当自己壮大起来之后应回报社会。这不仅能够显示爱心与责任感,塑造良好的社会形象,同时能够得到更广泛的公众的理解与好感,与他们建立更紧密的关系。

赞助作为一种新兴的营销沟通工具,有其独特的作用。赞助是通过被赞助者或被赞助的活动来获得社会的积极反应,有利于激发人们对企业和产品形成积极态度。

【讨论题】

1. 什么是促销?促销组合包括哪些方式?
2. 什么是广告?广告设计应遵循哪些原则?
3. 广告目标有哪几种?从当地的报纸上找到三种类型的广告。
4. 如何选择广告媒体?
5. 什么是公共关系?它有哪些作用?
6. 公共关系方式有哪几种?
7. 什么是销售促进?它包括哪些方式?

8. 案例题[①]

2016 年猴年春节假期期间，日本旅游依然热度不减，日本商家纷纷推出春节促销活动，吸引访日中国游客。

尽管目前春节假期尚未结束，各类统计数据尚未公布，但是从个别行业的情况来看，今年春节访日中国游客人数仍将保持在较高水平。日本大型旅行社 JTB 向日本媒体公布的数据显示，2016 年春节假期日本酒店预订数量是 2015 年同期的近 2 倍，其中中国游客的预定数量同比也呈现增长态势。

连日来，在东京的电车内不时能够碰到拖着行李箱的中国游客，这些三三两两单独行动的游客多为自由行。而在银座等东京著名的商业区，旅行团在相关地区安排的购物行程比较多，因此遇到中国游客的几率更高。不仅大街上经常能够听到亲切的中文，在繁华路段的商场、药妆店和电器店，更是能看到不少中国游客在选购商品。

往年的中国长假，不少接送中国旅行团的旅游大巴在银座主干道边停留，拎着大包小包商品的中国游客聚集在巴士旁边等待后续行程安排。这一场景被日本媒体作为中国游客在日本“爆买”的象征，反复地在电视等媒介上传播，惊呼银座被中国游客“占领”。

这一情况在 2016 年春节稍有变化，在银座较少能看到多辆大型旅游巴士同时停留的场景，中国游客大量聚集在路边等待的情况也相对较少出现。据日本媒体报道，日本警方联合旅游主管部门对银座地区的交通进行了专项治理，向旅行团带队人员和巴士司机发放宣传册，要求提高旅客上下车速度，缩短旅游大巴在相关地区的停留时间。

日本商家把假期销售称为“商战”，视之为提高销售额的突击战。如今日本各大零售商和旅游周边行业将“春节商战”视为关键战役。商家将多件商品打包优惠出售的“福袋”销售活动是日本的特色，通常在“元旦商战”进行，如今不少日本商家开始在春节推出“福袋”活动。东京有乐町一家电器店就在入口处竖起春节“福袋”的广告牌，推出保温杯、剃须刀等较受中国游客欢迎的电器“福袋”。为解决部分电器较大、游客携带不方便的问题，该店还推出购买商品超过一定额度，免费送货至机场的服务。

旅游相关业界也瞄准中国游客，推出各项服务。有乐町附近一家旅行社在其户外电子显示屏上用中文宣传其外币兑换、行李寄存、Wi－Fi 出租等服务。

一些中国游客光顾较多的商店不仅设置了更为细致周到的中文说明和标识，还在春节期间增加了懂中文的店员人数。在有乐町一家新开的药妆店内，多名懂中文的店员在店内工作。其中一名店员称，虽然店面是新开的，但是因为当前正是春节期间，前去购物的中国游客比较多，需要提供咨询服务的客人也比较多，所以公司临时增配了懂中文的店员。

问题 1：请分析日本商家采用的促销方式。

问题 2：如果为了吸引日本游客，你认为中国商家可采用哪些促销策略？

① 资料来源：赵松. 赴日旅游热度不减 日本商家推出春节促销活动. 人民网.［2016－2－11］. http://world.people.com.cn/n1/2016/0211/c1002－28119608－3.html.

第 14 章 市场营销计划、组织与控制

【引导案例】[1]

2016 年 11 月 1 日，京东集团公关总监刘晖在《中国经营报》社主办的"2016 年中国电商电商裂变元年之新趋势研讨会"上分享了此次京东在双十一期间的变化。刘晖表示，今年大数据给双十一带来更多色彩，这对京东的发展意义重大。双十一"理性消费"主题，便是京东通过大数据分析出的近三年用户的倾向和变化。

由于京东拥有一个用户从登录网站、搜索、下单、支付和后期物流配送全部体验，其拥有最长价值链和最精准的数据。刘晖透露，京东正在通过大数据分析，从六个方面对用户以及供应商进行精准的投放和管理：大数据客服、智能卖场、京东用户专享、动态定价、精准配送以及智能补货。

电商目前面临较大压力，随着用户使用习惯从 PC 端转移到移动端，其流量的形式也有所变化。通过数据显示，相比 PC 端的流量，移动端局限性大，如果一两个页面不能吸引用户，其就会转而选择其他，因此从移动端拉一个新用户比电脑端难很多；另一方面，互联网人口的增长已经降到了个位数，这削弱了电商之前一直抱有的"人口红利"。因此，电商的运营在运营端需要更为精准，才能让用户和商家达到最好的收益。

通过大数据精准分析，京东可以知道用户在想什么、需要什么。因此，京东开始做客服服务，而且体验相比厂商的客服服务体验更好。刘晖表示，京东的客服可以根据用户的购物状态分析出售前咨询还是售后服务。甚至通过大数据分析的用户标签，京东可以分析出用户性格，转而选择更适合客户性格的客服人员进行沟通交流。

通过大数据分析出的"智能卖场"，能通过精准投放促销活动，让用户看到最适合的商品。刘晖解释，京东大脑会产生用户画像和商品画像并进行结合，推荐到首页、单品页、频道页、活动页，保证用户在手机上、电脑上看到的都是近期自己较为关注的。与人工推荐相比，大数据的点击率日均提升 138%。

此外，京东将会在今年双十一期间开通"京东用户专享"。此服务可以明确关注某个商品的用户，通过大数据整合，根据消费习惯和京东的用户等级单独给予促销优惠，给予用户专属定制促销，更有效的提升用户转化率。

而"动态定价"则让京东产品的价格更为合理。刘辉表示，这种智能算法是根据之前畅销产品和产品周期成功的管理经验设置，通过个性化管理各品类产品的价格，可以使产品的价格和毛利率更为合理，不至于因产品价格过高或过低，使其销量不佳或毛利过低。

配送方面，京东也用到的大数据。以苹果 7 举例的例子，京东可以根据用户的消费习惯算出备货数量。比如某个小区预测购买 200 部苹果 7，其中 100 部 32GB 金色、100 部 64 GB

---

① 资料来源：郭梦仪.京东借大数据创造"理性双十一".中国经营网.(2016 - 11 - 1).http://www.cb.com.cn/index.php?m=content&c=index&a=show&catid=22&id=1171207&all.

玫红色。通过预测，公司可以提前一天将备货放到移动商店配送点。这将极大的加快配送时间，用户下单苹果手机后，会直接在移动商店配送点拣货，送货。刘晖透露，通过使用大数据分析的新配送流程，用户下单后拿到苹果手机的时间可以缩短到 3 分 57 秒。

在跟商家的合作方面，京东正努力打通与商家的供应链，用大数据告诉商家智能补货。刘晖透露，智能补货在前期通过图书领域进行了相关的尝试，现在在家电、3C 领域得到了推广。而且京东和美的已经打通了供应链体系，京东可以对下一个阶段美的产品的销售预测，直接发到美的的系统里，美的的经理就可以根据京东的数据给他们配货，提高双方的配送率。刘晖表示，京东会跟更多的商家合作，通过大数据，可以与行业整体进行合作。

市场营销计划需要借助一定的组织系统来实施，需要执行部门将企业资源投入到市场营销活动中去，需要控制系统考察计划执行情况，诊断产生问题的原因，进而采取改正措施或改善执行过程，或调整计划本身使之更切合实际。因此，在现代市场经济条件下，企业必须高度重视市场营销的计划、组织、执行与控制。

14.1　市场营销计划

14.1.1　市场营销计划的定义

市场营销计划是指在研究目前市场营销状况(包括市场状况、产品状况、竞争状况、分销状况和宏观环境状况等)，分析企业所面临的主要机会与威胁、优势与劣势以及存在问题的基础上，对财务目标与市场营销目标、市场营销战略、市场营销行动方案以及预计损益表的确定和控制。

市场营销计划是一个统称，与市场营销有关的计划一般分为如下几种：

① 品牌计划，即单个品牌的营销计划。品牌现在已成为企业营销的重心，尤其在品牌经理制度下，单个品牌尤其是类别产品品牌的营销计划成为各种产品营销计划的核心。

② 产品类别及产品线营销计划，是关于一类产品、产品线的营销计划，品牌计划应当纳入其中。

③ 新产品计划，即在现有产品线上增加新产品项目、进行开发和推广活动的营销计划。

④ 细分市场计划，即面向特定细分市场、顾客群的营销计划。

⑤ 区域市场计划，即面向不同国家、地区、城市等的营销计划。

⑥ 客户计划，即针对特定的主要顾客的营销计划。

与市场营销计划有关的计划如图 14－1 所示。

从时间跨度来看，市场营销计划可分为战略性计划和年度计划。

① 战略性计划需要考虑，哪些因素会成为今后推动市场的力量，可能发生的不同情境，企业希望在未来市场占有的地位及应当采取的措施。它是一个基本框架，要由年度计划使之具体化。

② 许多企业往往在战略计划的指导下，以年度计划为重心，重视对年度计划的控制，并根据年度计划执行的效果，隔两年甚至每年对战略性计划进行审计和修订。

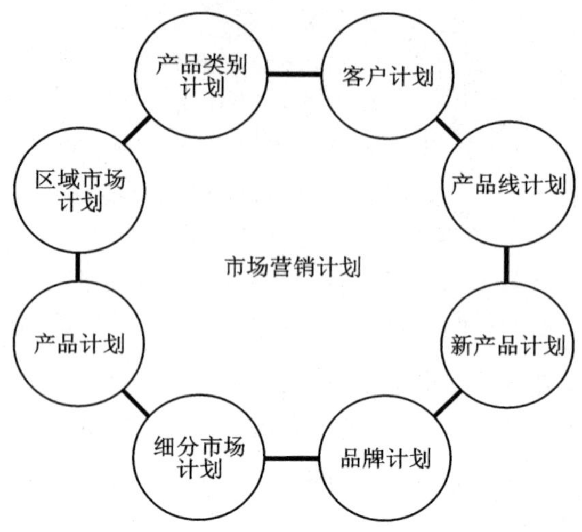

图 14-1 与市场营销计划有关的计划

14.1.2 市场营销计划的主要内容

为了达成企业的总体战略目标,确保各项市场营销战略的有效实施,就必须科学合理地制订一整套市场营销计划。市场营销计划的内容如图 14-2 所示。

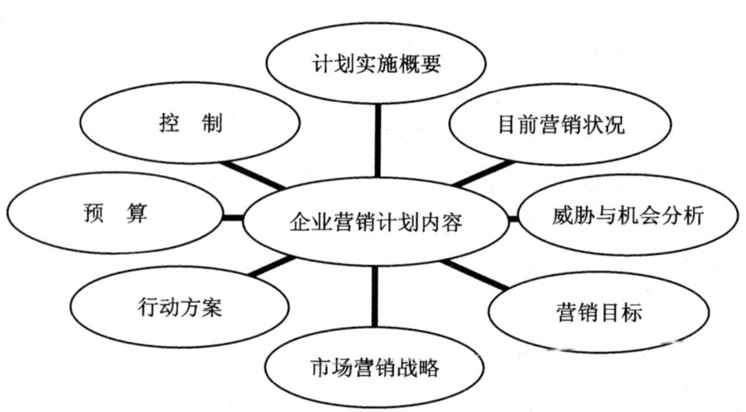

图 14-2 市场营销计划的内容

1. 计划实施概要

市场营销计划书开头应对本计划的主要目标和建议进行简短的概述,以便使企业管理层能快速阅览整个计划内容。

2. 目前营销状况

目前营销状况提供有关市场、产品、竞争、分销及宏观环境等方面的有关背景资料。

① 宏观环境:描述与该产品(品牌)营销有关的宏观环境因素,包括人口统计、经济、技术、政治、法律和社会文化等。

② 市场的基本情况:包括市场规模与增长,过去几年的销售总量、总额,不同地区或细分市场的销售情况,消费者或用户在需求、观念及购买行为方面的动态和趋势等。

③ 产品形势：列出产品近几年来的销售、价格、利润及差额的情况。

④ 分销渠道：分析各分销渠道的销售情况，各渠道的相对重要性及其变化，主要经销商及经营能力的变化，对他们进行激励所需的投入、费用和交易条件。

⑤ 竞争者：指出主要竞争者，对它们的市场状况（销售区域分布、广告、销售人员素质及客户服务质量等）和采取的市场策略（包括目标市场、价格、产品、渠道和促销等）进行分析。

⑥ 企业：企业前期业绩及策略检查，以发现存在的问题。

3. 机会和威胁分析

对所有企业面临的机会和威胁，要尽可能列出，并要有时间顺序，分出轻重缓急，使更重要、更紧迫的能受到应有的关注。对企业资源中的优势和劣势分析主要是为了把上述的主要市场机会中符合企业优势的确认为企业机会，同时也要明确威胁所在。

4. 营销目标

在决定营销目标之前首先要明确企业计划期间愿意实现的目的。目的反映行动和努力最终要达到的地点或境界。例如，企业希望的目的可能是增加利润，扩大市场占有率，或增加顾客满意度。目的必须可行，而且彼此相容。目的的意义在于对整个企业的行动提供指导和控制，必须将其转化为可以衡量的目标。

目标中包含了对任务的数量和完成时间的要求。比如，企业希望扩大市场占有率，就要明确写出要求今年市场占有率比上一年提高的百分比。总之，目的和目标不能只概念化，必须将其转化为便于衡量的指标。

5. 营销战略

目标可以通过多种途径实现，必须选择利于实现目标的战略，以文字或列表加以说明。

（1）目标市场战略

目标市场即企业准备进入的细分市场。不同细分市场在顾客偏好、对营销行为的反应、盈利潜力以及企业能够或愿意满足其需求的程度方面各有差别。企业必须识别它的首要目标市场、次要目标市场乃至更为次要的目标市场。首要目标市场指已经具备了充分的购买条件和欲望的顾客，是企业营销活动的主打市场；次要目标市场是指可能有购买能力，但是尚未准备就绪、且欲望不足的潜在顾客；更为次要的目标市场包含了目前缺乏购买能力，但是购买的可能性或许会增加的一些群体。企业要在精心选择的目标市场上，慎重分配资源和力量。

（2）定位战略

市场定位主要说明企业提供给消费者的利益和价值与竞争者有什么区别和不同，借以向目标市场显示其更值得信任和购买。定位的实质是差异化，它是吸引现有的或潜在顾客购买的基础，需要市场营销组合策略来实现。

（3）营销组合策略

对选定的细分市场，根据定位的要求，分别制定产品、价格、分销和促销等营销策略并加以整合。通常在针对目标市场发展营销组合时，会有多种方案可供选择，因此要分清主次，从中择优选择。

6. 行动方案

战略必须具体化，形成整套的活动安排，成为日程表上的内容。企业要全盘考虑营销战略实施中涉及的各个因素、每个环节及所有内容，必须把具体的战术或活动用图表等形式反映出来，标明日期、费用和责任人，使整个战术行动方案一目了然，便于执行和控制。

7. 预　算

预算指执行营销战略所需的费用、用途和理由。营销预算和营销目的具有一定的相关性，因此，营销预算应服从于企业市场营销的整体战略目标。俗话说"好钢用在刀刃上"，营销预算应有所侧重，以确保重点战略目标的实现。少花钱多办事，用较少的支出产生最大的效果，获取最大的利益是营销预算追求的目标，在这个意义上，营销预算不仅是企业营销活动的前提和保障，也是对企业营销活动的指导。

营销预算的编制方法主要有：经验推断法、量力而行法、行业比率法、竞争对手预算法、销售百分法、目标任务法、零基预算法、最优利润法等。这些编制方法各有其特点和优缺点，企业可根据实际情况选择。

8. 控　制

市场营销计划必须包括检查行动是否达成目标的机制，主要说明如何对计划的执行、进度进行管理。常把目标、预算按月或季度分开，便于上级主管部门及时了解各个阶段的实绩，掌握未完成任务的部门、环节，分析原因，并要求限期解释和提出改进措施。

有些营销计划的控制部分包括应急方案。应急方案中会扼要列举可能发生的各种不利情况，发生的概率和危害程度，应当采取的预防措施和必须准备的善后措施。制订和列出应急方案，目的是事先考虑可能出现的重大危机和可能产生的各种困难。

【小链接14-1】①

本品牌推广策划书分为3个部分，即品牌销量阶段、品牌优秀阶段和品牌卓越阶段。

● 品牌销量阶段指品牌刚进入市场的阶段，即告诉消费者悠兰是什么(Who)；品牌宣传的重点在于提升品牌的曝光度和知名度，因此在该阶段品牌推广强化大规模的广告宣传和销售渠道建设。

● 品牌优秀阶段指品牌已经形成一定市场知名度的阶段，面临着同行业品牌的比较选择竞争，即告诉消费者悠兰有什么特色优势(What)；品牌宣传的重点在于如何在网络同行品牌中进行差异化宣传和创新优势宣传，提升品牌美誉度，销量和行业市场份额将成为该阶段网络品牌宣传的重点。

● 品牌卓越阶段指品牌已经占有了市场优势和拥有庞大的客户群的阶段，即告诉消费者为什选择悠兰(Why)，网络品牌宣传的重点就是对自身市场地位的维护、巩固和扩大，强化自身品牌客户的忠诚度建设。

一、品牌销量阶段(Who is Yolan)

阶段描述：该阶段属于新产品刚刚推出、进入市场阶段，公司品牌或者产品品牌知晓度不高，因此品牌宣传的重点在于强化大规模的广告宣传和销售渠道建设，重点在于强化品牌知名度。

执行策略：

1. 提炼自身品牌的核心诉求；

2. 分析目标受众心理需求；

① 资料来源：何思茂.悠兰品牌推广策划书.艾瑞网，http://column.iresearch.cn/u/hesimao/347705.shtml.

3. 拓展和丰富传播方式，整合常规网络推广，追求创新创意推广；

4. 推广核心关键字：规模大、渠道广和力度强。

推广时间：5.1 至 7.1

推广人员：3 人

推广渠道：

1. 竞价专员：负责测试关键字转化率、形成完整的关键字体系架构；

2. 产品专员：负责挖掘自身产品优势和品牌诉求，进行目标客户的前期分析，形成以公司产品为核心的品牌宣传信息库；

3. SNS 专员：负责博客、微博、SNS 网络社区、团购、视频、图片等人脉关系渠道的建立，同时书写人脉关系建设经验文档，前期暂不做产品推广，以积累网络人际关系为主。

二、品牌优秀阶段（What is Yolan）

阶段描述：该阶段指公司和产品品牌已经经过前期的市场推广，品牌知名度已经建立，在销售市场份额已经占据了一定的比重，此时面临着同行业品牌的比较选择竞争，如何在网络同行品牌中进行差异化宣传和创新优势宣传，提升品牌美誉度、销量和行业市场份额，将成为该阶段网络品牌宣传的重点。

执行策略：

1. 不仅把产品推介给客户，更要把对产品的正确认识理念介绍给客户；

2. 强化产品创新优势的宣传，塑造同行比较的差异性宣传；

3. 品牌宣传是产品功能、销售服务和消费体验等综合宣传。

推广时间：7.1 至 10.1

推广人员：6 人

推广渠道（付费搜索团队，包括竞价专员、产品专员和数据分析专员）：

1. 根据测试转化率，实行付费广告的精准投放；

2. 根据测试关键字价值体系，对整个商城实行系统的 SEO 更新；

3. 根据网站流量数据分析，以提高客户体验为标准，对商城搜索、商城浏览和商城购物流程等实行优化处理；

4. 结合自身产品和竞争对手分析，建设新的品牌信息宣传库；

5. 根据获取的客户信息，进行更准确的目标客户分析。

网络人脉团队（3 人）：

1. 对前期建设的人脉渠道进行价值判断；

2. 利用前期建设的渠道，开始导入产品打折、促销、团购的优惠信息；

3. 开发和挖掘出意见领袖，采用激励方式，引导自愿品牌口碑宣传；

4. 进行网络活动策划、聚集人气，实行互动话题营销。

三、品牌卓越阶段（Why choose Yolan）

阶段描述：该阶段处于公司品牌和产品品牌经过品牌优秀阶段的差异性推广，品牌美誉度已经建立，在销售市场份额上已经建立了市场领导地位，此时网络品牌宣传的重点就是对自身市场地位的维护、巩固和扩大，强化自身品牌客户的忠诚度建设。

执行策略:

1. 传播品牌与众不同的服务,需要与时俱进的创新性;

2. 传播品牌对客户的深度关怀,完善售后服务、消费体验、用户调查;

3. 传播品牌社会责任,强化公司的公益和赞助活动。

推广时间:10.1至12.31

推广人员:12人

推广渠道(付费搜索团队,包括竞价专员、产品专员和数据分析专员):

1. 建设垂直性的、独立的B2C品牌商城,涉足搜索引擎投放和SEO自然优化;

2. 根据已购买的客户信息,实行精准的二次购买和转介绍营销;

3. 利用邮件形式,提升客户购买体验和上线新产品。

网络人脉团队(9人):

1. 形成独立的微博营销团队(3人),即达到通过微博忠诚于悠兰的品牌宣传效果;

2. 形成独立的团购营销团队(3人),即达到通过团购忠诚于悠兰的品牌宣传效果;

3. 形成独立的实名SNS团队(3人),即达到通过实名SNS社区忠诚于悠兰的品牌宣传效果。

14.1.3 市场营销计划的实施问题与原因

1. 市场营销计划的实施

市场营销计划实施是指将营销计划转变为具体营销行动的过程,即把企业的经济资源有效地投入到企业营销活动中,完成计划规定的任务、实现既定目标的过程。执行市场营销计划包括以下四方面内容:

(1) 制定行动方案

为了更加有效地实施市场营销计划,市场营销部门及相关部门必须制定详细的行动方案,包含具体的行动时间表。

(2) 调整组织结构

在计划执行过程中,组织要把任务下达给具体的部门和人员,协调企业内部各部门之间的关系。组织结构应该与企业战略、市场营销计划相适应,并随之做相应调整。

(3) 形成规章制度

为了保证计划的有效落实,必须相应制定各种规章制度,明确每个人的责权利及奖惩条件。

(4) 协调各种关系

为了有效实施市场营销计划,企业内部各部门要相互配合,协调一致;各项行动实施方案、组织结构和各种规章制度也要相互配合,协调一致。

2. 市场营销计划执行中的问题及其原因

(1) 计划脱离实际

市场营销计划通常由上层专业计划人员制订,而实施则主要靠基层管理人员和销售人员。专业计划人员更多考虑的是总体方案和原则性要求,容易忽视过程和实施的细节,使计划过于笼统和流于形式。专业计划人员不了解实施中的具体问题,计划难免脱离实际;专业计划人员

与基层人员之间缺乏交流和沟通，操作人员不能完全理解需要他们贯彻的计划内容，实施中经常遇到困难，从而导致专业计划人员和基层人员的对立。因此，制订计划不能仅靠专业计划人员，应该让专业计划人员协助有关营销人员共同制订计划。基层人员可能比专业计划人员更了解实际运作过程，将他们纳入计划管理过程，会更有利于营销计划的实施。

(2) 长期目标和短期目标矛盾

计划一般涉及企业的长期目标，而企业评估和奖励营销人员，通常又根据他们的短期绩效，因此他们中有些人在执行计划过程中不得不选择短期行为。例如有些新产品开发之所以半途夭折，就是因为营销人员较多地追求眼前效益和个人奖金，将资源主要投放到了现有的成熟产品中，导致新产品开发的力度不足。克服这种长期目标和短期目标之间的矛盾是十分重要的而且是十分艰难的任务①。

(3) 因循守旧的惰性

一般来说，新战略、新计划如果不符合传统习惯就容易遭受抵制。新旧战略、计划的差异越大，实施中可能遇到的阻力也越大。要实施与旧战略截然不同的新计划，常常需要打破传统的组织结构和流程。

(4) 缺乏具体明确的执行方案

有些计划失败的原因主要是缺乏一个具体的行动方案，没有一个使内部各有关部门、环节协调一致、共同努力的依据。

14.2　市场营销组织

企业的市场营销组织是执行市场营销计划、服务市场购买者的职能部门，涉及市场营销活动的各个职位及结构。市场营销组织是企业内部连接其他职能部门市场营销部门的组织形式，主要受宏观市场营销环境、企业营销管理哲学，以及企业自身所处的发展阶段、经营范围、业务特点等因素的影响。

14.2.1　市场营销组织的发展演变

企业的市场营销部门是随着市场营销管理哲学的不断发展演变而来的，大致经历了单纯的销售部门、兼有营销职能的销售部门、独立的市场营销部门、现代市场营销部门、现代市场营销企业5个阶段。

1. 单纯的销售部门

20世纪30年代以前，西方企业以生产观念作为指导思想，大部分都采用这种形式。早期的企业一般具有财务、生产、销售和会计这四个基本职能部门。财务部门负责资金的筹措；生产部门负责产品制造；会计部门管理往来账目，计算成本；销售部门通常由一位副总经理负责，管理销售人员，并兼管若干市场营销调研和广告宣传工作。在此阶段，销售部门的职能仅仅是推销生产部门生产出来的产品，生产什么销售什么，生产多少销售多少。产品生产、库存管理等完全由生产部门决定，销售部门对产品的种类、规格、数量等问题，几乎没有发言权。

---

① 吴建安. 市场营销学. 2版. 北京：高等教育出版社，2004：350.

2. 兼有营销职能的销售部门

20世纪30年代大萧条以后,市场竞争日趋激烈,企业开始以推销观念作为指导思想,进行经常性的营销活动,如市场营销研究、广告宣传以及其他促销活动。这些工作逐渐变成为专属于销售部门的附属职能,当工作量达到一定程度时,许多企业便开始设立一名营销主管负责这方面的工作。

3. 独立的市场营销部门

随着企业规模和业务范围的进一步扩大,原来作为附属职能的市场营销调研、新产品开发、广告促销和为顾客服务等市场营销职能的重要性日益增强。于是,市场营销部门成为一个相对独立的职能部门。销售和市场营销成为平行的职能部门,同负责销售部门的销售副总经理一样,负责市场营销部门的市场营销副总经理也直接受总经理的领导。这两个部门的密切配合,为企业总经理提供了一个从各角度分析企业面临的机遇与挑战的机会。

4. 现代市场营销部门

尽管销售部门和市场营销部门需要互相协调和配合,但是两者实际形成的关系往往是一种彼此敌对、互相猜疑的关系。销售部门趋向于短期行为,侧重于取得眼前的销售量;而市场营销部门则多着眼于长期效果,侧重于制定适当的产品计划和市场营销战略,以满足市场的长期需要。鉴于更多的企业寻求长期发展,营销部门基于长期利益的活动日益得到重视,逐渐形成了由市场营销副总经理全面负责,下辖所有市场营销职能部门和销售部门的组织形式,从而形成了现代市场营销部门的基础。

需要注意的是,尽管市场营销人员很多来自销售人员,但市场营销人员与销售人员是两种截然不同的群体,不应混淆二者,并不是所有销售人员都能成为市场营销人员。市场营销人员的任务是确定市场机会,准备市场营销策略,并计划组织新产品进入,令销售活动达到预订目标;而销售人员则负责实施新产品进入和销售活动。这种将两种职能并行、割裂的组织形式,常会出现两种问题:若市场营销人员没有征求销售人员对于市场机会和整个计划的看法和见解,那么在实施过程中可能会导致事与愿违;或者,如果在实施后,市场营销人员没有收集销售人员对于此次行动计划实施的反馈信息,则很难对整个计划进行有效控制。

5. 现代市场营销企业

企业仅仅有了上述现代市场营销部门,还不能称其为现代市场营销企业。现代市场营销企业取决于企业内部所有员工,尤其是管理人员对待市场营销职能的态度。只有当所有员工都认识到企业一切部门的工作都是“为顾客服务”,“市场营销”不仅是部门的名称而且是企业的经营管理哲学时,该企业才能算是“以顾客为中心”的现代市场营销企业。

14.2.2 市场营销部门的组织形式

为了实现企业目标,市场营销经理必须选择合适的市场营销组织。大体上,市场营销组织的类型有以下5种。

1. 职能型营销组织

这是最古老也最常见的市场营销组织形式。它强调市场营销各种职能如销售、广告和研究等的重要性。该组织形式将销售职能当成市场营销的重点,而广告、产品管理和研究职能则处于次要地位。图14-3所示为职能型营销组织。

当企业只有一种或很少几种产品,或者企业产品的市场营销方式大体相同时,按照市场营

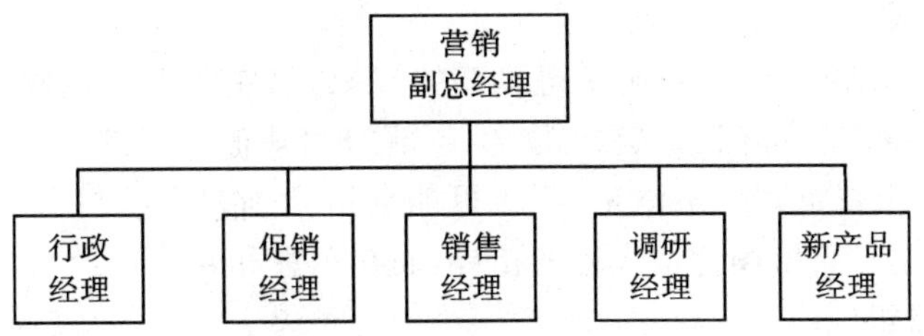

图 14－3　职能型营销组织

销职能设置组织结构比较有效。但是，随着产品品种的增多和市场的扩大，这种组织形式就暴露出发展不平衡和难以协调的问题。既然没有一个部门能对某产品的整个市场营销活动负全部责任，那么各部门就强调各自的重要性，以便争取到更多的预算和决策权力，致使市场营销总经理无法进行协调。

2. 产品-品牌型营销组织

产品-品牌型营销组织是指在企业内部建立产品经理或品牌经理的组织制度，以协调职能型营销组织中的部门冲突。在企业所生产的各产品差异很大，产品品种太多，以致按职能设置的市场营销组织无法处理的情况下，适合建立产品经理组织制度。该组织形式为在营销副总经理下设置产品经理，产品经理下按不同产品-品牌设专门经理。图 14－4 所示为产品-品牌型营销组织。

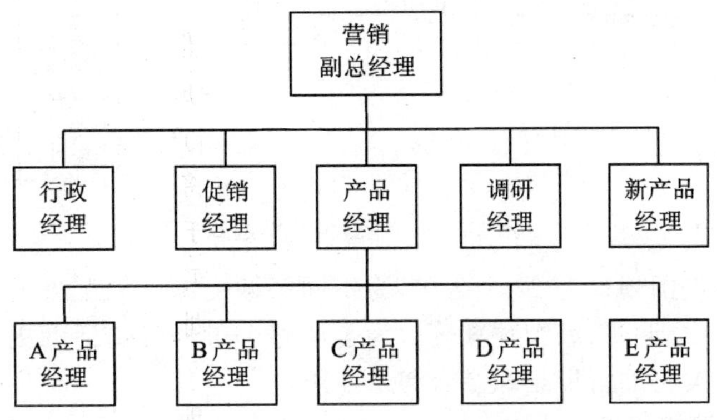

图 14－4　产品-品牌型营销组织

产品-品牌型市场营销经理的职责是制订产品开发计划，并付诸执行，监测其结果并采取改进措施，具体可分为以下 6 个方面：

① 制定产品-品牌的长期经营和竞争战略；

② 编制年度市场营销计划并进行销售预测；

③ 与广告代理商和经销代理商一起研究广告的文稿设计、节目方案和宣传活动；

④ 激励推销人员和经销商经营该产品的兴趣；

⑤ 搜集产品、市场情报，进行统计分析；

⑥ 倡导新产品开发。

产品-品牌型组织形式的优点在于产品-品牌市场营销经理能够有效地协调各种市场营销职能，并对市场变化做出积极反应。不过，该组织形式也存在不少缺陷：

① 缺乏整体观念。在产品-品牌型组织中，各个产品-品牌经理相互独立，会为保持各自

产品的利益而发生摩擦。

② 部门冲突。产品经理们未必能获得足够的权威,以保证有效地履行职责。这就要求他们得靠劝说的方法取得广告部门、销售部门、生产部门和其他部门的配合与支持。

③ 多头领导。由于权责划分不清楚,下级可能会得到多方面的指令。例如,产品广告经理在制定广告战略时接受产品市场营销经理的指导,而在预算和媒体选择上则受制于促销经理。

3. 地区型营销组织

如果一个企业的市场营销活动面向全国,通常会按照地理区域设置其市场营销机构。该机构设置包括:1名负责全面销售业务的销售经理,下设若干名区域销售经理,区域销售经理又管辖地区销售经理和地方销售经理。图14-5所示为地区型营销组织。

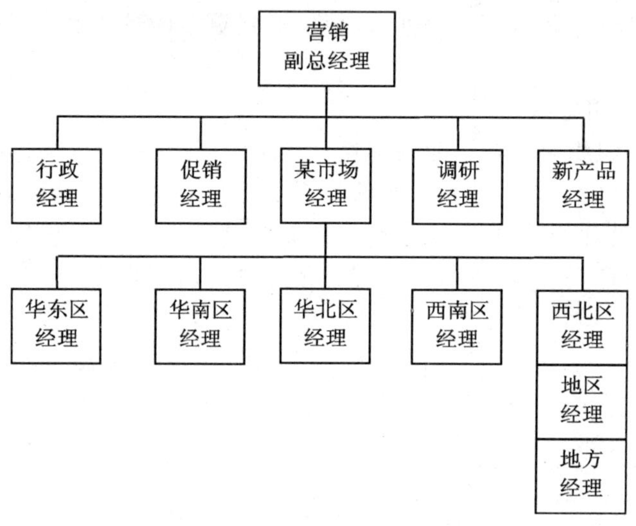

图14-5　地区型营销组织

金宝汤料公司将美国划分为22个区域,为不同区域推出不同配方的汤料,为各区域制订各自的营销方案,并进行调研、编制预算等。为了使整个市场营销活动更为有效,地区型营销组织通常都是与其他类型的营销组织结合起来使用。

4. 市场-顾客型营销组织

当企业面临如下情况时,可采用市场-顾客型营销组织:拥有单一的产品线;市场上有各种各样不同偏好和消费群体;采取不同的分销渠道。企业按市场系统安排市场营销机构,使市场成为企业各部门的中心。这种组织结构同产品-品牌型营销组织类似,一名市场主管经理管理几名市场经理,市场经理开展工作所需要的职能性服务由其他职能性组织提供并保证。市场经理的职责是负责制订所辖市场的长期计划和年度计划,分析市场动向及企业应该为市场提供什么新产品等。市场经理的工作业绩常用市场占有率的增加情况来判断,而不是看其市场现有盈利情况。图14-7所示为市场-顾客型营销组织。

这种以企业各个主要的目标市场为中心,建立相应的营销分支机构的营销组织类型,更能体现"以顾客为中心"的现代经营理念。市场-顾客型营销组织的优点在于,按照满足各类不同顾客的需求来组织和安排企业的市场营销活动,有利于企业加强销售和市场开拓。其缺点与产品-品牌型营销组织类似,即易造成权责不清和多头领导的矛盾。

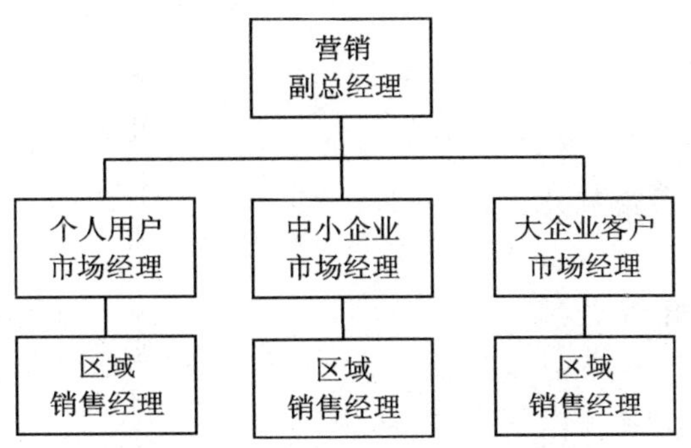

图 14-6　市场-顾客型营销组织

5. 矩阵型营销组织

矩阵型组织是职能型营销组织与产品-品牌型组织相结合的产物，是在原有的按直线指挥系统为职能部门组成的垂直领导系统的基础上，又建立一种横向的领导系统，两者结合起来组成一个矩阵。

在市场营销管理实践中，矩阵型组织的产生大体分两种情形：一种是企业为完成某个跨部门的一次性任务（如产品开发），从各部门抽调人员组成由经理领导的工作组来执行该项任务，参加小组的有关人员一般受本部门和小组负责人的共同领导。任务完成后，小组撤销，其成员回到各自的岗位。这种临时性的矩阵型组织又叫小组制。另一种是企业要求个人对于维持某个产品或商标的利润负责，把产品经理的位置从职能部门中分离出来并固定化，同时，由于经济和技术因素的影响，产品经理还要借助于各职能部门执行管理，这就构成了矩阵。图 14-7 所示为矩阵型营销组织。

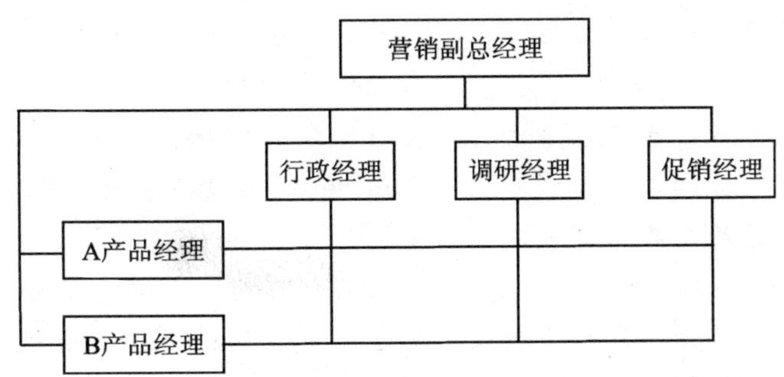

图 14-7　矩阵型营销组织

矩阵型营销组织能加强企业内部门间的协作，能集中各种专业人员的知识技能又不增加人员，组建方便，适应性强，有利于提高工作效率。但是，双重领导、稳定性差和管理成本较高的缺陷又多少抵消了一部分效率。

以上介绍的市场营销组织的基本类型各具优劣势，企业应随着环境和自己发展的变化，及时对营销组织进行相应调整，使组织形式适应市场的需要。

【小链接14-2】①

最近,百事很忙。

一边为手机面世做足了营销,一边默默对全球组织架构进行调整,还顺带取消了全球营销采购部门,此前曾为百事既能开源,又能节流的部门,就这样在市场的变局中令企业不得不挥刀断臂。

有业内人士告诉《中国经营报》记者,此举也反映了营销代理模式的变化,跨国企业在深入不同国家和地区市场时,越来越需要赋予单一品牌和区域市场更强的自主选择和决策权,以个体单位的灵活性,占领更多的消费市场。

牵一发动全身

近日,百事公司正式宣布解散其全球营销采购部门,今后将由各个品牌直接负责广告代理商合作费用和其他市场营销活动的事务。这就意味着百事旗下的几大品牌,包括百事可乐、激浪、桂格和佳得乐等品牌的负责人,对品牌的发展拥有了更大的自主权。对此,记者致电百事中国公司,但是截至发稿前,并未收到回复。

一位接近百事公司的知情人士告诉记者,此举其实就是采购权力的下放,让各品牌有权力购买符合自己需求的产品。但是,营销采购部的取消会涉及十几个员工岗位的裁撤,他们将面临失业或是转岗。

对此,百事一位发言人公开表示,取消全球采购部是一项保持该公司在商界竞争力的必要举措,引起的职位变动,百事方面会提供遣散费给涉及的员工,同时也会大力支持他们职业转换期的过渡。

"其实,今年以来百事公司的内部架构都在调整,营销采购部门的取消也是基于这个架构的调整。百事公司要实现全球统一。比如它在中国分三个事业部,在非洲、北非却有四个事业部,而在全球其实就两个事业部,一个食品,一个饮品。"以上知情人士透露,"接下来全球每一个国家,组织架构、事业部分配及负责人职位等全部统一。"

他认为,这是百事公司基于市场发展做出的决策。"此前根据每个市场的不同进行个性化的组织架构的设立,有利于快速抢占不同市场,如今全球市场相对稳定,应该进行组织架构的统一,以便于集团层面的管理。"

中投顾问食品行业研究员梁铭宣则告诉记者,当前百事公司的发展面临行业竞争加剧、碳酸饮料市场收缩、企业营销能力发展相对滞后等多个瓶颈。此次解散全球营销采购部门也是希望能够提高各个品牌对市场的反应灵敏度,有望提升品牌营销能力。比如,在中国市场加大营养产品产业的投入,顺应了中国消费升级的趋势,一定程度上也缓解了碳酸饮料市场增速放缓带来的压力。

数据显示,2014财年,百事公司实现营收666.83亿美元,与2013年基本持平;净利65.13亿美元,较2013财年下滑3%。而可口可乐该年度营收459.98亿美元,比2013年下滑2%;净利润更是大幅度下滑17%至70.98亿美元。

所以,有评论认为,取消全球营销采购部亦是针对当下不景气的市场采取的应对措施。

---

① 资料来源:李冰.百事动刀营销体系 跨国巨头加速组织变革.中国经营网.[2015-11-28].http://www.cb.com.cn/economy/2015_1128/1154432.html.

但是梁铭宣强调，此举意味着百事公司运营模式的转变，而将采购责任转交各个品牌负责人，其在财务管理、合同法规、市场定价等方面缺乏经验及掌控能力，亦会存在不小的挑战。

更灵活的营销管理

营销采购部是一个时代的产物，而今，却成为企业前进的阻碍。

据了解，大约 10 至 15 年前，各大企业纷纷成立营销采购部，目的是为了节省开支、包括但不限于代理商费用，以便提高营销活动方面的投资回报。沃尔玛、惠普、通用、戴尔、海尔等全球知名企业都成立过全球营销采购部门。但是十几年后的今天，营销采购部所能带来的附加值已经遭到各方面的质疑。

梁铭宣指出，全球营销采购部门的存在，确实节省了开支，并为公司营销活动带来了增加值，但是随着营销进入互联网时代，营销采购的作用有所下降，单独设立专门的部门已经难以平衡代理商和广告主的利益，无法适应企业在新时代的发展需求。

据美国广告主协会 2015 年早些时候发布的一份调查结果显示，仅 47%的广告主相信采购部门能够增加价值，10%的代理公司认为，采购能够给“客户—代理公司”关系带来价值。更多时候，无论是代理公司还是广告主，都对采购部门不太满意。

简单来讲，营销部门希望代理机构的策略和平台能够带来销售的上升，而采购部门则希望代理机构能够最大限度地节约成本——这往往让后者左右为难。

甚至有代理公司感叹：“15 年来，广告主的采购部门不断要求削减成本的呼声高于对一个健全的品牌管理方案的要求，客户品牌管理的优先权在不断下降。”

一位跨国快消品牌公司内部工作人员告诉记者，全球采购部会以规模优势，与一些大型的供应商进行合作，以摊薄每个品牌或是单个市场的营销投放成本，可是从具体品牌和市场来讲，分摊下来的广告或是代言人或许与品牌定位和市场定位完全不符，“这种投入可能就会变得完全没有意义，从表面上来看，采购成本低，像是节约了成本，事实上却是无效投放，造成很大的浪费。”

“另一个层面来讲，每个品牌虽然也会有一定程度上的自主选择权，可是层层批报的流程也会造成巨大的沟通成本，最终还可能在采购部成本优先的考量下无法实现自主。”该工作人员指出，“砍掉这个部门，从某种程度来讲，是砍掉了激发单一品牌和市场活力的阻碍。况且单一购买的成本并不会因此而增加，毕竟品牌知名度已然形成，议价能力并不会降低。”

如百事公司发言人对外宣称，这是一个以周甚至是天为周期来准备营销内容的时代，一些营销活动甚至需要实时做出决定，让与消费者更接近的品牌管理团队直接与代理机构对接，效率和效果会更好。

SpendMatter Network 专栏作者 Peter Smith 认为，采购人员不应该着眼于“节流”，尽可能地节省成本，而应该着眼于“价值”。市面上愿意降价揽客的公司很多，但更重要的是在于，尽可能地从营销活动中获得更大的价值，因此，采购人员要与品牌部门一起判断，该如何从市场中实现价值最大化，而不是跟代理公司斤斤计较。

百事公司全球休闲品牌总裁布兰德·杰克曼亦在公开场合抨击当下的代理模式，他声称，他在广告行业待了 25 年，至今没有看到一点儿变化，整个行业缺乏多样性。且代理机构采用的衡量系统已经过时，越来越多的企业会离开代理公司。

其实，近几年来，百事公司也在逐渐把更多的项目交给一些规模小、反应更灵活的公司，

逐渐弱化与代理公司的关系。

这也将成为未来世界500强企业的共识,品牌营销及培训专家朱丹蓬就告诉记者,取消全球营销采购部,对原本比较臃肿和官僚的采购系统有一定改善,"就好像前段时间百胜拆分中国业务,让不同的事业部或是品牌更有话语权和决断权。这也是应对现在经济低迷和市场差异化所做出的组织架构上的调整。"

14.2.3 市场营销组织的设置原则

1. 整体沟通和协调的原则

企业设置的营销机构应能够对企业与外部环境,尤其是与市场、顾客之间的关系进行协调。因为企业失去了顾客,就意味着失去了市场,失去了生存的条件。企业设置的营销机构应能够与企业内部的其他机构相互协调,并能协调各个部门之间的关系。同时营销部门内部的人员机构以及层级设置也要相互协调,以充分发挥营销机构自身的整体效应。

2. 精简以及适当的管理跨度与层级原则

精简主要是指要因事设职、因职设人。另外,企业应选择合适的管理跨度和管理层级。管理跨度又称管理宽度或管理幅度,指领导者能够有效直接指挥的部门和员工的数量。管理层级又称管理梯度,指一个组织属下不同层级的数目。在管理职能和范围不变的情况下,管理跨度和管理层级的关系是:管理跨度越大,层级越少,组织结构越扁平;反之,跨度越小,则管理层级越多。需要注意的是,管理跨度与层级的设置不是一成不变的,机构本身应当有一定弹性。企业要根据变化着的内外部情况,及时调整市场营销部门的组织形式,以适应发展变化的需要。

3. 有效性原则

效率是一个组织在一定时间内完成的工作量。一个组织要达到工作的高效率必须具备3个条件:

(1) 市场营销部门要有与完成自身任务相一致的权力,包括人权、物权、财权和发言权、处理事务权。

(2) 市场营销组织要有畅通的内部沟通和外部信息渠道。

(3) 市场营销部门要善于用人,各司其职。因为市场营销管理工作任务牵涉面广,要求不同素质的专业人员,因此,各级领导要善于发现下属优点,发挥其所长。

14.3 市场营销控制

市场营销控制是指市场营销经理经常检查市场营销计划的执行情况,看计划与实际是否一致;如果不一致或没有完成计划,就要找出原因所在,并采取适当措施和正确行动,以保证市场营销计划的完成。市场营销控制有五种主要类型,即年度计划控制、盈利能力控制、效率控制、战略控制和市场营销审计。

14.3.1 年度计划控制

任何企业都要制订年度计划,然而,年度市场营销计划的执行能否取得理想的成效还需要看控制工作进行得如何。所谓年度计划控制,是指企业在本年度内采取控制步骤,检查实际绩

效与计划之间是否有偏差，并采取改进措施，以确保市场营销计划的实现与完成。许多企业每年都制订相当周密的计划，但执行的结果却往往与之有一定的差距。事实上，计划的结果不仅取决于计划制订的是否正确，还有赖于计划执行与控制的效率如何。可见，年度计划制订并付诸执行之后，做好控制工作也是一项极其重要的任务。

年度计划控制的主要目的在于：促使年度计划产生连续不断的推动力；发现企业潜在问题并及时予以妥善解决；控制的结果可以作为年终绩效评估的依据；高层管理人员可借此有效地监督各部门的工作。

年度计划控制系统包括 4 个主要步骤：

① 制定标准，即确定本年度各个季度（或月）的目标，如销售目标、利润目标等；

② 绩效测量，即采用绩效测量工具比较实际成果与预期成果；

③ 因果分析，即研究发生偏差的原因；

④ 改正行动，即采取最佳的改正措施，努力使成果与计划相一致。

企业经理人员可运用五种绩效测量工具以核对年度计划目标的实现程度，即销售分析、市场占有率分析、营销费用对销售额比率分析、财务分析、顾客态度追踪。

1. 销售分析

销售分析主要用于衡量和评估经理人员所制订的计划销售目标与实际销售之间的差距。这种关系的衡量和评估有两种主要方法：

（1）销售差异分析

销售差异分析用于决定各个不同的因素对销售额的不同作用。例如，假设年度计划要求第一季度销售 4000 件产品，每件 1 元，即销售额 4000 元。在该季结束时，只销售了 3000 件，每件 0.80 元，即实际销售额 2400 元。那么，这个销售绩效差异为－1600 元，或预期销售额的－40%。问题是，绩效的降低有多少归因于价格下降？有多少归因于销售数量的下降？可用如下计算来回答：

因价格下降的差异＝(1－0.80)×3000＝600 元

因价格下降的影响＝600÷1600×100%＝37.5%

因销量下降的差异＝1×(4000－3000)＝1000 元

因销量减少的影响＝1000÷1600×100%＝62.5%

可见，约有 2/3 的销售差异归因于未能实现预期的销售数量，因而企业应着重检查为什么不能达到预期的销售量。

（2）地区销售量分析

地区销售量分析可以衡量导致未能达到预期销售额的特定产品和地区等。假设企业在三个地区销售，其预期销售额分别为 1500 元、500 元和 2000 元，总额 4000 元。实际销售额分别是 1400 元、525 元、1075 元。就预期销售额而言，第一个地区有 7%的未完成额，第二个地区有 5%的超出额，第三个地区有 46%的未完成额。主要问题显然在第三个地区。造成第三个地区不良绩效的原因有如下可能：一是该地区的销售代表工作不努力；二是有主要竞争者进入该地区；三是该地区居民收入下降。

2. 市场占有率分析

企业的销售绩效并未反映出相对于其竞争者来说企业的经营状况如何。如果企业销售额增加了，可能是由于企业所处的整个经济环境的发展，或可能是因为其市场营销工作较之其竞争者有相对改善。市场占有率正是剔除了一般的环境影响来考察企业本身的经营工作状况。如果企业的市场占有率升高,表明它较其竞争者的情况更好;如果下降,则说明相对于竞争者其绩效较差。衡量市场占有率的第一个步骤是清楚地定义使用何种度量方法。一般说,有四种不同的度量方法。

(1) 全部市场占有率

以企业销售额占全行业销售额的百分比来表示。使用这种测量方法必须做两项决策:第一是要以单位销售量或以销售额来表示市场占有率;第二是正确认定行业范围,即明确本行业所应包括的产品、市场等。

(2) 可达市场占有率

以企业销售额占企业所服务市场的百分比来表示。所谓可达市场,一是企业产品最适合的市场,二是企业市场营销努力所及的市场。企业可能有近100%的可达市场占有率,却只有相对较小百分比的全部市场占有率。

(3) 相对于最大的三个竞争者的相对市场占有率

以企业销售额对最大的三个竞争者的销售额总和的百分比来表示。如某企业有30%的市场占有率,其最大的三个竞争者的市场占有率分别为20%、10%、10%,则该企业的相对市场占有率是30/40×100%=75%。一般情况下,相对市场占有率高于33%即被认为是强势的。

(4) 相对于市场领先竞争者的相对市场占有率

以企业销售额相对市场领先竞争者的销售额的百分比来表示。相对市场占有率超过100%,表明该企业是市场领先者;相对市场占有率等于100%,表明企业与市场领先竞争者同为市场领导者。相对市场占有率的增加表明企业正接近市场领先竞争者。

了解企业市场占有率之后,尚需正确解释市场占有率变动的原因。企业可从产品类型、顾客类型、地区等方面来考察市场占有率的变动情况。

3. 营销费用对销售额比率分析

年度计划控制需要检查与销售有关的市场营销费用,以确定企业在达到销售目标时的费用支出。营销费用对销售额比率是一种主要的检查方法,可以细分为销售费用率、人力推销费用率、广告费用率、销售促进费用率、市场调研费用率、销售管理费用率等。公司管理层一般不规定各项营销费用率的具体数值,而是给定一个可接受的波动范围。市场营销管理人员的工作就是密切注意这些比率,一旦发现超出可接受的波动范围,则需认真查找问题的原因。

4. 财务分析

市场营销管理人员应就不同的费用占销售额的比率和其他的比率进行全面的财务分析,以决定企业如何以及在何处展开活动可获得盈利。利用财务分析可判别影响企业资本净值收益率的各种因素。

5. 顾客态度追踪

如上所述的年度计划控制所采用的衡量标准大多是以财务分析和数量分析为特征的,即它们基本上是定量分析。定量分析虽然重要但并不充分,因为它们没有对市场营销的发展变化进行定性分析和描述。因此,企业需要建立一套系统来追踪其顾客、经销商以及其他市场营销系统参与者的态度。如果发现顾客对本企业和产品的态度发生了变化,企业管理者就能较早地采取行动,争取主动。企业一般主要利用以下系统来追踪顾客的态度。

(1) 抱怨和建议系统

企业对顾客的书面的或口头抱怨应该进行记录、分析，并做出适当的反应。对不同的抱怨应该分析归类做成卡片。较严重的和经常发生的抱怨应及早予以注意。企业应该鼓励顾客提出批评和建议，使顾客经常有机会发表意见，这样才有可能收集到顾客对其产品和服务反映的完整资料。

(2) 固定顾客样本

有些企业建立有一定代表性的顾客组成的固定顾客样本，定期地由企业通过电话访问或邮寄问卷了解其态度。这种做法有时比抱怨和建议系统更能有效地反应顾客态度的变化，顾客样本分布范围更加科学化。

(3) 顾客调查系统

企业定期让一组随机顾客回答一组标准化的调查问卷，其中问题包括职员态度、服务质量等。通过对这些问卷的分析，企业可及时发现问题，并及时予以纠正。

通过上述分析，企业在发现实际绩效与年度计划发生较大偏差时，可考虑采取如下措施：削减产量，降低价格，对销售队伍施加更大的压力，削减杂项支出，裁减员工，削减投资，出售企业财产，出售整个企业。

14.3.2　盈利能力控制

除了年度计划控制之外，企业还需要运用盈利能力控制来测定不同产品、不同销售区域、不同顾客群体、不同渠道以及不同订货规模的盈利能力。由盈利能力控制所获取的信息有助于管理人员决定各种产品或市场营销活动是扩展、减少还是取消。下面就市场营销成本以及盈利能力的考察指标等进行阐述。

1. 市场营销成本

市场营销成本直接影响企业利润，它由如下项目构成：直接推销费用，包括直销人员的工资、奖金、差旅费、培训费、交际费等；促销费用，包括广告媒体成本、产品说明书印刷费用、赠奖费用、展览会费用、促销人员工资等；仓储费用，包括租金、维护费、折旧、保险、包装费、存货成本等；运输费用，包括托运费用等，如果是自有运输工具，则要计算折旧、维护费、燃料费、牌照税、保险费、司机工资等；其他市场营销费用，包括市场营销管理人员工资、办公费用等。上述成本连同企业的生产成本构成了企业总成本，直接影响到企业经济效益。

2. 盈利能力的考察指标

取得利润是任何企业的最重要的目标之一。企业盈利能力历来被市场营销管理人员所高度重视，因而盈利能力控制在市场营销管理中占有十分重要的地位。在对市场营销成本进行分析之后，提出如下盈利能力考察指标。

(1) 销售利润率

一般来说，企业将销售利润率作为评估企业获利能力的主要指标之一。销售利润率是指利润与销售额之间的比率，表示每销售 100 元使企业获得的利润，其公式是

销售利润率＝(本期利润/销售额)×100%

但是，在同一行业各个企业间的负债比率往往大不相同，而对销售利润率的评价又常需通过与同行业平均水平来进行对比。所以，在评估企业获利能力时最好能将利息支出加上税后利润，这样将能大体消除由于举债经营而支付的利息对利润水平产生的不同影响。因此，销售

利润率的计算公式应该是

销售利润率=(税后息前利润/产品销售收入净额)×100%

在同行业间衡量经营水平时,这样的计算方法才有可比性,才能比较正确地评价市场营销效率。

(2) 资产收益率

资产收益率指企业所创造的总利润与企业全部资产的比率,其公式是

资产收益率=(本期利润/资产平均总额)×100%

与销售利润率的理由一样,为了在同行业间有可比性,资产收益率可以用如下公式计算:

资产收益率=(税后息前利润/资产平均总额)×100%

其分母之所以用资产平均总额,是因为年初和年末余额相差很大,如果仅用年末余额作为总额显然不合理。

(3) 净资产收益率

净资产收益率指税后利润与净资产所得的比率。净资产是指总资产减去负债总额后的净值。这是衡量企业偿债后的剩余资产的收益率。其计算公式是

净资产收益率=(税后利润/净资产平均余额)×100%

(4) 资产管理效率

资产管理效率可通过以下比率来分析:

① 资产周转率:指一个企业以资产平均总额去除产品销售收入净额而得出的全部资产周转率。其计算公式如下:

资产周转率=产品销售收入净额/资产平均占用额

该指标可以衡量企业全部投资的利用效率,资产周转率高说明投资的利用效率高。

② 存货周转率:指产品销售成本与存货(指产品)平均余额之比。其计算公式为

存货周转率=产品销售成本/存货平均余额

这项指标说明某一时期内存货周转的次数,从而考核存货的流动性。存货平均余额一般取年初和年末余额的平均数。一般说来,存货周转率次数越高越好,说明存货水准较低,周转快,资金使用效率较高。

资产管理效率与获利能力密切相关。资产管理效率高,获利能力相应也较高。这可以从资产收益率与资产周转率及销售利润率的关系表现出来。资产收益率实际上是资产周转率和销售利润率的乘积,即

资产收益率=(产品销售收入净额/资产平均占用额)×(税后息前利润/产品销售收入净额)×100%=资产周转率×销售利润率×100%

14.3.3 效率控制

假如盈利能力分析显示出企业关于某一产品、地区或市场所得的利润很差,那么紧接着下一个问题便是有没有高效率的方式来管理销售人员、广告、销售促进及分销。

1. 销售人员效率

企业各地区的销售经理要记录本地区内销售人员效率的几项主要指标,这些指标包括:每个销售人员每天平均的销售访问次数,每次会晤的平均访问时间,每次销售访问的平均收益,每次销售访问的平均成本,每次访问的招待成本,每百次销售访问而订购的百分比,每期发展

的新顾客数，每期丧失的顾客数，销售成本对总销售额的百分比等。

2. 广告效率

企业应该至少做好如下统计：每一媒体类型、每一媒体工具接触每千名购买者所花费的广告成本，顾客对每一媒体工具注意、联想和阅读的百分比，顾客对广告内容和效果的意见，广告前后对产品态度的衡量，受广告刺激而引起的询问次数。企业高层管理可以采取若干步骤来改进广告效率，包括进行更加有效的产品定位，确定广告目标，利用电脑来指导广告媒体的选择，寻找较佳的媒体，以及进行广告后效果测定等。

3. 促销效率

为了改善销售促进的效率，企业管理阶层应该对每一销售促进的成本对销售的影响做记录，应注意做好如下统计：由于优惠而销售的百分比，每一销售额的陈列成本，赠券收回的百分比，因示范而引起询问的次数。企业还应观察不同销售促进手段的效果，并使用最有效果的促销手段。

4. 分销效率

分销效率主要包括：分销网点的市场覆盖面、销售渠道层级、各类渠道成员的作用、分销系统的结构、企业存货水准、仓库位置及运输方式等。

效率控制的目的在于提高人员推销、广告、销售促进和分销等市场营销活动的效率，市场营销经理必须关注若干关键比率，这些比率表明上述市场营销组合因素的有效性以及应该如何引进某些资料以改进执行情况。

【小链接 14－3】①

玉龙雪山，这座全球少有的城市雪山，既是丽江旅游的核心品牌，又是云南现有的两个 5A 级景区之一。根据丽江打造世界级精品旅游胜地的发展目标，玉龙雪山旅游开发区先后投资 10 亿元，在 50 平方公里范围内，开发了甘海子、冰川公园、蓝月谷、云杉坪、牦牛坪等景点以及雪山高尔夫球场和印象丽江大型实景演出。十年间，丽江玉龙雪山景区客流量从 2000 年的 72.25 万人次，发展到 2009 年的 230 万人次，年均增长超过 25%。为了分流景区客源，提高游客满意度，景区分别对云杉坪、冰川公园和牦牛坪三条索道进行技术改造，使云杉坪索道运力达到 1500 人/小时，冰川公园索道运力从 420 人/小时提升到 1200 人/小时，牦牛坪索道运力达到 420 人/小时。这样，三个景区每小时能接待 2340 人，每天接待量达 2 万人。此外，专为《印象丽江》大型实景演出而建的甘海子剧场，以及新开发的玉龙雪山水域景区蓝月谷，分别可容纳游客 4000 人和 15000 人。

《印象丽江》在市场营销过程中，渠道模式是“有选择的分销”。所谓“有选择的”是指景区并不针对所有旅行社实行分销，而是抓住旅游分销链上的某些关键环节，跟少数旅游代理商合作，逐步建立多层次的分销渠道。景区之所以这样做，是为了改变旅游市场的游戏规则，加强对客源市场的营销控制力。

徐涌涛先生在出任印象丽江旅游文化产业有限公司总经理之后，首先面临的问题就是如何迅速启动市场。如果按照传统方式，完全依赖地接旅行社，景区不仅要向旅行社大幅让利，而且会使《印象丽江》导入市场的速度放慢。怎样做到既保持门票价格不变，又能迅速打开市场局面呢？经过认真思考，景区管理层决定采取三个营销步骤：

① 资料来源：郑泽国．丽江玉龙雪山景区营销成功案例分析．中国营销传播网．(2010－5－12)．http://www.emkt.com.cn/article/466/46614－3.html.

其一，瞄准港澳台地区的高端客源，首先突破台湾市场，树立《印象丽江》大型实景演出的高端品牌形象，吸引国内旅行社跟进。

其二，深入客源地市场，针对大型组团社直接促销。比如在珠三角地区，跟南湖国旅、西部假期合作，将《印象丽江》纳入其西部旅游常规线路。同时，借助其同业宣传平台，面向珠三角地区的其他组团旅行社，大力宣传包括《印象丽江》在内的线路品牌。

其三，销售平台前移至昆明，以授予代理权的方式，跟大型地接社建立战略合作关系。这样，既体现了景区对龙头旅行社行业地位的充分认可，又确保了团队客源的大幅增长，还消除了中小旅行社低价竞争的市场空间。

从上述分析可以看出，徐涌涛先生在考虑《印象丽江》的市场运作时，其营销思维的基本出发点一直是在旅游分销链上寻找市场突破口。并且，尽量选择有品牌、有客源的少数旅行社作为代理商。这一点，体现的是一种垂直分销的市场思维，有别于国内景区目前过于扁平化的渠道体系。

14.3.4 战略控制

企业的市场营销战略是指企业根据自己的市场营销目标，在特定的环境中，按照总体的策划过程所拟定的可能采用的一连串行动方案。但是市场营销环境变化很快，往往会使企业制定的目标、策略、方案失去作用。因此，在企业市场营销战略实施过程中必然会出现战略控制问题。战略控制是指市场营销经理采取一系列行动，使实际市场营销工作与原规划尽可能一致，在控制中通过不断评审和信息反馈，对战略不断修正。市场营销战略的控制既重要又难以把握。因为企业战略的成功是总体的和全局性的，战略控制注意的是控制未来，是还没有发生的事件。战略控制必须根据最新的情况重新估价计划和进展，因而难度也就比较大。

企业在进行战略控制时，可以运用市场营销审计这一重要工具。各个企业都有财务会计审核，在一定期间客观地对审核的财务资料或事项进行考察、询问、检查、分析，最后根据所获得的数据按照专业标准进行判断，做出结论，并提出报告。这种财务会计的控制制度有一套标准的理论和做法。但是市场营销审计尚未建立一套规范的控制系统，有些企业往往只是在遇到危急情况时才进行，其目的是为了解决一些临时性的问题。目前，国外越来越多的企业运用市场营销审计进行战略控制。

14.3.5 市场营销审计

市场营销审计是对一个企业市场营销环境、目标、战略、组织、方法、程序和业务等做综合的、系统的、独立的和定期性的核查，其目的在于决定问题的范围和各项机会，提出行动计划和建议，以提高公司的营销业绩。市场营销审计实际上是在一定时期对企业全部市场营销业务进行总的效果评价，其主要特点是不限于评价某一些问题，而是对全部活动进行评价。第二次世界大战以后，发达国家经济缓慢增长，产品翻新加快，需求趋向个性化、多样化，市场竞争日益激烈，企业市场营销呈现危机。工业企业为提高经济效益，对市场营销活动加强核查、分析和控制，逐渐开展市场营销审计。进入20世纪70年代，美国许多工商企业，尤其是一些跨国公司，日益从单纯关注利润和效率发展到全面核查经营战略、年度计划和市场营销组织，高瞻远瞩地改善企业经营管理和更有效地扩大经济效果。他们对市场营销活动的核查范围逐步扩大，包括用户导向、市场营销组织、市场营销信息、战略控制以及作业效率等，同时制定了核查

的具体要求，确立了核查标准并，采用计分办法加以评估。从那时起，市场营销审计开始成熟，并逐步发展。工商企业把它当做加强市场营销管理的一个有效工具，从而为市场营销理论增添了新的篇章。

市场营销审计的基本内容包括市场营销环境审计、市场营销战略审计、市场营销组织审计、市场营销管理系统审计、市场营销盈利能力审计和市场营销职能审计。

1. 市场营销环境审计

市场营销必须审时度势，必须对市场营销环境进行分析，并在分析人口、经济、生态、技术、政治、文化等环境因素的基础上，制定企业的市场营销战略。这种分析是否正确，需要经过市场营销审计的检验。由于市场营销环境的不断变化，原来制定的市场营销战略也必须相应地改变，也需要经过市场营销审计来进行修订。目前，我国许多企业重复投资、重复建设、盲目上马，不能适应市场需要，不利于形成适度的市场规模，因而难以取得理想的经济效益，原因就在于缺乏充分的市场营销环境的调查与分析。有些企业在这方面做了一些工作，但是绝大多数企业还远没有进行市场营销环境审计。审计内容包括市场规模，市场增长率，顾客与潜在顾客对企业的评价，竞争者的目标、战略、优势、劣势、规模、市场占有率，供应商的推销方式，经销商的贸易渠道等。

2. 市场营销战略审计

企业是否能按照市场导向确定自己的任务、目标并设计企业形象，是否能选择与企业任务、目标相一致的竞争地位，是否能制定与产品生命周期、竞争者战略相适应的市场营销战略，是否能进行科学的市场细分并选择最佳的目标市场，是否能合理地配置市场营销资源并确定合适的市场营销组合，企业在市场定位、企业形象、公共关系等方面的战略是否卓有成效，所有这些都需要经过市场营销战略审计的检验。

3. 市场营销组织审计

市场营销组织审计主要是评价企业的市场营销组织在执行市场营销战略方面的组织保证程度和对市场营销环境的应变能力，包括企业是否有坚强有力的市场营销主管人员及其明确的职责与权利，是否能按产品、用户、地区等有效地组织各项市场营销活动，是否有一支训练有素的销售队伍，对销售人员是否有健全的激励、监督机制和评价体系，市场营销部门与采购部门、生产部门、研究开发部门、财务部门以及其他部门的沟通情况以及是否有密切的合作关系等。

4. 市场营销管理系统审计

企业市场营销系统包括市场营销信息系统、市场营销计划系统、市场营销控制系统和新产品开发系统。对市场营销信息系统的审计主要是审计企业是否有足够的有关市场发展变化的信息来源，是否有畅通的信息渠道，是否进行了充分的市场营销研究，是否恰当地运用市场营销信息进行科学的市场预测等。对市场营销计划系统的审计主要是审计企业是否有周密的市场营销计划，计划的可行性、有效性以及执行情况如何，是否进行了销售潜量和市场潜量的科学预测，是否有长期的市场占有率增长计划，是否有适当的销售定额及其完成情况如何等。对市场营销控制系统的审计主要是审计企业对年度计划目标、盈利能力、市场营销成本等是否有准确的考核和有效的控制。对新产品开发系统的审计，主要是审计企业开发新产品的系统是否健全，是否组织了新产品创意的收集与筛选，新产品开发的成功率如何，新产品开发的程序是否健全，包括开发前的充分的调查研究、开发过程中的测试以及投放市场的准备及效果等。

5. 市场营销盈利能力审计

市场营销盈利能力审计是在企业盈利能力分析和成本效益分析的基础上,审核企业的不同产品、不同市场、不同地区以及不同分销渠道的盈利能力;审核进入或退出、扩大或缩小某一具体业务对盈利能力的影响;审核市场营销费用支出情况及其效益,进行市场营销费用分析——销售分析,包括销售队伍与销售额之比、广告费用与销售额之比、促销费用与销售额之比、市场营销研究费用额之比、销售管理费用与销售额之比,以及进行资本净值报酬率分析和资产报酬率分析等。

6. 市场营销职能审计

市场营销职能审计是对企业的市场营销组合因素效率的审计。主要是审计企业的产品质量、特色、式样、品牌的顾客欢迎程度,企业定价目标和战略的有效性,市场覆盖率,企业分销商、经销商、代理商、供应商等渠道成员的效率,广告预算、媒体选择及广告效果,销售队伍的规模、素质以及能动性等。

【讨论题】

1. 如何制订切实可行的市场营销计划?
2. 实施市场营销计划中应注意哪些问题?
3. 市场营销组织的形式有哪几种?
4. 市场营销控制包括哪些内容?
5. 市场营销审计包括哪些内容?
6. 案例题[①]

随着易传媒与阿里巴巴合作的不断推进,中国数字营销圈距离真正的“大数据营销”也越来越近了。

2015 年 3 月底,杭州西溪,“YU 见”阿里妈妈第三届武林大会,易传媒首次亮相,并适时推出了企业级大数据管理平台 DataOS。易传媒总裁兼 CTO 程华奕表示,DataOS 已完成了易传媒自身数据与阿里平台大数据的对接,将真正链接企业大数据与数字营销。

这个举动背后实际有很深层次的意味:作为阿里妈妈独家企业级数字营销解决方案服务商、阿里数据管理平台达摩盘唯一授权全数据应用平台,这是易传媒首次全程参会。“我们和易传媒是一家人,双方在数据对接上是独家的。”时任阿里集团副总裁、阿里妈妈事业部总经理王华说。

2015 年 1 月,作为中国最大的大数据营销技术提供商,易传媒宣布被阿里巴巴集团以“现金+资源”的模式战略投资并控股。易传媒 CEO 闫方军当时接受采访公开表示,易传媒、阿里的战略合作是大数据与大营销的完美结合。

现在这个结合正在紧锣密鼓的加速对接,程华奕对笔者透露,双方的数据正在进一步打通过程中,对接阿里数据之后,拥有 2000 个大型品牌广告主和代理商的易传媒,将为阿里妈妈的企业级客户提供个性化的定制营销方案。易传媒还正式发布了中国最大的企业级大数

① 资料来源:黄潜. 对接阿里大数据 易传媒开启营销 2.0. 中国经营报,2015-05-23.

据管理平台 DataOS,阿里和易传媒牵手,注定要在大数据营销掀起风暴。

“阿里+易传媒”的野心

为什么选择和阿里合作,易传媒 CEO 闫方军解析,根本的诱惑还在于大数据的共享与打通。

“BAT 每家都拥有大数据,阿里巴巴的现状、战略与易传媒的发展思路最契合。”在闫方军看来,拥有亿级以上可持续累计的用户数据,在移动互联网时代做到可跨屏、可定位,并且形成一个从广告到购买的闭环,对于如今做营销来说才是完整的,这样的大数据才更具价值。

按照外界的猜想,双方合作最大的想象力在于阿里全体系的大数据与易传媒实现打通,以阿里海量的大数据做基础,易传媒的广告代理优势与强有力的技术支持,两者可以实现大数据精准营销的升级。

外界也曾经担心易传媒对接阿里系,被整合进阿里原有的广告交易平台阿里妈妈之下。但是现在看来,两者更像是一家人之下的战略合作伙伴。程华奕向笔者透露,阿里的战略投资和控股易传媒,贯彻的是阿里巴巴新任 CEO 张勇(逍遥子)提出的思路,阿里的广告要有更开放的心态,以客户为中心,把广告延展到阿里平台之外。“阿里是易传媒的大后方,拥有无与伦比的数据和实效广告平台。易传媒专注于搭建互联网广告的基础设施,提供企业级广告产品,可以作为阿里数据的容器和广告投放的节点和渠道。双方结合在一起,为客户提供了完整的数字营销解决方案,打通淘内和淘外,兼顾品牌和效果,融合广告产品和投放。据了解,双方在数据打通和产品整合进展迅速,业务团队已经开始共同服务客户。

从阿里系来看,联手易传媒这样强有力的伙伴,显然将有效帮助大数据营销向淘外拓展的野心。在此之前张勇就强调,用户在移动端的上网行为越来越碎片化,要通过统一的大入口触达所有消费者很困难,阿里妈妈要将原来仅限于电商领域的广告联盟升级为泛互联网的广告联盟,让商家的目标消费者在各个场景中触达消费广告。

2014 年,阿里妈妈组建了大数据管理平台达摩盘(DMP,即 Data Management Platform),为的就是在未来的全域全网营销中帮助客户更精准地锁定消费者。目前在达摩盘上除了电商大数据外,还在拓展位置、社交、娱乐等多维度的数据,对用户进行更全面的“画像”。

本届的阿里妈妈武林大会,阿里明显向外界传递了大数据营销冲出淘宝的信号。对外宣布开启数据营销的 2.0 时代,要联合电商以外的视频、地图等合作伙伴的大数据,拓展全网络数字营销,走出淘宝系全面淘金。在阿里妈妈看来,数据营销 2.0 更是一种技术驱动、数据驱动的跟消费者沟通和以人为中心的一种场景,而对于企业,程序化购买不可或缺,企业最需要一个企业级的解决方案。

通过与易传媒战略合作,有助于精准地切入淘宝之外的企业级市场。

“淘宝上很多卖家都是相当大的广告主,成长到一定程度后,除了效果,他们很多也有品牌的需求。”程华奕在与阿里的合作中也逐渐发现。

问题 1:大数据对于企业进行营销计划环节有什么作用?

问题 2:大数据对于企业进行营销组织环节有什么作用?

问题 3:大数据对于企业进行营销控制环节有什么作用?